KB071189

JUST MERCY

월터가 나에게 가르쳐 준 것

월터가
나에게
가르쳐
준 것

브라이언 스티븐슨 지음

고기탁 옮김

일러두기
• 7번을 제외한 모든 각주는 옮긴이주다.

이 책은 실로 꿰매어 제본하는 정통적인 사철 방식으로 만들어졌습니다.
사철 방식으로 제본된 책은 오랫동안 보관해도 손상되지 않습니다.

어머니 앨리스 골든 스티븐슨을 추모하며

사랑이 동기라면 정의는 수단이다.

— 라인홀드 니부어

서문
높은 곳을 향하여

    나는 사형수를 만날 준비가 되어 있지 않았다. 1983년 조지아 주에서 인턴으로 일하던 나는 열정은 있지만 미숙한 스물세 살의 하버드 로스쿨 학생이었고 혹시라도 내 능력에서 벗어난 일을 하는 것은 아닌지 걱정이 앞섰다. 그때까지 경비가 삼엄한 교도소 내부를 본 적이 없었다. 사형수 수감 건물을 방문한 적은 더더욱 없었다. 변호사를 대동하지 않은 채 혼자서 사형수를 만나야 한다는 사실을 알았을 때는 벌써부터 공황 상태에 빠진 속마음을 들키지 않으려 애써야 했다.

    조지아 주의 사형수 수감 건물은 잭슨이라는 외딴 시골 마을에서도 외곽에 위치한 교도소 내에 있었다. 애틀랜타에서 I-75 고속도로를 타고 남쪽으로 혼자서 자동차를 몰았다. 목적지에 가까워질수록 심장이 거세게 두방망이질했다. 사형 제도에 대해 아는 것이 거의 전무했을 뿐 아니라 여태껏 형사 소송에 관한 수업조차 들은 적이 없었다. 사형 소송을 구성하는 복잡한 상소 과정에 대한 기초적인 이해도 부족했다. 나중에야 손바닥을 들여다보듯 익숙해질 터였지만 어쨌거나 그건 나중의 일이었다. 인턴을 신청할 때만 하더라도 실제로 사형수를 만나게 될 거라는 사실은 관심 밖의 문제였다. 솔직히 말해서 당시에는 내가 진짜로 변호사가 되고 싶은지 확신이 없었다. 시골길을 달리는 동안 나를 보면 사형수가 무척 실망할 거라는 확신이 점점 굳어졌다.

학부 때 나는 철학을 공부했다. 학교를 졸업하고 사회로 나가면 철학적인 사색이 돈이 되지 않는다는 사실을 졸업반이 되어서야 깨달았다. 그때부터 〈졸업 이후의 계획〉에 대해 정신없이 고민했고 결국 로스쿨을 선택했다. 다른 대학원 과정에 등록하려면 전공할 분야에 대한 전문 지식이 필요하지만 법대에는 적어도 겉보기에 그런 것이 전혀 필요 없다는 점이 주된 이유였다. 하버드에서는 법률 공부와 별도로 케네디 스쿨에서 공공 정책 분야의 석사 과정을 병행할 수 있었고 이 분야에도 매력을 느꼈다. 장차 어떤 일을 하고 싶은지 확신은 없었지만 분명히 그 일은 가난한 사람들의 삶, 인종 간 불평등으로 점철된 미국의 역사, 서로에게 공정하고 공평하기 위한 투쟁 등과 관련된 일일 터였다. 그동안 살면서 목격했고 의아하게 여겨 온 문제들과 관련된 일이기도 했지만 문제는 도대체 그것들을 하나로 조립해서 분명한 진로를 결정할 수 없다는 것이었다.

하버드에서 수업을 들은 지 얼마 지나지 않아 내가 잘못된 선택을 했을지도 모른다는 걱정이 들기 시작했다. 펜실베이니아의 작은 대학을 졸업하고 하버드 로스쿨에 들어온 것 자체로 운이 좋다고 생각했지만 입학 첫해가 마무리될 무렵 환멸감이 엄습했다. 당시의 하버드 로스쿨은 상당히 무서운 곳이었다. 특히 스물한 살의 나 같은 학생에게는 더욱 그랬다. 많은 교수들이 직접적이고 반복적이며 적대적인 문답법인 소크라테스식 교수법을 사용했는데 준비가 되지 않은 학생들에게는 부수적으로 모욕감을 유발했다. 수업은 난해했으며 당초 로스쿨을 고려하게 만들었던 인종 문제나 빈곤 문제와도 아무런 관련이 없는 듯 보였다.

이미 석사나 박사처럼 고급 학위를 딴 학생도 많았고 법률 사무소에서 보조원으로 일했던 학생도 많았다. 어느 하나 내게는 없는 이력들이었다. 이런 학생들과 비교하면 나는 무척 미숙하고 경험도 부족하다는 생각이 들었다. 학기가 시작되고 한 달쯤 지나자 법률 회사들이 학교를 찾아와서 면접을 보기 시작했다. 학생들은 값비싼 정장을 차려입고 뉴욕이나 LA, 샌프란시스코, 워싱턴 D.C.로 〈직행〉할 수 있는 서류에 서명했다. 나로서는 우리가 정확히 어떤 일을 하기 위해 이렇게 부지런히 준비하고 있는가 하는 문제가 완전히 수수께끼였다. 로스쿨에 다니기 전까지는 심지어 변호사를 만난 적조차 없었다.

로스쿨에서 첫해를 보내고 난 이듬해 여름에 나는 필라델피아에서 청소년 재판 프로젝트에 관련된 일을 했고 야간에는 다음 학기에 케네디 스쿨에서 들을 수업에 대비해서 상급 과정의 미적분 수업을 수강했다. 막상 그해 9월이 되어 공공 정책 수업을 듣기 시작한 뒤에도 괴리감은 여전했다. 커리큘럼은 지극히 정량적인 연구에만 치중되어 있었다. 이윤을 극대화하고 비용을 최소화하는 데 중점을 둘 뿐 그렇게 발생한 이윤으로 무슨 일을 할 수 있으며 비용을 줄이기에 앞서 그 비용으로 무엇을 창출할 수 있는지에 대해서는 거의 관심을 기울이지 않았다. 비록 지적인 자극을 주었지만 의사 결정 이론이나 계량 경제학, 그 밖의 비슷한 과목들은 나를 혼란스럽게 할 뿐이었다. 바로 그때 갑자기 모든 것이 뚜렷해졌다.

로스쿨에서 이례적으로 인종과 빈곤 관련 소송을 다루는 한 달짜리 집중 과정을 발견했다. 담당 교수인 베치 바살러트 교수는 전미 유색 인종 지위 향상 협회, 즉 NAACP의 변호 기금 부서에서 변호사로 일했던 사람이었다. 여타 수업과 달리 이 수업의 수강생들은 학교를 벗어나 사회 정의와 관련된 일을 하는 단체에서 한 달 동안 일해야 했다. 나는 열의에 차서 수업을 신청했고 1983년 12월에 조지아 주 애틀랜타로 향하는 비행기에 몸을 실었다. 그곳의 남부 재소자 변호 위원회, 즉 SPDC에서 일하면서 몇 주를 보낼 예정이었다.

애틀랜타로 직행하는 비행기 표를 구하지 못해 노스캐롤라이나 샬럿에서 비행기를 갈아탔는데 그곳에서 SPDC 책임자인 스티브 브라이트를 만났다. 휴가를 마치고 애틀랜타로 돌아가는 길이라고 했다. 그는 30대 중반이었고 열정과 확신이 있었다. 갈피를 못 잡고 있는 나와는 완전히 대조적으로 보였다. 스티브는 켄터키 주의 시골 농가에서 자랐고 로스쿨을 마친 다음 워싱턴 D.C.로 진출했다. 컬럼비아 특별구의 뛰어난 국선 변호사였으며 바로 얼마 전에 SPDC의 수장으로 영입되어 조지아에서 사형수를 돕는 업무를 맡은 터였다. 내가 본 여러 법학 교수들과 달리 그는 자신의 믿음에 완벽히 부합되는 일을 하고 있었다. 처음 만났음에도 그는 따뜻하게 나를 포옹해 주었고 자연스레 대화가 시작되었다. 우리 대화는 애틀랜타에 도착할 때까지 계속되었다.

짧은 비행 여정의 어느 시점에서 그가 말했다. 「브라이언, 사형이란 〈돈 없는 사람들이 받는 처벌〉입니다. 당신 같은 사람들의 도움이 없다면 우리는 사형수들을 도울 수 없어요.」

내가 어떤 기여를 할 거라는 그의 즉각적인 믿음에 깜짝 놀랐다. 그는 사형 제도에 관련된 현안들을 간단하고 설득력 있게 정리해 주었고 나는 그의 헌신적인 태도와 카리스마에 완전히 매료되어 이야기를 경청했다.

「여기서 일하는 것에 어떠한 환상도 갖지 않길 바랍니다.」

「오, 아니에요.」 나는 그를 안심시키며 분명하게 말했다. 「당신 같은 사람과 함께 일할 기회를 얻은 것에 감사할 따름이에요.」

「글쎄요, 우리와 함께 일한다고 했을 때 사람들이 〈기회〉라는 단어를 가장 먼저 떠올리는 것 같지는 않더군요. 우리 생활은 비교적 단조로운 편이고 늘 시간에 쫓긴답니다.」

「그런 건 전혀 문제가 되지 않아요.」

「솔직히 말하자면 단조롭게 사는 것보다도 못하다고 할 수 있어요. 가난한 생활에 가깝죠. 빠듯한 생활을 하면서 역경을 감내하고, 모르는 사람들의 호의로 생활을 유지하면서 하루하루를 근근이 살아갑니다. 미래도 불투명하죠.」

내가 걱정스러운 표정을 짓자 그가 미소를 지었다.

「농담입니다. ……어느 정도는요.」

그는 계속해서 다른 화제들로 옮겨 갔지만 그의 마음과 사고는 사형수를 비롯하여 구치소나 교도소에서 부당한 대우를 받는 사람들의 처지에 고정된 듯 보였다. 나는 자신의 일에서 삶의 강력한 활력을 얻는 어떤 사람을 만난 것이 분명했다.

내가 도착한 그해 겨울 SPDC에서 일하는 변호사는 겨우 몇 명에 불과했다. 그들 대부분은 워싱턴의 형사 사건 변호사 출신이었고 사형수들이 변호사를 구하는 문제가 점점 심각해지면서 조지아로 온 사람들이었다. 하나같이 30대인 남성와 여성, 흑인과 백인으로 구성된 변호사들은 동일한 사명과 희망, 그들이 직면한 문제들에서 기인하는 동일한 스트레스를 공유하면서 서로에게 깊은 유대감을 보였다.

수년 동안 형 집행이 금지되거나 연기된 끝에 디프사우스*Deep South*[1] 지역에서는 사형 집행이 재개되고 있었지만 사형수 수감 건물을 가득 채운 사람들에게는 변호사도, 변호사와 상의할 권리도 없었다. 노련한 변호사가 사건을 재검토하는 과정 없이 조만간 자신의 사형 집행이 이루어질 거라는 공포감이 확산되고 있었다. SPDC에는 법률적인 도움을 받지 못한 채 형 집행 날짜가 정해지고 예정일이 빠르게 다가오는 사람들의 전화가 매일같이 폭주했다. 나로서는 그처럼 필사적인 목소리를 이전에는 들어 본 적이 없을 정도였다.

인턴 기간이 시작되자 사람들은 하나같이 내게 무척 친절했고 나는 금세 편안함을 느꼈다. SPDC 사무실은 애틀랜타 시내의 16층짜리 고딕 복고조 양식 건물인 힐리 빌딩에 자리했다. 1900년대 초에 지어진 그 건물은 상당히 낡았고 세입자들이 점점 줄어드는 형편이었다. 나는 책상으로 둘러싸인 비좁은 공간에서 두 명의 변호사들과 함께 일했으며 전화를 받거나 변호사 대신 법률문제

---

1 미국 최남동부 지역, 특히 조지아, 앨라배마, 미시시피, 루이지애나 등을 가리킴.

를 조사하는 등 일반적인 업무를 맡았다. 일상적인 업무에 막 익숙해질 즈음이었다. 어느 날 스티브가 다른 사람들은 짬을 낼 수 없으니 사형수 수감 건물을 방문해서 한 사형수 남성을 만나 보라고 지시했다. 스티브의 설명에 따르면 그 사형수는 사형 선고를 받은 지 2년이 지났지만 사건을 맡아 줄 변호사를 아직까지 구하지 못한 상태였다. 나는 이 남성에게 한 가지 간단한 메시지만 전달하면 되었다. 〈내년까지 당신에 대한 형 집행은 없을 겁니다〉라는 내용이었다.

나는 조지아의 농지와 숲을 가로질러 운전하며 사형수를 만났을 때 할 말을 내내 되뇌었다. 내 소개말도 반복해서 연습했다.

「안녕하세요, 브라이언이라고 합니다. 나는 학생이고…….」 아니다. 「나는 로스쿨 학생이고…….」 아니야. 「나는 브라이언 스티븐슨이라고 합니다. 남부 재소자 변호 위원회라는 법률 단체의 인턴이고 당분간은 당신에 대한 형 집행이 없을 거라는 사실을 전하러 왔습니다.」 「당신은 당분간 사형당하지 않을 것입니다.」 「한동안은 사형될 위험이 없습니다.」 아니다.

나는 계속해서 인사말을 연습했고 마침내 가시철조망 울타리와 하얀색 감시탑이 위협적인 조지아 주 진단과 분류 센터, 즉 조지아 주립 교도소에 도착했다. SPDC 내에서는 〈잭슨〉이라는 이름으로 통하던 터라 표지판에서 실명을 발견하자 왠지 어색했다. 병원 같기도 하고 심지어 치료 시설 같은 느낌도 들었다. 주차한 다음 교도소 본관 정문 앞에 도착했고 다시 본관 내부의 어두컴컴한 복도를 따라 걸음을 옮겼다. 복도 중간중간에는 사방의 모든 접근 경로를 쇠창살로 차단한 문이 설치되어 있었다. 교도소 내부의 모습은 그곳이 정말 무서운 곳이라는 사실을 의심할 일말의 여지도 남겨 주지 않았다.

터널처럼 생긴 복도를 따라 공식 면회 장소로 향했다. 발걸음을 내디딜 때마다 그 소리가 티끌 하나 없이 깨끗한 타일 바닥 위로 기분 나쁘게 울려 퍼졌다. 면회를 담당하는 교도관에게 사형수를 만나러 방문한 법률 보조원이라고 설명하자 그가 의심스러운 눈길로 쳐다보았다. 나는 단벌이던 정장을 입고 있었는데 우리 두 사람이 보기에도 상당히 낡아 있었다. 교도관은 내 운전 면허증 위에서 오랫동안 예리하게 눈을 번득이다가 이윽고 나를 향해 고개를 내밀고 말했다.

「이 지역 사람이 아니군요.」

질문이라기보다 확언에 가까운 말투였다.

「그렇습니다. 하지만 애틀랜타에서 일하죠.」 그는 소장실에 전화해서 적법하게 예정된 방문인지 재차 확인한 다음 면회를 허락했고 무뚝뚝한 표정으로 작은 방을 가리켰다. 그곳에서 면회가 이루어질 모양이었다. 그로부터 경고가 들려왔다. 「이 안에서 길을 잃지 않도록 조심하시오. 우리가 당신을 찾으러 올 거라고 장담할 수 없소.」

면회실은 대략 2제곱미터 넓이였고 등받이가 없는 의자 몇 개가 바닥에 볼트로 고정되어 있었다. 비치된 다른 집기들도 모두 금속으로 제작되었고 단단히 고정된 상태였다. 의자 앞쪽으로 바닥에 작은 턱이 돌출해 있었고 그곳에서 위로 3.65미터 높이의 천장까지 철망이 설치되어 있었다. 내가 들어가기 전까지 면회실은 텅 빈

새장 같았다. 가족이 방문할 경우 재소자와 방문자는 내부의 철망을 사이에 두고 서로 반대편에 앉아서 철망 사이로 대화를 나누어야 했다. 반면 변호사가 방문할 경우에는 〈접촉 면회〉가 이루어졌다. 중간의 철망을 기준으로 같은 쪽, 한 공간에서 재소자와 방문자의 만남이 이루어졌고 보다 많은 개인적인 자유가 허용되었다. 면회실은 좁았으며 그럴 리가 없다는 사실을 뻔히 알고 있음에도 시간이 지날수록 점점 더 좁아지는 느낌이었다. 나 자신의 준비가 부족하다는 사실이 다시 걱정되기 시작했다. 면회는 한 시간 동안 진행될 예정이었지만 내가 아는 것으로는 15분도 채울 자신이 없었다. 나는 등받이가 없는 의자에 앉아 의뢰인을 기다렸다. 15분쯤 지나는 동안 걱정은 커져만 갔고 마침내 문 반대편에서 쇠사슬이 철커덩거리는 소리가 들렸다.

면회실로 걸어 들어온 남자는 나보다 더 불안해 보였다. 나를 힐끗 바라본 그가 걱정스럽게 얼굴을 찡그렸고 나와 시선이 마주치자 재빨리 눈을 돌렸다. 그러고는 면회실로 정말 들어오고 싶지 않다는 듯 문가에 서서 움직일 생각을 하지 않았다. 그는 적당히 근육이 있는 중간 체격에 깨끗하게 면도한 얼굴과 짧은 머리가 단정한 젊은 아프리카계 미국인이었고 새하얀 죄수복을 입고 있었다. 어릴 때 동네에서 알고 지내던 사람들이나 학교 친구들, 함께 운동을 하거나 음악을 했던 사람들, 길거리에서 날씨 이야기를 주고받던 그 누군가처럼 그에게 금세 친근함을 느꼈다. 교도관이 천천히 구속 장치를 풀었고 수갑과 발목의 족쇄를 제거한 다음 내게 시선을 고정한 채 면회가 한 시간임을 상기시켰다. 그는 죄수와 내가 모두 불안해한다는 사실을 눈치채고 재미있어 하는 듯했으며 뒤 돌아서 방을 나가기 전에 내게 히죽 웃어 보였다. 그가 나가자 철문이 쾅 소리를 내며 닫혔고 좁은 면회실 안이 울렸다.

사형수는 당초 서 있던 자리에서 더 이상 다가오려 하지 않았다. 나는 달리 어찌할 바를 몰라 그에게 걸어가서 악수를 청했다. 그가 조심스럽게 악수에 응했다. 함께 자리에 앉자 그가 먼저 말문을 열었다.

「헨리라고 합니다.」

「정말 죄송합니다.」 내 입에서 불쑥 튀어나온 첫마디였다. 그토록 준비하고 할 말을 연습했건만 자꾸 사과의 말만 나왔다.

「정말 죄송해요. 정말 죄송합니다. 그러니까, 그래요, 나는 아는 게 없어요. 음, 나는 법을 공부하는 학생일 뿐 진짜 변호사가 아니에요……. 당신에게 많은 이야기를 해줄 수 없어서 정말 미안해요. 정말로 아는 게 별로 없어요.」

남자가 걱정스럽게 나를 바라보았다. 「내 사건과 관련해 무슨 문제가 있는 건 아니죠?」

「아, 그럼요. 당신에게 아직은 변호사를 배정할 수 없다는 말을 전하도록 SPDC의 변호사들이 나를 보냈어요……. 내 말은 아직 변호사가 배정된 것은 아니지만 내년까지는 사형이 느닷없이 집행될 가능성이 없다는 뜻이에요……. SPDC에서는 당신에게 변호사를 찾아 주려고 노력하고 있습니다. 진짜 변호사를요. 아마도 두세 달 안에는 진짜 변호사가 당신을 만나러 올 겁니다. 나는 학생일 뿐이지만 당신을 돕게 되어 정말 기쁩니다. 혹시라도 내가 도울 수 있는 일이 있다면 말이에요.」

남자가 재빨리 내 손을 잡으며 말을 받았다.

「내년 중에는 사형을 당하지 않을 거라고요?」

「네, 그래요. 당신에 대한 형 집행이 적어도 일 년 이상 남았다고 들었어요.」 내 생각에는 그 이야기를 듣는다고 그의 마음이 편해질 것 같지 않았다. 하지만 헨리가 내 손을 더욱 세차게 잡으며 말했다.

「고마워요. 정말 고마워요! 진짜 좋은 소식이군요.」 그가 어깨를 펴고 나를 바라보았다. 눈빛에서 커다란 안도감이 느껴졌다.

「이곳에 온 지 2년이 지났지만 같은 사형수나 교도관이 아닌 사람을 만난 건 당신이 처음입니다. 여기까지 와줘서 정말 고맙습니다. 더구나 이런 좋은 소식을 듣게 되다니 너무 기뻐요.」 그가 크게 한숨을 내쉬었고 그제야 안심하는 눈치였다.

「아내와 계속 전화 통화는 했지만 아내는 물론이고 아내가 아이들을 데리고 면회를 오는 것에는 내내 반대했습니다. 혹시라도 가족이 방문한 날 사형이 집행될까 봐 두려웠거든요. 그런 식으로 가족을 만나고 싶지는 않았어요. 이제 집에 전화해서 면회를 와도 된다고 알려야겠어요. 고마워요!」

그가 그토록 행복해할 줄은 전혀 몰랐다. 덩달아 나도 긴장이 풀렸고 대화가 시작되었다. 알고 보니 우리는 동갑내기였다. 헨리가 개인적인 질문을 던졌고 나도 그가 걸어온 인생사에 대해 물었다. 한 시간도 지나지 않아서 우리는 대화에 푹 빠져들었고 많은 이야기를 주고받았다. 그는 자신의 가족과 재판에 대해 이야기했다. 내게 로스쿨과 내 가족에 대해 묻기도 했다. 우리는 음악과 교도소에 대한 이야기를 나누었고 사람이 살아가는 데 무엇이 중요하고 중요하지 않은지에 대해 이야기했다. 나는 대화에 완전히 심

취했다. 이따금씩 웃음이 터졌고 그는 감정적이 되거나 슬픔을 드러내기도 했다. 대화가 끝없이 이어지던 어느 순간 밖에서 문을 세게 두드리는 소리가 들렸다. 그제야 내게 할당된 면회 시간이 한참 지났다는 사실을 깨달았다. 시계를 확인했다. 나는 그곳에서 세 시간째 머물고 있었다.

면회실에 들어온 교도관은 언짢은 기색이 역력했다. 그가 내게 으르렁거렸다. 「면회 시간이 한참 전에 끝났습니다. 그만 나가 주시오.」

그가 헨리에게 수갑을 채우기 시작했다. 헨리의 두 팔을 등 뒤로 모아 그 상태로 수갑을 채운 다음 발목에도 거칠게 족쇄를 채웠다. 화난 교도관이 수갑을 너무 꼭 채우는 바람에 헨리의 얼굴이 고통으로 일그러졌다.

내가 〈수갑이 너무 꼭 채워진 것 같은데 조금만 느슨하게 풀어 주시겠어요?〉라고 말했다.

「그만 나가라고 말하지 않았소? 내 일에 이래라저래라 하지 마시오.」

헨리가 미소를 지어 보이며 말했다. 「괜찮아요, 브라이언. 이런 일까지 신경 쓰지 말아요. 대신 다음에 또 만나러 와줘요. 알았죠?」 허리에 채운 쇠사슬이 조금씩 더 조여질 때마다 그의 얼굴도 덩달아 찡그려졌다.

아마도 내가 너무 걱정스러운 표정을 지었던 모양이다. 헨리가 연신 말했다. 「걱정하지 말아요, 브라이언. 괜한 걱정하지 말고 또 봐요. 알았죠?」

교도관이 문 쪽으로 떠밀자 그가 나를 돌아보았다.

나는 처음 만났을 때처럼 다시 중얼대기 시작했다. 「정말 미안해요. 정말 미안 ──」

그가 내 말을 자르면서 말했다. 「이런 건 걱정하지 말아요, 브라이언. 또 보기나 해요.」

그를 바라보며 적절한 말을 떠올리려고 애썼다. 그를 안심시킬 어떤 말을, 인내심으로 나를 대해 준 것에 대한 고마움을 전할 수 있는 어떤 말을 해주고 싶었다. 결국 어떤 말도 떠오르지 않았다. 헨리가 내게 미소를 지어 보였다. 교도관이 그를 문 쪽으로 거칠게 떠밀었다. 헨리를 대하는 교도관의 태도가 눈에 거슬렸지만 정작 헨리는 교도관에게 떠밀리면서도 다리에 힘을 주고 버티면서 방에서 완전히 나가기 직전까지 미소를 잃지 않았다. 그는 무척 평온해 보였다. 그때였다. 그가 전혀 예상치 못한 행동을 했다. 고개를 약간 뒤로 젖힌 채로 눈을 감았다. 갑자기 왜 그러는지 혼란스러웠지만 곧이어 그가 입을 열었고 그 이유를 알 수 있었다. 그는 노래를 부르기 시작했다. 강렬하고 맑은 굉장히 멋진 바리톤의 목소리였다. 헨리의 돌출 행동에 나는 물론이고 교도관도 그를 떠밀다 말고 얼떨떨한 표정을 지었다.

저 높은 곳을 향하여
날마다 나아갑니다
내 뜻과 정성 모두어
날마다 기도합니다.

내가 자란 동네의 교회에서 자주 들었던 오래된 찬송가였다. 최근 수년 동안 듣지 못했던 노래이기도 했다. 헨리는 느릿느릿 찬송가를 불렀다. 무척 경건하고 신념에 찬 모습이었다. 어느 순간 정신을 차린 교도관이 다시 문밖으로 그를 밀치기 시작했다. 발목에는 족쇄를 차고 등 뒤로 양손에는 수갑을 찬 터라 교도관이 앞으로 떠밀자 헨리는 거의 넘어질 듯 비틀거렸다. 오리처럼 뒤뚱거리며 균형을 잡아야 했지만 그는 노래를 멈추지 않았다. 그의 노랫소리가 복도 반대편으로 점점 멀어졌다.

내 주여 내 발 붙드사
그곳에 서게 하소서
그곳은 빛과 사랑이
언제나 넘치옵니다.

나는 그 자리에 털썩 주저앉았다. 완전히 멍해진 상태였다. 헨리의 목소리는 열정으로 가득했다. 그의 노랫소리가 값진 선물처럼 느껴졌다. 당초 나는 그가 부족한 나를 참아 줄지, 걱정과 두려움을 가득 안고서 교도소를 찾았다. 그가 다정하거나 친절할 거라는 기대는 없었다. 아니, 내게는 사형수에게 그 어떠한 것도 기대할 권리가 없었다. 그럼에도 그는 전혀 뜻밖의 인정을 베풀었다. 바로 그때였다. 헨리는 인간의 잠재 능력, 구원, 희망 등에 관한 내 생각을 바꾸어 놓았다.

예정된 한 달의 실습 기간이 끝났다. 그동안 여러 사형수들을 만났고 그들을 도와주려 노력했다. 사형수뿐 아니라 여러 재소자들을 가까이서 지켜보며 나 자신만큼이나 그들에 대한 인간적인 처우가 매우 시급하고 중요한 문제라는 생각이 들었다. 나는 사형이나 중형을 가능하게 하는 법 조항과 원칙들에 대해 알아야겠다는 진지한 열망을 안고서 로스쿨로 돌아왔다. 이후로 헌법과 소송, 상소 절차, 연방 법원, 부차적인 구제 방법 등에 관한 수업들을 찾아 들었다. 형사 소송을 규정하는 헌법 이론에 대한 공부도 병행했다. 나는 인종과 빈곤, 권력 문제를 다루는 법학과 사회학에 깊이 빠져 들었다. 이전까지 로스쿨이 추상적이고 현실과 동떨어진 듯 보였다면 절망에 빠진 수감자들을 만난 뒤로는 모든 것이 관련이 있어 보였고 지극히 중요해졌다. 케네디 스쿨에서 듣는 수업도 새로운 의미를 가졌다. 나는 내 눈앞에서 벌어지는 차별과 불평등을 정량화하고 분석할 수 있는 기술을 서둘러 발전시킬 필요가 있었다.

사형수 수감 건물을 드나들며 지낸 짧은 기간 동안 나는 우리가 재소자들을 대하는 태도에 어떤 것이 결여되어 있음을 알게 되었다. 어쩌면 우리가 누군가를 부당하게 평가하고 있을지 모른다는 사실을 깨달았다. 그리고 조지아에서의 경험을 되돌아보면 볼수록 어떻게, 왜 사람들이 부당하게 평가되는지의 문제를 가지고 나 자신이 내내 고민해 왔음을 깨달았다.

나는 델라웨어 주 델마바 반도의 동부 해안에 위치한 가난하고 인종 차별이 있는 시골에서 자랐다. 미국 인종 차별의 역사가 길고 어두운 그림자를 드리운 동네였다. 버지니아와 메릴랜드 동부에서 델라웨어 아래쪽까지 이어지는 연안 지역 공동체들은 전형적인 남부 도시였다. 이 지역에 사는 많은 사람들은 인종 차별적인 계급제를 고수했으며, 지리적으로 북부와 가깝다는 이유로 계급제를 드러내는 상징물, 표식을 사용하면서 끊임없이 병력을 증강했다. 곳곳에 남부 연합기가 자랑스럽게 게양된 이 지역은 대담하고도 도전적인 문화적, 사회적, 정치적 풍경을 연출했다.

아프리카계 미국인들은 인종적으로 분리된 채 작은 마을 안에서, 그나마도 철길에 의해 격리된 슬럼가나 전국의 〈유색 인종 구역〉에 거주했다. 내가 자란 동네에는 아주 작은 판잣집에 사는 사람들이 있었다. 그들은 집 안에 화장실이 없어서 옥외 화장실을 이용해야 했다. 우리는 옥외 놀이터를 닭이나 돼지와 공유했다.

내 주변의 흑인들은 튼튼하고 의지도 강했지만 소외되고 배척당했다. 양계장 버스가 매일 어른들을 태워 공장으로 데려갔고 그들은 그 공장에서 매일 수천 마리에 달하는 닭의 털을 뽑고 토막내고 손질했다. 흑인 소년이 다닐 수 있는 고등학교가 없었기 때문에 나의 아버지는 10대 때 그 동네를 떠났다. 후에 어머니와 고향으로 돌아와 식품 공장에 취직했으며 주말에는 부업으로 해변의 방갈로에서 허드렛일을 했다. 어머니는 민간인 자격으로 공군 기지에서 일했다. 우리 가족은 모두 인종적 차이라는 불쾌한 옷을, 우리를 구속하고 제한하는 강요된 옷을 걸친 것 같았다.

집안의 다른 어른들도 늘 열심히 일했지만 풍요로운 삶과는 거리가 멀었다. 내가 아직 10대였을 때 할아버지가 남의 손에 목숨을 잃는 사건이 있었지만 우리 가족을 벗어난 바깥세상에서는 그다지 문제되지 않는 분위기였다.

할머니의 부모님은 버지니아 주 캐롤라인 카운티에서 노예 생활을 했다. 할머니는 1880년대에, 할머니의 부모님은 1840년대에 태어났다. 할머니의 아버지는 할머니에게 당신이 노예로 자란 이야기와 어떻게 글을 배웠으며 그 사실을 비밀로 했던 이야기를 자주 들려주었다. 증조할아버지는 노예 신분에서 벗어날 때까지 무지렁이 행세를 했다. 노예 제도는 할머니 자신은 물론이고 할머니가 아홉 명의 자녀를 양육한 방식에도 흔적을 남겼다. 더불어 손자인 내게 이야기하는 방식에도 영향을 미쳤다. 할머니는 입버릇처럼 내게 〈가까이서 보거라〉라고 말했다.

내가 찾아가면 할머니는 숨이 막힐 정도로 나를 꼭 안아 주었다. 그러고는 이렇게 묻고는 했다. 「브라이언, 아직도 할머니가 안아 주는 것 같니?」 내가 그렇다고 대답하면 그대로 넘어갔지만 아니라고 대답하면 할머니의 거센 포옹이 다시 시작되었다. 나는 주로 아니라고 대답하는 경우가 많았다. 할머니의 억센 팔에 안겨 있으면 행복했기 때문이다. 할머니도 손자를 안아 주는 일에 절대로 싫증을 내지 않았다.

할머니는 항상 이렇게 말했다. 「브라이언, 멀리서는 무엇이 중요한지 알 수 없는 경우가 많단다. 가까이 다가가야 해.」

로스쿨 첫해에 나는 괴리감을 느꼈고 그래서 방황했다. 하지만 사형수들을, 부당하게 평가된 사람들을 가까이서 지켜본 경험은 내가 익숙하게 느끼는 어떤 것으로 나를 이끌었다.

이 책은 미국의 대량 투옥과 과도한 처벌 문제를 가까이서 살펴본다. 우리가 이 나라에 사는 다른 사람들을 얼마나 쉽게 비난하는지, 자신의 두려움이나 분노, 거리감 때문에 우리 중 지극히 취약한 상태에 있는 사람들을 우리가 얼마나 부당하게 대하는지 살펴본다. 또한 우리의 최근 역사에서 극적인 한 시기, 즉 인종과 연령,

성별에 상관없이 수많은 미국인의 삶과 영혼 전반에 지워지지 않는 흔적을 남긴 시기를 살펴본다.

1983년 12월 내가 사형수 수감 건물을 처음 방문했을 당시, 미국은 전례가 없을 정도로 가혹하고 징벌적인 국가로 급진적인 변신을 막 시작한 참이었고 그 결과 역사적으로 유례가 없을 정도로 교도소가 포화 상태에 이르고 있었다. 오늘날 미국은 전 세계에서 가장 높은 수감률을 보인다. 1970년대 초까지만 하더라도 30만 명이던 재소자 숫자는 오늘날 230만 명으로 증가했으며 보호 관찰이나 가석방 중인 사람들은 거의 600만 명에 이른다. 2001년을 기준으로 미국에서 태어난 열다섯 명 중 한 명이 구치소나 교도소에 있는 셈이었고 21세기에 태어난 흑인 남성 세 명 중 한 명이 수감자인 셈이었다.

법적으로 인가된 사형을 집행하는 과정에서 수백 명의 죄수들이 총살이나 가스, 전기, 독물 주사 등의 방법으로 목숨을 잃었다. 그리고 이들보다 훨씬 많은 수천 명의 사형수들이 형 집행을 앞두고 있다. 주에 따라서는 최소한의 나이 제한을 두지 않고 미성년자를 성인과 똑같이 기소한다. 그 결과 25만 명에 달하는 청소년들이 성인 구치소나 교도소에 수감되고 장기수로 복역한다. 재소자가 열두 살이 채 되지 않는 경우도 있다. 오랫동안 미국은 청소년에게 가석방 없는 종신형을 선고하는 세계에서 유일한 나라였고 지금까지 거의 3천 명에 가까운 청소년들이 종신형을 선고받았다.

수십만 명의 비폭력적인 범죄자들이 교도소에서 수십 년을 복역한다. 미국에서는 부도 수표를 발행하는 범죄나 좀도둑질, 사소한 재산 침해 행위에 대해 법적으로 종신형이 선고될 수 있다. 약물 중독자들을 상대로도 엄청난 소모전을 치르고 있다. 오늘날 미국의 주립 교도소나 연방 교도소에 수감된 약물 사범은 50만 명을 상회한다. 1980년에는 4만 1,000명에 불과했다.

가석방 제도를 폐지한 주도 많다. 정부의 단호한 의지를 알리기 위해 〈삼진 아웃제〉 같은 표어도 개발했다. 수감자에게 도움을 제공하는 행위가 명백히 과도한 친절이나 동정이라는 이유로 우리는 그들에 대한 갱생이나 교화, 그 밖의 서비스를 포기했다. 대신 그들이 보여 준 최악의 행동에 입각해서 그들을 격하하고 제도적으로 〈범죄자〉나 〈살인자〉, 〈강간범〉, 〈절도범〉, 〈마약상〉, 〈성범죄자〉, 〈흉악범〉 같은 영원한 꼬리표를 붙였다. 범죄를 저지를 당시의 상황은 도외시한 채 또는 그들이 살아가면서 얼마나 개과천선했든 상관없이 절대로 지울 수 없는 낙인을 찍었다.

대량 투옥에서 파생된 부작용도 마찬가지로 심각했다. 우리는 마약 전과가 있는 저소득층 여성들과 결과적으로 그 자녀들에게 식료품 할인 구매권이나 공영 주택을 제공하지 못하도록 했다. 수천 명을 길바닥으로 내몰았을 뿐 아니라 가족끼리 또는 같은 공동체끼리 함께 살지 못하게 했으며, 궁극적으로는 취직조차 불가능하게 하는 새로운 카스트 제도를 만들어 냈다. 전과자에 대하여 투표권을 영구적으로 박탈하는 주도 있다. 그 결과로 남부의 몇몇 주에서는 1965년 투표권법[2]이 발효된 이래 역사상 유례가 없는 수준으로 아프리카계 미국인들의 투표권이 박탈되기도 했다.

끔찍한 실수도 일어난다. 수십 명의 무고한 사람들이 사형 선고

---

2 흑인과 소수 민족의 선거권 보장을 목적으로 하는 법.

를 받았다가 형이 집행되기 직전에 무죄로 풀려났다. 사형까지는 아니더라도 유죄를 선고받았다가 DNA 검사를 통해 무죄로 풀려난 경우는 훨씬 많다. 유죄일 거라는 추정, 가난, 인종적 편견, 그밖에 만연한 사회적, 구조적, 정치적 역학 등이 오류로 밝혀진 시스템을, 지금도 수천 명의 무고한 사람들을 감옥에서 고통받게 하고 있는 제도를 만들어 냈다.

끝으로 우리는 엄청난 돈을 쏟아붓고 있다. 구치소와 교도소에 지출되는 주 정부와 연방 정부의 예산은 1980년 69억 달러에서 오늘날 800억 달러로 증가했다. 민영 교도소 건축업자들과 교도소 운영을 맡는 민간 위탁 기업들은 그들의 수익을 늘리기 위해 새로운 죄를 만들고 보다 강력한 처벌을 부과해서 재소자 숫자를 늘리도록 주 정부와 지방 정부를 설득하는 데 수백만 달러를 사용한다. 치안을 개선하고, 대량 투옥으로 인한 비용을 절감하고, 가장 중요하게는 재소자의 갱생을 증진해야 할 유인이 사사로운 이익 때문에 뒷전으로 밀려난 것이다. 주 정부는 수감 비용을 충당하기 위해 어쩔 수 없이 공공 서비스나 교육, 보건, 복지 분야의 예산을 전용했고 그 결과 이제는 전례 없는 경제 위기에 봉착했다. 교도소 내 의료 서비스나 상업 등 일단의 서비스를 민영화함으로써 대량 투옥은 소수의 몇몇 사람들에게 돈벌이를 위한 절호의 기회가 되었지만 나머지 사람들에게는 막대한 비용을 부담 지우는 악몽이 되었다.

로스쿨을 졸업하고 나는 디프사우스 지역으로 돌아갔다. 가난한 사람들과 재소자들, 사형수들을 변호하기 위해서였다. 그리고 지난 30년간 월터 맥밀리언처럼 억울하게 유죄 판결을 받고 사형수가 된 사람들과 가깝게 지냈다. 뒤에 소개될 월터의 사례를 통해서 나는 잘못되거나 신뢰할 수 없는 평결에 대한 우리 사회의 충격적인 무관심, 편견을 오히려 익숙하게 여기는 사회 분위기, 부당한 기소와 유죄 판결에 대한 우리의 내성 등을 배웠다. 또 유죄를 선고하거나 사형을 내리는 권능이 무책임하게 행사될 경우 우리 제도가 어떻게 기소된 당사자, 그들의 가족과 공동체 그리고 범죄의 희생자에게 정신적 외상을 초래하고 고통을 안겨 주는지 알게 되었다. 아울러 다른 것도 알게 되었다. 이런 암담함 속에서도 희망의 불빛이 존재한다는 사실 말이다.

월터의 이야기는 이 책에 소개되는 수많은 사례 중 하나에 불과하다. 나는 그렇지 않아도 학대와 소외를 당한 터에 성인 재판을 받고 성인 교도소에 수감된 뒤로 더욱 심한 학대와 혹사에 시달리는 청소년들도 변호했다. 여성 재소자를 변호하기도 했다. 여성 재소자의 숫자는 최근 30년 사이에 640퍼센트나 증가했는데 이 같은 현상은 약물 중독에 대한 우리 사회의 과잉 반응과 저소득층 여성에 대한 적개심을 보여 준다. 가난한 여성의 임신이 불행한 결과로 이어질 경우 우리는 그들을 쉽게 범죄자로 간주하고 기소했다. 지적 장애가 있는 사람들도 변호했다. 지적 장애인들은 그들의 장애 때문에 종종 수십 년씩 수감 생활을 했다. 나는 폭력 범죄의 희생자와 그 가족들과도 가깝게 지냈으며, 대량 투옥의 결과로 얼마나 많은 교도관과 교도소 직원들이 건강을 잃고, 성마르거나 폭력적으로 변하고, 덜 공정하고 몰인정하게 됐는지 목격했다.

끔찍한 범죄를 저질렀지만 자신의 실수를 만회하고 속죄하려고 노력하는 사람들의 변호도 맡았다. 나는 많은 사형수와 재소자의 마음속 깊은 곳에서 종종 희망과 인간적인 면모를, 아주 조금만 도와줘도 놀라운 삶으로 발전할 수 있는 부활의 씨앗을 발견했다.

그들과 가까이 지내면서 나는 근본적이고 겸허한 어떤 진실을 배웠다. 〈우리는 우리가 저지른 최악의 행동보다 나은 존재다〉라는 교훈도 그중 하나이다. 가난한 사람들과 재소자들을 위해 일하면서 가난의 반대말이 부가 아니라는 확신도 생겼다. 가난의 반대말은 정의였다. 마침내 우리가 부자나 권력자, 특권층, 덕망가를 대하는 방식으로는 우리가 가진 정의감의 진정한 크기나 우리 사회의 도덕성, 법치와 공정함, 평등을 지향하려는 의지 등을 판단할 수 없다고 믿게 되었다. 우리 사회의 도덕성을 판단하는 진정한 척도는 우리가 빈곤층과 소외층, 피의자와 재소자, 사형수를 대하는 방식에 있다.

부당한 대우를 받는 사람을 모른 체할 경우 결국에는 그 영향이 우리 모두에게 미치기 마련이다. 측은지심의 부재는 지역 공동체는 물론이고 나라 전체의 품위를 떨어뜨릴 수 있다. 두려움과 분노는 우리에게 복수심과 폭력, 불공평함과 부당함을 부추기며 결국에는 자비의 부재로 모두가 고통받는 그리고 타인을 괴롭힌 만큼 스스로를 자책하는 상황을 만든다. 대량 투옥과 극단적인 처벌 문제에 가까이 다가가면 갈수록 다음을 주지해야 한다는 생각이 점점 강해졌다. 우리 모두에게 자비와 정의감, 그리고 아마도 약간은 분에 넘치는 품위가 요구된다는 사실을.

차례

1장
앵무새 죽이기

임시 접수 담당자는 짙은색 고급 정장을 입은 세련된 아프리카 계 미국인 여성이었다. SPDC 애틀랜타 지부의 평범한 직원들에 비하면 눈에 확 띄는 옷차림이었다. 나는 로스쿨을 졸업하고 그곳으로 돌아와 상근직으로 일하는 중이었다. 그녀가 출근한 첫날이었다. 나는 평소처럼 청바지와 스니커즈 차림으로 그녀에게 다가가 혹시라도 궁금한 것이 있으면 물어보라고 제안했다. 그녀의 적응을 도와주기 위해서였다. 그녀는 냉랭하게 나를 바라보면서 자신이 실은 능숙한 법률 보조원임을 상기시킨 다음 내 호의를 물리쳤다. 다음 날도 내가 다른 한 벌의 청바지와 스니커즈 차림으로 출근하자 그녀는 당혹한 기색이 역력했다. 마치 사무실을 잘못 찾아온 낯선 부랑자를 대하는 듯했다. 잠시 마음을 가다듬은 그녀가 나를 부르더니 자신은 일주일 안에 그곳을 떠나 〈진짜 법률 사무소〉에서 일할 거라고 털어놓았다. 나로서는 행운을 빌어 주는 수밖에 없었다. 한 시간쯤 지나자 그녀가 내 방으로 인터폰을 걸어왔다. 〈로버트 E. 리〉[3]로부터 전화가 와 있다고 했다. 나는 저절로 미소가 지어졌다. 그녀를 잘못 생각했다는 사실에 기분이 좋아졌다. 그녀는 분명 유머 감각이 있는 여성이었다.

「정말 재미있는 농담이군요.」

그녀가 말했다. 「농담 아니에요. 그 사람이 정말 그렇게 말했어요.」 장난기 하나 없는, 지루함이 밴 목소리였다. 「2번이에요.」

나는 수화기를 들고 2번을 눌렀다.

「여보세요, 브라이언 스티븐슨입니다. 무엇을 도와 드릴까요?」

「브라이언, 로버트 E. 리 키입니다. 도대체 월터 맥밀리언 같은 사람을 변호하려는 이유가 뭐요? 그가 사우스앨라배마에서 가장 큰 마약상으로 악명이 자자하다는 사실은 알고 있소? 당신이 그의 법적 대리인이 되었다는 통보를 받았는데 이 사건은 당신이 관여할 일이 아니오.」

「누구시라고요?」

「키 판사요. 맥밀리언 사건에 개입하지 마시오. 이 사건이 진정 얼마나 비열한 사건인지 나를 비롯해 누구도 정확히는 모르지만 추잡한 사건인 것만은 분명합니다. 어쩌면 이자들이 딕시 마피아*Dixie Mafia*[4]일 수도 있소.」

한 번도 만난 적 없는 판사의 설교하는 듯한 말투와 당혹스러운 이야기에 나는 완전히 어리둥절해졌다. 〈딕시 마피아라고?〉 월터 맥밀리언이라면 2주 전에 만난 적이 있었다. 다섯 건의 사형 사건에 착수하면서 사전 조사를 위해 사형수 수감 건물에서 꼬박 하루

---

3 1807~1870년. 미국의 장군. 남북 전쟁 당시 남군 총사령관을 맡은 그는 미국 역사상 가장 유명한 장군들 가운데 한 명이다.

4 미국 동남부를 주 무대로 활동하는 마피아.

를 보낼 때였다. 아직 재판 기록을 검토하지는 않았지만 담당 판사의 성이 〈키〉라는 사실이 떠올랐다. 아무도 그의 이름이 로버트 E. 리라는 사실을 말해 주지 않았던 것이다. 내가 기억하는 월터 맥밀리언에게서 〈딕시 마피아〉의 이미지를 떠올리려 애썼다.

「딕시 마피아라고요?」

「그렇소. 그 외에 또 무엇이 있을지 누가 알겠소? 나는 앨라배마 법률가 협회에 소속되지도 않은 타지 출신 변호사에게 이런 사형 사건을 맡기지 않을 겁니다. 그러니 아무 생각 말고 가서 소를 취하하시오.」

「저도 앨라배마 법률가 협회 소속입니다.」

나는 조지아 주 애틀랜타에 거주했지만 앨라배마의 구치소와 교도소 환경에 관련된 몇 건의 재판에 관여하면서 1년 전 앨라배마 법률가 협회에 가입된 터였다.

「음, 나는 이제 모빌 카운티에서 일하고 있소. 더 이상 먼로빌에서 일하지 않는다는 말이오. 행여라도 명령 신청에 관한 심리가 열린다면 당신이 애틀랜타에서 모빌까지 와야 할 거요. 나는 당신에게 어떠한 편의도 제공하지 않을 거요.」

「알겠습니다. 필요하다면 내가 모빌로 가겠습니다.」

「아울러 당신을 변호사로 배정하지도 않을 거요. 그자가 그 정도로 가난하다고 생각되지 않기 때문이지. 듣자하니 그자는 먼로 카운티 여기저기에 돈을 묻어 놓았다고 하더군.」

「판사님, 저는 그 사람의 변호사로서 무언가를 하고자 하는 것이 아닙니다. 맥밀리언 씨에게도 설명했지만 우리는……」 그와 통화하던 중 처음으로 내가 적극적인 진술을 하려고 할 때였다. 갑자기 전화기 신호음이 들렸다. 몇 분 동안 나는 전화가 우연히 끊겼을 거라고 생각했지만 결국에는 판사가 일방적으로 끊었다는 사실을 깨달았다.

월터 맥밀리언을 처음 만났을 때 나는 20대 후반이었고 SPDC에서 일을 시작한 지 막 4년째 되던 해였다. 앨라배마의 상황이 점점 심각해진다는 사실을 알게 된 뒤로 미친 듯이 매달린 여러 사건 중 하나였다. 앨라배마에는 거의 백 명에 달하는 사형수들이 있었을 뿐 아니라 새로이 사형 선고를 받는 사람들이 전국에서 가장 빠른 속도로 증가하고 있었지만 국선 변호인 제도가 없었고 그래서 어떤 법적 대리인도 없는 사형수들이 많았다. 내 친구 에바 앤슬리는 사건들을 추적해서 사형수에게 변호사를 연결해 주는 앨라배마 교도소 프로젝트를 진행했다. 1988년, 연방 자금을 지원받아서 사형수들을 변호하는 법률 사무소를 설립할 기회가 찾아왔다. 그 자금으로 새로운 비영리 단체를 설립할 계획이었다. 우리는 앨라배마 서부에 위치한 도시 터스컬루사에 법률 사무소를 열고 이듬해부터 사건을 맡기로 했다. 그 무렵 나는 남부의 여러 주에서 이미 많은 사형 사건을 변호했고 때로는 의뢰인이 전기의자에 앉기 정말 몇 분 전에 형 집행 중지를 얻어 내기도 했다. 그럼에도 비영리 법률 사무소를 맡아서 운영하기에는 나 자신이 준비가 되어 있지 않다는 생각이 들었다. 사무소 운영이 궤도에 올라서고 운영을 맡아 줄 적임자가 나타나면 다시 애틀랜타로 돌아가기로 내심 계획을 세웠다.

로버트 E. 리 키 판사로부터 전화를 받기 이삼 주 전 나는 사형수 수감 건물을 방문해서 다섯 명의 절박한 사형수들을 만났다. 월리 태브와 버넌 매디슨, 제시 모리슨, 해리 닉스, 월터 맥밀리언이었다. 기진맥진하고 감정적으로 힘든 하루를 마치고 한참을 운전해서 애틀랜타로 돌아오는 길에 머릿속에서는 다섯 건의 사건과 각각의 의뢰인들이 마구 뒤섞였다. 그 와중에도 월터만은 또렷하게 기억했다. 그는 나보다 최소한 열다섯 살 정도 많았고 다른 네 명보다 특별히 많이 배우지도 않았으며 작은 시골 마을 출신이었다. 무엇보다도 자신이 잘못 기소되었다는 그의 끈질긴 주장이 계속 뇌리에 맴돌았다.

면회실에서 그가 말했다. 「브라이언 씨, 당신에게 중요한 문제가 아닐 수 있다는 것은 알지만 내가 결백하다는 사실을, 사람들이 내가 저질렀다고 주장하는 짓을 내가 하지 않았다는 사실을 당신이 알아주는 게 내게는 무엇보다 중요합니다.」 그의 목소리는 침착했지만 감정이 들어 있었다. 나는 고개를 끄덕였다. 사실과 다른 것으로 밝혀지기 전까지는 의뢰인의 이야기를 사실로 인정해야 한다고 배운 터였다.

「물론이죠. 당연히 이해합니다. 기록을 검토해 보면 그들이 어떤 증거를 가졌는지 보다 잘 알 수 있을 테고 그러면 그 증거들에 대해 이야기를 나눌 수 있을 겁니다.」

「하지만…… 저기요, 자신이 무죄라고 주장하는 사형수를 만나는 것이 분명히 내가 처음은 아니겠지만 당신은 정말로 나를 믿어야 해요. 내 인생이 파탄 났어요! 그들이 내게 뒤집어씌운 거짓말은 도저히 내가 감당할 수 있는 수준이 아니에요. 나를 믿어 주는 누군가의 도움을 받지 못한다면 나는……」

그의 입술이 떨리기 시작했고 울음을 참으려고 주먹을 그러쥐었다. 그가 억지로 마음을 다잡는 동안 나는 조용히 앉아서 기다렸다.

「미안합니다. 나를 돕기 위해서 당신이 최선을 다할 거라는 사실을 압니다.」 그가 한층 더 가라앉은 목소리로 말했다. 나는 본능적으로 그를 위로해 주고 싶었다. 그는 정말이지 심각한 고통을 겪고 있는 듯 보였다. 하지만 내가 할 수 있는 일이 별로 없었다. 사형수 수감 건물에서 몇 시간 동안 수많은 사람의 이야기를 듣고 난 뒤였다. 남은 힘을 쥐어짜서 사건과 관련된 모든 것을 주의 깊게 살펴보겠다고 그를 안심시킬 뿐이었다.

애틀랜타의 내 좁은 사무실에는 터스컬루사에 사무실이 준비되는 대로 그곳으로 보내질 법원 기록들이 쌓여 있었다. 로버트 E. 리 키 판사의 불쾌한 말들이 여전히 머릿속을 맴도는 가운데 나는 산처럼 쌓인 서류들을 헤집어서 월터 맥밀리언의 재판 서류를 찾아냈다. 공판 기록은 네 권 분량밖에 되지 않았다. 재판이 금방 마무리되었다는 뜻이었다. 판사의 극적인 경고는 자신의 결백을 감정에 호소하던 맥밀리언 씨의 주장에 관해 더 이상 미뤄 둘 수 없을 정도로 호기심을 유발했다. 나는 재판 기록을 읽기 시작했다.

평생을 먼로 카운티에서 살았음에도 월터 맥밀리언은 하퍼 리나 그녀가 쓴 『앵무새 죽이기』에 대해 전혀 들어 본 적이 없었다. 앨라배마 먼로빌은 퓰리처상을 받은 하퍼 리의 책이 1960년대에 전국적인 베스트셀러가 되자 뻔뻔스럽게도 그녀가 그 고장의 딸이라는 사실을 부각시켰다. 그녀는 먼로 카운티로 돌아왔지만 은둔 생활을 하면서 좀처럼 대중 앞에 모습을 나타내지 않았다. 그녀가 은둔 생활을 하자 그녀의 문학적 고전을 홍보하려는, 또는 책의 유명세를 이용해서 지역을 홍보하려는 카운티의 노력은 그야말로 거칠 것이 없었다. 영화로 각색되는 과정에서 그레고리 펙이 악명 높은 법정 장면을 촬영하기 위해 먼로 카운티를 방문했고 그 연기로 아카데미상을 수상했다. 지역 지도자들은 후에 낡은 법원을 〈앵무새〉 박물관으로 개조했다. 일단의 지역민들은 〈먼로빌의 앵무새 배우들〉을 조직해 하퍼 리의 소설을 연극 무대에 올렸다. 그것이 인기를 끌자 배우들은 미국 전역과 해외로 다니며 허구 소설을 바탕으로 한 진품 연기를 여러 지역의 관객에게 선보였다.

하퍼 리의 소설은 소설에서 다루어지는 불편한 진실보다 대중의 감상벽을 자극했다. 백인 변호사가 무고한 흑인 남성을 용감하게 변호하는 1930년대의 이야기는 백인 여성을 강간한 혐의로 억울하게 기소된 흑인 남성의 불편한 사건을 다루었음에도 수백만 명의 독자들을 매료시켰다. 하퍼 리가 특히 애정을 보인 등장인물 애티커스 핀치와 그의 조숙한 딸 스카웃은 남부의 특정한 인종적, 사법적 현실에 맞섬으로써 독자들을 사로잡았다. 장래에 변호사가 되길 희망하는 세대들은 린치를 가하려는 분노한 백인 폭도들로부터 무방비 상태의 흑인 용의자를 보호하기 위해 스스로를 무장한 용감한 애티커스 같은 변호사가 되길 꿈꾸며 자랐다.

오늘날 수십 개의 법률 단체들이 하퍼 리의 소설에 묘사된 변호사 모델을 기리기 위해 소설 속 변호사의 이름으로 상을 수여한다. 반면 애티커스가 무고하게 기소된 흑인 남성을 〈성공적으로〉

변호하지 못했다는 사실은 자주 간과된다. 억울하게 기소된 흑인 피고 톰 로빈슨에게는 결국 유죄 평결이 내려진다. 얼마 뒤 그는 절망에 빠져 필사의 탈옥을 시도하다가 죽음을 맞는다. 그를 쫓는 사람들에게 등에 열일곱 발의 총알을 맞고 사망한다. 그는 불명예를 안고 죽었지만 그를 죽인 행위 자체는 불법이 아니었다.

톰 로빈슨과 마찬가지로 월터 맥밀리언도 먼로빌 외곽에 위치한 가난한 흑인 동네에서 자랐으며 학교에 들어갈 나이가 되기 전까지 가족을 도와 농사를 지었다. 앨라배마 남부에서 소작농의 자식들은 유용한 농사꾼이 되기에 충분한 나이가 되자마자 〈밭을 갈고, 파종하고, 수확하는 일〉에 투입되었다. 1950년대 흑인 아이에게는 교육의 기회가 제한됐지만 월터의 어머니는 어린 맥밀리언이 다 쓰러져 가는 〈흑인 학교〉에 2년 정도 다니도록 했다. 하지만 여덟아홉 살 무렵 그는 먼 미래의 이익을 위해 학교에 다니기에는 면화를 수확하는 일에서 너무나 소중한 자원이 되어 버렸다. 열한 살이 되자 다른 형들 못지않게 쟁기질을 잘할 수 있었다.

바야흐로 시대가 더 좋은 쪽으로, 그러면서도 한편으로는 더 안 좋은 쪽으로 변하고 있었다. 19세기에는 플랜테이션 농장주들이 면화 생산을 통해 먼로 카운티의 발전을 주도했다. 앨라배마 남서부의 해안 평야에 위치한 기름지고 비옥한 흑토 지대가 노스캐롤라이나와 사우스캐롤라이나 주의 백인 정착민들을 끌어들였으며 그들은 매우 성공적으로 플랜테이션 농장을 건설하고 엄청나게 많은 노예들을 거느렸다. 남북 전쟁이 끝난 뒤로도 수십 년 동안 많은 아프리카계 미국인들이 생계를 위해 백인 지주에게 의지한 채 〈블랙 벨트〉, 즉 옥토 지대로 알려진 들판에서 셰어크로퍼*sharecropper*[5]로 고되게 일했다. 이후 1940년대로 접어들어 수천 명의 아프리카계 미국인들이 이 지역을 떠나 흑인 대이동에 가세했고 일거리를 찾아서 주로 중서부와 서부 해안으로 향했다. 남은 사람들이 계속해서 땅을 경작했지만 아프리카계 미국인들의 유출에 다른 요인들까지 겹치면서 전통적인 경작 방식은 더 이상 이 지역의 경제적 토대로서 지속적인 기능을 수행하기 어렵게 되었다.

1950년대에 이르자 셰어크로퍼 제도를 통한 흑인들의 저렴한 노동력에도 불구하고 소규모 면화 농업의 수익은 점점 더 악화되었다. 그러자 앨라배마 주 정부는 펄프 및 제지 공장에 임시 감세 혜택을 제공해서 이 지역의 백인 지주들이 임업과 임산물 산업으로 전환하는 것을 돕기로 결정했다. 앨라배마의 펄프 및 제지 공장 16개 중 13개가 이 시기에 문을 열었다. 블랙 벨트 전역에서 점점 더 많은 땅들이 제지 공장과 산업적 용도의 소나무 재배지로 변해갔다. 기본적인 시민권을 획득하기는 했지만 새로운 산업에서 대체로 배제된 아프리카계 미국인들은 새로운 경제 위기에 직면했다. 소작과 흑인 차별법인 짐 크로법으로 얼룩진 잔혹한 시대가 저물고 있었지만 고질적인 실업 문제와 더욱 심각해진 가난이 뒤를 이었다. 블랙 벨트에 속한 카운티들은 미국에서 가장 가난한 지역으로 남게 되었다.

월터 맥밀리언은 시대의 흐름을 간파할 정도로 똑똑했다. 그는 독자적으로 펄프 용재 사업을 시작했고, 사업은 1970년대 목재 산업과 더불어 성장했다. 기민하고 대담하게 돈을 빌려서 전기톱과

---

5 토지, 농구, 가축, 비료 등을 빌린 대가로 현금 대신 수확의 일부를 지주에게 바치는 소작농.

트랙터, 펄프용 트럭도 장만했다. 1980년대에 이르자 그의 사업은 큰돈이 되지는 않았지만 만족할 만한 수준의 자립도를 갖춘 탄탄한 기업으로 발전했다. 만약 그가 특정한 재료나 제품을 생산하는 공장에서 일했거나 사우스앨라배마의 지극히 가난한 흑인들이 하는 일 같은 특별한 기술이 필요 없는 일터에서 일했다면, 필연적으로 백인 사업주 밑에서 일하면서 1970년대와 1980년대 앨라배마에 만연했던 인종 차별 스트레스를 감수해야 했을 것이다. 인종 차별의 현실에서 완전히 벗어날 수는 없었지만 갈수록 성장하는 경제 분야에서 독자적인 사업체를 운영한 덕분에 월터는 많은 아프리카계 미국인과 달리 어느 정도 자유를 누릴 수 있었다.

그러한 자립성은 월터에 대한 약간의 존경심과 감탄을 자아내기도 했지만 멸시와 의혹을 유발하기도 했다. 특히 먼로빌의 흑인 동네를 벗어나면 더욱 그랬다. 먼로빌의 일부 백인들이 보기에 월터는 제한된 교육을 받은 아프리카계 미국인이 합법적인 수단으로 얻을 수 있는 것보다 과분한 자유를 누렸다. 그럼에도 그는 여전히 유쾌하고, 공손하고, 관대하고, 협조적이었으며 상대가 흑인이든 백인이든 사업적으로 그와 거래하는 사람들로부터 호감을 샀다.

월터에게도 단점은 있었다. 그는 오래전부터 여자를 밝히는 것으로 유명했다. 젊을 때 결혼해서 아내인 미니와 세 명의 자녀까지 두었지만 그가 다른 여성들과 그렇고 그런 관계라는 것은 잘 알려진 사실이었다. 소위 〈목재일〉은 손이 많이 가고 위험하기로 악명이 높았다. 일상의 안락함을 모른 채 평생을 살아온 그에게 여성 편력은 쉽게 저항할 수 없는 어떤 것이었다. 길고 숱이 많은 머리, 들쑥날쑥한 턱수염 등 투박한 외모와 관대하고 매력적인 성격이

어우러진 그에게는 뭇 여성의 관심을 끄는 무언가가 있었다.

월터는 흑인 남성과 백인 여성의 교제가 얼마나 엄격하게 금지되어 있는지 배우면서 성장했지만 1980년대로 접어들면서 그러한 금기도 바뀌고 있을지 모른다고 착각했다. 자영업을 통해 충분히 먹고살 만큼 성공하지 못했더라면 절대 침범하지 말아야 할 인종 간의 경계를 철저히 지켰을지도 모를 일이었다. 사실 처음에 월터는 와플 하우스에서 아침을 먹다가 만난 젊은 백인 여성 캐런 켈리의 추파에 그다지 큰 의미를 부여하지 않았다. 그녀가 매력적이기는 했지만 진지하게 받아들이지 않았다. 하지만 그녀가 보다 노골적으로 추파를 던지자 월터는 망설였고 곧이어 아무도 모를 거라고 자신을 설득했다.

이삼 주가 지날 무렵 캐런과의 밀애는 명백한 문제로 드러났다. 스물다섯 살인 캐런은 월터보다 열여덟 살이나 어렸고 게다가 유부녀였다. 그들 두 사람이 〈친구〉라는 소문이 나돌자 그녀는 월터와의 부적절한 관계에서 자극적인 자부심을 느낀 듯 보였다. 그녀의 남편이 알게 되면서 상황은 지저분하게 급변했다. 그들 부부는 오래전부터 행복하지 않은 결혼 생활을 해왔고 머잖아 이혼할 예정이었지만, 흑인 남자와의 염문은 캐런의 남편과 그의 가족들을 분노하게 했다. 남편은 자녀에 대한 양육권을 획득하고자 소송에 들어갔고, 아내의 부정을 드러내고 흑인 남자와의 부적절한 관계를 폭로하는 등 공개적으로 아내를 욕보이려 했다.

월터는 항상 법정을 멀리하고 법적인 문제를 피하려고 노력했다. 수년 전 술집에서 주먹다짐에 휩쓸렸다가 경범죄 판결을 받고 구치소에서 하룻밤을 보낸 적이 있었는데 그가 법적인 문제에 휘말린 것은 그때가 처음이자 마지막이었다. 그 뒤로는 한 번도 형사 사법 제도와 얽힌 적이 없었다.

자녀 양육권을 놓고 아내와 법정 싸움을 벌이던 켈리의 남편 측 변호사로부터 증언을 위해 법정에 출두하라는 소환장을 받는 순간 월터는 그 일이 자신에게 심각한 문제를 초래할 거라는 사실을 직감했다. 이런 식의 위기가 닥쳤을 때 자신보다 머리 회전이 빠른 아내 미니와 상의할 형편도 아니라서 그는 초조한 마음으로 법정에 출두했다. 켈리의 남편 측 변호사가 월터를 증인석으로 불렀다. 월터는 캐런과 〈친구〉였음을 인정하기로 이미 결심한 상태였다. 남편 측 변호사가 월터에게 그들이 나눈 우정의 본질에 대해 원색적인 질문을 던졌고 캐런의 변호사가 이의를 제기했다. 월터로서는 다행스럽게도 구체적인 부분까지는 설명하지 않아도 되었지만 법정을 나서자 그를 향한 분노와 증오가 사방에서 손에 만져질 듯 전해졌다. 그 일과 관련한 모든 불편한 경험을 잊고 싶었던 월터의 바람과 달리 소문은 빠르게 퍼져 나갔고 월터에 대한 평판도 급변했다. 더 이상 그는 백인들에게 소나무 숲에서 톱 하나로 일을 해치우는 근면한 펄프 용재 사업가가 아니었다. 이제 그는 훨씬 걱정스러운 어떤 것을 상징했다.

미국에서 다른 인종 간의 섹스와 결혼에 대한 두려움은 뿌리가 깊다. 인종과 섹스의 조합은 남북 전쟁 뒤에 추진된 남부 재건 조치를 무력화하고, 짐 크로법Jim Crow laws[6]을 백 년 동안 지속시키

---

6 미국 남부 11개 주에서 1876년부터 1965년까지 시행된 법으로, 공공장소에서 흑인과 백인의 분리와 차별을 규정하고 있다.

고, 20세기 전반의 차별적인 인종 정책을 부채질하는 강력한 유인으로 작용했다. 노예 제도의 여파 속에서 탄생한 인종 간 위계와 분리 제도는 주로 월터와 캐런의 경우처럼 다른 인종이 성적으로 친밀한 관계를 맺는 것을 막기 위해 만들어 졌다. 즉 그러한 관계는 사실상 〈이인종 간 결혼 금지법〉을 통해 법적으로 금지된 것이었다. (〈이인종 간 결혼miscegenation〉은 다른 인종 간 섹스, 결혼 그리고 노예 제도가 폐지될 경우 초래될 인종 결합에 대한 공포감을 조장하기 위해 노예 제도를 지지하는 사람들이 만들어 낸 단어로 1860년대부터 사용되기 시작했다.) 한 세기가 넘도록 남부의 많은 주에서 법 집행 공무원들은 백인 여성과 교제한 흑인 남성을 조사하고 처벌하는 것을 그들의 절대적인 임무로 여겼다.

남부 재건을 도모하던 짧은 기간 동안 연방 정부가 노예 신분에서 벗어난 사람들에게 인종적 평등을 약속했지만 1870년대에 들어 연방군이 철수하자 앨라배마는 백인 우월주의와 인종 종속주의로 빠르게 회귀했다. 아프리카계 미국인들의 투표권은 박탈되었고 일련의 인종 차별적인 법률들이 인종 간 위계를 강화했다. 특히 〈인종적 순수성〉을 강조하는 법률들이 제정되었는데 이는 노예 제도에서 파생된 인종 간 위계와 아프리카계 미국인의 종속 상태를 복구하려는 계획의 일부였다. 남부의 여러 주들은 다른 인종 간 섹스와 결혼을 범죄로 규정하고 이를 근거로 가난한 소수 인종 여성들에게 불임 수술을 정당하게 강요하고는 했다. 남부의 여러 도시들은 백인 여성과 흑인 남성 간의 섹스를 금지하는 데 열을 올렸다.

린치가 다른 인종 간 연애에 대한 통상적인 반응이 되기 몇 해

전, 그리고 월터와 캐런 켈리가 연애를 시작하기 백 년 전인 1880년대 앨라배마의 아프리카계 미국인 남성 토니 페이스와 백인 여성 메리 콕스가 사랑에 빠졌다. 그들은 체포되었고 유죄 판결을 받았으며 앨라배마의 인종적 순수성에 관한 법률을 위반한 죄로 두 사람 모두에게 각각 징역 2년이 선고되었다. 백인 변호사로는 드물게 인종적 순수성에 관한 법률이 위헌이라고 생각한 존 톰킨스가 항소를 맡아 토니와 메리를 변호하기로 했다. 1882년 앨라배마 대법원이 해당 사건을 재검토했고 이후로 수십 년간 수시로 인용될 미사여구를 사용해 가면서 원심을 확정했다. 혐오감이 진득하게 묻어나는 논조였다.

서로 다른 인종 두 사람 사이에서 발생할 경우, 부정이나 간통죄의 사악한 풍조는 훨씬 심각한 문제가 된다. ……그로 인해 두 인종의 혼혈, 잡종의 탄생 그리고 문명의 타락이라는 결과가 나타날 수 있기 때문이다. 우리 사회와 정부에게 최선의 이익을 안겨 줄 건전한 정책으로 이 문제를 사전에 예방해야 한다.

미국 대법원에서도 앨라배마 대법원의 판결을 검토했다. 20년 뒤 〈플레시 대 퍼거슨〉 사건에서 내려질 악명 높은 판결을 미리 보여 주기라도 하듯, 미국 대법원은 〈그들 나름의, 하지만 대동소이한〉 논조를 사용하여 만장일치로 다른 인종 간 섹스와 결혼에 관한 앨라배마의 규제, 그리고 토니 페이스와 메리 콕스에게 내려진 징역형을 지지했다. 대법원의 결정을 계기로 인종적 순수성 법안을 통과시키는 주들이 더욱 늘어났다. 아프리카계 미국인은 물론 경우에 따라서는 아메리카 원주민이나 아시아계 미국인이 백인과 결혼하거나 섹스하는 것을 법적으로 금지했다. 집행에 적극적이던 남부를 비롯해 중서부와 서부에서도 관련 규제가 흔해졌다. 심지어 아이다호 주는 인구의 99.8퍼센트가 흑인이 아니었음에도 1921년에 이인종 간의 결혼과 백인과 흑인 사이의 섹스를 금지했다.

1967년에 이르러 마침내 미국 대법원은 〈러빙 대 버지니아〉 판결에서 이인종 간 출산 금지법을 폐지했지만 이 기념비적인 판결 뒤에도 다른 인종 간 결혼에 대한 규제는 끈질기게 이어졌다. 앨라배마 주 헌법은 월터가 캐런 켈리를 만나는 1986년까지도 여전히 해당 행위를 금지했다. 앨라배마 주 헌법 102항을 보면 다음과 같다.

입법부는 흑인 또는 흑인의 후손과 백인의 결혼을 인가하거나 합법화하는 어떠한 법안도 통과시킬 수 없다.[7]

월터처럼 비교적 성공하고 경제적으로도 독립적인 남자가 그 모든 규제를 지킬 거라고 기대하는 사람은 아무도 없었다. 술에 취해 추태를 보이거나 싸움에 휘말리거나 심지어 외도를 저지르기는 했어도 단지 무분별한 행동일 뿐이었다. 일도 잘하고 믿을 수 있는 정직하고 근면한 흑인 남자로서 그의 평판이나 위치를 위협

7 연방법상 강제로 집행될 수 없음에도 앨라배마 주 내에서의 이인종 간 결혼 금지법은 21세기까지 존속되었다. 마침내 2000년에 들어서야 개혁자들이 해당 사안을 주 전체 투표에 붙일 수 있을 정도로 충분한 표를 확보했다. 실시된 투표에서 유권자 과반수가 금지법을 폐지하는 쪽을 선택했지만 41퍼센트는 유지하는 쪽을 선택했다. 2011년에 미시시피 공화당 내에서 실시된 여론 조사에서도 46퍼센트가 이인종 간 결혼 금지법을 지지했으며 40퍼센트는 반대했고 나머지 14퍼센트는 결정을 내리지 못한 것으로 나타났다 — 원주.

할 정도로 심각한 행동은 아니었다. 그럼에도 백인 여성, 그것도 유부녀와의 연애는 많은 백인들의 눈에 부도덕한 행동으로 비쳐졌다. 남부 사회에서 살인이나 폭행 같은 죄를 저지르면 교도소로 보내졌지만 이인종 간의 섹스는 그에 상응하는 극단적인 처벌을 받을 위험이 있는 독특한 범주의 범죄였다. 백인과 섹스를 했을 거라는 근거 없는 추정만으로도 수백 명의 흑인 남성들이 린치를 당했다.

법률적인 역사까지는 몰랐지만 월터도 앨라배마의 모든 흑인 남성과 마찬가지로 백인과 연애하면 위험하다는 것을 뼛속 깊이 인식하고 있었다. 규제가 시행된 이래로 먼로 카운티에서만 그동안 10여 명의 흑인 남성이 린치를 당했다. 근처의 다른 카운티에서 일어난 사건들도 수십 건에 달했다. 이러한 사건들이 갖는 진정한 위력은 발생 건수에 있지 않았다. 린치는 무엇보다 테러 행위였고, 백인을 만나는 경우, 다른 인종과 사회적으로 부적절한 관계에 휘말리는 경우, 의도하지 않게 모욕을 준 경우, 경솔한 시선을 던지거나 경솔한 어떤 말을 한 경우에 끔찍하고 치명적인 반응을 유발할 수 있다는 공포심을 불러일으켰다.

월터는 어릴 때 부모와 친척들이 린치 사건에 대해 이야기하는 것을 들으며 자랐다. 그가 열두 살 때는 먼로 카운티에 살던 흑인 남성 러셀 찰리의 시체가 앨라배마 브레덴버그에서 나무에 매달린 채 발견되었다. 월터 가족과도 알고 지내던 찰리의 린치 사건은 백인 여성과 로맨스를 벌였기 때문에 일어났다. 총알이 박혀 생명력을 잃은 찰리의 시체가 나무에 대롱대롱 매달린 채 발견되었을 때 먼로 카운티의 흑인 사회를 관통했던 공포감을 월터는 똑똑히 기억했다.

월터의 눈에는 이제 모든 먼로 카운티 사람들이 자신과 캐런 켈리의 관계에 대해 수군거리는 듯 보였다. 일찍이 경험하지 못한 걱정거리가 생기는 순간이었다.

몇 주 뒤 더더욱 상상도 못할 사건이 먼로빌을 충격에 빠뜨렸다. 1986년 11월 1일 늦은 아침, 먼로빌에서 존경받는 집안의 젊고 아름다운 딸 론다 모리슨이 먼로빌의 한 세탁소 바닥에서 시신으로 발견되었다. 열여덟 살짜리 여대생이 자신이 일하던 가게에서 목숨을 잃은 것이다. 등에 세 발의 총을 맞은 채였다.

먼로빌에서 살인은 보기 드문 사건이었다. 사람들의 왕래가 잦은 시내의 가게에서 외견상 강도 살인 사건인 듯한 사고가 발생한 것은 전례 없는 일이었다. 젊은 론다의 죽음은 여태껏 먼로빌에서 발생한 어떤 범죄와도 달랐다. 그녀는 인기가 많았고 외동이었으며 사람들 말에 따르면 흠잡을 데가 없었다. 백인 사회 전체가 딸처럼 여기던 그런 아가씨였다. 처음에는 경찰도 흑인이든 백인이든 먼로빌 사람이 그처럼 잔혹한 짓을 저질렀을 리가 없다고 생각했다.

론다 모리슨의 사체가 발견되던 날 일자리를 찾는 두 명의 라틴아메리카계 남자들이 목격되었고 그들이 첫 번째 용의자로 지목되었다. 경찰은 플로리다에서 그들을 찾아냈고 사건 당일 그들이 살인을 저지를 수 없는 상황이었음을 알아냈다. 세탁소의 예전 주인 마일스 잭슨이라는 나이 든 백인 남자도 의심을 받았지만 그가 살인범임을 암시하는 어떠한 증거도 발견되지 않았다. 현재 주인 릭 블레어도 조사를 받았지만 곧바로 용의선상에서 제외되었다. 사건 발생 몇 주 만에 경찰의 수사는 막다른 벽에 부딪쳤다.

먼로 카운티 사람들이 무능한 경찰을 향해 수군거리기 시작했다. 몇 개월이 지나도 살인범을 체포하지 못하자 수군거림은 더욱 커졌고 지역 신문과 라디오 방송에서는 경찰과 보안관, 지방 검사장을 공공연하게 비판했다. 살인 사건이 발생하고 불과 며칠 뒤에 새로 보안관이 된 톰 테이트는 사람들에게 보안관으로서의 능력을 의심받기 시작했다. 지원 요청을 받고 앨라배마 수사국도 수사에 나섰지만 사건을 해결하는 데 지역 경찰보다 나은 성과를 보여 주지는 못했다. 먼로빌 사람들은 점점 불안해졌다. 지역 상인들은 범인을 체포하는 데 결정적인 정보를 제공하는 사람에게 1천 달러를 주겠다며 현상금을 걸었다. 가뜩이나 활발하던 총기 거래가 더욱 증가했다.

이 와중에도 월터는 자신의 문제와 씨름하느라 정신이 없었다. 그는 캐런 켈리와의 관계를 정리하기 위해서 몇 주째 애쓰고 있었다. 양육권 소송과 만천하에 드러난 추문 때문에 캐런 켈리의 상황도 좋지 못했다. 그녀는 마약에 손을 댔고 완전히 망가지는 듯 보였다. 그녀의 추락에 완벽하게 정점을 찍어 줄 것 같은 남자와의 교제도 시작했다. 그는 랠프 마이어스라는 백인 남자로, 심하게 훼손된 얼굴과 화려한 전과를 가진 사람이었다. 그동안의 캐런을 생각하면 랠프는 독특한 연애 상대였다. 하지만 친구와 가족들도 그녀의 행동을 전혀 이해할 수 없을 만큼 그녀는 심각하게 망가져 가고 있었다. 랠프와 사귀면서 그녀의 삶은 완전한 밑바닥으로 치달았으며 추문과 마약 중독을 넘어 심각한 범죄 행위를 저지르기에 이르렀다. 그들은 마약 거래에 손을 댔고 이웃한 에스캠비아 카운티 출신의 비키 린 피트먼이라는 젊은 여성의 살인 사건에 휘말렸다.

경찰은 피트먼 사건을 수사하면서 금방 성과를 냈고 곧바로 랠프 마이어스가 연루되었다는 결론에 도달했다. 그리고 랠프를 심문하는 과정에서 육체적인 흉터뿐 아니라 정신적으로도 문제가 있는 남자와 대면하게 되었다. 랠프는 감정적이고 심약했으며 사람들의 관심에 목말라했다. 사실을 조작하고 허위로 진술하는 기술은 그가 보유한 유일한 방어 수단이었다. 자신의 이야기가 항상 서사적이고 충격적이며 그럴듯해야 한다고 믿었다. 어릴 때 수양 가정에서 지냈는데 그때 사고로 끔찍한 화상을 입었다. 기본적인 기능을 회복시키기 위해 수차례 수술을 받아야 했을 정도로 그 사고는 랠프의 얼굴과 목을 심하게 훼손했고 흉터를 남겼다. 그는 낯선 사람들이 불쾌한 표정으로 자신의 흉터를 째려보는 것에 나름 익숙해졌다. 사람들에게 버림받고 소외된 채 살아가는 불쌍한 남자였지만 온갖 불가사의에 관한 내부 사정을 잘 아는 척함으로써 주어진 처지를 만회하고자 했다.

처음에 랠프 마이어스는 피트먼 살인 사건과 직접적으로 관련이 있다는 사실을 부인했다. 나중에는 자신이 우연히 그 사건에 연루되었다고 인정했지만 곧장 그 지역의 흥미로운 몇몇 인물들에게 책임을 떠넘겼다. 그가 처음으로 지목한 용의자는 아이작 데일리라는 악명 높은 흑인 남성이었다. 살인 사건이 일어나던 날 밤 데일리가 감방에 있었다는 사실을 경찰이 금세 알아내자 이번에는 진짜 살인범이 인근의 한 카운티에서 다름 아닌 보안관으로 선출된 사람이었기에 거짓말했다고 자백했다.

너무나 충격적인 주장이었던 만큼 앨라배마 수사국 요원들도 그의 주장을 진지하게 받아들이는 듯했다. 추가로 질문들이 이어졌지만 진술이 계속될수록 신빙성은 떨어졌다. 경찰이 그의 단독 범행을 의심하기 시작하자 그는 자신의 죄를 축소하기 위해서 어떻게든 다른 사람을 끌어들이려고 안간힘을 썼다.

비키 피트먼의 죽음도 뉴스거리였으나 론다 모리슨의 죽음을 둘러싼 풀리지 않는 미스터리에 비할 바는 아니었다. 비키는 가난한 백인 가정 출신인 데다가 가족 중에 교도소에서 복역 중인 사람도 있었다. 그녀는 론다 모리슨이 가진 그 어느 것도 누리지 못하던 여성이었다. 세간의 관심은 수개월째 모리슨 사건에 집중되었다.

랠프 마이어스는 글을 몰랐음에도 수사관들이 모리슨 사건에 목을 맨다는 사실을 알았다. 자신의 보안관 범인설이 아무런 성과를 거두지 못하자 그는 재차 진술을 바꾸었고 수사관들에게 캐런 켈리와 그녀의 흑인 남자 친구 월터 맥밀리언도 비키 피트먼의 살인에 가담했다고 주장했다. 그게 전부가 아니었다. 경찰에게는 월터가 론다 모리슨을 죽였다고 했다. 수사관들의 관심이 온통 그의 주장에 쏠렸다.

머지않아 두 건의 살인은 고사하고 월터 맥밀리언이 랠프 마이어스를 만난 적도 없다는 사실이 명백해졌다. 두 사람의 공모 사실을 입증하기 위해 앨라배마 수사국 요원이 랠프에게 한 가게에서 월터 맥밀리언을 만나라고 요구했다. 그사이 요원들이 그들의 반응을 살필 참이었다. 론다 모리슨 살인 사건이 발생한 지 수개월이 지난 시점이었다.

가게로 들어선 랠프는 그 안에 있던 대여섯 명의 흑인 남성들 가운데 월터 맥밀리언을 알아보지 못했다(그는 가게 주인에게 월터 맥밀리언이 누구인지 물어야 했다). 그가 캐런 켈리의 쪽지를 월터에게 건넸다. 다분히 의도적이었다. 목격자의 증언에 따르면 월터는 생전 처음 보는 랠프 때문에 그리고 그가 건넨 쪽지 때문에 어리둥절해했다. 그는 쪽지를 던져 버리고 다시 자신이 하던 일에 열중했다. 그 기묘한 만남 자체에 아예 관심을 보이지 않았다.

그들을 감시하던 앨라배마 수사국 요원들은 랠프와 월터의 관계를 암시하는 어떠한 증거도 얻을 수 없었다. 두 사람이 이전까지 만난 적이 없다는 사실을 보여 주는 증거들만 넘쳐 날 뿐이었다. 그럼에도 수사관들은 월터가 범인이라는 랠프의 주장에 집착했다. 살인 사건이 벌어진 지 7개월이 지났고 지역 사회는 두려워하면서도 분노하고 있었다. 비판의 목소리도 거세졌다. 수사국 요원들은 범인을 체포하기 위해 필사적이었다.

먼로 카운티의 신임 보안관 톰 테이트는 법 집행 경험이 그다지 많지 않았다. 본인의 설명에 의하면 그는 〈진정한 토박이〉였고 먼로빌을 멀리 벗어난 적이 없다는 사실을 무척 자랑스럽게 여기는 인물이었다. 보안관에 임명된 지 4개월째로 접어들면서 그는 일견 해결이 불가능해 보이는 살인 사건과 그에 따른 대중의 엄청난 압박에 직면했다. 랠프가 경찰에게 맥밀리언과 캐런 켈리의 관계를 언급했을 때 테이트는 한때 수많은 촌평을 양산했던 켈리의 양육권 심리를 통해 그들의 악명 높은 연애 사건에 대해 이미 잘 알고 있었던 것 같다. 물론 월터 맥밀리언이 범인이라고 암시하는 증거

는 어디에도 없었다. 그동안의 증거는 단지 그가 아프리카계 미국
인이고 백인 여성과 간통 사건에 연루되어 있었으며, 그런 점으로
미루어 보아 비록 전과도 없고 평판도 좋지만 무모하고 잠재적으
로 위험한 인물이라고 이야기할 뿐이었다. 어쩌면 그것만으로도
증거는 충분했다.

2장
저항

애틀랜타에서 법조계에 첫발을 내디딘 이래로 스티브 브라이트의 집 거실 소파에서 잠자리를 해결하던 나는 1년 6개월 만에 마침내 아파트를 구하기로 했다. 애틀랜타에서 처음 일을 시작할 당시에는 직원들이 모두 고생고생하며 앞으로 나아가고 있었다. 하나의 위기를 해결하면 또 다른 위기가 기다리는 식이었다. 지낼 곳을 마련할 겨를도 없이 마감 시한이 임박한 소송이 내게도 곧바로 배정되었고, 1만 4천 달러의 연봉으로는 임대료를 감당하기도 버거웠기에 친절한 스티브가 나를 자신의 집에 받아 주었던 것이다. 좁은 그랜트 파크 복층 아파트에서 스티브와 함께 지낸 덕분에 나는 사건과 의뢰인에 관련된 복잡한 사안이나 문제를 시간의 구애 없이 그와 상의할 수 있었다. 우리는 크고 작은 사안들을 매일 아침부터 한밤중까지 함께 분석했다. 그런 생활도 좋았다. 그러나 로스쿨 동기인 찰스 블리스가 애틀랜타 법률 구제 협회에서 일하게 되어 애틀랜타로 왔을 때 우리는 우리 두 사람의 빈약한 주머니를 합치면 저렴한 임대 아파트를 구할 수 있겠다는 데 생각이 미쳤다.

찰스와 나는 하버드 로스쿨 입학 동기였고 1학년 때는 같은 기숙사에서 생활하기도 했다. 그는 노스캐롤라이나 출신의 백인 학생이었고 로스쿨에서 우리가 경험하는 것들에 대해 나와 비슷한 혼란을 겪는 듯 보였다. 우리는 도피처였던 학교 체육관에 자주 가서 농구를 하거나 이런저런 문제들을 이해하려고 노력했다.

찰스와 나는 애틀랜타의 인먼 파크 근처에 집을 구했다. 1년 뒤 집세가 오르면서 애틀랜타 내의 버지니아 하이랜드 구역으로 이사했고 1년 뒤에 또다시 집세가 오르는 바람에 미드타운으로 이사했다. 미드타운에서 함께 지낸 침실 두 개짜리 아파트는 여태까지 우리가 구한 곳 중 최고의 동네에 위치한 최고의 아파트였다. 다만 앨라배마에서의 일이 점점 많아지면서 나는 그 아파트에서 많은 시간을 보내지 못했다.

앨라배마의 사형수들을 변호하는 새로운 법률 프로젝트에 관한 계획이 구체화되기 시작했다. 내 바람은 앨라배마에서 프로젝트가 순조롭게 출발하도록 도와주고 궁극적으로는 애틀랜타로 돌아오는 것이었다. 이제 앨라배마의 사형 재판까지 추가된 나의 소송 사건 일람표에 따르면 나는 애틀랜타에서 앨라배마까지 자동차로 출퇴근하면서 동시에 그동안 내가 남부의 여러 주에서 소송을 제기한 몇 건의 교도소 환경 관련 사건들을 해결하기 위해 비상식적으로 많은 시간을 일해야 했다.

재소자들의 수감 환경은 어디나 할 것 없이 갈수록 열악해지고 있었다. 1970년대 애티카 교도소 폭동 사건으로 교도소 내에서 자행되는 끔찍한 학대에 전국적인 관심이 쏠렸다. 피수용자들이 애티카 교도소를 점거하면서 비좁고 제한된 공간에 재소자를 몇 주에서 몇 개월 동안 격리시키는 독방 감금 같은 교도소 내의 잔인한 관행들이 세간에 알려졌다. 〈사우나실〉이라고 불리는 관 정도 되는 크기의 구멍이나 상자에 재소자를 가두는 교도소도 있었다. 그 안에 갇힌 재소자는 며칠이나 몇 주 동안 엄청나게 뜨거운 열기를 견뎌야 했다. 일부 재소자들은 교도소 규정을 위반했다는 이유로 전기가 흐르는 소몰이 막대로 고문을 당했다. 양팔이 머리 위로 당겨진 고통스러운 자세로 〈말뚝〉에 묶인 채 몇 시간을 버텨야 하는 경우도 있었다. 이러한 관행은 2002년에 위헌으로 공표되기 전까지 재소자를 상대로 자행되던 모멸적이고 위험한 수많은 처벌 중 일부에 불과했다. 열악한 음식과 생활 환경은 어느 한 곳의 문제가 아니었다.

결국 마흔두 명이 목숨을 잃고 끝이 난 애티카 교도소 사건은 교도소 내의 학대와 비인간적인 환경이 얼마나 위험한지 보여 주었다. 늘어난 관심은 기본적으로 정당한 법 절차에 따라 재소자를 보호해야 한다는 몇몇 대법원 판결로 이어졌다. 심각한 학대 행위를 근절해서 잠재적 폭력 문제를 예방하고자 개혁을 실시하는 주도 생겨났다. 그럼에도 불과 10년 만에 빠르게 증가한 수감률은 필연적으로 수감 환경의 악화를 초래했다.

우리는 재소자로부터 수십 통의 편지를 받고 있었다. 하나같이 끔찍한 교도소 환경을 호소하는 내용이었다. 자신이 여전히 교도관에게 구타를 당하며 비인간적인 대우와 모멸적인 처벌을 받는다고 토로했다. 자신의 수용실, 즉 감방 안에서 시체로 발견되는 재소자와 관련한 제보가 놀라울 정도로 많이 도착했다.

나 역시 그런 사건들 몇 건을 맡고 있었다. 앨라배마 개즈든 카운티에서 발생한 사건도 그중 하나였다. 교도관은 교통 법규를 위반해서 체포된 39세의 흑인 남성이 자연사했다고 주장했다. 죽은 남자의 가족들은 경찰과 교도관이 그를 구타했으며 제발 천식 흡입기와 약을 달라는 그의 요구를 거부했다고 주장했다. 나는 비탄에 빠진 루리다 러핀의 가족들과 오랜 시간을 보내면서 그가 얼마나 따뜻한 아버지였는지, 얼마나 친절한 사람이었는지, 사람들이 그를 얼마나 오해하고 있었는지 이야기를 들었다. 그는 198센티미터에 육박하는 키와 113킬로그램이 넘는 체중 때문에 위협적인 인상을 주기도 했지만 아내와 친모의 주장에 따르면 다정하고 친절한 사람이었다.

어느 날 밤 개즈든 카운티 경찰이 러핀 씨의 차를 잡아 세웠다. 그가 운전하던 자동차가 차선을 벗어났다는 이유였다. 경찰은 그의 면허증이 몇 주 전 만료된 사실을 발견하고 그를 구속했다. 멍이 심하게 들고 피를 흘리면서 카운티 구치소에 도착한 그는 다른 수감자들에게 말하길 자신이 끔찍하게 얻어맞았으며 천식 호흡기와 약이 절실하게 필요하다고 했다. 나는 사건을 조사하기 시작했고 경찰이 그를 구타하고 독방으로 끌고 가는 것을 보았다는 재소자들의 진술이 잇따랐다. 몇 시간 뒤에 그들은 의료진이 환자 이송용 침대에 그의 시신을 실어 독방에서 다른 곳으로 옮기는 광경을 목격했다.

1970년대와 1980년대 초에 실시된 개혁에도 불구하고 구치소나 교도소 내의 재소자 사망 사고는 여전히 심각한 문제였다. 자살, 재소자 간의 폭력, 부적절한 의료 서비스, 교도관의 학대, 교도소 경비의 폭행 등으로 매년 수백 명의 재소자들이 목숨을 잃었다.

오래지 않아 개즈든 카운티 사람들이 또 다른 건을 접수했다. 10대 흑인 소년이 경찰이 쏜 총에 맞아서 사망한 사건이었다. 소년의 부모는 경찰이 사소한 교통 법규 위반 때문에, 요컨대 정지 신호를 무시했다는 이유로 아들의 차를 세웠다고 말했다. 그들의 어린 아들은 이제 막 운전을 시작한 초보 운전자였고 경찰이 다가오자 잔뜩 겁에 질렸다. 가족의 주장에 따르면 소년은 갓 발급된 운전 면허증을 꺼내려고 바닥에 있던 운동 가방으로 손을 넣었다. 하지만 경찰은 그가 무기를 꺼낸다고 외쳤고 소년은 운전석에 앉은 채 총에 맞아 사망했다. 차 안에서는 어떠한 무기도 발견되지 않았다. 소년을 쏜 경찰은 그 소년이 자신을 위협했으며 해를 끼칠 듯한 돌발적인 움직임을 보였다고 주장했다. 소년의 부모는 아들이 대체로 소심하고 겁도 많았지만 순종적이었고 다른 사람에게 해를 끼친 적이 없다고 설명했다. 소년은 무척 독실하고 성실한 학생이었다. 가족이 민권 운동가들을 설득해서 아들의 죽음을 조사하도록 압력을 넣을 수 있었을 정도로 나름 평판도 좋았다. 바로 그 민권 운동가들의 탄원서가 우리 사무실에 도착했고 나는 다른 구치소와 교도소 환경 관련 소송과 더불어 그 사건을 조사하기 시작했다.

다른 몇 개의 주에서 사형 재판을 진행하면서 동시에 앨라배마의 민법과 형법까지 공부하느라 나는 정신없이 바빴다. 교도소 환경 문제와 관련하여 새로 추가된 소송까지 진행하려면 장거리 운전과 더불어 무척 오랜 시간을 일해야 했다. 내가 타고 다니던 1975년식 낡은 혼다 시빅은 이런 상황을 겨우 버티고 있었다. 라디오는 1년 전부터 쭉 고장 난 상태였다. 그나마 도로에 파인 구멍을 지나거나 급정지하면서 자동차가 심하게 흔들릴 때면 순간적으로 전원이 연결되어 작동되고는 했다.

아침 일찍 개즈든을 출발하여 3시간 동안 운전해서 사무실로 직행했다가 퇴근하려고 사무실을 나서자 다시 한밤중이 되어 가고 있었다. 운전석에 앉아 시동을 거는데 기특하게도 라디오가 켜졌다. 법조계에 몸담은 지 3년 남짓한 세월 사이에 나는 지금처럼 사소한 일로도 행복 지수가 급상승하는 그런 사람이 되어 있었다. 이 야밤에 라디오가 작동할 뿐 아니라 방송국에서 특집으로 슬라이 앤드 더 패밀리 스톤의 음악을 틀어 주고 있었다. 어릴 때 슬라이의 노래를 듣고 자랐던 나는 흐뭇한 마음으로 「댄스 투 더 뮤직」, 「에브리바디 이즈 어 스타」, 「패밀리 어페어」 같은 노래를 들으며 애틀랜타의 도로를 달렸다.

애틀랜타 미드타운의 우리 아파트는 밀집 거주 지역에 위치했다. 밤이 되면 주차할 공간을 찾아 반 블록 혹은 블록이 끝나는 모퉁이까지 가야 했다. 하지만 오늘 밤은 운이 좋았다. 덜덜거리는 시빅을 새로 이사한 집 현관에서 불과 몇 발자국 떨어진 장소에 주차했다. 라디오에서는 슬라이의 「핫 펀 인 더 서머」가 막 시작되고 있었다. 늦은 시간이었고 잠도 자야 했지만 그냥 지나쳐 버리기에는 너무 아까운 생각이 들어서 나는 음악을 들으며 계속 차 안에 머물렀다. 노래 한 곡이 끝날 때마다 이제 들어가자고 혼잣말을 했지만 그러면 도저히 저항할 수 없는 노래가 또 시작되었고 자리를 뜰 수가 없었다. 점점 고조되면서 장엄한 복음 성가처럼 끝나는 슬라이의 대표적인 노래 「스탠드!」라는 축가를 따라 부를 때였다. 경찰차의 번쩍이는 경광등이 다가오는 것이 보였다. 우리 집에서 불과 두세 집 떨어진 곳에 주차를 해놓은 터라 경찰이 다른 급한 용무 때문에 지나가는 거라고 생각했다. 그들이 내 차까지 대략 6미터 남기고 차를 세웠을 때 나는 어리둥절해졌다.

우리 동네의 도로는 모두 일방통행이었다. 주차된 내 차는 순방향을 향해 있었고 경찰차는 도로를 따라 역방향으로 내려왔다. 나는 그제서야 그 차가 일반적인 순찰차가 아니라 애틀랜타 특수 기동대 차량임을 알아보았다. 경찰은 차에 부착되어 있는 스포트라이트로 차 안에 앉아 있는 나를 비추었다. 그 순간 어쩌면 그들이 애초부터 나를 노리고 그곳에 나타났을지 모른다는 생각이 불쑥 들었다. 이유는 알 수 없었다. 자동차를 세워 놓고 길에서 슬라이의 노래를 들은 지 대략 15분 정도 지났을 뿐이었다. 하물며 자동차에 딸린 스피커는 다 고장 나고 하나만 작동했으며 그마저도 상태가 좋지 못했다. 절대 음악 소리가 자동차 밖으로 새어 나갔을 리가 없었다.

경찰은 내게 조명을 맞춘 채 1분 정도 그대로 차 안에 앉아 있었다. 나는 여전히 「스탠드!」가 흘러나오던 라디오를 껐다. 조수석에는 루리다 러핀과 개즈든 카운티에서 경찰 총에 맞아 사망한 어린 소년의 사건 파일이 놓여 있었다. 얼마 안 있어 경찰 두 명이 차에서 내렸다. 딱 보기에도 그들은 평범한 애틀랜타 경찰 복장이 아니었다. 마치 군인처럼 검은색 군화와 검은색 바지, 검은색 조끼를 입고서 불길한 기운을 내뿜고 있었다.

나는 차에서 내려 집으로 들어가기로 했다. 그들이 차 안에 있는 나를 매섭게 노려보았음에도 여전히 그들이 나와는 상관없는 다른 일 때문에 그 근처에 온 것이길 바랐다. 혹시라도 내게 어떤 문제가 있는지 걱정하는 거라면 아무 문제 없다고 알려 주면 될 거라고 판단했다. 차에서 내리는 것이 잘못되거나 위험한 행동이라는 생각은 전혀 들지 않았다.

내가 자동차 문을 열고 나오자마자 내 차를 향해서 막 걸음을 내딛던 경찰은 권총을 꺼내 나를 겨누었다. 그 순간 내가 얼마나 당황한 표정을 지었을까.

첫 번째 본능이 도망치라고 말했다. 하지만 곧장 현명한 짓이 아니라는 판단이 들었다. 그때였다. 어쩌면 그들이 진짜 경찰이 아닐지도 모른다는 생각이 얼핏 스쳤다.

「움직여 봐. 머리통을 날려 줄 테니!」 경찰이 말했고 그가 무슨 말을 하는지 이해할 수 없었다. 나는 냉정을 유지하려고 애썼다. 누군가 내게 총을 겨눈 것은 그때가 처음이었다.

「손들어!」 경찰은 나와 비슷한 키의 백인이었다. 어둠 때문에 그의 검은색 제복과 나를 겨눈 총구만 겨우 보일 뿐이었다.

나는 손을 들었고 그가 긴장한 듯 보인다는 사실을 알아차렸다. 내가 무슨 생각으로 말을 시작했는지 기억나지 않지만 무슨 말을 했는지는 지금도 기억한다. 「괜찮아요. 진정해요.」

잔뜩 겁에 질려 있었기 때문에 내 목소리도 덜덜 떨렸을 것이 분명했다.

나는 계속 같은 말을 되풀이했다. 「괜찮아요. 진정해요.」 그리고 마침내 이렇게 말했다. 「나는 여기 살아요. 여기가 내 아파트예요.」

5미터도 채 되지 않는 거리에서 내 머리에 총을 겨누고 있는 경찰을 바라보았다. 그의 손이 떨리는 것을 본 것도 같았다.

최대한 차분히 계속해서 말했다. 「괜찮아요. 진정해요.」

권총을 꺼내지 않은 두 번째 경찰이 조심스럽게 조금씩 내게 다가왔다. 첫 번째 경찰이 계속 총을 겨누는 사이 인도를 따라 내려와서 주차된 내 자동차 뒤를 돌아 뒤에서 접근하더니 내 양팔을 잡고 자동차 트렁크로 나를 밀어붙였다. 그제서야 첫 번째 경찰이 총을 내렸다.

두 번째 경찰이 물었다. 「밖에서 뭐하고 있는 거요?」 총을 꺼냈던 첫 번째 경찰보다 나이가 많아 보였고 화난 목소리였다.

「여기 살아요. 바로 몇 달 전에 저 아래 집으로 이사왔어요. 집에 룸메이트가 있으니 가서 물어보세요.」 잔뜩 겁먹은 듯한 내 말투와 덜덜 떨리는 내 목소리가 싫었다.

「집에 안 들어가고 길에서 뭐하는 거요?」

「음악을 들었을 뿐이에요.」 그는 내게 양손을 차 위에 올리고 자동차 트렁크에 엎드리게 했다. 특수 기동대 차량의 밝은 스포트라이트가 계속해서 나를 비추었다. 잠에서 깬 동네 사람들이 불을 켜고 현관으로 밖을 내다보는 모습이 보였다. 우리 옆집에도 불이 켜지더니 중년 백인 남자와 여자가 밖으로 나왔고 차에 엎드린 나를 노려보았다.

나를 붙잡은 경찰이 내게 운전 면허증을 요구했다. 팔을 움직여서 면허증을 꺼낼 수 있도록 해주지는 않았다. 바지 뒷주머니에 들었다고 알려 주자 그가 내 바지 주머니에서 지갑을 꺼냈다. 다른 한 명은 이제 내 자동차 안으로 몸을 들이민 채 서류들을 뒤지고 있었다. 내가 알기로 그에게는 내 자동차를 수색할 어떠한 마땅한 근거도 없었다. 그는 명백히 불법적인 수색을 자행하고 있었다. 그가 조수석 사물함까지 뒤지면 나도 뭐라고 할 참이었다. 주차된 차량을 수색하는 것이 엄청난 불법 행위였음에도 그는 규칙 따위에 전혀 신경 쓰지 않았고 결국 나는 그 문제로 왈가왈부해 봐야 아무런 소용이 없을 거라는 사실을 깨달았다.

내 차에는 그들의 관심을 끌 만한 것이 아무것도 없었다. 마약이나 술도 없었고 심지어 담배도 없었다. 나는 조수석 사물함에 대용량 땅콩 M&M 봉지와 바주카 풍선껌을 넣고 다녔다. 끼니를 놓쳤을 때 허기를 쫓기 위해서였다. 봉지 안에는 M&M이 조금 남아 있었는데 경찰이 봉지를 꼼꼼하게 살펴보았다. 봉지 안에 코를 박고 냄새까지 맡아 보고는 도로 사물함에 던져 넣었다. 나는 그 안에 남은 초콜릿 과자들을 절대로 먹지 않을 것이다.

운전 면허증을 새로 발급받을 정도로 새 아파트에 오래 살지 않았기 때문에 운전 면허증에 기재된 주소와 새로 이사한 주소는 당연히 일치하지 않았다. 이사할 때마다 운전 면허증을 새로 발급받아야 한다고 법으로 정해진 것도 아니었다. 하지만 그 때문에 경찰이 자신의 차로 돌아가서 내 신원을 조회하느라 나는 10분이나 더 붙잡혀 있어야 했다. 한편 내가 경찰에게 붙잡혀 있는 시간이 길어질수록 이웃들은 점점 대담해졌다. 늦은 시간이었음에도 구경꾼들이 하나둘씩 집 밖으로 나오고 있었다. 그동안 동네에서 일어났던 강도 사건들을 이야기하는 소리가 들렸다. 특히 어떤 백인 할머니는 큰 소리로 자신이 잃어버린 물건들에 대해 내게 물어보라고 요구했다.

「그 사람이 내 라디오와 진공청소기를 훔쳤는지 물어봐요!」 이번에는 또 다른 여인이 사흘째 보이지 않는 자신의 고양이에 대해 물었다. 나는 우리 아파트에 불이 켜지고 찰스가 나와서 나를 도와주기를 마냥 기다렸다. 찰스는 같은 법률 구제 협회에서 일하는 여성과 사귀는 중이었는데 평소 그녀의 집에서 많은 시간을 보냈다. 불현듯 그가 집에 없을지도 모른다는 생각이 들었다.

마침내 신원을 조회하러 갔던 경찰이 돌아와서 동료에게 말했다. 「깨끗하네요.」 실망한 목소리였다.

나는 용기를 내 자동차에서 손을 뗐다. 「정말 큰 실수를 한 겁니다. 나도 여기 주민입니다. 그럴 필요가 전혀 없었어요. 도대체 왜 그런 겁니까?」

나이 많은 경찰이 내게 난색을 표했다. 「강도가 의심된다는 신고가 있었습니다. 이 동네에서 강도 사건이 자주 발생했거든요.」 그가 씩 웃어 보이며 말했다. 「이제 풀려났으니 좋아해야 하는 거 아뇨?」

그 말을 끝으로 그들은 멀어져 갔고 특수 기동대 차를 타고 그대로 떠나 버렸다. 동네 사람들도 마지막으로 나를 힐끗 쳐다보고는 집으로 돌아갔다. 나는 얼른 우리 집 현관으로 달려가서 그들에게 내가 이 동네에 산다는 것을 증명할지, 아니면 〈범죄 용의자〉가 어디 사는지 아무도 모르도록 그들이 모두 사라질 때까지 기다릴지 선뜻 결정을 내릴 수가 없었다. 결국 기다리기로 했다.

나는 경찰이 차 안과 인도 여기저기에 흩어 놓은 서류들을 주워서 챙긴 다음 씁쓸한 기분으로 M&M을 길가의 쓰레기통에 버리고 집으로 들어갔다. 찰스가 집에 있었고 덕분에 마음이 많이 안정되었다. 그를 깨워서 내가 겪은 이야기를 들려주었다.

「사과 한마디 없었어.」 나는 같은 말을 몇 번이나 되풀이했다. 찰스는 화를 내는 것에 동조해 주었지만 금방 다시 잠들었다. 나는 잠을 이룰 수가 없었다.

다음 날 아침 스티브에게 그 사건을 이야기했다. 그는 분노했고 애틀랜타 경찰국에 민원을 제출하라고 나를 재촉했다. 몇몇 사무실 직원들은 항의서 안에 내가 경찰의 직권 남용 사건을 다루는 민권 변호사라는 사실을 밝히라고 조언했다. 내 생각에 경찰의 직권 남용에 불만을 제기하는 데 누구에게도 그런 자격이 필요할 것 같지는 않았다.

나는 항의서를 작성하기 시작했다. 단, 내가 변호사라는 사실은 밝히지 않기로 했다. 머릿속으로 그 사건의 전체 과정을 되짚어 보자 다른 무엇보다 경찰이 총을 꺼내고 내가 도주를 고려했던 그 순간이 마음에 걸렸다. 나는 스물여덟 살의 변호사였고 이전에 경찰의 직권 남용 사건을 다룬 경험도 있었다. 경찰이 총을 쏘겠다고 위협하는 순간에도 경찰에게 침착하게 이야기할 수 있는 판단력이 있었다. 하지만 내가 열여섯 살이었다면, 열아홉 살이었다면, 아니 스물네 살이었다면 어떻게 했을지 생각하자 〈내가〉 도주를 선택했을 거라는 사실을 깨달았고 섬뜩한 기분이 되었다. 생각하면 할수록 그 동네의 어린 흑인 소년들과 청년들이 걱정되었다. 그들이 도주하지 말아야 한다는 사실을 알까? 그들이 평정을 유지하면서 〈괜찮아요〉라고 이야기할 수 있을까?

나는 내가 걱정하는 부분을 상세하게 열거했다. 흑인이 백인보다 경찰에게 죽임을 당할 확률이 여덟 배나 높다는 사실을 보여 주는 법무부의 통계 자료도 찾아냈다. 20세기 말에 이르러 경찰의 사격 실력이 좋아지면서 백인보다 유색 인종이 법 집행 공무원에게 죽임을 당할 확률은 〈불과〉 네 배밖에 높지 않게 되었지만 무장한 일반 시민이 치명적인 무력까지 사용할 수 있도록 허락하는

〈스탠드 유어 그라운드*Stand Your Ground*〉법[8]을 통과시키는 주들이 생기고 있는 현실을 고려하면 이 문제는 갈수록 심각해질 전망이었다.

애틀랜타 경찰국에 보내는 글을 계속 써 내려갔고 내 생각에 잘못된 점들을 설명하면서 어느새 아홉 쪽을 채우고 있었다. 두 쪽을 더 할애해서 정당한 근거 없이 행해진 완전히 불법적인 자동차 수색에 대해 상술했다. 다른 여섯 건의 사례도 인용했다. 작성을 끝내고 항의서를 전체적으로 다시 읽어 보자 〈나는 변호사입니다〉라는 말만 하지 않았지 다른 할 말은 다 한 것 같았다.

경찰국에 항의서를 접수시킨 다음에는 그 사건을 잊으려고 애썼지만 도무지 잊히지 않았다. 그때 일들이 자꾸 생각났다. 경찰과 조우한 시점에 내가 보다 적극적으로 원칙을 따지지 않았다는 사실에 수치심도 들기 시작했다. 나는 경찰에게 내가 변호사라고 밝히거나 그들의 행동이 불법이라고 말하지 않았다. 과연 그들에게 그런 것들까지 말해야 했을까? 그동안 사형수들을 도와 일을 해왔음에도 나 자신이 진짜로 어려운 어떤 일을 할 준비가 얼마나 되어 있는지 자문했다. 한편으로는 앨라배마로 가서 법률 사무소를 개업하는 것이 옳은 결정일까라는 생각마저 들기 시작했다. 경찰이 불러 세우는 경우 어린 청소년이 얼마나 많은 위험에 노출되는지에 관한 생각을 도무지 떨쳐 버릴 수가 없었다.

제출한 항의서가 애틀랜타 경찰국 내에서 검토 과정을 거쳤다. 관련 경찰들에게 아무런 잘못이 없으며 경찰 업무라는 것이 무척

---

8 정당방위법.

고된 일이라고 변명하는 편지가 몇 주에 한 번씩 내게 배달되었다. 이러한 묵살에 나는 지휘 계통을 위로 밟아 가며 계속해서 항의했지만 결과는 성공적이지 못했다. 마침내 나를 잡아 세운 경찰들과 경찰국장을 만나게 해달라고 요구했다. 원래의 요구는 거부되었지만 대신 부국장을 만났다. 나는 사과를 요구하면서 비슷한 일이 재발하지 않도록 교육을 실시하라고 제안했다. 내가 당했던 일을 설명하는 동안에도 부국장은 점잖게 고개를 끄덕였다. 설명을 다 듣고 난 그가 사과를 했지만 나를 얼른 보내고 싶어 할 뿐이라는 의심이 드는 것은 어쩔 수가 없었다. 그는 일선 경찰들에게 〈대민 관계와 관련해서 약간의 특별한 숙제〉를 시키겠다고 약속했다. 내가 당한 불명예를 씻었다는 느낌은 전혀 들지 않았다.

나는 점점 더 일에 치이고 있었다. 개즈든 시 구치소 측을 대변하는 변호인들이 마침내 러핀 씨가 권리를 침해당했고 그에게 천식약 주기를 거부한 것이 불법이라는 사실을 인정했다. 러핀 씨의 유족들을 위해서 나름 괜찮은 조건으로 합의를 얻어 냈고 그들은 적어도 약간의 경제적 도움을 받을 수 있게 되었다. 나는 사형 사건으로 소송 사건 일람표가 꽉 차 있었기 때문에 경찰의 직권 남용과 관련한 다른 사건들을 동료 변호사들에게 넘겼다.

사형 집행이 목전에 임박한 의뢰인들을 제쳐 놓고 애틀랜타 경찰과 전쟁을 벌일 수는 없는 노릇이었다. 그럼에도 당시의 상황이 무척 위험한 동시에 부당했으며 내게 아무런 잘못도 없었다는 생각이 계속 머릿속을 맴돌았다. 차 안에 마약이라도 있었다면 어떻게 되었을까? 곧바로 체포되었을 것이다. 일단 체포된 뒤에는 경찰이 내 자동차에 무단으로 침입했다고 설명하면서 나를 믿어 달라고 내 변호사를 설득해야 했을 것이다. 과연 내 변호사가 그 같은 주장을 진지하게 들어 줄까? 판사는 잘못한 것이 없다는 내 주장을 믿어 줄까? 내가 변호사가 아니라면 그들이 나 같은 사람의 말을 믿어 줄까? 실업자이거나 전과가 있는 나 같은 사람의 말을 믿어 줄까?

나는 청년회나 교회, 지역 단체 등에 나가서 가난한 사람들이나 유색 인종을 상대로 행해지는 유죄 추정 행위의 위험성에 대해 알리기로 했다. 법 집행 중인 경찰에게 그들의 의무를 이행하도록 요구할 필요가 있음을 여러 지역 모임에서 강연을 통해 사람들에게 알리고자 노력했다. 굳이 민간인들을 난폭하게 대하지 않아도 경찰들이 얼마든지 대중의 안전을 지킬 수 있다고 역설했다. 나는 앨라배마에 있으면서도 요청이 있을 경우 언제든지 시간을 내서 지역 단체에서 관련 주제로 강연을 진행했다.

작은 흑인 교회에서 강연 요청을 받았을 때 나는 사형 재판 관련 기록을 수집하기 위해 또 한 번의 여행을 마치고 앨라배마의 가난한 시골 마을에 머물고 있었다. 강연장에는 스무 명 남짓한 사람들이 모습을 나타냈다. 지역 단체의 지도자가 나를 소개했고 나는 사람들 앞으로 나아가 사형 제도와 점점 높아 가는 수감률, 교도소 내의 직권 남용, 차별적인 법 집행, 개혁의 필요성 등을 이야기하기 시작했다. 어느 순간에 이르러 애틀랜타에서 경찰과 조우했던 일을 이야기하기로 했으며 감정이 점점 격해지고 있음을 깨달았다. 목소리가 떨렸고 강연을 끝내기 위해 나 자신을 다잡아야 했다.

강연 중간에 나이 지긋한 한 흑인 남성이 유독 눈에 띄었다. 휠

체어를 타고 모임이 시작되기 직전에 들어온 사람이었다. 70대의
노인이었으며 갈색 정장 차림이었다. 짧게 자른 회색 머리는 빗질
을 하지 않아서 군데군데 뭉쳐 있었다. 그는 강연이 진행되는 내내
나를 뚫어지게 쳐다보았지만 대부분의 시간 동안 어떠한 감정이
나 반응도 보이지 않았다. 당혹스러울 정도로 뜨거운 시선이었다.
그가 교회로 들어올 때 열두 살쯤 된 어린 소년이 휠체어를 밀고
있었는데 아마도 손자이거나 친척인 듯했다. 노인이 이따금씩 소
년에게 이런저런 것들을 가져오라고 시키는 모습이 보였다. 그가
말없이 고개만 까딱였음에도 소년은 그가 부채를 원하는지, 찬송
가집을 원하는지 아는 것 같았다.

강연이 끝나자 사람들이 모임을 마무리 지으며 찬송가를 불렀
다. 노인은 찬송가를 부르는 대신 가만히 눈을 감은 채 휠체어에
몸을 묻었다. 모든 일정이 끝난 뒤에 사람들이 내게 다가왔다. 대
부분이 매우 친절했고 시간을 내 그곳까지 와서 이야기를 들려준
것에 고마움을 표시했다. 흑인 소년들 몇 명이 다가와서 악수를 청
하기도 했다. 내가 공유한 정보를 사람들이 의미 있게 받아들이는
것 같아서 나도 뿌듯했다. 저 뒤편에서 휠체어를 탄 노인이 나를
기다렸다. 여전히 나를 뚫어지게 바라보고 있었다. 사람들이 모두
떠나자 그가 소년에게 고개를 끄덕였고 소년이 휠체어를 빠르게
밀면서 내게 다가왔다.

내게 다가오면서도 노인의 표정에는 일체 변화가 없었다. 내 앞
에서 멈춘 그가 휠체어에 앉은 채로 몸을 앞으로 내밀며 힘주어 말
했다. 「당신이 지금 무슨 일을 하고 있는지 아시오?」 그는 무척 진
지했다. 웃지도 않았다.

나는 혼란에 빠졌다. 질문의 의도가 무엇인지, 그가 적대적인지 아닌지도 파악할 수 없었다. 나는 무슨 말을 해야 할지 몰랐다. 그러자 그가 내게 손가락을 흔들어 보이며 다시 물었다. 「자네가 지금 무슨 일을 하고 있는지 아나?」

나는 그 상황을 타개하고자 애써 미소를 지으려고 했지만 이미 완전히 혼란에 빠진 상태였다. 「그러니까 제 생각에는 —」

내 말을 자르면서 그가 큰소리로 말했다. 「자네가 하는 일이 무엇인지 내가 말해 주지. 자네는 정의를 위해 북[9]을 치고 있네!」 그의 표정에 열정이 가득했다. 강조하듯 그가 재차 이렇게 말했다. 「자네는 정의를 위해 북을 쳐야 하네.」

그는 다시 몸을 뒤로 기댔고 나는 웃어 보이려는 노력을 멈췄다. 그가 던진 몇 마디 말 속의 어떤 것 때문에 정신이 번쩍 들었다. 나는 공손히 대답했다. 「네, 선생님.」

그는 다시 몸을 앞으로 일으키며 쉰 목소리로 말했다. 「앞으로도 계속 정의를 위해 북을 쳐주게.」 그는 북을 치며 앞으로 나아가는 시늉을 해보였고 꽤 한참 뒤에 재차 〈정의를 위해 북을 치며 앞으로 나아가게〉라고 강조했다.

다시 뒤로 몸을 기댄 그는 잠깐 사이에 지치고 숨이 차보였다. 그가 호의적인 눈길로 나를 바라보며 가까이 오라고 손짓했다. 내가 가까이 다가가자 내 팔을 잡아당기며 몸을 앞으로 기울였다. 거의 속삭이듯이 아주 낮은 목소리로, 하지만 절대로 잊을 수 없을 것 같은 결연한 말투로 그가 말했다.

9 마틴 루서 킹의 연설문에서 유래한 표현.

「내 머리 위에 상처가 보이나?」 그가 머리를 앞으로 숙여 흉터를 보여 주었다. 「1964년 앨라배마 그린 카운티에서 투표인 명부에 이름을 올리려다가 생긴 상처라네. 그리고 머리 옆쪽에 이 상처 보이지?」 그가 이번에는 머리를 왼쪽으로 돌렸고 오른쪽 귀 바로 위에 10센티미터 가량 칼에 베인 흉터가 보였다. 「미시시피에서 시민권을 요구하다가 생긴 상처지.」

그의 목소리가 점점 강해졌다. 내 팔을 잡은 손에 힘을 주고 머리를 앞으로 조금 더 숙였다. 「거기 있는 멍 자국 보이지?」 목덜미에서 머리뼈로 이어지는 위치에 동그란 형태의 짙은색 자국이 보였다. 「버밍햄에서 겪은 소년 십자군 사건[10] 때 생긴 멍이라네.」

그가 뒤로 몸을 기대면서 강렬한 시선으로 나를 바라보았다. 「사람들은 이것들을 단순한 흉터나 베인 상처, 멍으로 생각한다네.」

나는 그제서야 그의 눈에 눈물이 그렁그렁하다는 사실을 알아차렸다. 그가 자신의 머리 위로 손을 가져갔다. 「이것들은 단순한 흉터나 베인 상처, 멍 자국이 아니라네. 내게는 명예 훈장이지.」

그는 한동안 나를 지그시 바라본 다음 눈물을 닦고 소년에게 고개를 끄덕였다. 소년이 그를 밀면서 멀어져 갔다.

가슴이 먹먹해진 채 나는 그곳에 서서 눈으로 그의 뒤를 쫓았다.

그리고 나는 앨라배마에서 법률 사무소를 열 때가 되었음을 깨달았다.

---

10 1963년 앨라배마 버밍햄에서 수백 명의 학생들이 인종 차별에 항의하며 행진을 벌인 사건.

3장
시련과 고난

　좌절과 실패, 갈수록 심해지는 대중의 비아냥을 견디며 몇 개월을 지낸 보안관 토머스 테이트와 앨라배마 수사국 선임 수사관 사이먼 벤슨, 지방 검사장 측 수사관 래리 이크너는 랠프 마이어스의 주장을 주요 근거로 삼아 월터 맥밀리언을 체포하기로 결정했다. 아직 맥밀리언에 대한 조사가 충분하지 않았기 때문에 그들은 별건 구속[11]을 진행해 기소 요건을 충족시키기로 했다. 마이어스가 맥밀리언이 두렵다고 진술한 것이 빌미를 제공했다. 경찰 한 명이 마이어스에게 혹시 맥밀리언이 그를 강간한 것은 아닌지 넌지시 암시를 주었고, 그 즉시 경찰의 도발적이고 자극적인 발상이 자신에게 도움이 될 거라고 판단한 마이어스는 침울한 어조로 그렇다고 인정했다. 앨라배마에서는 동성 간 섹스가 법적으로 금지되었기 때문에 경찰은 맥밀리언을 남색 혐의로 체포할 생각이었다.

　1987년 6월 7일, 보안관 테이트가 10여 명의 경찰 병력을 이끌

　11　중대한 사건에 대해 구속 영장을 청구할 수 있을 정도의 증거가 수집되지 않거나 법정 기간 내에 증거를 갖출 수 없는 경우, 별개의 다른 죄목으로 피의자를 구속하는 일.

고 월터가 퇴근할 때 이용하는 것으로 알려진 시골길로 향했다. 경찰들이 월터의 트럭을 세웠고 총을 들고 월터를 트럭에서 내리게 한 다음 그를 에워쌌다. 테이트 보안관이 월터에게 체포하겠다고 말했다. 월터가 흥분해서 무슨 잘못을 저질렀냐고 따져 묻자 보안관이 남색 혐의로 체포한다고 통보했다. 생소한 용어에 당황한 월터가 보안관에게 무슨 뜻인지 이해하지 못했다고 말했다. 보안관이 원색적인 말들을 써가며 혐의를 설명하자 월터는 어이가 없었고 실소가 터졌다. 월터의 반응에 자극을 받은 테이트가 인종 차별적인 욕설과 위협을 홍수처럼 쏟아부었다. 향후 수년간 월터는 자신이 체포되는 과정에서 〈깜둥이〉라는 말만 반복해서 들었을 뿐이라고 말하게 될 참이었다. 〈깜둥이 어쩌고저쩌고〉라는 말 뒤에 모욕적인 언사와 린치를 가하겠다는 위협이 이어졌다.

테이트는 월터에게 이렇게 말했다고 알려졌다. 「우리는 너희 깜둥이들이 백인 여자들과 어울려 다니지 못하게 할 것이다. 너 같은 놈들은 모빌의 그 깜둥이한테 그랬던 것처럼 끌고 가서 목을 매달아 버려야 하지.」

당시 테이트 보안관은 남쪽으로 약 96킬로미터 떨어진 모빌에서 발생한 젊은 아프리카계 미국인 청년 마이클 도널드의 린치 사건을 언급하고 있었다. 어느 날 저녁이었다. 도널드는 가게 문을 닫고 집으로 걸어가고 있었다. 백인 경찰을 쏜 혐의로 체포된 흑인 남성을 기소하는 과정에서 무효 심리가 선언된 지 몇 시간이 지난 시점이었다. 해당 평결에 많은 백인들이 충격을 받았고 배심원단 중 한 명이었던 아프리카계 미국인에게 무효 심리의 책임을 돌렸다. 분노한 일단의 큐 클럭스 클랜 회원 백인 남자들이 법원 마당에서 십자가를 불태우고 희생양으로 삼을 누군가를 찾아 나섰다. 그러던 중 귀가하던 도널드를 발견하고 덮쳤다. 그를 죽도록 때린 다음 근처의 나무에 목을 매달았고 몇 시간 뒤에 싸늘한 시체가 발견되었다.

지역 경찰은 그의 죽음이 증오 범죄라는 명백한 증거를 외면한 채 도널드가 마약 거래에 관여했을지 모른다는 가설을 제시했다. 도널드의 어머니는 단호하게 부인했다. 지역 경찰이 적극적으로 법을 집행하려는 의지를 보이지 않자 분노한 흑인 공동체와 민권 운동가들이 미국 법무부를 설득해서 개입하도록 했다. 2년 뒤 세 명의 백인 남자들이 체포되었고 마침내 도널드를 둘러싼 린치 사건의 세부적인 전말이 세상에 공개되었다.

범인이 체포된 지 3년이 넘게 지난 시점이었음에도 테이트와 다른 경찰들이 린치를 가하겠다고 위협하자 월터는 겁이 났다. 동시에 혼란스럽기도 했다. 경찰들이 말로는 다른 남자를 강간한 혐의로 자신을 체포했다고 하면서도 실제로는 론다 모리슨 살인 사건에 대한 질문만 퍼부었기 때문이다. 그는 두 가지 혐의를 모두 맹렬히 부인했다. 월터가 본인을 기소하는 데 아무런 도움이 되지 않을 거라는 사실이 분명해지자 경찰은 그를 구금해 놓고 계속해서 수사를 진행했다.

먼로 카운티의 지방 검사장 테드 피어슨은 검찰 수사관이 월터 맥밀리언을 범인으로 지목하면서 자신에게 제시한 증거들을 처음 접했을 때 분명 실망스러웠을 것이다. 랠프 마이어스의 진술에 설득력이 전혀 없었던 까닭이다. 모든 이야기를 극적으로 윤색하려는 그의 성향 때문에 오히려 가장 기본적인 혐의마저도 불필요하게 복잡해졌다.

론다 모리슨 살인 사건을 둘러싼 마이어스의 설명은 이랬다. 살인 사건 당일 마이어스는 주유를 하는 중이었고 그때 월터 맥밀리언이 주유소에서 그를 발견하고 총으로 위협해서 강제로 자신의 트럭에 태웠으며 그에게 먼로빌까지 운전하도록 시켰다. 마이어스는 그날 월터를 처음 만났다. 트럭 안에서 월터는 마이어스에게 자신이 팔을 다쳤기 때문에 그가 필요하다고 말했다. 마이어스는 저항했지만 달리 선택의 여지가 없었다. 월터가 마이어스에게 먼로빌 시내에 있는 잭슨 클리너스로 가라고 지시했고 그곳에 도착하자 혼자 안으로 들어가면서 그에게 트럭 안에서 대기하라고 명령했다. 한참을 기다리던 마이어스는 담배를 사려고 조금 떨어진 잡화점으로 차를 몰았다. 그리고 10분 뒤에 돌아왔다. 한참을 더 기다리자 마침내 맥밀리언이 세탁소에서 나와 트럭으로 돌아오는 것이 보였다. 트럭으로 들어오자마자 맥밀리언은 자신이 세탁소 점원을 죽였다고 자백했다. 마이어스는 자신의 차를 가지러 가야 했기 때문에 맥밀리언을 태우고 주유소로 돌아갔다. 마이어스를 보내 주기 전 월터는 그에게 혹시라도 그가 목격했거나 자신이 한 일을 다른 사람에게 말하면 죽여 버리겠다고 위협했다.

요약하자면 이렇다. 대낮에 먼로빌 시내 한복판에서 강도 살인을 계획한 한 아프리카계 미국인 남자가 자신은 팔을 다쳤기 때문에 범죄 현장까지 대신 운전해 줄 공범을 찾았고 주유소에 들러 무작위로 백인 남자를 골랐다. 심지어 아프리카계 미국인 남자는 마이어스를 만나는 그 주유소까지 직접 운전해서 올 수 있었고 마이어스와 다시 주유소로 돌아와서는 집으로 돌아가려고 자신이 직접 트럭을 몰 수 있었다.

수사관들은 마이어스의 주장을 입증하기가 거의 불가능하다는 사실을 처음부터 알았고 월터를 남색 혐의로 체포한 것도 바로 그 때문이었다. 결과적으로 지역 사회는 충격에 빠졌고 월터는 더욱 악마처럼 비쳐지게 되었다. 아울러 경찰은 월터의 트럭을 압수해서 구치소 내의 밀고자 빌 훅스에게 보여 줄 기회를 얻었다.

빌 훅스는 감방 밀고자로 소문난 젊은 흑인 남자였다. 맥밀리언이 체포되었을 때 강도 혐의로 며칠째 카운티 구치소에 구금되어 있던 중이었고 맥밀리언의 트럭을 모리슨 살인 사건과 엮어 주면 석방은 물론이고 보상금까지 주겠다는 언질을 받은 터였다. 훅스는 수사관들에게 사건이 발생한 시각에 자신이 차를 몰고 잭슨 클리너스 앞을 지났으며 남자 두 명이 탄 트럭이 그 세탁소에서 도주하는 광경을 목격했다고 열정적으로 진술했다. 그는 구치소에서 월터의 트럭이 거의 6개월 전 세탁소 앞에서 보았던 그 트럭임을 확실하게 알아보았다.

이 두 번째 목격자는 경찰에게 론다 모리슨 살인 사건과 관련해 월터 맥밀리언을 살인 혐의로 기소하는 데 결정적인 증거를 제공했다.

기소장이 발표되자 마침내 범인이 체포되었다는 사실에 지역 사회는 환호했고 또 안도했다. 비난의 표적이었던 테이트 보안관과 지방 검사장, 그 외의 경찰들에게 격려가 쏟아졌다. 오랫동안 범인이 체포되지 않으면서 붕괴되다시피 했던 먼로빌의 생활도 다시 안정을 찾는 것처럼 보였다.

한편 월터와 알고 지내던 사람들은 그가 세상을 들끓게 한 살인 사건의 범인이라는 사실을 도무지 믿을 수 없었다. 그는 범죄나 폭력 전과도 없었다. 그를 아는 대다수 사람들이 보기에 월터처럼 열심히 일하는 남자가 강도짓을 했다는 주장은 전혀 앞뒤가 맞지 않았다.

흑인 주민들이 테이트 보안관에게 애먼 사람을 체포했다고 진정했다. 테이트는 맥밀리언이라는 사람에 대해, 그의 삶과 배경, 심지어 사건 발생 당시의 행적에 대해서도 아직 아무런 조사를 하지 않은 상태였다. 단지 캐런 켈리와의 염문에 대해 아는 정도였고 월터의 경제적 독립성이 마약 거래와 관련되었을 거라는 의혹과 소문을 들었을 뿐이었다. 범인을 검거하고자 하는 열정 때문에 테이트 보안관은 풍문만 듣고도 마이어스의 주장을 충분히 받아들일 수 있었던 모양이다. 나중에 밝혀진 대로 사건이 발생하던 날 월터의 집에서는 피시 프라이*fish fry*[12] 행사가 열리고 있었다. 월터 가족은 지나가는 행인들에게 음식을 팔면서 그날 하루 종일 집 앞에서 보냈다. 월터의 누이 에벌린 스미스는 그 지역 목사였고 그녀와 그녀의 가족은 종종 길가에서 음식을 팔아 교회 성금을 모금했다. 월터의 집이 큰길과 가까웠기 때문에 그들은 자주 월터의 집 마당에서 음식을 판매했다. 론다 모리슨이 살해되던 날 월터의 집에는 최소 10여 명의 교인들이 그를 비롯한 그의 가족들과 함께 있었다.

12 가족 또는 사회 단체의 구성원들이 직접 요리한 생선 위주의 음식을 판매하여 기금을 모으는 행사.

그날 월터는 일을 나가지 않았다. 대신 트럭의 변속기를 교체하기로 하고 자동차 정비사인 친구 지미 헌터에게 전화를 걸어 도움을 요청했다. 오전 9시 30분까지 두 남자는 월터의 트럭을 분해했고 변속기를 완전히 분리했다. 11시 정각에는 친척들이 도착했으며 튀긴 생선 등의 요리들을 판매하기 시작했다. 당초 그 행사에 참석하기로 했던 몇몇 교인들이 아직 도착하지 않고 있었다.

에벌린 스미스가 그들 중 한 명의 말을 떠올렸다. 「자매님, 우리는 훨씬 일찍 도착할 수 있었는데 먼로빌에서 차가 완전히 막혔어요. 경찰차와 소방차가 보였고 그 세탁소에 무언가 나쁜 일이 생긴 것 같더라고요.」

경찰은 모리슨이 월터의 집에서 대략 17킬로미터 떨어진 곳에서 오전 10시 15분에 사망했다고 발표했다. 10여 명의 교인들이 월터의 집에서 음식을 판매하고 월터와 지미가 한창 트럭을 수리하던 시각이었다. 가구점에서 일한다는 이유로 흑인 주민들에게 〈가구집 남자〉로 불리던 백인 남성 어니스트 웰치가 오후 일찍 월터의 어머니에게 외상값을 받으러 찾아왔다. 그리고 집에 모인 사람들에게 자신의 조카딸이 그날 아침 잭슨 클리너스에서 살해되었다는 소식을 전했다. 사람들은 웰치와 함께 충격적인 소식에 대해 한동안 이야기를 나누었다.

교인들과 월터의 가족들, 샌드위치를 사려고 내내 그 집을 들락거린 사람들까지 감안하면 수십 명의 증인들이 월터가 범행을 저지를 수 없었다는 사실을 확인해 줄 수 있었다. 하물며 그들 중에는 샌드위치를 사려고 맥밀리언의 집에 들렀고 월터와 일단의 교회 사람들이 있는 가운데 음식을 샀다고 일지에 기록한 경찰도 있었다.

모리슨 사건이 발생한 시각에 월터의 행방을 직접적으로 알고 있던 월터의 가족들과 교인들, 흑인 목사들, 그 밖의 모든 사람들이 테이트 보안관에게 맥밀리언을 풀어 달라고 탄원했다. 그럼에도 테이트는 물러서지 않았다. 또다시 실패했다는 사실을 인정하기에는 체포에 들인 시간이 너무 길었던 것이다. 내부 논의를 거쳐 지방 검사장과 보안관, 앨라배마 수사국 수사관 등은 계속 맥밀리언을 기소하는 데 집중하기로 합의했다.

월터의 알리바이 말고도 수사관들은 또 다른 문제에 봉착했다. 랠프 마이어스가 자신이 제기한 맥밀리언 범인설에 대해서 생각을 달리하기 시작한 것이다. 그 역시 모리슨 살인 사건의 공범으로 기소를 앞두고 있었다. 증언하는 대가로 사형을 면제받고 선처를 약속받았지만 그처럼 세간의 주목을 받는 살인 사건에 대해서 실제로는 자신과 아무 관련이 없음에도 자신이 개입했다고 인정하는 것이 그다지 현명한 행동이 아니라는 생각이 꿈틀대기 시작했다.

맥밀리언을 살인 혐의로 기소한다는 사실을 발표하기 며칠 전이었다. 마이어스가 형사들을 불러 맥밀리언을 범인으로 지목했던 자신의 주장이 사실이 아니라고 자백했다. 하지만 그 시점에서 마이어스의 철회는 테이트와 그가 이끄는 수사관들에게 아무런 관심을 끌지 못했다. 그들은 오히려 보다 세부적인 범죄 사실을 만들어 내도록 마이어스를 압박하기로 했다. 애초에 제기된 혐의가 사실이 아니었기 때문에 더 이상 이야기할 것이 없다며 마이어스가 저항했지만 수사관들은 전혀 귀담아들으려고 하지 않았다. 마이어스와 맥밀리언에게 추가적인 압박을 가하기 위해 그들 두 사람을 사형수 수감 건물에 수용하도록 결정한 사람이 누구인지는 분명하지 않다. 그럼에도 거의 전례가 없는 그 작전은 무척 효과적인 것으로 드러났다.

월터나 마이어스 같은 미결수를 교도소에 구금하는 행위는 그 자체로 처벌이 되기 때문에 엄연한 불법이다. 일반적으로 미결수는 구치소에 수감되며 유죄 판결을 받고 교도소로 보내지는 죄수들에 비해 보다 많은 권리와 자유를 누린다. 아직 재판을 받지 않은 피의자를 기결수가 수감되는 교도소로 보내는 것은 유례가 없는 일이었다. 유죄 판결을 받지 않은 상태에서 사형수 수감 건물로 보내는 것도 마찬가지였다. 사형수 수감 건물의 다른 재소자들조차 깜짝 놀랄 일이었다. 사형수 수감 건물은 가장 제한적이고 가혹한 구금 시설이었다. 재소자들은 하루 중 23시간을 비좁은 수용실에 갇혀 생활하고 운동이나 면회 기회는 제한적으로 주어지며 불안감에 떨며 전기의자에 묶여 있기도 한다.

테이트 보안관이 월터를 홀먼 교정 시설로 직접 이송했다. 앨라배마 애트모어 시에 위치한 그다지 멀지 않은 곳이었다. 이송 전 보안관은 재차 인종 차별적인 욕설과 무서운 계획들을 언급하며 월터를 위협했다. 비록 보호 관찰관 시절부터 교도소 사람들과 안면이 있기는 했지만 테이트가 두 명의 미결수를 사형수 수감 건물에 수용하도록 홀먼의 교도소장을 어떻게 설득했는지는 분명치 않다. 1987년 8월 1일 마이어스와 맥밀리언은 카운티 구치소에서 사형수 수감 건물로 이송되었다. 웨인 리터의 형 집행일이 한 달도 남지 않은 시점이었다.

월터가 앨라배마의 사형수 수감 건물에 도착할 즈음 그곳의 모든 사형수들이 그를 기다리고 있었다. 사형이 부활된 1975년 이래로 앨라배마에서 사형 선고를 받은 백여 명의 대부분은 흑인이었다. 그럼에도 자신을 기다리고 있는 사람들 중 40퍼센트 정도가 백인이라는 사실에 월터는 놀랐다. 사형수들은 하나같이 가난한 사람들이었다. 그들은 월터가 왜 여기에 왔는지 의아해했다.

앨라배마 사형수 수감 건물의 기결수들은 창문이 없을뿐더러 덥고 불편하기로 악명 높은 콘크리트 수감동에서 생활했다. 각각의 사형수들은 철제문과 쇠로 된 변기, 철제 침대가 딸린 가로 1.5미터 세로 2.4미터 넓이의 수용실에 수감된다. 8월이 되면 수용실 안의 온도는 항상 섭씨 37도를 웃돌았으며 때로는 한 번에 몇 주씩 그런 상태가 지속되기도 했다. 재소자들은 시간을 죽이는 동시에 본인의 안전을 위해 덫으로 쥐나 독거미, 뱀 등을 잡고는 했다. 세상과 단절되고 고립된 대부분의 재소자들을 방문하는 사람은 없었고 기본적인 권리는 더더욱 없었다.

홀먼 교도소 생활의 중심에는 앨라배마의 전기의자가 있었다. 커다란 나무 의자는 1930년대에 제작되었으며 수용자들의 손에 의해 노란색으로 칠해진 다음 가죽끈과 전극이 부착되었다. 수용자들은 이 전기의자를 〈옐로 마마〉라고 불렀다. 홀먼에서는 월터가 도착하기 불과 몇 년 전부터 사형 집행이 재개되었다. 가장 최근에는 존 에번스와 아서 존스가 홀먼의 사형 집행실에서 전기의자에 앉았다. 존 에번스의 경우 애틀랜타 SPDC 소속 변호사 러스 카난이 변호를 자원했었다. 에번스는 학생들의 방과 후 특별 프로그램 교재로 활용되는 영화를 제작했고 그 영화를 통해서 자신의 인생 이야기를 공유했으며 학생들에게 자신이 저질렀던 실수를 범하지 말라고 강조했다.

수차례에 걸친 탄원에도 불구하고 법원이 에번스의 사형 집행을 강행하기로 결정하자 카난은 에번스의 요청대로 사형 집행 과정을 지켜보기 위해 교도소를 찾았다. 형 집행 과정은 카난이 상상했던 것보다 훨씬 끔찍했다. 그는 자술서를 작성하여 끔찍했던 사형 집행 과정 전체를 자세히 묘사했고 이후 많은 사람들이 그의 자술서를 열람했다.

오후 8시 30분 1,900볼트의 전기 충격이 에번스 씨의 몸을 최초로 관통했다. 전기 충격은 30초간 지속되었다. 에번스 씨의 왼쪽 다리에 부착된 전극에서 불꽃과 화염이 일었다. 전기의자에 가죽끈으로 묶여 있었지만 그의 몸은 거세게 경련을 일으켰고 손은 주먹을 쥔 채로 완전히 굳어 버렸다. 위치를 고정해 주는 가죽끈 안에서 전극이 폭발을 일으키는 듯했다. 에번스 씨의 얼굴을 가린 두건 아래로 회색 연기가 한 차례 크게 일어났고 불꽃이 쏟아졌다. 살과 옷이 타면서 발생한 강렬한 악취가 증인실 안에 진동하기 시작했다. 두 명의 의사가 에번스 씨를 검사했고 아직 사망하지 않았다고 선언했다.

왼쪽 다리에 부착된 전극이 다시 조여졌다. 오후 8시 30분[원문 그대로임], 에번스 씨에게 30초간의 전기 충격이 재차 가해졌다. 살이 타는 냄새 때문에 구역질이 났다. 그의 다리와 머리에서 아까보다 더 많은 연기가 피어올랐다. 의사들이 다시 에번스 씨를 검사했다. 그의 심장이 여전히 뛰고 있으며 아직 살아 있다고 전했다.

그 시점에서 나는 조지 월리스 주지사와 공개적으로 통화하고

있던 교도소장에게 에번스 씨가 이미 무자비하고 이례적인 처벌을
받았으니 관용을 베풀어 달라고 요구했지만 요구는 거절되었다.

오후 8시 40분, 세 번째 전기 충격이 가해졌고 30초간 에번스 씨
의 몸을 관통했다. 8시 44분 의사들이 그가 사망했다고 선언했다.
존 에번스에 대한 사형 집행이 14분 만에 끝났다.

홀먼에 도착하기 전까지 월터 맥밀리언은 이러한 사정을 전혀
몰랐다. 하지만 또 다른 사형 집행일이 시시각각 다가오면서 월터
가 도착했을 즈음에는 사형수들이 전기의자 이야기만 주야장천
하고 있었다. 그가 앨라배마 사형수 수감 건물로 이송되고 처음
3주 동안 들은 이야기라고는 존 에번스의 끔찍했던 사형 집행에
관한 것이 거의 전부일 정도였다.

비현실적인 일이 폭풍처럼 지나간 이전 몇 주 동안 월터는 엄청
난 충격을 받았다. 평생을 누구에게도, 어떤 것에도 구애받지 않고
자유롭게 살아 온 그였지만 몇 주 사이에 이제껏 상상도 해본 적
없는 제약과 위협을 경험했다. 체포 과정에서 경찰들이 보여 준 맹
렬한 분노, 생판 모르는 사복 경찰의 인종 차별적인 조롱과 위협
등은 정말 충격이었다. 그는 자신을 체포한 사람들과 법정에서 영
장을 발부하던 사람들, 심지어 구치소 안에서 만난 다른 피수용자
들에게서 이전까지 한 번도 경험하지 못했던 경멸 어린 시선을 발
견했다. 그동안은 늘 거의 모든 사람들에게 호감을 사고 원만한
관계를 유지해 왔다. 그는 자신에 대한 기소가 심각한 오해에서 비
롯되었으며 경찰이 가족들에게 자신의 알리바이만 확인하고 나면
며칠 안으로 자신을 풀어 줄 거라고 진심으로 믿었다. 그 며칠이

몇 주가 되면서 월터는 깊은 절망에 빠져들기 시작했다. 가족들이 곧 풀려날 거라고 그를 안심시켰지만 그런 일은 일어나지 않았다.

상황이 주는 충격에 몸도 덩달아 반응했다. 평생을 흡연자로 살아 온 월터는 담배를 피우면서 마음을 진정시키려고 했지만 담배가 역겹게 느껴졌고 곧바로 담배를 끊었다. 몇 날 며칠 동안 음식의 맛도 느껴지지 않았다. 이런 상황에 적응할 수도, 마음을 진정시킬 수도 없었다. 아침에 눈을 뜨면 몇 분 동안 평온한 마음이 들다가도 자신이 어디에 있는지 깨닫는 순간 곧장 두려움이 엄습했다. 교도관들이 머리카락은 물론이고 얼굴에 있는 모든 털을 깎아 버리는 통에 거울에 비친 자신의 모습도 알아보기 어려울 지경이었다.

홀먼으로 이송되기 전에 머물렀던 카운티 구치소도 끔찍했다. 하지만 홀먼 사형수 수감 건물의 비좁고 무더운 수용실은 더욱 끔찍했다. 그는 신선한 소나무 향기를 머금은 시원한 산들바람이 부는 야외에서 나무들 사이를 누비며 일하는 데 익숙한 사람이었다. 지금은 사형수 수감 건물의 을씨년스러운 벽을 노려보고 있을 뿐이었다. 이제까지 경험했던 그 어떤 것과도 다른 종류의 두려움과 괴로움이 월터를 덮쳤다.

다른 사형수들이 계속해서 조언을 아끼지 않았으나 그는 도대체 누구를 믿어야 할지 몰랐다. 판사가 백인 변호사를 선임해 주었지만 월터는 그 변호사를 믿지 않았다. 이에 가족들이 돈을 모아 그 지역에서 유일한 흑인이면서 형사 전문 변호사인 J. L. 체스트넛과 브루스 보인턴을 고용했다. 그들은 앨라배마 중부에 위치한 도시 셀마를 주 무대로 활동하는 변호사들이었다. 체스트넛은 성격이 불같았고 흑인 커뮤니티 내의 민권 개선을 위해 많은 일을 해 온 사람이었다. 보인턴의 어머니 어밀리아 보인턴 로빈슨은 전설적인 민권 운동가였으며 보인턴 본인도 민권 문제와 관련하여 많은 성과를 이루어 낸 인물이었다.

두 사람이 힘을 합쳐 노력했음에도 체스트넛과 보인턴은 월터를 석방하도록 지역 경찰을 설득하는 데 실패했고 그가 홀먼 교도소로 이송되는 것도 막지 못했다. 타지 변호사를 고용함으로써 오히려 먼로 카운티의 경찰들만 더욱 자극한 것 같았다. 홀먼으로 맥밀리언을 이송하던 중 테이트는 그가 타지 변호사를 개입시켰다는 사실에 격한 분노를 드러냈다. 외부에서 변호사를 고용하면 뭐가 다를 줄 알았냐며 월터를 비웃었다. 체스트넛과 보인턴을 고용한 돈은 가족들이 교회에서 기부받거나 얼마 안되는 재산을 처분해서 마련한 돈이었지만 지역 경찰은 월터가 몰래 비축한 돈과 그의 이중생활을 보여 주는 증거라고 여겼다. 그가 위장하고 있는 것처럼 무고한 흑인 남자가 절대 아니라는 확증으로 받아들였다.

월터는 홀먼 생활에 적응하려고 애썼지만 상황은 점점 더 나빠지기만 했다. 예정된 형 집행 날짜가 다가올수록 사형수들은 동요하고 흥분했다. 몇몇 재소자들이 월터에게 법적으로 사형수 수감 건물에 있을 이유가 없으니 어떻게든 행동을 취하라고, 연방 정부에 탄원서라도 제출해 보라고 조언했다. 글을 겨우 읽거나 쓸 줄밖에 모르는 월터가 그들이 조언한 이러저러한 탄원서나 공문서, 명령 신청, 고소장 등을 제출하지 못하는 모습을 지켜보면서 그들은 그가 처한 곤경을 그의 탓으로 돌렸다.

「자네 스스로 싸워야 한다네. 변호사를 믿지 말라고. 유죄 판결도 받지 않은 사람을 사형수 수감 건물에 수감하는 건 불법이야.」 월터는 끊임없이 이런 말을 들었지만 혼자 힘으로 어떻게 법원에 탄원서를 제출할지 막막하기만 했다.

「어떤 날은 도무지 숨을 쉴 수가 없었습니다.」 나중에 월터가 회상했다. 「지금까지 살아오면서 이런 일은 한 번도 당해 본 적이 없었어요. 주위에 온통 살인자들뿐이었지만 가끔은 그나마 나를 도와주려는 사람들은 그들밖에 없다는 생각이 들었습니다. 나는 기도했고 성경책을 읽었습니다. 하루하루가 두렵거나 끔찍하지 않았다고 말한다면 그건 거짓말일 거예요.」

랠프 마이어스의 상황도 전혀 나을 것이 없었다. 그 역시 론다 모리슨의 죽음과 관련한 살인 혐의로 기소되었고 경찰에게 더 이상 협조하기를 거부했기 때문에 마찬가지로 사형수 수감 건물로 보내졌다. 맥밀리언과 접촉하는 것을 막기 위해 그는 다른 수감동에 갇혔다. 모리슨 살인 사건에 대해 자신이 아는 바를 제보함으로써 그에게 약속된 특혜가 무엇이었든 이제는 모든 것이 사라진 게 분명했다. 그는 우울해졌고 정서적으로 심각한 위기에 몰렸다. 어릴 때 화상을 입은 뒤로 항상 불과 뜨거운 열기, 좁은 곳을 무서워하던 그였다. 재소자들이 에번스의 형 집행 과정에서 일어났던 세부적인 일들과 임박한 웨인 리터의 형 집행에 대해 이야기하면 할수록 마이어스의 동요는 점점 커져만 갔다.

리터의 사형 집행이 있던 날 밤, 그는 자신의 수용실 안에서 흐느껴 울며 전면적인 위기를 맞았다. 앨라배마 사형수 수감 건물에는 사형 집행이 예정된 시각에 사형수들이 저항의 의미로 각자의 수용실 문을 컵으로 두드리는 전통이 있었다. 한밤중에 다른 재소자들이 컵으로 문을 두드리자 마이어스는 수용실 구석 바닥에 웅크리고 앉아 숨을 헐떡였고 쾅쾅대는 소리가 들릴 때마다 몸을 움찔거렸다. 형이 집행될 때 살이 타는 역겨운 냄새가 그들에게 풍겨 온다고 수감동의 많은 재소자들이 주장했는데 마이어스의 수용실에도 예외 없이 이 악취가 풍겨 왔고 그는 결국 무너졌다. 다음 날 아침 그는 곧바로 테이트에게 전화를 걸었고 자신을 사형수 수감 건물에서 꺼내 주면 무슨 말이든 그가 원하는 대로 하겠다고 말했다.

테이트는 당초 마이어스와 맥밀리언을 사형수 수감 건물에 가두어 넣으면서 안전상의 이유를 댔다. 그러나 리터의 사형이 집행된 바로 다음 날 마이어스를 직접 자신의 차에 태워 카운티 구치소로 데려왔다. 마이어스를 사형수 수감 건물에서 빼내기로 한 결정에 대해서는 누구와도 상의하지 않은 듯했다. 일반적으로 앨라배마 교정국은 법원 명령이나 합법적인 서류 없이는 누군가를 임의로 사형수 수감 건물에 수용하거나 다른 곳으로 이송할 수 없었다. 명백히 어떤 교도소장에게도 그럴 수 있는 권한이 없었다. 애초부터 월터 맥밀리언을 둘러싼 기소 과정은 어느 하나 정상적인 것이 없었다.

사형수 수감 건물에서 벗어나 먼로 카운티로 돌아온 마이어스는 맥밀리언에 대해 제기했던 원래의 혐의를 재확인했다. 주요 증인인 마이어스와 범행 현장에서 월터의 트럭을 보았다고 증언할 준비가 된 빌 훅스까지 확보되자 지방 검사장은 맥밀리언을 상대로 자신이 승소할 수 있을 거라고 믿었다. 마침내 1988년 2월로 재판 날짜가 잡혔다.

테드 피어슨은 거의 20년간 지방 검사장으로 재직했다. 그는 가족과 더불어 대대로 사우스앨라배마에서 살아왔다. 지역의 관습과 가치관, 전통에 익숙했으며 이러한 것들을 법정에서 유효적절하게 활용했다. 나이가 들어 조만간 은퇴할 계획이었으며 모리슨 살인 사건을 신속하게 해결하지 못했다는 오점을 남기고 싶지 않았다. 승리자로서 당당히 은퇴하겠다는 의지가 단호했고 아마도 월터 맥밀리언 사건을 자신의 경력에서 가장 중요한 사건으로 여긴 것 같았다.

흑인 거주민이 절대다수인 카운티가 열여섯 곳이나 있었음에도 1987년에 앨라배마 주에서 선임된 40명의 지방 검사장은 모두 백인이었다. 1970년대 들어 아프리카계 미국인들이 투표권을 행사하기 시작했을 때, 인종적인 인구 분포 때문에 몇몇 카운티에서 재선이 어려워질지도 모른다는 우려가 일부 검사들과 판사들 사이에서 일었다. 이에 정책 입안자들은 흑인이 절대다수인 카운티를 포함하여, 행정 구역을 재조정했고 그들의 관할 구역 내에서 백인이 절대다수를 유지하도록 만들었다. 그럼에도 피어슨은 처음 검사 일을 시작했을 때보다 흑인 거주민의 관심사에 더욱 신경을 써야 했다. 물론 그러한 관심이 재임 기간 중에 어떤 근본적인 변화로 이어진 것은 아니었다.

테이트 보안관과 마찬가지로 피어슨도 월터가 결백하다고 믿는 많은 흑인 지역민들에게 이야기를 들었다. 하지만 그는 랠프 마이어스와 빌 훅스의 의심스러운 증언과 흑인 커뮤니티에서 제기하는 강한 의혹에도 불구하고 자신이 유죄 평결을 얻어낼 수 있을 거라고 확신했다. 그런 그에게도 내내 신경 쓰이는 문제가 있었다. 바로 얼마 전 미국 대법원에서 열렸던 재판이다. 그동안 세간의 화제가 되었던 범죄 사건들에서 남부 사회가 보여 온 오랜 특징, 즉 배심원단을 모두 백인으로 구성하는 관행을 위협하는 사건이었다.

주민의 40퍼센트가 흑인인 먼로 카운티 같은 곳에서 흉악 범죄에 대한 재판이 진행되는 경우 앨라배마 검찰은 배심원단을 선정하면서 모든 아프리카계 미국인을 자주 제외했다. 실제로 민권 혁명이 일어난 지 20년이 지났지만 배심원 제도는 인종 통합과 다양성에 관한 법적 요건 때문에 거의 아무런 변화 없이 그대로 유지되었다. 일찍이 1880년대에 〈스트로더 대 웨스트버지니아〉 재판에서 대법원이 흑인을 배심원에서 제외하는 행위가 위헌이라고 판결했지만 이후로 수십 년간 배심원은 모두 백인이었다. 1945년에는 흑인 배심원 숫자를 한 사건당 한 명으로 제한하는 텍사스 법령을 대법원이 옹호하고 나섰다. 디프사우스 지역에서는 배심원 후보를 선정할 때 애초부터 아프리카계 미국인이 배제된 선거인 명단을 이용했다. 흑인과 소수 민족의 선거권을 보장하는 투표권법이 통과된 뒤로도 법원 서기들과 판사들은 다양한 전략으로 법망을 피해 가며 배심원 후보들을 대부분 백인으로 채웠다. 지방의 배심원 위원회는 아프리카계 미국인과 여성을 배제시키기 위해 〈총명하고 바른〉 사람이어야 한다는 법률 요건을 이용하기도 했다.

1970년대에 대법원이 소수 인종과 여성을 충분히 대표하지 못하는 배심원 선정 과정은 위헌이라고 판결하자 적어도 일부 지역에서는 배심원 후보로 흑인들을 소집하기에 이르렀다. 그러나 실제로는 흑인들이 선정되지 않았을뿐더러 법원은 헌법이 인종적 소수자와 여성을 실질적인 배심원으로 선정해야 한다고 규정하지는 않으며 그들을 인종이나 성별에 근거하여 배심원 후보에서 제외하지 않도록 금지할 뿐이라는 입장을 매번 분명히 했다.

열두 명의 배심원을 선정하는 과정에서 무이유부 기피권[13]을 행사하는 관행 때문에 많은 아프리카계 미국인들은 배심원이 될 수 있는 기회를 박탈당했다. 이미 1960년대 중반에 대법원이 인종 차별적인 방식으로 무이유부 기피권을 행사하는 행위를 위헌으로 판결했지만 인종적 편견을 입증하는 법무부의 기준이 너무 높았던 까닭에 이후로 20년 동안 아무도 이런 독단적 배척 행위를 반박하는 데 성공하지 못했다. 배심원 선정 과정에서 아프리카계 미국인들을 모두 또는 거의 모두 제외시키는 관행은 대법원의 판결 뒤에도 여전했다.

그 결과 흑인이 40퍼센트나 50퍼센트에 달하는 카운티에서도 월터 맥밀리언 같은 피고들은 백인 일색인 배심원단의 적대적인 시선에 직면하기 일쑤였다. 사형 재판인 경우에는 특히 더했다. 마침내 1986년에 이르러 대법원은 〈배슨 대 켄터키〉 재판에서 무이유부 기피권의 인종 차별적인 행사와 관련해 검찰을 상대로 보다 직접적인 이의를 제기할 수 있다고 판결했다. 이 판결은 흑인 피고들에게 희망을 주는 한편 보다 창의적인 방식으로 배심원단에서 흑인을 제외하도록 검찰을 압박했다.

시간이 흐르면서 월터도 이러한 사정을 어느 정도 알게 되었다. 하나같이 나름의 사연을 가진 사형수 수감 건물의 모든 재소자들이 그에게 조언을 해주려고 나섰다. 재판을 받기도 전에 사형수

---

13 검사와 변호인이 각자 일정 범위 내에서 배심원 후보자에 대해 구체적인 이유를 제시하지 않고 기피를 신청할 수 있는 권리.

수감 건물로 보내진 잠재적인 사형수를 둘러싼 독특한 일처리가 다른 재소자들을 부추겨 월터에게 매일 조언하도록 한 것 같았다. 월터는 최대한 예의 바르게 그들의 조언을 경청하려고 노력했지만 이미 자신의 변호사들에게 변호를 일임하기로 내심 마음을 굳힌 뒤였다. 물론 주변의 다른 재소자들로부터 듣는 이야기가, 특히 그가 만나게 될 배심원단의 인종 구성과 성향이 걱정되지 않은 것은 아니었다.

사형수 수감 건물에 있는 거의 모든 재소자들이 전부 또는 거의 전부 백인들로만 구성된 배심원단에게 재판을 받았다. 같은 사형수 수감 건물의 사형수 제시 모리슨은 월터에게 바버 카운티의 검찰이 총 스물두 번 중 스물한 번의 거부권을 행사해서 흑인 배심원 후보들을 전부 제외했다고 이야기했다. 모빌 출신의 버넌 매디슨은 자신의 재판에서 검증된 열 명의 흑인 배심원 후보들을 검사가 모두 끌어내렸다고 말했다. 러마 카운티 출신 윌리 태비, 휴스턴 카운티 출신 윌리 윌리엄스, 제퍼슨 카운티 출신 클로드 레인스, 몽고메리 카운티 출신 그레고리 에이커스, 러셀 카운티 출신 닐 오언스 등도 검찰이 아프리카계 미국인 후보들을 모두 제외해서 백인 일색인 배심원단에게 재판을 받은 흑인 사형수에 속했다. 심지어 얼 맥가히는 지역민의 60퍼센트가 아프리카계 미국인인 댈러스 카운티에서 백인들로만 구성된 배심원단에게 재판을 받았다. 앨버트 제퍼슨의 재판에서는 검찰이 배심원 후보로 선출된 사람들의 명단을 4그룹으로 나누었으며 대략 25명으로 구성된 각 그룹은 〈강함〉, 〈중간〉, 〈약함〉, 〈흑인〉으로 분류되었다. 배심원 후보로 등록되어 있던 스물여섯 명의 흑인들은 전부 〈흑인〉 그룹으로 분류되었고 재판에서 모두 배제되었다. 조 덩컨, 그레이디 뱅크 헤드, 콜론 거스리 등은 백인 사형수였음에도 비슷한 이야기를 들려주었다.

지방 검사장 테드 피어슨은 최근에 내려진 대법원의 배슨 판결이 계속 마음에 걸렸다. 체스트넛이나 보인턴처럼 노련한 민권 변호사라면 인종 차별적인 배심원단 선정이라고 판단될 경우 주저 없이 이의를 제기할 것이 분명했다. 그럼에도 로버트 E. 리 키 판사가 그들의 이의 제기를 진지하게 받아들이지 않을 거라고 생각했기 때문에 크게 걱정하지는 않았다. 여기에 더해서 모리슨 살인 사건을 둘러싼 대중의 이례적인 관심이 그에게 또 다른 아이디어를 제공했다.

세간의 관심이 집중된 재판일 경우 피고 측 변호사가 재판지 변경 신청을 하는 것은 거의 기본이다. 재판지 변경이란 범죄가 발생한 카운티에서 피고에 대한 대중의 관심과 감정이 비교적 덜한 다른 카운티로 재판 장소를 옮기는 것이다. 재판지 변경 신청은 대체로 받아들여지지 않는 것이 일반적이지만 원심이 진행된 카운티의 분위기가 너무 편파적이었다고 생각될 경우 항소 법원이 재판 장소를 다른 곳으로 변경 했어야 했다고 판단하는 경우가 종종 있다. 앨라배마에서는 재판지 변경 신청을 하는 것이 기본적으로 쓸데없는 짓이었다. 재판지 변경 신청을 거부한 판사 때문에 기존의 유죄 판결이 번복된 적이 전무했기 때문이다.

1987년 10월, 월터의 재판을 앞두고 사전 심리가 열렸을 때 체스트넛과 보인턴은 그들이 어떠한 요구를 하더라도 받아들여지지 않을 것이 분명했기 때문에 아무런 기대 없이 심리에 참석했다. 그들은 1988년 2월로 예정된 본 재판을 준비하는 데 집중했다. 사전 심리는 그저 형식적인 절차에 불과했다.

체스트넛과 보인턴이 재판지 변경 신청을 제출했을 때였다. 피어슨이 자리에서 일어나 모리슨 살인 사건이 재판 전부터 이례적인 관심을 끌고 있기 때문에 자신도 재판 장소를 옮기는 것에 동의한다고 말했다. 키 판사가 공감하며 고개를 끄덕였다. 앨라배마 법조계의 관행을 익히 알고 있던 체스트넛은 불길한 예감이 들었다. 판사와 지방 검사장이 이미 모종의 음모를 꾸몄음이 분명했다.

「피고 측의 재판지 변경 신청을 받아들입니다.」 판사가 결정을 내렸다.

증인들이 너무 멀리 이동할 필요가 없도록 재판 장소를 이웃한 다른 카운티로 옮기자고 판사가 제안할 때까지만 하더라도 체스트넛은 여전히 어떤 희망을 가졌다. 이웃한 대부분의 카운티에는 하나같이 아프리카계 미국인 인구가 꽤 많았기 때문이다. 예컨대 윌콕스 카운티는 거주민의 72퍼센트가 흑인이었고, 코니커 카운티는 46퍼센트가 흑인이었으며, 클라크 카운티는 45퍼센트, 버틀러 카운티는 42퍼센트, 에스캠비아 카운티는 32퍼센트가 흑인이었다. 아름다운 멕시코 만 해변에 인접한 남쪽의 부자 동네 볼드윈 카운티만 비정형적인 인구 분포를 보였는데 아프리카계 미국인 인구가 겨우 9퍼센트 남짓했다.

판사는 거의 아무런 고민 없이 재판 장소를 어디로 옮길지 결정했다.

「볼드윈 카운티로 가겠습니다.」

체스트넛과 보인턴이 즉시 이의를 제기했지만 판사는 재판 장소를 변경하는 이유가 그들의 요구 때문임을 상기시켰다. 체스트넛과 보인턴이 재판지 변경 신청을 철회하려고 하자 판사는 수많은 사람들이 피고에 대해 왈가왈부하는 지역에서 재판을 진행하도록 허락할 수 없다는 입장을 표명했다. 월터 맥밀리언은 볼드윈 카운티에 소재한 베이 미넷에서 재판을 받게 되었다.

재판지 변경 신청은 월터에게 재앙이나 다름없었다. 체스트넛과 보인턴은 혹시 배심원 중에 흑인이 있더라도 극히 소수일 거라는 사실을 알았다. 또한 볼드윈 카운티 배심원들이 론다 모리슨이나 그 가족들과 개인적인 친분이 없을지는 몰라도 동네가 무척 보수적이라 인근의 다른 카운티에 비해 짐 크로법 같은 인종 차별적인 정책에서 아직 완전히 벗어나지 못하고 있다는 사실도 알았다.

배심원이 전부 백인으로 채워지는 문제를 다른 사형수들에게 들었기 때문에 재판 장소가 바뀌자 월터는 걱정이 앞섰다. 그럼에도 그에게는 믿음이 있었다. 누구도 검사 측 증언을 귀담아듣지 않을 것이며 자신이 해당 범죄를 저질렀다고 생각하지 않을 거라는 믿음이었다. 배심원이 흑인이든 백인이든 상관없이 랠프 마이어스가 주장하는 터무니없는 이야기 때문에 자신에게 유죄를 선고하지는 않을 거라고 믿었다. 더구나 그에게는 다른 사람들 10여 명과 함께 있었다는 확실한 알리바이가 존재했다.

2월로 예정되었던 재판 날짜가 연기되었다. 랠프 마이어스가 또다시 생각을 바꾸었던 것이다. 사형수 수감 건물을 벗어나 카운티 구치소에서 몇 달을 지내자 자신과 무관한 살인 사건에 말려들고 싶지 않다는 생각이 재차 스멀거렸다. 그는 재판 준비가 완료된 당일 아침까지 기다렸다가 수사관들에게 증언을 하지 못하겠다고 말했다. 수사관들이 증언하길 바라는 내용이 사실과 다르다는 이유였다. 그는 보다 유리한 조건을 얻어내기 위해 논쟁을 벌였지만 저지르지도 않은 살인죄에 대해 자신이 기꺼이 감수할 만한 처벌이란 애초에 존재하지 않는다는 결론에 도달했다.

협조하길 거부한 마이어스는 다시 사형수 수감 건물로 보내졌다. 홀먼으로 돌아온 마이어스는 금세 다시 심각한 감정적, 정신적 고통에 직면했다. 그렇게 2주 정도가 지나자 교도관들은 그가 너무나 걱정되었고 결국 정신병을 이유로 그를 주립 병원으로 이송했다. 터스컬루사의 테일러 하딘 보안 의료 시설은 정신병 때문에 법정에 설 수 없는 피의자들을 관리하며 법원을 대신해서 일체의 진단 및 평가 업무를 진행했다. 이 시설은 피고 측 변호사들로부터 피고가 재판을 받지 않아도 될 만큼 심각한 정신적 장애를 앓고 있어도 으레 모르기 일쑤라는 비난을 자주 들었다.

테일러 하딘 병원으로 이송되고 나서도 마이어스의 상태는 별로 나아지지 않았다. 그는 30일로 예정된 입원 기간이 끝나면 카운티 구치소로 돌아가길 바랐지만 다시 사형수 수감 건물로 보내졌다. 자신이 자초한 상황에서 벗어날 수 없음을 깨달은 마이어스는 이윽고 수사관들에게 맥밀리언 사건을 증언할 준비가 되었다고 말했다.

1988년 8월로 새로운 재판 날짜가 잡혔다. 월터는 사형수 수감 건물에서 1년 넘게 지내고 있었다. 현실에 적응하려고 애를 쓰면 쓸수록 악몽처럼 변해 버린 자신의 삶을 받아들일 수가 없었다. 비록 초조하기는 했지만 그는 재판이 원래 예정되었던 2월에 자신이 집으로 돌아갈 수 있을 거라고 철석같이 믿었다. 그의 변호사들도 마이어스가 허우적거리자 이를 반기는 듯했고 월터에게도 마이어스가 증언하길 거부했기 때문에 재판이 예정대로 진행된다면 좋은 거라고 설명했다. 하지만 결국 그 때문에 사형수 수감 건물에서 6개월을 더 지내야 했고 상황을 좋게 볼 수 없었다. 월터는 8월로 예정된 재판 날짜에 맞추어 베이 미닛에 소재한 볼드윈 카운티 구치소로 마침내 이송되면서 절대 그곳으로 다시 돌아올 일이 없다고 확신하며 사형수 수감 건물을 나섰다. 그동안 몇몇 사형수들과 친분을 쌓았고 그들이 조만간 직면하게 될 일을 알기에 떠나면서 모순된 감정을 느꼈다. 이런 자신을 발견하고 놀랐지만 호송 부서에서 이름을 부르자 그는 지체 없이 소지품을 싸서 호송용 트럭에 올랐다.

일주일 뒤 월터는 발목을 옥죄는 족쇄를 차고 허리를 단단히 감은 쇠사슬에 묶인 채 호송 차량에 앉아 있었다. 쇠붙이가 피부를 파고들어 혈액 순환을 가로막아 발이 점점 부어오르는 느낌이 들었다. 수갑도 너무 꽉 조였다. 그는 평소답지 않게 화를 표출하게 되었다.

「쇠사슬을 왜 이렇게 꽉 채우는 거요?」

일주일 전 그의 이송을 담당했던 두 명의 볼드윈 카운티 보안관 대리들은 사형수 수감 건물에서 법원으로 오는 내내 전혀 호의적이지 않았다. 그가 살인 혐의로 유죄 판결을 받은 지금 그들은 노골적으로 적대감을 드러냈다. 월터의 물음에 한 명이 조소를 보냈다.

「쇠사슬은 앞서 당신을 데려오던 때와 똑같아. 이제 당신의 유죄가 드러나서 꽉 죄는 것처럼 느껴질 뿐이지.」

「제발 이것 좀 느슨하게 해주시오. 이 상태로는 차를 탈 수도 없다고요.」

「우리가 느슨하게 풀어 줄 일은 절대 없으니 그냥 신경 끄쇼.」

월터는 돌연 그 남자가 낯이 익다고 느꼈다. 재판 막바지에 배심원단이 월터에게 유죄 판결을 내리자 법정에 있던 그의 가족과 몇몇 흑인들은 도무지 믿기지 않는다는 듯 충격에 휩싸였다. 그때였다. 테이트 보안관이 월터의 스물네 살 된 아들 조니가 〈아버지에게 한 짓에 대해 누군가는 대가를 치러야 할 것이다〉라고 말하며 위협을 가했다고 주장했다. 그는 보안관 대리들에게 조니를 체포하라고 지시했고 뒤이어 난투극이 벌어졌다. 월터가 지켜보는 앞에서 경찰들은 그의 아들을 바닥에 넘어뜨리고 수갑을 채웠다. 자신을 사형수 수감 건물로 데려가는 두 명의 보안관 대리를 자세히 보면 볼수록 그들 중 한 명이 아들을 바닥에 쓰러뜨린 장본인임이 확실했다.

호송용 트럭이 움직이기 시작했다. 그들은 월터에게 어디로 가는지 알려 주지 않았지만 일단 도로로 나서자 그를 사형수 수감 건물로 데려가는 것이 분명해졌다. 처음 체포되던 날 월터는 화가 났고 흥분해서 제정신이 아니었지만 그래도 자신이 곧 풀려날 거라고 확신했다. 카운티 구치소에 있을 때는 며칠이 몇 주가 되면서 좌절을 느꼈다. 유죄 판결은 고사하고 재판을 받기도 전에 사형수 수감 건물로 이송되고 그 안에서 몇 주가 다시 몇 개월이 되었을 때는 의기소침해졌고 겁에 질렸다. 하지만 꼬박 15개월을 기다린 평결 과정에서 거의 백인들로만 구성된 배심원단이 유죄를 선고하자 그는 엄청난 충격을 받았고 그대로 얼어붙었다. 마침내 원래 생활로 돌아가게 되었다고 생각하던 참이었다. 그에게 남은 감정은 미칠 듯한 분노뿐이었다. 보안관 대리들은 그를 사형수 수감 건물로 데려가고 있었고 조만간 구경 갈 총기 박람회에 관한 이야기를 나누고 있었다. 월터는 사람들을 좋게만 보려고 했던 자신이 어리석었음을 깨달았다. 그는 테이트가 사악하고 악질임을 알았지만 나머지 다른 사람들에 대해서는 남이 시키는 대로 하고 있을 뿐이라고 단정 지었다. 이제 그는 분노라고 설명될 수밖에 없는 어떤 것을 느끼고 있었다.

「이봐, 당신들을 전부 고소하겠어!」

월터는 자신이 괴성을 지르고 있음을 알았고 그래 봤자 아무런 소용이 없다는 사실도 알았다. 그럼에도 계속 〈당신들을 전부 고소할 거야!〉라는 말을 되풀이했다. 보안관 대리들은 그에게 무관심으로 일관했다.

「쇠사슬을 느슨하게 해달라고, 느슨하게 해달란 말이야.」

자신이 마지막으로 이성을 잃은 적이 언제인지 기억도 나지 않았지만 월터는 자신이 무너지고 있음을 느꼈다. 그는 한동안 발버둥을 치다가 이내 침묵했다. 그리고 머릿속으로 재판 과정을 하나하나 되짚어 보았다. 재판은 짧았고 일사분란했으며 냉담했다. 배심원 선정도 불과 몇 시간 만에 완료되었다. 피어슨은 거부권을 행사하여 배심원 후보로 호출된 그나마 몇 명 되지 않는 아프리카계 미국인들을 한 명만 남기고 모두 제외했다. 변호사들이 이의를 제기했지만 판사가 즉석에서 기각했다. 검찰이 마이어스를 증인석에 세웠고 그는 팔을 다친 월터가 자신에게 잭슨 클리너스까지 운전하도록 시켰다는 터무니없는 주장을 늘어놓았다. 그는 세탁소 안까지 들어가 월터가 론다 모리슨의 시체를 내려다보는 장면을 직접 목격했다고 진술했다. 특이하게도 이 진술에는 신비에 싸인 반백발의 백인 남자가 제3의 인물로 등장해 범죄를 주동하고 살인에 관여했으며, 월터에게 마이어스마저 죽이라고 지시했지만 총알이 바닥나는 바람에 실패했다는 내용이 추가되었다. 월터는 마이어스의 증언이 너무 엉터리라서 사람들이 진지하게 받아들이지 않을 거라고 믿었다. 〈이런 이야기를 듣고도 왜 웃는 사람이 하나도 없지?〉라는 생각이 들 정도였다.

체스트넛의 반대 신문으로 마이어스의 증언이 거짓이라는 사실은 더욱 분명해졌다. 반대 신문이 끝나자 월터는 검사가 그들의 실수를 솔직하게 인정할 거라고 믿어 의심치 않았다. 하지만 검사는 그의 예상과 달리 마이어스를 다시 증인석에 불러 세워 똑같은 진술을 반복하도록 시켰다. 마치 증언의 설득력과 모순은 완전히 별개라고, 조용한 법정 안에서 충분한 시간을 들여 되풀이하면 그의 거짓말이 진실이 된다고 믿는 듯했다.

빌 훅스는 살인이 발생한 시각에 월터의 트럭이 세탁소에서 멀어지는 것을 보았으며 튜닝을 통해 〈차고를 낮춘 차〉였기 때문에 그 트럭을 알아볼 수 있었다고 증언했다. 월터는 즉각 변호사에게 트럭의 차고를 낮춘 것은 모리슨이 살해되고 몇 개월이 지난 시점이었다고 귀띔했다. 하지만 변호사들은 그러한 정보를 듣고도 별다른 행동을 취하지 않았고 월터는 화가 났다. 조 하이타워라는 또 다른 백인 남자가 증인석으로 올라와 자신도 사건 현장에서 월터의 트럭을 보았다고 진술했다. 월터로서는 이름조차 들어 본 적 없는 남자였다.

피시 프라이 행사에 대해 그리고 론다 모리슨이 살해되던 시각에 월터가 집에 있었다고 증언할 수 있는 사람은 10여 명에 달했다. 월터의 변호사들은 그들 중 겨우 세 사람만 불렀을 뿐이었다. 어느 누구를 가릴 것 없이 모든 사람이 재판을 빨리 끝내려고 서두르는 듯 보였고 월터는 이런 상황이 이해되지 않았다. 검찰 측에서 어니스트 웰치라는 백인 남성을 소환했다. 그는 자신이 피시 프라이 행사가 있던 날 맥밀리언의 집에 수금하러 갔던 〈가구집 남자〉라고 진술했다. 하지만 행사가 열린 날은 론다 모리슨이 살해된 날과 다르다고 주장했다. 죽은 사람이 자신의 조카였기 때문에 그녀가 살해된 날짜를 다른 누구보다 분명하게 기억한다고 말했다. 그의 주장에 따르면 그는 사건 당일에 너무 충격을 받아서 다른 날 맥밀리언의 집에 돈을 받으러 갔다.

뒤이어 변호사의 변론이 이어졌고 배심원들이 퇴정했다가 세 시간도 지나지 않아서 다시 법정 안으로 줄지어 들어왔다. 하나같이 무표정했던 그들은 월터 맥밀리언에게 유죄를 평결했다.

4장

갈보리 산 위에

1989년 2월, 에바 앤슬리와 나는 앨라배마의 사형수들에게 무료로 양질의 법률 서비스를 제공하기 위해 터스컬루사에 비영리법률 센터를 열었다. 쉽게 생각한 적도 없었지만 막상 일을 벌이자 우리가 예상했던 것보다 훨씬 힘들었다.

센터 운영을 시작한 지 몇 개월 만에 첫 번째 소장이 사임했고, 우리가 사무실을 꾸민 앨라배마 주립 대학 로스쿨 측은 사무실로 쓸 공간을 제공하기로 했던 당초의 약속과 지원을 철회했으며, 우리는 우리대로 2만 5,000달러도 되지 않는 연봉에 앨라배마에서 상근직으로 사형 사건을 맡아 줄 변호사를 구하는 것이 얼마나 어려운 일인지 절감하고 있었다.

문제는 거기서 그치지 않았다. 주 의회는 자금 지원을 거부했다. 연방 정부로부터 주 지원금에 상당하는 자금을 추가로 지원받기 위해서는 꼭 필요한 지원이었다. 의회와의 수차례 실망스러운 면담 끝에 우리 프로젝트가 앨라배마 주 정부의 지원을 받을 수 없게 되었음이 명백해졌다. 앨라배마 법조계의 지도자들은 진심으로 우리의 시도가 성공하길 바랐다. 그들 중 어떤 이들은 사형수가 법률적인 지원조차 받지 못하는 현실을 용납할 수 없기 때문에, 어떤 사람들은 변호사가 없을 경우 형 집행이 더뎌지니까 형 집행이 보다 빠른 속도로 진행되길 바라는 마음에 우리를 지지했다. 어쨌거나 이제 우리는 우리 힘으로 일을 해나가야 하며 자력으로 재원을 조달해야 한다는 사실을 깨달았다. 에바와 나는 조직을 재편성했고 앨라배마 주의 중심인 몽고메리로 옮겨 다시 시작하기로 했다. 드디어 우리의 프로젝트에 이퀄 저스티스 이니셔티브Equal Justice Initiative라는 이름이 생길 참이었다.

나는 몽고메리 시내에 인접한 아담한 건물을 찾아냈고 1989년 여름 임대차 계약서에 서명했다. 건물에 입주함으로써 출발은 순조로운 듯 보였다. 1882년에 유행하던 그리스 부흥 양식으로 지어진 건물이었고 〈올드 앨라배마 타운〉이라는 유서 깊은 지역과도 가까웠다. 외부가 노란색인 건물에는 전면에 근사한 베란다가 있어서 탁 트인 개방감과 동시에 손님을 환영한다는 인상을 주었으며, 우리 의뢰인 가족들의 삶을 그토록 규정하는 위압적인 법원이나 획일적인 대기실, 교도소 담장과 멋진 대조를 이루었다. 다만 겨울의 추위를 막아 주지는 못했고 다람쥐들이 제집처럼 다락을 들락거렸으며 전기 공급이 불안정해서 복사기와 커피포트를 동시에 사용할 경우 영락없이 전기가 나갔다. 그래도 그곳은 처음부터 우리에게 집이자 일터처럼 느껴졌다. 우리가 거기서 지내는 시간을 생각하면 그곳은 언제나 집과 일터 둘 다였다.

에바가 새로운 프로젝트를 관리하는 업무를 맡았다. 연방 자금을 지원받는 데 필요한 무수히 복잡한 보고서와 필수적인 회계 업무를 생각하면 무척 힘들 터였다. 그녀는 대담하고 똑똑했으며 모든 업무를 체계적으로 정리해서 다만 몇 달러라도 아끼려고 애썼다. 우리는 접수 담당자를 고용했고 어떻게 살아남아야 할지 고민했다. 나는 SPDC에서 일을 시작하면서 곧바로 기금 마련 업무를 병행했었기 때문에 프로젝트 후원금을 모금하는 일에 약간 경험이 있었다. 따라서 새롭게 문을 연 앨라배마 사무실이 연방 자금을 지원받기 위한 최소 요건을 갖추도록 충분한 재원을 마련할 수 있을 거라 확신했다. 단지 시간이 필요할 뿐이었다. 그러나 우리에게는 바로 그 시간이 부족하다는 사실이 드러났다.

물밀듯 다가온 형 집행 날짜가 우리를 기다리고 있었다. 앨라배마에서 새로운 사형 법령이 통과된 1975년부터 1988년 말까지 집행된 사형은 오직 세 건에 불과했다. 그러나 1989년에 접어들자 사형 재판의 항소를 둘러싼 대법원의 방침과 정치적 기류 변화에 편승하여 주 법무부가 사형수들에 대한 형 집행을 활발하게 추진하기 시작했고 그렇게 1989년 말에 이르러서는 앨라배마 주의 사형 집행 건수가 두 배로 증가했다.

법률 사무소가 문을 열기 몇 개월 전부터 나는 매월 앨라배마의 사형수 수감 건물을 방문하기 시작했다. 애틀랜타에서 자동차를 운전하고 가서 새로운 의뢰인들을 만났으며 월터 맥밀리언도 그때 처음 만났다. 그들은 하나같이 도움에 감사하면서도 1989년 봄이 다가올수록 면담이 끝날 때면 으레 똑같은 부탁을 해왔다. 형 집행 날짜가 1989년 5월로 예정된 마이클 린지를 도와 달라는 부탁이었다. 나중에는 1989년 7월로 형 집행 날짜가 잡힌 호러스 던킨스를 도와 달라고 했다. 나는 괴로운 마음으로 재원과 시간의 압박을 언급하며 그들에게 우리가 새로운 사무실 준비하고 운영하느라 얼마나 정신없이 애쓰고 있는지 설명했다. 그들은 이해한다고 말했지만 조만간 형이 집행될 사람들을 놔두고 자신들이 법률적인 도움을 받는 것 때문에 괴로워하는 기색이 역력했다.

린지와 던킨스 두 사람에게는 자원 봉사로 일하는 변호사들이 있었는데 그들이 내게 도움을 요청해 왔다. 자신들이 도저히 감당할 수 없다는 이유였다. 린지의 변호사 데이비드 배그웰은 모빌 출신의 존경받는 민권 변호사였다. 1년 전에 사형이 집행된 웨인 리터 사건도 맡았었는데 그때의 경험이 그에게 환멸과 분노를 남긴 모양이었다. 그는 주 법률가 협회 신문에 기고한 통렬한 글에서 자신은 〈수임 거절로 변호사 자격을 박탈당하는 한이 있더라도 두 번 다시는 사형 사건을 맡지 않겠다〉고 다짐하면서 다른 변호사들에게도 사형 사건을 맡지 말라고 조언했다. 배그웰의 공개적인 불만 제기로 법원은 사형 사건의 마지막 상소 과정에서 민권 변호사를 배정하는 데 어려움을 겪었다. 물론 변호사를 배정하려는 의지도 딱히 없었다. 그의 글은 또 다른 부작용을 낳았다. 재소자들이 그의 글을 읽고 자기들끼리 이야기를 나눈 것이다. 특히 배그웰의 한탄 속에는 사형수들의 피를 식게 만드는 구절이 포함되어 있었다. 〈나는 일반적으로 사형 제도를 지지한다. 미친개는 죽어 마땅하기 때문이다.〉 사형수들은 변호사를 더욱 불신하게 되었고 그들을 도우려는 변호사들에 대해서도 마찬가지였다.

그 뒤로도 계속된 여러 의뢰인들의 요청에 우리는 형 집행 날짜가 속속 다가오고 있던 마이클 린지를 위해 우리가 할 수 있는 일을 찾아보기로 했다. 재판 과정에서 흥미롭게 뒤바뀐 부분을 변론하고자 했다. 배심원단은 마이클 린지를 사형에 처해야 한다고 평결한 적이 없었던 것이다.

린지는 배심원단에게 가석방 없는 종신형 평결을 받았음에도 판사가 이를 〈번복〉하고 독단적으로 사형을 선고했다. 〈판사의 평결 번복〉에 이은 사형 선고는 당시가 1989년이었음을 감안하더라도 이례적인 일이었다. 거의 모든 주에서 사형이든 가석방 없는 종신형이든 이를 선고하는 것은 배심원단의 역할이었다. 배심원이 사형을 부과하거나 거부하면 그대로 최종 판결이 되었다. 유독 플로리다와 앨라배마에서만 판사가 배심원단의 평결을 번복할 수 있었다. 나중에 플로리다는 이 관행에 제약을 두어 평결이 번복되는 일을 큰 폭으로 줄였다. 판사가 배심원단의 평결을 번복하는 행위는 앨라배마에서만 합법적으로 존속되었다. 앨라배마의 판사들은 마음만 먹는다면 이 권한을 이용하여 사형을 종신형으로 바꿀 수 있었지만 주로 종신형을 사형으로 바꾸는 데 이용했다. 1976년 이래로 그들은 중형 재판 111건에서 배심원단의 평결을 번복했다. 그리고 그중 91퍼센트에 달하는 재판에서 배심원단의 종신형 평결을 번복하고 사형을 선고했다.

주의 판사 선거철이 되어 경쟁 본능이 치열해지면 판사의 평결 번복은 더욱 복잡한 문제가 되었다. 앨라배마는 아주 경쟁이 치열한 당 표시 선거를 통해 모든 판사가 임명되며 비슷한 방식으로 판사가 임명되는 주는 총 여섯 개 주에 불과하다. 다른 32개 주는 나름의 초당적인 선거 절차를 통해 판사가 임명된다. 선거 자금은 손해 배상 소송을 줄이는 쪽으로 소송 개혁을 바라는 기업 관계자들과 이와 반대로 고객 민사 재판이 줄어들지 않길 바라는 법정 변호사들로부터 끌어 모은다. 그러나 대다수 유권자들이 이런 부분에 대해서는 잘 모르기 때문에 선거 운동 본부는 언제나 범죄와 처벌에 초점을 맞춘다. 판사들은 범죄에 누가 더 강경하게 대처하는지 경쟁을 벌인다. 선거에 후원금을 내는 사람들은 범죄를 둘러싼 판사 후보들의 관점에 어떠한 미세한 차이가 있는지 대체로 관심을 갖지 않을뿐더러 강력한 처벌을 부과하는 후보일수록 많은 표를 얻는다. 평결을 번복할 수 있는 판사의 권한은 믿을 수 없을 만큼 강력한 정치적 도구이다. 자신이 가장 무거운 형벌을 내리는 데 실패했던 살인 사건의 재판과 관련하여 불쾌한 세부 사항을 강조하는 상대 후보의 인신 공격성 광고를 상대하고 싶은 판사는 없다. 그런 점에서 판사의 평결 번복이 선거철에 증가하는 추세를 보이는 것은 전혀 놀라운 일이 아니다.

우리는 앨라배마 주지사 가이 헌트에게 편지를 썼다. 린지에게 형량을 선고할 권한이 있는 배심원단이 당초 그를 사형에 처하지 않기로 결정했다는 사실에 근거하여 그에 대한 형 집행을 중단해 달라고 요구했다. 헌트 주지사는 우리의 선처 요구를 단숨에 거부하면서 자신은 〈린지 씨에 대한 배심원단의 사형 결정으로 표출된 지역 사회의 바람을 저버리지 않을 것이다〉라고 단언했다. 우리가 지역 사회의 대표들, 즉 배심원단의 결정이 정확히 반대였다고 강조했음에도 아무런 소용이 없었다. 명백히 배심원단의 평결은 린지의 목숨을 부지한다는 결정이었다. 결과적으로 그들의 결정은 중요하지 않았다. 판사의 평결 번복 관행에서 특이한 점은 일찍이 플로리다의 한 소송에서 미국 대법원이 이러한 관행을 지지했다는 사실이며 그 결과 우리에게는 린지의 형 집행을 막을 법률적인 근거가 없었다. 1989년 5월 26일 린지는 결국 전기의자에 앉았다.

린지의 형 집행이 끝나자 곧바로 호러스 던킨스에 대한 형 집행 날짜가 다가왔다. 우리는 다시 한 번 어떤 식으로든 그를 도와주고자 했지만 시간은 빠르게 흘러갔고 희망이 거의 없었다. 던킨스 씨는 지적 장애를 앓았고 판사도 그의 학교 기록과 앞서 실시된 검사를 통해 그에게 〈정신 지체〉가 있음을 알고 있었다. 그에 대한 형 집행 날짜가 정해지기 불과 몇 개월 전 대법원이 〈정신 지체자〉에게 사형을 집행하는 것이 적법하다는 판결을 내렸다. 그로부터 13년 뒤 〈앳킨스 대 버지니아〉 재판에서 대법원은 지적 장애가 있는 사람을 사형시키는 것이 잔인하고 이례적인 처벌임을 인지하고 관련 행위를 위헌으로 금지했다. 호러스 던킨스처럼 장애가 있는 수많은 사형수들에게는 너무나 늦은 결정이었다.

던킨스 가족은 자주 전화를 걸어 형 집행이 불과 며칠 남은 상황에서 어떻게 해야 할지를 물어 왔지만 할 수 있는 일이 거의 없었다. 형 집행을 막을 방법이 없다는 사실이 분명해지자 가족들은 사형 집행이 완료된 뒤에 던킨스 씨의 시신을 처리하는 문제에 관심을 집중했다. 특히 종교적인 이유로 주 정부가 아들의 시신을 부검하지 않기를 희망했다. 드디어 날짜가 되어 호러스 던킨스에 대한 사형이 집행되었고 전국적으로 뉴스가 될 만큼 그 과정은 엉망이었다. 교정 공무원들이 전극을 의자에 제대로 연결하지 못한 탓에 전기의자를 작동시키자 전기 충격이 던킨스 씨의 몸에 부분적으로 가해졌던 것이다. 고통스러운 몇 분이 지나고 전기의자가 작동을 멈추었다. 던킨스 씨는 여전히 살아 있었다. 의식 없이 숨만 쉬고 있었다. 교정 공무원들은 그의 〈몸이 차가워질 때까지〉 몇 분을 기다리다가 그제서야 전극이 정상적으로 연결되지 않았음을 발견했다. 그들은 전극을 다시 조정하고 던킨스 씨에게 재차 전기 충격을 가했다. 이번에는 전기의자가 제대로 작동했다. 그가 숨을 거둔 것이다. 지극히 엉터리로 형을 집행한 다음에는 가족들의 거듭된 요청에도 불구하고 부검이 진행되었다.

형 집행이 끝나고 완전히 제정신이 아닌 던킨스 씨의 부친에게서 전화가 왔다. 그가 말했다.「그들이 우리 아이의 목숨을 빼앗을 수는 있습니다. 물론 우리 아들은 공정한 재판을 받지 못했으며 그럴 자격이 없었을지도 모르겠습니다. 하지만 그들에게 아들의 시신과 영혼마저 훼손할 권리는 없어요. 나는 그들을 고소할 겁니다.」우리는 던킨스 사건과 관련하여 자원 봉사 변호사에게 약간의 도움을 제공했고 비록 그다지 희망적이지는 않았지만 얼마 뒤 소송이 제기되었다. 몇 차례의 증언 녹취가 있었지만 결과적으로 법률적인 구제가 이루어지지는 않았다. 이러한 민사 소송이 앨라배마 주의 행보를 늦추지는 못했다. 더 많은 사형 집행 일정을 확정하면서 그들은 공격적으로 앞으로 나아갔다.

두 건의 형 집행 때문에 침울해진 채로 우리는 몽고메리의 새로운 사무실로 이사했다. 사형수들은 더욱 동요했고 어느 때보다 불안에 떨었다. 자신의 형 집행 날짜가 8월 18일로 정해졌다고 통보를 받은 허버트 리처드슨이 사형수 수감 건물에서 수신자 부담으로 내게 전화를 걸어 왔다.「스티븐슨 씨, 허버트 리처드슨입니다. 오는 8월 18일에 사형이 집행될 계획이라는 통보를 방금 받았습니다. 당신의 도움이 필요해요. 안 된다는 말은 하지 말아 주세요.

당신이 몇몇 재소자들을 돕고 있으며 사무실을 연다는 것도 알고 있습니다. 제발 나를 도와주세요.」

내가 말했다. 「형 집행 날짜가 정해졌다니 정말 유감입니다. 올 여름은 정말 힘들군요. 당신의 자원 봉사 변호사는 뭐라고 합니까?」 당시 나는 형 집행 날짜가 정해졌다는 소식을 들은 사형수 당사자에게 어떠한 태도를 취하는 것이 가장 좋을지 여전히 고민하는 중이었다. 이를테면 〈걱정하지 말아요〉라는 말처럼 안심되는 어떤 말을 해주고 싶었지만 그 말 자체로는 당연히 터무니없는 요구였다. 자신의 사형 날짜가 정해졌다는 소식은 어쨌거나 엄청난 걱정거리일 수밖에 없기 때문이다. 〈유감〉이란 표현도 그다지 적당하지 않기는 마찬가지인 것 같았지만 내가 생각해 낼 수 있는 최선이었다.

「스티븐슨 씨, 내게는 자원 봉사 변호사가 없습니다. 아무도 없어요. 자원 봉사 변호사가 있었지만 이미 1년 전에 더 이상 나를 도울 수 없다고 손을 들었습니다. 나는 〈당신〉의 도움이 필요해요.」

우리는 아직 컴퓨터나 법전도 준비되지 않았고 함께 일하는 변호사도 없는 상황이었다. 원래는 우리와 함께 일하기로 하고 그동안 살던 보스턴에서 앨라배마로 이사 온 하버드 로스쿨 동기가 한 명 있었다. 드디어 도와줄 사람이 생겼다는 생각에 나는 잔뜩 기대에 부풀었다. 그가 몽고메리로 온 지 불과 며칠 뒤 나는 후원금 마련을 위한 여정에 올랐다. 여행을 마치고 돌아오자 그는 이미 떠난 뒤였다. 앨라배마에서 사는 것이 이렇게 힘든 도전일 줄 몰랐다는 메모만 달랑 남겨 둔 채였다. 그는 일주일도 버티지 못했다.

리처드슨의 사형 집행을 막는다는 것은 법원의 중지 명령을 얻어 내기 위해 필사적으로 노력하면서 꼬박 한 달 동안 하루에 열여덟 시간씩 쉬지 않고 일해야 한다는 의미였다. 전력으로 노력해야만 해낼 수 있는 일이었고 그럼에도 형 집행을 막을 수 있을 거라고 좀처럼 기대하기 힘들었다. 내가 우리 둘 사이의 침묵을 깨뜨릴 말을 생각해 내지 못하는 사이 리처드슨의 말이 이어졌다. 「스티븐슨 씨, 내게는 30일밖에 남지 않았습니다. 제발 나를 도와주겠다고 하세요.」

솔직해지는 것 말고는 다른 대안이 없었다. 「리처드슨 씨, 정말 죄송합니다만 우리는 새로운 사건을 맡는 데 필요한 법전이나 직원, 컴퓨터 등 아직 아무것도 준비가 되지 않았습니다. 함께 일할 변호사도 구하지 못했어요. 아직은 이런저런 준비를 하는 단계라서……」

「하지만 내 사형 날짜가 정해졌어요. 나를 변호해 줄 사람은 당신밖에 없습니다. 나 같은 사람을 돕지 않는다면 그런 것들이 다 무슨 소용입니까?」 전화기 너머로 들리는 그의 숨소리가 점점 거칠어졌다.

그가 말했다. 「그들이 나를 죽일 거라고요.」

「무슨 말씀인지 알겠고 도울 수 있는 방법을 찾아보겠습니다. 다만 일이 너무 많아서……」 나는 무슨 말을 해야 할지 몰랐다. 둘 사이에 긴 침묵이 흘렀다. 전화기 너머에서 숨을 몰아쉬는 소리가 들렸고 그가 얼마나 낙담했는지 짐작할 수 있었다. 금방이라도 그가 분노에 찬 또는 신랄한 어떤 말을 쏟아 낼 것 같아서 나는 내심 긴장했다. 화를 낼 만도 했기 때문에 그가 어떤 말을 하더라도 모두 받아 주기로 마음을 다잡았다. 갑자기 전화기가 조용해졌다.

그가 전화를 끊은 것이다.

그와 통화한 뒤로 그날 하루 종일 나는 마음이 불편했고 밤에도 잠을 이룰 수 없었다. 그의 절망 앞에서 늘어놓은 전혀 쓸모없고 형식적인 변명과 그의 반응에 침묵으로 일관했던 나의 행동이 계속 머릿속을 맴돌았다.

다음 날 다행히도 그가 다시 전화를 걸어 왔다.

「스티븐슨 씨, 미안하지만 당신이 나를 변호해 주었으면 합니다. 사형 집행을 막겠다는 약속까지는 필요 없습니다. 중지 명령을 얻어 낼 수 있다는 말도 필요 없어요. 이제 29일밖에 남지 않은 상황에서 어떤 희망도 없으면 내가 버틸 수 없을 것 같아서 그럽니다. 내가 희망을 가질 수 있도록 그냥 말이라도 도와주겠다고 해 주세요.」

나는 안 된다고 말할 수 없었고 결국 그렇게 하겠다고 대답했다.

무거운 심정으로 그에게 말했다. 「지금 시점에서 사형 집행을 막기 위해 우리가 할 수 있는 일이 있을지는 잘 모르겠습니다. 그렇지만 노력은 해보겠습니다.」

「당신이 무슨 일이든, 어떤 일이든 해준다면 나는 정말 고맙게 여기겠습니다.」

허버트 리처드슨은 베트남 참전 용사였다. 혹독한 환경에서 겪은 악몽 같은 경험이 그에게 정신적 외상과 상처를 남겼다. 그는 미국이 한창 전쟁에 휘말렸던 1964년 열여덟 살의 나이로 군에 입대해 제1기갑사단 11항공단에 배속되었고 베트남 안케에 위치한 캠프 래드클리프로 파견되었다. 안케는 1960년대 중반에 치열한 전투가 벌어졌던 곳으로 유명한 쁠래이꾸와 가까웠다. 그는 위험한 임무를 수행하는 과정에서 목숨을 잃거나 심각한 부상을 당하는 동료들을 목격했다. 한번은 그의 소대가 적군의 매복 공격으로 몰살당했고 허버트 역시 심각한 부상을 입었다. 정신을 차리고 보니 동료들의 피를 온통 뒤집어쓴 채였다. 정신적으로 극심한 혼란에 빠졌고 몸을 꼼짝할 수 없었다. 머지않아 극단적인 신경 쇠약 증세까지 찾아왔다. 끔찍한 두통에 시달리다 못해 자살을 시도한 적도 있었다. 지휘관은 정신 감정을 받아 보라고 수차례 권유했으나 그는 이후로도 7개월간이나 계속 전장에 머물렀고 그 뒤로 〈울음이 마구 터져 나오는 증상〉과 〈말없이 속으로 앓기만 하는 증세〉가 찾아와 결국 1966년 12월에 명예 제대를 했다. 뉴욕 브루클린의 집으로 돌아와서도 정신적 외상은 사라지지 않았다. 악몽을 꾸고 참을 수 없는 두통에 시달렸으며 때로는 〈적이 몰려온다!〉라고 외치면서 집 밖으로 뛰쳐나갔다. 결혼을 하고 자식도 생겼지만 외상 후 스트레스 장애가 그의 행동 제어 능력을 야금야금 계속 갉아먹었다. 결국 그는 뉴욕 재향 군인 병원에 입원했고 전쟁 중 부상이 남긴 극심한 두통에서 느리고 힘겹게 건강을 회복하기 시작했다.

　허버트는 군 복무를 마치고 구치소나 교도소에서 삶을 마감하는 수천 명의 참전 용사들 중 한 명이 되었다. 수많은 참전 용사들이 정신적 외상을 안고 퇴역한 다음 고향으로 돌아가 수감자 신세로 전락하는 문제는 미국이 가장 쉬쉬하는 문제다. 1980년대 중반까지 미국의 구치소나 교도소에 수감된 재소자 중 거의 20퍼센트가 군에서 복무한 적이 있는 사람들이었다. 이 비율은 1990년대

들어 미국이 베트남 전쟁의 그림자에서 벗어나기 시작하면서 감소 추세를 보였지만 이라크 전쟁과 아프가니스탄 전쟁의 영향으로 재차 증가세를 보였다.

뉴욕 재향 군인 병원에서 치료를 받으며 허버트는 천천히 회복되고 있었다. 머지않아 그곳에서 앨라배마 도선 출신의 간호사를 만났고 그녀의 동정 어린 간호에 편안함을 느꼈다. 어쩌면 평생 처음으로 희망도 느꼈다. 그녀가 가까이 있을 때 그는 살아 있음을 느꼈고 모든 것이 괜찮아질 거라는 생각이 들었다. 그녀는 생명의 은인이었다. 그녀가 앨라배마의 집으로 돌아가자 허버트 역시 그녀의 뒤를 따랐다.

허버트는 그녀의 환심을 사기 위해 노력했다. 그녀에게 결혼하고 싶다는 의사도 밝혔다. 그녀는 허버트가 여전히 전쟁 후유증을 겪고 있음을 알았기에 처음에는 거부했지만 결국 구애를 받아들였다. 그들은 잠깐 동안 친밀한 관계를 유지했으며 허버트는 더없이 행복했다. 그는 자신의 여자 친구를 보호하려는 마음이 점점 강해졌다. 반면 그녀는 그에게서 자신을 향한 극단적이고 집요한 관심을 발견하기 시작했다. 사랑이라기보다는 강박적인 집착에 가까운 어떤 것이었다. 그녀는 관계를 정리하고자 했다. 허버트와 거리를 두려는 몇 개월에 걸친 노력이 실패하자 종국에는 그에게 제발 떨어지라고 강력히 요구했다.

그녀의 요구와 반대로 허버트는 도선에 있는 그녀의 집에서 오히려 더 가까운 곳으로 이사했고 그녀의 불안은 더욱 커졌다. 그에게 자신을 만나려 하지도, 말을 걸지도, 자기 근처를 얼씬거리지도 말라고 요구하는 지경에 이르렀다. 한편 허버트는 그녀가 단지 잠간 혼란스러워하는 것일 뿐이며 결국에는 자신에게 돌아올 거라고 확신했다. 집착 때문에 완전히 착각에 빠진 것이다. 그는 논리와 판단력을 잃었고 갈수록 비이성적이고 위험한 인물로 변해 갔다.

허버트는 결코 우둔한 사람이 아니었다. 실제로는 상당히 똑똑한 편이었고 전자와 기계 쪽으로 재능이 있었다. 더불어 너그러운 마음의 소유자였다. 다만 전쟁으로 인한 정신적 외상에서 완전히 회복하지 못한 상태였다. 군 복무 이전에 생긴 정신적 외상도 있었다. 그의 어머니는 그가 겨우 세 살 때 세상을 떠났으며 허버트 자신은 입대를 결심하기 전까지 마약과 알코올 문제를 겪었다. 전쟁의 공포가 이미 상처를 입은 정신에 또 다른 차원의 고통을 보탠 것이다.

여자 친구의 마음을 되돌릴 한 가지 아이디어가 떠올랐다. 그녀가 위협을 느낀다면 보호를 받기 위해서라도 자신에게 돌아올 거라는 생각이었다. 허버트는 장차 비극을 불러올 엉뚱한 계획에 착수했다. 그는 소형 폭탄을 제조해서 그녀의 집 현관에 갖다 두었다. 폭탄을 터뜨린 다음 달려가서 그녀를 구해 주면 이후로는 내내 둘이서 행복하게 살 것 같았다. 폭발물을 무모한 용도로 사용한 경우였고 그곳이 전쟁터였더라도 현명한 짓이 아닐 터였다. 하물며 앨라배마 도선의 가난한 흑인 동네에서는 더욱 그랬다. 어느 날 아침 허버트는 조립을 끝낸 폭탄을 자신의 전 여자 친구 집 현관에 두었다. 그의 계획과 달리 그녀의 조카와 다른 소녀 한 명이 집에서 걸어 나와 이상한 꾸러미를 발견했다.

전 여자 친구의 열 살짜리 조카는 겉에 시계가 부착된 이상한 가방에 호기심을 느꼈고 폭탄을 집어 들었다. 시계가 작동하는지 보려고 폭탄을 흔들자 맹렬한 폭발이 일어났다. 소녀는 현장에서 즉사했으며 옆에 서 있던 열두 살짜리 친구는 부상을 입었다. 둘 다 허버트가 아는 소녀들이었다. 평소 그 지역에서는 아이들이 일거리를 찾아 동네를 돌아다녔다. 허버트는 아이들을 좋아해서 자기 집 마당에 아이들을 초대하거나 심부름을 시키고 돈을 주거나 그들과 이야기를 나누고는 했다. 집 앞을 지나는 아이들에게 주려고 시리얼과 요리도 만들기 시작했다. 두 소녀도 그의 집에서 아침을 먹은 적이 있었다.

길 건너편에서 전 여자 친구의 집을 지켜보던 허버트는 엄청난 충격에 빠졌다. 원래는 단단히 준비하고 있다가 폭탄이 터지면 그녀를 안전하게 보호하기 위해 재빨리 달려가서 도와준다는 계획이었다. 그녀의 조카가 폭탄을 집어 들고 뒤이어 폭발이 일어나자 허버트 역시 현장으로 달려갔지만 비탄에 잠긴 동네 사람들에게 둘러싸인 자신을 발견했을 뿐이었다.

경찰이 범인을 체포하기까지는 그리 오래 걸리지 않았다. 그들은 허버트의 자동차와 앞마당에서 파이프와 그 밖의 폭탄 재료들을 찾아냈다. 희생자가 흑인이고 가난했기 때문에 평소 같으면 중죄로 기소될 유형의 사건이 아니었지만 허버트가 그 지역 사람이 아니라는 사실이 문제가 되었다. 그가 북부 출신의 외부인이라는 사실과 범죄의 성격이 법 집행 공무원들의 모욕감을 고조시킨 듯했다. 도선의 어딘가에 폭탄을 설치하는 행위는 설령 그곳이 빈민가일지라도 〈전형적인〉 내부인의 폭력과는 다른 차원의 위협이었다. 검사는 허버트가 단지 비극적일 정도로 잘못 판단했고 무모했을 뿐 아니라 사악하다고 주장했다. 앨라배마 주 검사는 피고에게 사형을 구형했다. 주민의 28퍼센트가 흑인인 카운티에서 흑인 배심원 후보를 모두 제외시킨 검사는 최후 논고에서 백인으로만 구성된 배심원단을 향해 허버트가 〈뉴욕의 흑인 무슬림[14]과 연관〉되었기 때문에 유죄 판결을 내리는 것이 적절하며 자비를 베풀 이유가 없다고 주장했다.

앨라배마의 사형 관련 법령에는 살인자에게 사형을 적용하려면 의도적인 살인이어야 한다는 규정이 있었는데 허버트에게는 소녀를 죽이려는 의도가 없었음이 명백했다. 그러자 앨라배마 주는 〈전이된 의도〉라는 전례를 찾아볼 수 없는 이론을 적용해서 사형을 구형하기로 했다. 정작 허버트에게는 〈누구도〉 죽일 의도가 없었다. 유죄를 인정하지 말라는 조언을 들었음에도 결국 그는 자신의 행위가 의도하지 않은 살인이었으며 계획적인 살인은 아니었다고 주장했다. 그의 주장대로라면 종신형에 처해질 수는 있어도 사형은 아니었다.

재판이 진행되는 동안 허버트의 국선 변호사는 그의 배경이나 군 복무 경험, 전쟁터에서 얻은 정신적 외상, 희생자와의 관계, 여자 친구에 대한 집착 등에 관한 어떠한 증거도 제출하지 않았다. 이 당시 앨라배마 법령에 따르면 국선 변호사가 법정 밖에서 재판을 준비하느라 할애한 시간에 대해 지급받을 수 있는 액수는 1천 달러가 상한선이었다. 당연히 그 변호사는 재판 준비에 시간을 거의 할애하지 않았다. 재판은 하루 남짓 진행되었고 판사는 허버트에게 서둘러 사형을 선고했다.

14 정통 이슬람교가 아닌 반백인 분리주의를 표방하는 이종파.

사형이 선고되자 허버트의 국선 변호사는 자신이 기대한 만큼 재판이 공정하게 진행되었기 때문에 유죄 판결이나 사형 선고에 대해 항소할 이유가 없는 것 같다고 그에게 말했다. 나중에 그는 다른 사건에서 변호사의 임무를 성실히 이행하지 않았다는 이유로 변호사 자격을 박탈당했다. 허버트는 그의 국선 변호사에게 자신이 사형 선고를 받았다는 사실을 상기시켰다. 그는 가능성이 아무리 희박하더라도 항소하기를 원했지만 그 변호사는 항소 이유서를 제출하지 않았다.

허버트는 11년 동안 사형수 수감 건물에서 지냈고 마침내 그가 〈옐로 마마〉를 만날 차례가 되었다. 절망적인 상황에서 자원 봉사 변호사가 항소를 통해 살인 의도와 관련된 부분에 이의를 제기했지만 성공하지 못했다. 허버트의 사형 집행일이 이제 정해졌다. 8월 18일. 불과 3주 뒤였다.

허버트와 통화한 뒤 나는 여러 법원에 허겁지겁 중지 명령을 신청했다. 우리가 사형 집행을 막을 확률이 낮다는 것은 알고 있었다. 1980년대 말까지 미국 대법원은 사형에 관련된 이의 제기에 점점 인내심을 잃고 있었다. 1970년대 중반 대법원은 철저하게 검토하고 법률을 엄정히 준수하여 소송 절차를 밟을 것이라는 약속과 함께 사형 사건 재인증 요구를 지지했지만 이내 이러한 기존 입장을 철회하기 시작했다. 대법원의 판결은 사형수들에게 점점 더 적대적으로 변했고 〈죽음은 다르다〉라는 개념을 도외시했다.

대법원은 주 법원에 먼저 제출되지 않은 인신 보호 영장에 대한 연방 법원의 검토를 금지한다고 판결했다. 결과적으로 항소 법원인 연방 법원은 처음부터 주 법원에 제출된 것이 아닐 경우 새로운 증거를 검토할 수 없게 되었다. 대법원은 연방 법원 판사들이 주 법원의 판결을 존중해야 한다고 주장함으로써 사형 재판에서 나타나는 주 법원의 실수나 문제점에 대해 관대한 입장을 보였다.

1980년대에 대법원은 청소년에게 사형을 선고하는 관행에 이의를 제기하는 헌법 소송을 기각했다. 〈지적 장애〉가 있는 장애인에게 사형을 선고한 판결을 지지하기도 했다. 아울러 수많은 비난 여론에도 불구하고 대부분의 사형 평결에서 관찰되는 배심원단의 극심한 인종적 불균형을 적법하다고 판결했다.

1980년대 말에 이르자 일부 대법관들이 사형 재판을 둘러싼 재검토 절차를 공개적으로 비판하고 나섰다. 대법원장 윌리엄 렌퀴스트는 사형 선고에 대하여 항소하는 행위와 사형 집행을 막으려는 변호사들의 끈질긴 노력을 제한해야 한다고 주장했다. 1988년 그는 한 법률가 협회 행사에 참석해 〈빨리빨리 끝냅시다〉라고 주장한 것으로 유명했다. 공정함보다는 빨리빨리 마무리 짓는 것이 사형 제도에서 새로운 우선순위로 부각됐다.

허버트 리처드슨과 처음 대화를 나누고 나서 2주 뒤 나는 중지 명령을 받아 내고자 동분서주하고 있었다. 절차상 너무 늦은 상황이었지만 허버트에 대한 재판 과정에서 주목하지 않을 수 없는 문제들을 발견했고 어쩌면 중지 명령을 받아 낼 수 있을지 모른다는 희망이 생겼다. 물론 그가 유죄라는 사실에는 의문의 여지가 없었지만 해당 사건이 살인 사건으로 판단되지 말았어야 했다는 설득력 있는 이유들이 있었다. 누군가를 살해할 의도가 없었다는 점을 감안하지 않더라도 여전히 사형을 부과해서는 안 된다는 다른 강력한 증거들이 있었다. 허버트의 정신적 외상과 군 복무 경험, 어린 시절의 곤경 등이 그것이었다. 감형 요인이 될 수 있는 이런 주목할 만한 증거들 중 어느 하나도 재판 당시 제출되지 않았다. 당연히 제출됐어야 했다. 사형 선고는 죽음이 적절한 판결이 아닐지도 모를 모든 이유를 충분히 고려한 다음에야 정당한 판결이 될 수 있으며 허버트에 대한 재판에서는 바로 그 과정이 결여되어 있었다. 나는 허버트가 손쉬운 제물이었기 때문에 사형 집행을 앞에 두고 있다는 확신이 점점 강해졌다. 그는 아무런 도움을 받지 못했으며 사형을 둘러싼 엄정한 법률 요건을 신경 쓰지 않는 사법 제도에 의해 쉽사리 사형 선고를 받았다. 그가 적절한 시기에 적절한 도움을 받았더라면 지금처럼 사형수 수감 건물에서 2주도 채 남지 않은 사형 집행일을 앞두고 있지 않았을 거라는 생각에 몹시 괴로웠다.

나는 무능한 변호사와 인종 차별적인 재판, 검사의 선동적인 발언, 감형 요인이 될 수 있는 증거들의 미제출 등을 근거로 여러 법원에 허버트에 대한 형 집행 중지를 신청했다. 법원들은 하나같이 〈너무 늦었다〉고 말했다. 그러던 중 도선의 예심 법원에서 급하게 심리 날짜가 잡혔고 나는 당초 허버트가 제작한 폭탄이 특정한 시간에 작동하도록 설계되었다는 증거를 제시하고자 했다. 그가 만든 것은 시한폭탄이었으며 접촉에 의해 폭발하도록 만들어지지 않았다고 증언해 줄 전문가도 구했다. 법원이 이런 증거는 1심이나 이전 절차에 제출됐어야 했다고 판단할 수 있음을 알았지만 판사가 증거를 보고 설득되기를 바랐다.

심리에 허버트와 함께 참석했지만 우리는 이내 판사의 표정에서 무관심을 읽었다. 판사의 무관심에 허버트가 바짝 초조해졌다. 그는 속삭이듯 작은 목소리로 내게 증인석의 전문가에게 자신의 의도에 대해 증언하도록 해달라고 애원했다. 당연하지만 그 전문가는 허버트의 의도를 알 턱이 없었다. 그럼에도 허버트는 끈질기게 우겼고 급기야 판사에게 들릴 정도로 목소리가 커지기 시작했다. 한편 판사는 관련 증거가 새로 발견된 것이 아닌 이상 1심에서 제출되어야 했으며 이제 와서 형 집행을 중지시키기 위한 근거가 될 수 없다는 사실만 계속 강조했다. 나는 짧은 휴정을 요청하고 허버트를 진정시켰다.

「저 사람은 정작 해야 할 말을 하지 않고 있다고요!」

허버트가 발작하듯 숨을 몰아쉬었다. 자신의 머리를 감싸 쥔 채 내게 극심한 두통을 호소했다. 「나는 아무도 죽일 의도가 없었고 저 사람은 그 점을 분명하게 설명해야 한다고요!」

내가 그를 위로하려고 나섰다. 「리처드슨 씨, 그 부분은 우리가 이미 지적했습니다. 저 전문가에게는 당신이 어떤 마음 상태였는지 이야기할 권한이 없어요. 단지 폭탄이 폭발하도록 설계되었다고 증언할 수 있을 뿐 절대로 당신의 동기를 설명할 수 없습니다. 판사가 그렇게 하도록 허락하지 않을뿐더러 사실상 그가 왈가왈부할 수 있는 문제도 아닙니다.」

그가 관자놀이를 문지르며 우울한 어조로 말했다. 「판사는 그가 이야기하는 것에 어차피 신경도 쓰지 않잖아요.」

「나도 알아요. 하지만 이 심리가 첫 번째 단계라는 사실을 명심해요. 우리는 애초부터 이 판사에게 그다지 많은 기대를 하지 않았어요. 지금의 이 과정이 항소심에서 우리에게 도움이 될 겁니다.

이런 상황이 실망스럽다는 사실은 나도 잘 압니다.」 그가 걱정스러운 눈빛으로 나를 바라보다가 체념한 듯 이내 한숨을 내쉬었다. 이후 심리가 진행되는 내내 그는 머리를 감싸 쥔 채 침울하게 앉아 있었고 나는 그가 흥분해서 따지고 들 때보다 더욱 마음이 아팠다.

그때까지 다른 직원을 채용하지 못한 까닭에 내게는 심리 공판에서 내 옆에 앉아 서류를 챙겨 주거나 피고를 도와줄 협력자가 아직 없었다. 심리가 끝나자 허버트에게 족쇄가 채워졌고 그는 괴롭고 실망스럽고 불행한 얼굴로 다시 사형수 수감 건물로 보내졌다. 내 물건들을 챙겨 법정을 나오면서도 나는 기분이 전혀 나아지지 않았다. 재판 결과를 함께 논의하거나 제출한 증거들이 형 집행 중지를 받아 낼 근거가 될 수 있을지 평가해 줄 동료가 있으면 정말 좋을 것 같았다. 그 지역 판사가 형 집행 중지 신청을 받아들일 거라는 기대는 애당초 없었지만 그래도 재심 법정이라면 어쩌면 이 사건이 의도적인 살인이 아니며 형 집행 중지 신청을 받아들여야 한다는 사실을 인지할지도 모른다고 생각했다. 이런저런 다양한 일들이 겹치면서 과연 우리가 이 사건의 전체적인 그림을 바꿀 정도로 충분한 증거를 제출했는지 나로서는 객관적인 판단이 불가능했다. 허버트를 그처럼 심란한 상태로 남겨 두었다는 사실에 마냥 우울할 뿐이었다.

밖으로 나오는데 법정 뒤쪽에 옹기종기 모여 있는 일단의 흑인 여성들과 아이들이 보였다. 그들 중 일고여덟 명이 나를 유심히 쳐다보았다. 다른 재판 일정이 없는 늦은 오후에 심리가 열린 터였다. 그들이 누구일지 호기심이 생겼지만 솔직히 너무 지쳐서 별로 신경 쓰고 싶지 않은 심정이었다. 유독 빤히 바라보는 세 명의 여성에게 미소를 지었고 고개를 끄덕이며 형식적인 인사를 건넸다. 하지만 그들은 이를 다가와도 된다는 신호로 받아들였다. 내가 막 문을 나서려는 찰나였다.

먼저 입을 연 여성은 긴장한 듯 보였다. 약간은 겁을 먹은 것도 같았다. 그녀가 머뭇거리며 말했다. 「저는 레나 메이의 엄마예요. 희생자의 엄마죠. 그들은 우리를 도와주겠다고 말했지만 약속을 지키지 않았어요. 메릴린은 제대로 들을 수가 없는 상태예요. 폭탄이 터진 뒤로 정상적인 청력이 아니죠. 메릴린의 여동생은 불안 증세를 앓고 있고 저도 마찬가지예요. 당신이 우리를 도와주었으면 해요.」

어리벙벙한 내 표정을 보면서 그녀가 재빨리 덧붙였다. 「당신이 바쁜 건 알아요. 다만 우리도 도움을 받고 싶었어요.」 나는 그녀가 이야기를 하면서 조심스럽게 자신의 손을 내밀고 있음을 알아차리고 재빨리 그녀의 손을 마주 잡았다.

그리고 최대한 부드럽게 그녀에게 말했다. 「약속한 도움을 받지 못했다니 정말 유감입니다. 하지만 저는 이 사건에서 사실상 허버트 리처드슨 씨를 변호하고 있습니다.」

「우리도 알고 있어요. 지금 당장은 다른 일을 할 수 없을 거라는 것도 압니다. 그래서 말인데 이 일이 끝나면 우리를 도와줄 수 있을까요? 그들은 우리가 치료를 받을 수 있도록 돈도 주고 딸아이의 귀 문제도 도와주겠다고 했어요.」

그때 한 젊은 여성이 조용히 다가와 나와 대화 중이던 레나의 엄마를 안았다. 그녀는 20대 초반으로 보였지만 훨씬 어린아이가 그러듯 자기 엄마의 옆구리에 머리를 기댄 채 슬픈 눈으로 나를 바라보았다. 또 다른 여성이 다가와 약간 도전적으로 말했다. 「나는 이 아이의 이모예요. 우리는 사람을 죽인다고 문제가 해결된다고 생각하지 않아요.」

그녀가 무슨 말을 하는지 분명치 않았지만 나는 그녀를 향해 〈네, 맞습니다. 저도 그렇게 생각해요〉라고 대답했다.

이모라는 사람도 약간 긴장이 풀리는 모양이었다. 「이 모든 슬픔이 우리에겐 너무 힘들어요. 당신이 도와주려는 사람을 응원할 수는 없지만 그가 죽는 모습을 보고 싶지도 않아요. 누군가 죽는 일은 더 이상 없었으면 해요.」

「여러분을 돕기 위해 내가 무슨 일을 할 수 있을지는 잘 모르겠지만 진심으로 여러분을 돕고 싶습니다. 8월 18일 이후에 연락을 주세요. 그러면 방법을 찾아보겠습니다.」

뒤이어 이모라는 사람이 자신의 아들이 교도소에 있으며 변호사가 필요한데 내게 연락하라고 해도 되겠냐고 물었다. 내가 명함을 건네주자 그녀가 안도의 한숨을 내쉬었다. 우리 모두는 법원을 나서며 진심 어린 작별 인사를 나누었다.

일행과 함께 멀어지면서 이모라는 여인은 〈당신을 위해 기도할게요〉라고 말했다.

주차장으로 가면서 나는 그들에게 리처드슨 씨의 형 집행을 원치 않는다고 담당 검사와 주 검사들에게 말해 달라고 부탁하면 어떨지 고민했다. 물론 주 정부가 이들 희생자들의 뜻을 대변하고 있는 것은 분명 아니었다. 법정 안에는 심리를 지켜보던 주 검사들과 그 밖의 다른 공무원들이 가득했지만 뒤쪽에 서 있던 피해자들에게 한마디도 건네지 않은 채 이미 오래전에 그곳을 떠났다. 피해자들이 도움을 요청할 최적의 인물로 나를 생각했다는 비극적이고 아이러니한 상황이 계속 뇌리를 맴돌았다.

내가 몽고메리에 도착할 즈음에 예심 판사가 우리의 형 집행 중지 신청을 기각했다. 그는 우리 증거가 〈시기적절하지 않다〉고 판결했다. 결국은 우리가 제출한 증거를 받아들일 수 없다는 뜻이었다. 형 집행이 일주일도 남지 않은 상황이었기 때문에 그다음 며칠을 정신없이 계속 소송을 제기하는 일로 채웠다. 마침내 형 집행 하루를 앞두고 나는 사건을 재검토하고 형 집행을 중지해 달라는 청원서를 미국 대법원에 제출했다. 아무리 사형 재판일지라도 대법원이 재검토 요청을 받아들이는 경우는 일반적으로 매우 드물었다. 이송 명령 신청, 즉 하급 법원의 판결을 검토해 달라는 요청이 받아들여지는 경우가 매우 드물었음에도 나는 줄곧 대법원이야말로 우리가 중지 명령을 얻어 낼 수 있는 최선의 희망임을 알고 있었다. 하급 법원이 중지 신청을 받아들여도 주 정부가 항소할 수 있었기 때문에 사형을 진행하도록 허락할지 말지 최종 결정을 내리는 것은 거의 언제나 대법원의 몫이었다.

사형 집행이 예정된 시각은 8월 18일 오전 12시 01분이었다. 8월 16일 늦은 밤 나는 마침내 청원서 작성을 끝냈고 준비된 서류를 대법원에 팩스로 발송했다. 다음 날 아침을 몽고메리의 사무실에서 보내면서 대법원의 결정을 걱정스럽게 기다렸다. 바쁘게 시간을 보내고자 월터 맥밀리언 사건을 포함한 다른 사건 파일들을 읽었다. 오후나 되어야 대법원으로부터 어떤 이야기를 들을 수 있을 거라는 사실을 알면서도 저절로 전화기에 눈이 가는 건 어쩔 수 없었다. 전화벨이 울릴 때마다 심장 박동이 빨라졌다. 에바와 접수 담당자인 도리스가 눈치챌 만큼 나는 애타게 전화를 기다렸다. 우리는 주지사에게도 관대한 처분을 요구하며 가족들의 진술서와 컬러 사진까지 첨부된 방대한 분량의 청원서를 제출했지만 어떤 반응을 기대하기는 어려웠다. 청원서에는 허버트의 군 복무 경험이 자세히 쓰여 있었고 우리가 외상 후 스트레스 장애를 겪는 참전 용사들에게 연민을 가져야 하는 이유도 적혀 있었다.

나는 그다지 희망을 갖지 않았다. 앞서 마이클 린지는 배심원단에게 종신형 평결을 받았음에도 사형을 당했다. 호러스 던킨스는 지적 장애를 앓았지만 주지사는 마찬가지로 그의 목숨을 살려 주지 않았다. 그들에 비해 사람들이 허버트에게 연민을 느낄 가능성은 훨씬 적었다.

그날 하루 동안 나는 허버트와 주기적으로 연락했다. 대법원에서 연락이 오는 대로 그에게 알려 주기 위해서였다. 막상 대법원의 판결이 나오더라도 교도소 측에서 소식을 제대로 전달할 거라는 믿음이 없었기 때문에 그에게 두 시간마다 내게 전화하라고 일러 두었다. 어떠한 판결이 내려지든 그를 진심으로 걱정하는 사람에게서 그가 직접 판결 내용을 듣기를 바랐다.

허버트는 모빌에 거주하는 한 여성을 알게 되었고 그녀와 수년에 걸쳐 편지를 주고받았다. 사형 집행일을 일주일 남기고 그들은 결혼을 결심했다. 무일푼인 허버트는 자신이 죽더라도 그녀에게 남겨 줄 것이 아무것도 없었다. 단 그가 참전 용사였기 때문에 사망 시 유족들에게 성조기를 받을 자격이 주어졌고 그는 이 성조기를 새로 결혼한 아내가 받기를 원했다. 형 집행일이 다가올수록 허버트는 임박한 형 집행보다 자신이 받을 성조기를 더 걱정하는 듯 보였다. 그는 계속해서 내게 자신이 확실히 성조기를 받게 되는지 정부에 확인해 달라고 부탁했고 서면으로 확인이라도 받아 달라고 요구했다.

새 아내의 가족들이 형 집행 전 마지막 몇 시간을 허버트와 함께 보내기로 했다. 교도소 측은 가족들에게 밤 열 시 정도까지 머물도록 허락해 주었다. 그 뒤에는 사형수에게 형 집행 준비를 시켜야 했다. 나는 여전히 내 사무실에서 대법원의 판결을 기다리고 있었다. 그리고 아무런 소식 없이 시계가 오후 5시를 지난 시점부터는 조심스럽게나마 희망을 품기 시작했다. 우리가 제출한 서류에 고민할 부분이 전혀 없었다면 형 집행 중지 신청에 대한 대법원의 판결이 훨씬 일찍 나왔을 것이기 때문이다. 따라서 시간이 늦어질수록 나는 점점 더 희망에 부풀었다. 오후 6시. 나는 좁은 사무실 안을 불안하게 오가며 형 집행 시간이 다 되도록 대법원이 도대체 무슨 논의를 하고 있을지 고민했다. 에바와 새로 채용한 조사원 브렌다 루이스도 나와 함께 기다렸다. 7시가 되기 직전. 드디어 전화벨이 울렸다. 대법원 서기였다.

「스티븐슨 씨, 대법원에서 방금 사건 번호 89-5395와 관련한 명령이 내려졌음을 알려 드리려고 전화했습니다. 형 집행 중지와 이송 명령 신청은 모두 기각되었습니다. 명령서 사본은 팩스로 금방 보내 드리겠습니다.」

대화는 그걸로 끝이었다. 전화를 끊고 나자 이런 생각만 들었다. 도대체 왜 나한테 명령서 사본이 필요하지? 서기는 내가 사본을 누구한테 보여 줄 거라고 생각했을까? 몇 시간 뒤면 허버트는 이 세상에 없을 것이다. 더 이상 항소할 필요도 없고 기록을 보관할 필요도 없다. 그처럼 기이한 세부 절차에 내가 왜 그렇게 충격을 받았는지 잘 모르겠다. 아마도 그 명령이 내포한 의미보다 대법원 명령을 둘러싼 절차상의 불합리에 대해 생각하는 것이 덜 괴로웠기 때문이었을 것이다. 나는 허버트에게 사형이 집행되는 동안 그와 함께 있겠다고 약속했었다. 몇 분이 지나서야 두 시간 거리에 있는 교도소까지 가려면 서둘러 움직여야 한다는 사실을 깨달았다.

나는 급히 자동차에 올라 애트모어로 빠르게 차를 몰았다. 교도소로 향하는 주간 고속 도로 위에 뉘엿한 해가 햇살을 길게 드리웠음에도 앨라배마의 무더운 여름은 여전히 열기를 내뿜었다. 교도소에 도착할 즈음에는 완전히 어둠이 내려 있었다. 교도소 정문 밖에는 총을 가진 수십 명의 남자들이 트럭 뒤편에 앉아 있었고 그들을 태운 트럭들이 교도소 주차장까지 길게 길을 만들었다. 그들은 주 경찰과 지역 경찰, 보안관 대리 등이었고 국가 방위군 소속처럼 보이는 사람들도 있었다. 사형 집행이 열리는 밤에는 주 방위군까지 동원해서 교도소 정문을 지켜야 한다고 생각하는 주 정부가 나로서는 이해되지 않았다. 아무런 사고 없이 누군가의 목숨을 확실히 빼앗고자 한밤중에 그토록 많은 사람들이 무장한 채 집결해 있는 광경을 보면서 비현실적인 느낌마저 들었다. 한편으로는 가난한 흑인 남자의 예고된 형 집행에 반대해서 무력 저항이 발생할지도 모른다고 생각하는 사람이 있다는 사실에 반가운 마음도 들었다.

교도소 안으로 들어서자 나이 든 백인 여성이 보였다. 면회장을 담당하는 교정 공무원이었다. 내가 새로운 의뢰인을 만나러 적어도 한 달에 한 번 주기적으로 사형수 수감 건물을 방문하면서 그 동안 자주 얼굴을 봤지만 그녀가 내게 특별히 친밀감을 나타낸 적은 한 번도 없었다. 하지만 오늘 밤만큼은 내가 도착하자 그녀가 이례적으로 따뜻하고 친근하게 다가왔다. 나를 포용하려 한다고 생각할 정도였다.

아홉 시가 조금 지난 시각에 면회실로 들어서자 로비를 서성거리던 정장과 넥타이 차림의 남자들이 의심스러운 시선으로 나를 주시했다. 홀먼의 면회실은 교도관이 유리한 위치에서 내부를 감시할 수 있도록 유리창으로 둘러싸인 넓고 둥근 방이었다. 면회실 안에는 10여 개의 작은 탁자와 의자들이 비치되어 있었다. 통상 한 달에 두세 번으로 정해진 면회일에 찾아오는 가족 방문객들을 위한 것이었다. 사형 집행이 예정된 주에는 형 집행을 앞둔 사형수에게만 가족 면회가 허락되었다.

내가 면회실 안으로 들어섰을 때는 가족들이 허버트와 함께 보낼 수 있는 시간이 한 시간도 채 남아 있지 않았다. 허버트는 그동안 본 모습 중에서 가장 평온한 상태였다. 내가 도착하자 미소를 지으며 나를 안아 주었다.

「여러분, 내 변호사입니다.」

그가 자랑스럽게 나를 소개했다. 나로서는 놀랍기도 하고 감동스럽기도 했다.

「안녕하세요.」 내가 말했다. 허버트는 여전히 나와 어깨동무를 하고 있었다. 그에게 위로의 말을 건네고 싶었지만 어떠한 말도 생각나지 않았다. 그때 다시 그가 끼어들었다.

「나는 내 전 재산을 어떻게 분배할지 교도소에 있는 사람들에게 이야기해 두었습니다. 혹시라도 내가 이야기한 대로 나누지 않으면 내 변호사가 여러분 모두를 고소할 것이고 그렇게 되면 여러분은 모두 내 변호사 밑에서 일해야 할 겁니다.」 그가 싱긋 웃었고 사람들도 따라 웃었다.

나는 허버트의 신부와 가족들을 만나면서 한쪽 눈으로는 계속 시계를 주시했다. 45분 뒤 밤 열 시가 되면 교도관들이 허버트를 데려갈 테고 그러면 우리 중 누구도 살아 있는 그를 다시는 볼 수 없음을 알았기 때문이다. 허버트는 밝은 모습을 보이려고 애썼다. 가족들에게 어떻게 나를 설득해서 자신의 사건을 맡도록 했는지 설명했으며 내가 똑똑하고 매력적인 사람들의 사건만 맡는다고 허풍을 떨기도 했다.

「그는 1심에서 나를 변호하기에는 너무 어렸을 거예요. 그래도 만약 당시에 그가 있었다면 나는 지금 이곳에 있지 않았을 겁니다.」 그가 웃으며 이야기했지만 내 마음은 흔들리고 있었다. 자신의 죽음에 직면해 오히려 주변 사람의 마음을 달래 주려는 그의 모습에 나는 진심으로 감명을 받았다. 그처럼 활기차고 상냥한 그를 일찍이 본 적이 없었다. 그의 가족과 나는 계속 미소를 짓거나 함박웃음을 터뜨렸지만 하나같이 그 순간의 중압감을 느끼는 중이었다. 시간이 시시각각 흘러감에 따라 그의 아내가 점점 더 울상이 되었다. 밤 10시가 조금 남은 상황, 앨라배마 교정국 국장과 교도소장, 그 밖의 정장을 입은 몇몇 남자들이 면회실 담당 교도관에게 손짓을 보냈다. 그러자 그녀가 순순히 면회실로 들어왔고 애석한 표정으로 말했다. 「여러분, 시간이 되었습니다. 면회를 끝내야 합니다. 이제 다들 인사하세요.」

나는 복도에 있는 남자들을 바라보았다. 그들은 면회실 담당 교도관에게 보다 단호하고 효율적인 어떤 행동을 기대했음이 분명했다. 모든 일정이 정해진 시간대로 진행되기를 원했으며 다음 단계인 사형 집행으로 넘어갈 준비가 확실히 되어 있었다. 면회실 담당 교도관이 면회실을 나가자 공무원 한 명이 경비에게 다가가 자신의 손목시계를 가리켰다. 그 시각 면회실 안에서는 허버트 부인의 흐느낌이 본격적으로 시작되었다. 남편의 목을 팔로 감싼 채 그를 보내려고 하지 않았다. 조금 뒤 그녀의 울음은 고통과 절망의 신음으로 바뀌었다.

로비에 있는 공무원들은 점점 더 안달하면서 면회실 담당 교도관에게 신호를 보냈고 그녀가 다시 면회실로 들어왔다. 그리고 용기를 쥐어짜서 최대한 단호하게 말했다.「죄송하지만 이제 나가주셔야 해요.」그녀가 나를 쳐다보았고 나는 그녀의 시선을 피했다. 허버트의 아내가 다시 흐느끼기 시작했다. 그녀의 여동생을 포함해 다른 가족들도 덩달아 울기 시작했다. 허버트를 붙든 아내의 손에 더욱 힘이 들어갔다. 나는 지금 이 순간이 얼마나 힘들지 몰랐다. 사실 전혀 예상하지 못했다. 너무 비현실적이었다. 슬픔과 참담함이 한순간에 홍수처럼 모두를 집어삼켰다. 가족들이 허버트와 좀처럼 떨어질 수 없을 것 같아 슬슬 걱정되기 시작했다.

이쯤 되자 공무원들은 화를 내고 있었다. 유리창 너머로 교도소장이 무전기에 대고 추가 인원을 그곳으로 불러 모으는 모습이 보였다. 또 다른 한 명은 면회실 담당 교도관에게 안으로 들어가서 가족들을 데리고 나오라고 손짓했다. 그들이 그녀에게 가족들을 놔두고는 나오지 말라고 다그치는 소리도 들렸다. 그녀는 몹시 난

처한 듯 보였다. 교도관 제복을 입고 있지만 그곳과 그다지 어울리지 않는 듯한 인상을 주던 그녀였다. 특히 지금은 더 불편해 보였다. 한번은 그녀가 내게 자발적으로 말을 건 적이 있었다. 자신의 손자가 변호사가 되고 싶어 한다며 자신도 그러길 바란다고 했다. 그녀가 면회실 안을 걱정스럽게 둘러보다가 나를 향해 다가왔다. 눈물이 그렁그렁한 채로 내게 절실한 눈빛을 보냈다.

「이 사람들을 여기서 데리고 나갈 수 있도록 제발 좀 도와주세요. 제발 부탁이에요.」 나 역시 심각한 상황이 벌어질까 봐 걱정되던 참이었지만 어찌할 도리가 없었다. 그들로서는 사랑하는 누군가를 그냥 조용히 보내 주어 사형당하도록 한다는 것이 상상도 할 수 없는 일인 듯했다. 나는 상황이 걷잡을 수 없게 되지 않도록 하고 싶었지만 할 수 있는 것이 전혀 없었다.

이제 허버트의 아내는 큰 소리로 절규하기 시작했다. 「나는 절대로 당신을 떠나보내지 않을 거예요.」

형 집행 일주일 전 허버트가 독특한 요청을 해왔다. 만약 예정대로 자신의 형 집행이 이루어질 경우 교도소 측에 부탁하여 자신이 전기의자로 걸어갈 때 「갈보리 산 위에」라는 찬송가를 틀어 달라고 했다. 교도관과 이야기하는 중에 그의 요청을 언급하면서 나는 약간 곤혹스러웠다. 하지만 정말 놀랍게도 교도소 측에서 요청을 받아 주었다.

나는 어릴 때 사람들이 예배 중의 엄숙한 순간이나 성찬식이 열리는 일요일, 부활절 전 금요일에 늘 이 찬송가를 불렀던 기억이 났다. 내가 들은 대부분의 다른 찬송가와 달리 슬픈 노래였다. 보다 많은 제복 차림의 교도관들이 면회실과 이어진 복도로 들어왔을 때였다. 왜 그랬는지 정확히는 모르겠지만 나는 「갈보리 산 위에」를 흥얼거리기 시작했다. 왠지 도움이 될 것 같아서였다. 하지만 무엇에 도움이 될까?

조금 뒤 가족들도 노래를 따라 불렀다. 나는 여전히 남편을 꼭 붙잡고 작게 흐느끼고 있는 허버트의 아내에게 다가갔다. 그녀에게 〈그를 보내 주어야 합니다〉라고 속삭였다. 면회실 밖에 집결 중인 교도관들을 발견한 허버트도 천천히 아내를 떼어 놓으면서 내게 그녀를 데리고 나가 달라고 부탁했다.

내가 면회실 밖으로 이끄는 동안에도 그녀는 내게 매달린 채 발작적으로 흐느껴 울었다. 그녀의 가족들도 눈물을 흘리며 그녀의 뒤를 따라 나왔다. 정말 가슴 아픈 순간이었고 나 역시 울고 싶었다. 하지만 울지 않았고 대신 「갈보리 산 위에」를 계속 흥얼거렸다.

교도소 측은 내게 사형실로 돌아가 형 집행 전까지 허버트와 대략 한 시간 정도 같이 시간을 보낼 수 있도록 배려해 주었다. 그동안 사형 집행 날짜가 확정된 의뢰인의 재판을 맡은 적은 몇 번 있었지만 형이 집행되는 자리까지 입회하기는 처음이었다. 조지아에서 사형수들을 변호했을 때는 실제로 항상 형 집행 중지를 얻어 냈다. 한 남자가 전기의자에 앉는 광경을, 눈앞에서 전기에 타 죽는 광경을 지켜보아야 한다는 생각에 나는 점점 초조해졌다. 형 집행 중지 명령을 얻어 내는 데 집중하거나 교도소에서 허버트를 만나면 무슨 말을 할지 고민하느라 정작 형 집행을 지켜보는 문제에 대해서는 그다지 생각해 보지 않은 터였다. 더 이상 그곳에 남아 형이 집행되는 과정을 지켜보고 싶지 않았으나 허버트를 나 몰라라

하고 싶지도 않았다. 그가 죽기를 바라는 사람들밖에 없는 방에 그를 혼자 두지 않기 위해서라도 나는 물러설 수 없었다. 갑자기 그 방이 엄청나게 덥게 느껴졌다. 마치 안에 한 줌의 공기도 없는 것 같았다. 내가 허버트의 가족들을 밖으로 데리고 나오자 면회실 담당 교도관이 내게 다가와 귀에 대고 〈고마워요〉라고 속삭였다. 그녀가 나를 그들과 같은 편으로 생각한다는 사실에 나는 짜증이 났지만 뭐라고 말해야 할지 몰랐다.

형 집행이 30분도 채 남지 않은 시각. 나는 교도소 안쪽 깊숙한 곳에 위치한 사형실의 옆방으로 안내되었다. 허버트는 그곳에서 전기의자에 앉기 전까지 대기했다. 교도관들이 〈깔끔한〉 형 집행을 위해 허버트의 체모를 면도했다. 끔찍했던 에번스의 형 집행 뒤에도 주 정부는 전기의자를 전혀 개선하지 않았다. 한 달 전 엉망으로 진행된 호러스 던킨스의 형 집행을 떠올리니 나는 더욱 심란해졌다. 한때는 형 집행 절차를 공부하려고 한 적도 있었다. 혹시라도 교도관들이 일을 제대로 하지 못할 경우 내가 개입할 수 있을 거라고 착각했던 것이다.

허버트는 나를 보자 면회실에 있을 때보다 훨씬 감정적이 되었다. 겁먹은 듯 보였고 화가 난 것이 분명했다. 형 집행을 준비하는 과정에서 면도를 당하며 분명 모욕감을 느꼈을 것이다. 그는 불안해 보였다. 내가 대기실로 들어서자 내 손을 잡고 함께 기도해 줄수 있는지 물었다. 우리는 함께 기도했다. 기도를 마쳤을 때 그가 먼 곳을 응시했다. 그리고 문득 나를 향해 돌아섰다.

「고마워요. 이런 상황이 당신한테도 쉽지 않다는 거 압니다. 그럼에도 함께해 줘서 정말 고마워요.」

나는 미소를 지으며 그를 안아 주었다. 그의 얼굴이 견딜 수 없는 슬픔 때문인지 부쩍 수척해 보였다.

「브라이언, 오늘은 무척 이상한 하루였어요. 정말 이상했죠. 대부분의 건강한 사람들은 오늘이 생의 마지막 날이 될 거라는 생각을 하지 않잖아요. 하루 종일 자신이 죽게 될 거라는 확신에 찬 채로 말이에요. 베트남에 있을 때하고 또 다릅니다⋯⋯. 훨씬 이상해요.」

초조하게 주위를 서성거리는 교도관 한 명 한 명에게 그가 고개를 끄덕여 보였다. 「저들도 이상하기는 마찬가지였죠.」

「그들은 오늘 하루 종일 내게 〈도와줄 일 없나요?〉라고 물었어요. 아침에 눈을 뜨니까 너 나 할 것 없이 내게 다가와서는 〈아침 갖다 줄까요?〉라고 묻더군요. 점심때도 내게 와서 〈점심 갖다 줄까요?〉라고 물었죠. 하루 종일 〈우리가 도와줄 일 없나요?〉라고 물었어요. 저녁때도 〈특별히 먹고 싶은 게 있나요? 우리가 도와줄 건 없나요?〉〈편지에 붙일 우표가 필요하지 않아요?〉〈물 좀 줄까요?〉〈커피 줄까요?〉〈통화하고 싶은 사람은 없어요?〉〈어떻게 도와줄까요?〉라고 물었죠.」

허버트가 한숨을 쉬고는 그들에게서 시선을 거두었다.

「정말 이상한 하루였어요. 지금까지 살아온 세월보다 지난 열네 시간 동안 훨씬 더 많은 사람들이 나를 도와주겠다고 했어요.」 나를 바라보며 그는 혼란스럽다는 듯 표정을 일그러뜨렸다.

나는 허버트에게 마지막으로 긴 포옹을 해주었다. 하지만 속으로는 그가 한 말들을 곰곰이 되새겼다. 법원이 전혀 검토하지 않았던 그의 어린 시절에 대한 증거들을 떠올렸다. 그가 베트남에서 고향으로 가져온 정신적 외상과 고난에 대해서도 생각했다. 그리고 필연적으로 이런 의문들이 들었다. 그가 정말로 그들이 필요했을 때 그들은 어디에 있었을까? 허버트가 세 살이고 그의 어머니가 세상을 떠났을 때 오늘처럼 도움을 주고자 했던 사람들은 다 어디 있었을까? 그가 일곱 살이고 육체적 학대에서 벗어나고자 했을 때는? 그가 마약과 술에 찌든 미숙한 10대 청소년이었을 때는? 그가 베트남에서 정신적 외상과 장애를 안고 돌아왔을 때는?

복도에 카세트 녹음기가 준비되었고 교도관 한 명이 테이프를 가져오는 모습이 보였다. 「갈보리 산 위에」의 애절한 선율이 흘러 나오기 시작했고 그들이 허버트를 데려갔다.

허버트의 형 집행 과정에는 도저히 떨칠 수 없는 수치스러움이 존재했다. 내가 교도소에서 본 사람들은 하나같이 후회와 양심의 가책에 사로잡힌 듯 보였다. 결연하고 단호하게 형을 집행하고자 스스로를 다잡았을 교도관들조차 극도의 불편함과 수치심을 보였다. 어쩌면 내 눈에만 그렇게 비쳤을지 모르지만 그럼에도 모든 사람이 그들의 눈앞에서 지금 벌어지는 일이 잘못되었다는 사실을 인지하고 있는 듯 보였다. 사형에 관한 추상적인 개념과 체계적인 절차를 통해 사회에 위협이 되지 않는 누군가를 실제로 죽이는 일은 완전히 별개의 문제다.

집으로 돌아오는 동안에도 나는 생각을 멈출 수 없었다. 허버트를, 그리고 베트남에서 복무한 대가로 얻은 성조기를 그가 얼마나 필사적으로 원했는지를 생각했다. 그의 가족들과 희생자 가족들, 그리고 허버트의 범죄가 그들에게 초래한 비극을 생각했다. 면회실 담당 교도관과 교정국 공무원들, 허버트가 보다 효과적으로 죽임을 당할 수 있도록 월급을 받고 그의 체모를 면도한 사람들을 생각했다. 허버트를 전기의자에 묶은 교도관들도 생각났다. 생각하면 할수록 그들 중 누구도 실제로 그 일이 옳다고 또는 꼭 필요한 일이라고 믿을 리 없다는 생각이 자꾸 들었다.

다음 날 언론에서 허버트의 사형 집행을 다룬 기사들이 보도되었다. 사형이 집행된 것에 일부 공무원들이 만족과 흥분을 드러내기도 했는데 내가 아는 한 그들 중 누구도 허버트를 죽이는 일에 직접적으로 관여하지 않았다. 나는 이전부터 사형 제도를 둘러싼 토론에서 돈을 주고 사람을 고용해서 강간죄로 유죄 판결을 받은 누군가를 강간하도록 하거나 사람을 사서 폭행이나 학대 혐의로 기소된 누군가에게 똑같이 폭행이나 학대를 가하도록 하는 행위를 누구도 인간적이라고 생각하지 않을 거라고 주장했다. 그럼에도 우리는 살인자를 죽이는 것을 대수롭지 않게 생각한다. 누군가를 강간하거나 학대하는 행위처럼 사형이 우리 자신의 인간성과 관련 없는 방식으로 집행된다는 이유로 말이다. 누군가를 죽일 때 실질적으로 어떤 세부 과정이 일어나는지를 숙고하는 데 우리가 시간을 별로 할애하지 않는다는 생각이 드는 건 어쩔 수 없었다.

다음 날 다시 기운을 내서 나는 사무실에 복귀했다. 소송 사건 파일들을 집어 들고 형 집행을 피할 수 있는 가능성을 최대한 높이기 위해 어떻게 의뢰인들을 도울지 새로운 전략을 세웠다. 하지만 곧 나의 새로운 의욕이 그다지 도움이 안 된다는 사실을 깨달았다. 나는 허버트의 죽음을 둘러싼 현실을 받아들이려고 발버둥 치고 있을 뿐이었다. 그 사건은 내게 자극을 주기도 했다. 사형수들에게 법률 지원을 제공하는 과정에서 늘어만 가는 난관에 걸맞은 재원을 확보하고 새로운 직원을 채용해야겠다는 강한 의지가 꿈틀거렸다. 에바와 나는 우리와 함께 일하는 데 관심을 표명한 몇몇 사람들에 대해 이야기를 나누었다. 한 재단으로부터 약간의 재정 지원도 받을 수 있을 것 같았고 오후에는 우리가 주문했던 사무실 집기들도 도착했다. 날이 끝나 갈 무렵 나는 상황이 점점 나아질 거라는 확신이 들었다. 물론 그 모든 것이 부과하는 무게 때문에 새로운 부담을 느끼기도 했다.

5장

존의 귀향

「그 여자가 죽었을 때 월터가 숲에서 혼자 사냥을 하고 있었다면 차라리 훨씬 쉬웠을 겁니다.」 좁은 이동 주택 안의 군중들이 큰 소리로 긍정하는 사이 월터 맥밀리언의 누나 아멜리아 핸드가 잠시 말을 끊었다. 아멜리아의 이야기가 계속되는 동안 나는 소파에 앉아 거의 20명에 육박하는 월터 맥밀리언의 가족들을 바라봤고 그들도 나를 빤히 응시했다.

「그랬으면 월터가 그런 짓을 저질렀을 가능성을 적어도 이해할 수는 있을 겁니다.」 그녀가 말을 멈추고 우리가 모여 있는 방의 바닥을 내려다보았다.

「하지만 우리는 그날 아침 내내 바로 그의 곁에 서 있었고…… 우리는 그가 어디에 있었는지 〈압니다〉……. 우리는 그가 무엇을 하고 있었는지 알아요!」 그녀의 목소리가 점점 더 커지고 격앙되자 청중들도 동조하며 웅성거렸다. 투쟁과 분노를 암시하는 무언의 증언이었다. 나 역시 시골의 작은 흑인 교회에서 자라면서 늘 들었던 것이었다.

「여기 있는 거의 모든 사람이 그와 함께 서 있었고 그와 이야기를 나누었으며 그와 함께 웃으면서 음식을 먹었습니다. 그런데 몇 달 뒤에 경찰이 와서는 그가 우리 곁에 서 있던 바로 그 시각에 수 킬로미터나 떨어진 곳의 누군가를 죽였다고 말했습니다. 그러고는 그를 잡아갔습니다. 그것이 거짓말임을 여기 있는 사람들이 뻔히 알고 있음에도 말입니다.」

그녀는 더 이상 말을 잇지 못했다. 손이 부들부들 떨렸고 감정이 복받쳐서 목소리가 제대로 나오지 않았다.

「우리는 하루 종일 그와 함께 있었습니다! 스티븐슨 씨, 우리가 어떻게 해야 합니까? 말 좀 해주세요. 이 일을 우리가 어떻게 해야 합니까?」

그녀의 얼굴이 고통으로 일그러졌다. 「나 또한 죄인이 된 기분입니다.」

그녀가 매번 어떤 사실을 이야기할 때마다 그 자리에 모인 사람들이 〈그래!〉, 〈맞아!〉라고 외치며 동조했다.

「그들이 나까지 사형수로 만든 기분이에요. 우리 아이들에게 위험한 상황에 처하지 않으려면 어떻게 해야 한다고 말할 수 있을까요? 자기 집에서 자기 할 일을 하고 가족들에게 둘러싸여 있었는데도 결국에는 억울하게 살인죄를 뒤집어쓰고 사형수 감방에 갇힌 신세가 되었잖아요?」

나는 정장을 입고 다른 사람들과 나란히 비좁은 소파에 앉아 고통이 가득한 그녀의 얼굴을 응시했다. 처음 그곳에 도착했을 때만 하더라도 그토록 격정적인 만남을 기대한 것은 아니었다. 사람들은 불합리한 상황을 이해하려고 애쓰면서 해답을 갈구했다. 내가 적절한 말을 생각해 내려고 머리를 쥐어짜는 사이 한 젊은 여성이 말문을 열었다.

「우리가 그와 함께 있었든 아니든 조니 디는 절대로 그런 짓을 할 사람이 아니에요.」그녀는 월터의 가족과 친구들이 그에게 붙여 준 별명으로 그를 지칭했다. 「절대로 그럴 사람이 아니에요.」

젊은 여성은 월터의 조카였다. 그녀는 월터에게 알리바이가 필요하다는 주장에 대해 반박을 이어 갔고 다른 이들도 그녀의 생각에 동의하는 것 같았다.

월터의 사람됨으로 보건대 알리바이도 필요 없다는, 오히려 그를 모욕하는 거라는 식으로 월터의 가족과 친척들의 논쟁이 옮겨 가면서 나는 잠시나마 압박감에서 해방되었다. 하루가 정말 길었다. 그때가 몇 시인지 확실치는 않았지만 무척 늦은 시간임이 분명했고 나는 지쳐 쓰러질 지경이었다. 그날 일찍 월터와 함께 1심 재판 기록을 집중적으로 검토하느라 힘든 몇 시간을 보내고 난 뒤였고 월터를 만나기 전에는 사형수 수감 건물에서 다른 새로운 의뢰인들과 시간을 보냈다. 그들은 아직 항소를 제기하지 않았고 형 집행일이 정해지지도 않았지만 리처드슨의 형 집행 뒤로 나를 한동안 만나지 못해 노심초사하던 중이었다.

이제 월터의 사건 기록이 완성되어 조만간 항소할 참이었다. 일분일초가 중요한 시점이었다. 나는 교도소에서 몽고메리로 곧바로 돌아가야 했지만 월터의 가족들이 나를 만나고 싶어 했고 그들이 교도소에서 한 시간도 되지 않는 먼로빌에 있었기 때문에 들르기로 약속했던 것이다.

내가 맥밀리언의 낡은 집 앞에 도착했을 때 월터의 아내 미니 벨 맥밀리언과 그녀의 딸 재키는 느긋하게 나를 기다리고 있었다. 그들의 집은 먼로빌로 이어지는 대로에 인접한 렙턴에 위치했다. 월터가 코네커와 먼로 카운티 경계선에 밀집된 술집들을 지나면 바로 자신의 집 근처라고 예전에 설명해 주었다. 먼로 카운티는 주류 판매가 금지된 〈술 없는 카운티〉였고 술이 필요한 주민들의 편의를 위해 주류 소매점들이 코네커 카운티의 경계에 몰려 있었다. 월터의 집은 카운티 경계선에서 3~4킬로미터 남짓 떨어진 곳에 위치했다.

집 마당과 연결된 진입로에 차를 세운 나는 황폐한 주변 풍경에 깜짝 놀랐다. 정말 가난한 집이었다. 썩은 흔적이 곳곳에 보이는 나무 바닥 밑으로 불안정하게 괴어 둔 세 개의 콘크리트 블록이 현관 베란다를 받치고 있었다. 파란색 창틀도 페인트칠이 절실해 보였으며 건물과 분리되어 임시변통으로 만들어 둔 계단이 집 안으로 들어가는 유일한 통로였다. 마당 여기저기에 버려진 자동차 부속과 폐타이어, 부서진 가구, 그 밖의 쓸모없는 물건들이 널브러져 있었다. 자동차에서 내리기 전 나는 낡은 내 정장 재킷을 입기로 했다. 양쪽 소매의 단추가 떨어졌다는 것은 이미 오래전부터 알고 있었다.

현관 베란다를 오르는 사이 미니가 현관으로 걸어 나왔고 마당이 지저분한 것에 사과했다. 그녀가 나를 집 안으로 친절하게 안내했고 20대 초반으로 보이는 여성이 그녀의 뒤를 따랐다.

미니가 말했다. 「먹을 것 좀 준비해 드릴게요. 하루 종일 교도소에 있었잖아요.」 그녀는 참을성 있고 강해 보였다. 피곤한 기색만

빼면 월터의 설명과 내가 직접 통화하면서 추측한 것을 토대로 상상한 모습 거의 그대로였다. 재판 과정에서 주 정부가 월터와 캐런 켈리의 염문을 들추어냈기 때문에 미니로서는 특히 힘들었을 것이다. 하지만 그녀는 여전히 끄떡없어 보였다.

「아니요, 괜찮아요. 고맙지만 사양하겠습니다. 면회실에서 월터와 먹었어요.」

「거기에는 과자 부스러기와 탄산음료밖에 없잖아요. 그것보다는 괜찮은 음식을 요리해 줄게요.」

「정말 친절한 말씀이지만 저는 진짜로 괜찮습니다. 부인도 하루종일 일하셨잖아요.」

「그렇긴 해요. 공장에서 12시간씩 교대로 근무하죠. 그곳 사람들은 개인의 사정이나 병, 걱정거리, 타지에서 온 손님 등에 전혀 관심이 없어요. 가족 문제는 더더욱 그렇죠.」 화가 나거나 억울한 목소리가 아니었다. 단지 슬퍼 보일 뿐이었다. 그녀가 내게 다가와 부드럽게 팔짱을 끼고 천천히 안으로 이끌었다. 우리는 어지러운 거실 소파에 자리를 잡고 앉았다. 모양이 제각각인 의자에 종이 뭉치와 옷가지들이 수북이 쌓여 있었고 거실 바닥에는 손주들의 장난감으로 보이는 것들이 여기저기 나뒹굴었다. 거의 내게 기대다시피 가까이 앉은 미니는 온화한 어조로 이야기를 계속 이어 갔다.

「직장에서 출근하라고 하면 군말 없이 출근해야 해요. 저 아이가 학교를 마치도록 해주고 싶은데 쉽지가 않군요.」 그녀가 딸 재키를 향해 고개를 끄덕이자 그녀의 딸도 걱정스러운 시선으로 그녀를 마주보았다. 재키가 거실을 가로질러 와서 우리 가까이에 앉았다. 월터와 미니는 내게 그들의 자녀 재키와 조니 그리고 〈부트〉

에 대해 여러 차례 언급했었다. 재키의 이름 뒤에는 항상 〈그녀는 대학생〉이라는 말이 따라다녔다. 언젠가부터 나는 그녀의 이름을 재키 〈그녀는 대학생〉 맥밀리언으로 생각하기 시작했다. 그들의 자녀는 모두 20대였지만 어머니인 미니와 여전히 가깝게 지내며 그녀를 보살폈다.

그들 모녀에게 월터를 면회한 이야기를 들려주었다. 몇 달째 면회를 가지 못한 미니는 내가 남편과 함께 시간을 보내 준 것에 무척 고마워하는 눈치였다. 나는 그들에게 항소 절차를 설명하고 재판과 관련한 향후 일정을 알려 주었다. 그들은 월터의 알리바이를 재확인해 줬고 사건과 관련해 최근 마을에 떠도는 소문을 전했다.

「내 생각에 범인은 늙은이 마일스 잭슨이 틀림없어요.」 미니가 단호한 어조로 말했다.

그러자 재키가 말했다. 「내 생각에는 새로운 가게 주인 릭 블레어 같아요. 죽은 여자의 손톱에서 백인 남자의 피부가 발견되었다는 사실을 모르는 사람이 없어요. 그녀를 죽인 살인자가 누구였든 그와 싸우면서 생긴 거죠.」

「글쎄요, 어쨌거나 우리는 진실을 밝혀낼 겁니다.」 나는 자신감 있는 모습을 보이고 싶었지만 1심 재판 기록에서 읽은 내용을 감안할 때 경찰이 증거를 넘겨주거나 사건 파일과 현장에서 수집한 자료들을 보여 줄 가능성은 매우 희박하다고 생각했다. 재판 기록을 통해 보더라도 월터를 조사한 경찰들은 무법자처럼 보였다. 미결수인 월터를 사형수 수감 건물에 수감한 것만 보아도 그랬다. 월터의 무죄를 입증하는 데 도움이 될 증거들을 적법하게 요구하더라도 그들이 성실하게 응하지 않을 것 같아서 걱정이 앞섰다.

우리는 족히 한 시간이 넘도록 대화를 나누었다. 주로 그들 모녀가 이야기를 하고 나는 듣는 입장이었다. 월터가 체포된 이래로 지난 18개월 동안 그들이 얼마나 충격을 받아 왔는지 알 수 있었다.

「재판은 최악이었어요.」 미니가 말했다. 「그들은 조니 디가 집에 있었다는 우리들의 증언을 철저히 무시했어요. 그들이 왜 그러는지 아무도 내게 설명해 주지 않았죠. 그들이 도대체 왜 그런 거죠?」 그녀가 나를 바라보았다. 진심으로 답변을 기대하는 표정이었다.

「이 재판은 처음부터 거짓말투성이였습니다.」 내가 말했다. 월터에게 유죄를 선고할 만한 더 이상의 증거가 없다고 확신할 만큼 사건을 충분히 조사한 것은 아니었기 때문에 월터의 가족들 앞에서 가능하면 강력한 견해를 드러내지 않으려고 조심하던 참이었다. 하지만 그의 재판 기록을 읽으면서 나는 몹시 분노했고 지금 그 분노를 표출하고 있었다. 월터 개인에게 행해진 불법뿐 아니라 그러한 불법 행위가 지역 사회 전체에 무거운 짐을 지우고 있다는 사실에도 화가 났다. 모두가 가난한 흑인 마을의 주민들은 내게 사건에 대해서 이야기할 때면 하나같이 절망감을 드러냈다. 하나의 커다란 법적 오류 때문에 지역 공동체 전체가 절망으로 물들었고 나는 냉정을 유지하기 어려웠다.

「거짓이 또 다른 거짓으로 이어지는 형국입니다.」 내가 계속해서 말했다. 「사람들은 이미 너무나 많은 거짓말을 들었고 따라서 여러분이 진실을 말하기 시작했을 때는 오히려 여러분이 거짓말을 한다고 쉽게 믿은 겁니다. 거짓말뿐인 재판 기록을 읽는 것만으로도 화가 납니다. 여러분이 어떤 심정일지는 단지 상상만 할 수 있을 뿐입니다.」

그때 전화벨이 울렸고 재키가 달려가서 전화를 받았다. 잠시 후 돌아온 그녀가 말했다. 「에디 말이 사람들이 안절부절못하고 있대요. 저분이 언제 거기로 와줄지 알려 달래요.」

미니가 자리에서 일어나 옷매무새를 가다듬었다. 「자, 이제 그곳으로 자리를 옮겨야 할 것 같군요. 사람들이 거의 온종일 당신을 기다렸어요.」

내가 어리둥절한 표정을 짓자 미니가 미소를 지었다. 「아, 다른 친척들에게 당신을 그곳으로 데려가겠다고 말했어요. 초행길인 사람은 그들이 사는 곳을 찾아가기가 정말 어렵거든요. 월터의 누이들과 조카들은 물론이고 많은 사람들이 당신을 만나고 싶어 해요.」 나는 불안한 기색을 드러내지 않으려고 노력했지만 갈수록 시간이 걱정되는 것은 어쩔 도리가 없었다.

우리 세 사람은 가뜩이나 비좁은 나의 문 두 개짜리 토요타 코롤라에 구겨지듯이 올라탔다. 차 안에는 각종 서류와 재판 기록, 조서 등이 잔뜩 쌓여 있었다. 자동차가 출발하자 재키가 농담을 던졌다. 「당신은 돈을 어디 다른 곳에다 사용하나 보군요.」

「맞아요, 최근에는 고급 정장을 사는 데 주로 돈을 쓴답니다.」

미니가 나를 두둔하며 말했다. 「당신의 정장과 자동차에는 아무 문제가 없어요.」

빽빽한 나무 때문에 방향을 틀기가 거의 불가능한 곳투성이인 길고 구불구불한 길을 따라 그들 모녀가 이끄는 대로 자동차를 몰았다. 어둠이 내릴 무렵에는 울창한 숲 사이로 뒤틀린 산길이 몇 킬로미터나 계속되었고 그 길이 끝나자 겨우 자동차 한 대가 지나 갈 정도의 짧고 좁은 다리가 나타났다. 다리가 흔들리는 것 같기 도 하고 불안정해 보였기 때문에 내가 자동차를 세우려고 속도를 줄이기 시작할 때였다.

「아직은 비가 그렇게 많이 온 적이 없어서 괜찮아요. 그럴 때는 정말 문제가 되기는 하지만요.」 미니가 말했다.

「어떤 문제요?」 겁먹은 티를 내고 싶지는 않았지만 우리는 인적 이 없는 곳 한가운데 있었고 칠흑 같이 어두운 밤이라 나로서는 다 리 아래가 늪인지 계곡인지 작은 강인지 구분조차 할 수 없었다.

재키가 끼어들었다. 「괜찮을 거예요. 사람들이 매일 지나다니는 길이거든요.」

차를 돌리기에도 난처한 상황이었다. 천천히 차를 몰아 다리를 건넜고 맞은편에 도착해서야 비로소 가슴을 쓸어내렸다. 몇 킬로 미터를 더 운전하자 숲속의 이동 주택과 작은 집들이 나타나기 시 작했고 마침내 숲에 가려졌던 마을 전체가 모습을 드러냈다.

계속 자동차를 몰아 언덕을 올라갔고 마당에 드럼통을 놓고 불 을 지펴 어둠을 밝히고 있는 한 이동 주택 앞에 도착했다. 예닐곱 명의 어린아이들이 밖에서 놀고 있었는데 자동차가 멈추는 것을 보고는 재빨리 집 안으로 달려갔다. 우리가 차에서 내리는 사이 이 동 주택에서 키가 큰 한 남자가 모습을 나타냈다. 우리에게 다가온 남자는 먼저 미니 모녀와 포옹을 나눈 다음 내게 악수를 청했다.

「사람들이 기다리고 있습니다.」 그가 말했다. 「할 일이 산더미일 텐데 우리를 만나러 여기까지 와주어 감사합니다. 저는 자일스라 고 합니다. 월터 삼촌의 조카예요.」

자일스가 나를 이동 주택으로 안내하고 안으로 들어가도록 문을 열어 주었다. 내가 안으로 들어서는 순간 일제히 하던 이야기를 멈추는 바람에 일순간 침묵이 흘렀다. 작은 이동 주택 안에는 30명이 넘는 사람들이 운집해 있었다. 깜짝 놀랐다. 그처럼 많은 사람이 모였을 줄 몰랐다. 사람들이 나를 찬찬히 살펴보았고 이내 한두 명씩 미소를 짓기 시작했다. 놀랍게도 그때 별안간 그들이 우렁차게 박수를 쳤다. 매우 충격적인 환대였다. 단지 모습을 드러낸 것만으로 이렇게 박수를 받기는 처음이었다. 노부인과 젊은 여성, 월터 또래의 남자들이 보였고 월터보다 나이가 많아 보이는 남자들도 몇 명 있었다. 걱정에 짓눌려 하나같이 그늘진 얼굴이었는데 이제는 내게도 익숙한 표정이었다. 박수 소리가 잦아들기를 기다렸다가 이야기를 시작했다.

「고맙습니다. 정말 따뜻한 환대로군요. 여러분을 만나게 되어 무척 기쁩니다. 맥밀리언 씨가 대가족이라고 일러 주기는 했지만 이렇게 많은 분들을 만나게 될 줄은 몰랐습니다. 오늘 맥밀리언 씨를 만났는데 자신의 곁을 지켜 준 여러분에게 고마움을 전해 달라고 하더군요. 여러분의 응원이 얼마나 큰 힘이 되는지 알아주시기 바랍니다. 맥밀리언 씨는 매일 아침을 사형수 수감 건물에서 맞이하고 있습니다. 결코 쉬운 일은 아니지만 자신이 혼자가 아니라는 사실을 알고 있습니다. 그는 늘 여러분 이야기를 합니다.」

「앉으세요, 스티븐슨 씨.」 누군가가 외쳤다. 나를 위해서 비워 놓은 듯 보이는 소파에 앉자 미니도 옆에 자리를 잡았다. 다른 사람들은 모두 나를 향해 서 있었다.

한 남자가 말했다. 「우리는 돈이 없습니다. 첫 번째 변호사에게 전부 줘버렸거든요.」

「그렇군요. 어쨌거나 돈은 한 푼도 받지 않을 겁니다. 저는 비영리 법률 사무소에서 일하며 우리는 의뢰인들에게 무료로 법률적인 도움을 제공합니다.」

그러자 대뜸 한 젊은 여성이 물었다. 「그럼 각종 청구서들은 어떻게 해결하죠?」 사람들 사이에서 웃음이 터져 나왔다.

「우리 일을 지지하는 재단과 사람들에게 기부를 받습니다.」

또 다른 여성이 장난스럽게 말했다. 「당신이 조니 디를 집으로 데려오면 기부란 기부는 전부 다 할게요.」 사람들이 또 웃었고 덩달아 나도 웃음이 나왔다.

나이가 지긋해 보이는 한 여성이 큰 소리로 말했다. 아멜리아 핸드였다. 「스티븐슨 씨, 우리는 가진 게 별로 없지만 당신은 우리가 사랑하는 사람을 보살피고 있어요. 우리가 가진 것이 곧 당신 겁니다. 그들은 우리 마음을 너무나 아프게 했어요.」

나는 이런저런 질문에 대답하기 시작했고 월터와 그 마을, 인종 문제, 경찰, 재판 그리고 지금 월터의 가족들 전체가 동네 사람들에게 받는 대우에 관한 그들의 이야기와 증언을 경청했다. 그렇게 몇 시간이 훌쩍 지나갔다. 월터의 가족들에게 얻을 수 있는 유용한 정보는 거의 다 얻었다는 생각이 들었지만 사람들은 여전히 나와 이야기를 나누고 싶어 했다. 걱정거리를 내게 이야기하면서 위안을 얻는 모양이었다. 오래지 않아 그들의 질문과 의견에서 희망적인 목소리가 들려왔다. 나는 항소 절차를 설명하고 재판 기록에서 이미 명백하게 드러난 문제점들을 이야기했다. 내가 제공한 정보들이 그들의 걱정을 덜어 준 것 같아 나도 덩달아 용기가 나기 시작했다. 우리는 조금씩 농담을 주고받기 시작했고 나도 모르는 사이에 그들과 하나가 된 기분이 들었으며 그들에게서 힘을 얻었다.

그곳에 앉아 사람들의 질문을 듣고 답하는 동안 한 노부인이 내게 긴 유리잔에 담긴 달콤한 아이스티를 건넸다. 약간 긴장했던 터라 나는 단숨에 첫 잔을 비웠다. 차 맛이 일품이었다. 잔을 깨끗이 비우는 모습을 지켜본 노부인은 무척 흡족한 표정으로 내게 미소를 지었다. 그러고는 재빨리 다시 잔을 채워 주었고 그 뒤로도 내가 얼마나 마시든 상관없이 저녁 내내 세심하게 잔을 채워 주었다. 그곳에 도착한 지 세 시간이 넘어갈 무렵 미니가 내 손을 잡고는 사람들에게 나를 보내 줄 시간이라고 선언했다. 거의 자정에 가까운 시간이었고 몽고메리까지 가려면 적어도 두 시간은 걸릴 터였다. 나는 사람들에게 작별 인사를 건네고 방에 있던 거의 모든 사람과 포옹을 나눈 뒤 어두운 밖으로 나섰다.

사우스앨라배마의 12월에는 혹독한 추위가 별로 없었지만 밤에는 기온이 뚝 떨어져 아무리 남쪽이라도 겨울은 겨울이라는 사실을 극적으로 상기시켰다. 코트가 없던 나는 집까지 한참을 운전해야 했기 때문에 히터를 세게 틀었다. 물론 중간에 미니와 재키를 그들의 집에 내려 주었다. 월터 가족들과의 만남은 무척 고무적이었다. 월터를 진심으로 걱정했기 때문에 많은 사람들은 자연스레 내 업무와 내가 그를 도울 수 있는 방법에도 많은 관심을 보였다. 그러나 최근 사태로 그들이 커다란 정신적 충격을 받았음은 명백했다. 내가 만난 사람들 중에는 월터의 친인척이 아니지만 사건 당일 피시 프라이 행사에 참석했던 사람들도 있었다. 내가 온다는 이야기를 듣고 그곳까지 찾아왔을 정도로 그들 역시 극심한 정신적 고통에 시달렸다. 자신들의 상처와 혼란을 공유할 장소가 필요했던 것이다.

1903년 W. E. B. 듀보이스는 그의 영향력 있는 저서 『흑인의 영혼 *The Souls of Black Folk*』에서 〈존의 귀향 *Of the Coming of John*〉이라는 짤막한 이야기를 소개했다. 운전해서 집으로 돌아가는 길에 나는 잊을 수 없는 그 훌륭한 이야기를 곰곰이 되새겼다. 조지아 주 연안 지역 출신의 한 젊은 흑인 남성 존이 고향에서 수백 킬로미터 떨어진 흑인 교사 양성 학교로 유학을 간다. 학비는 그가 태어난 흑인 마을 전체가 모은 돈으로 댄다. 언젠가 그가 고향으로 돌아오면 공립학교에 다니는 것이 금지된 아프리카계 미국인 아이들을 가르칠 수 있으리라는 희망에서 마을 주민들이 그에게 투자를 하는 것이다. 건성건성 재미만을 좇던 존은 흑인 교사 양성 학교에서 성적 불량으로 거의 퇴학당할 위기에 몰리고 나서야 자신에 대한 마을 사람들의 기대와 학교를 마치지 못하고 고향으로 돌아갔을 때 직면할 수치를 떠올린다. 다시 정신을 차려 학업에 집중하고 성공하기 위해 열심히 매진한 결과 우등생으로 학교를 졸업한 그는 고향에 새로운 변화의 바람을 일으키겠다는 의지를 불태우며 귀향한다.

존은 마을을 쥐락펴락하는 백인 판사를 설득해서 흑인 아이들을 위한 학교를 연다. 교육자라는 위치가 그의 언행에 무게감을 보태는 가운데 그가 흑인의 자유와 평등에 관하여 강력한 견해를 피력하면서 그는 물론이고 흑인 지역 사회 전체가 문제에 휘말린다. 존이 학생들에게 무엇을 가르치는지 알게 된 백인 판사가 학교를 폐쇄한다. 학교가 폐쇄되자 낙담하고 미칠 듯이 화가 난 존이 집으로 걸어가던 중 자신의 여동생이 성인인 판사의 아들에게 추행당하는 광경을 목격하고는 무력으로 대응한다. 각목으로 그의 머리를 내리친 것이다. 존은 발걸음을 재촉해 집으로 가서 어머니에게 작별 인사를 한다. 저자 듀보이스는 분노한 판사가 자신이 직접 모은 폭력배를 이끌고 존을 잡으러 나서는 것으로 비극적 이야기를 마무리한다.

대학에 다닐 때 「존의 귀향」을 여러 번 읽었다. 한 공동체 전체의 희망이라는 점에서 나 역시 존과 비슷한 입장이라고 느꼈기 때문이다. 우리 삼촌이나 숙모 중에는 대학을 졸업한 사람이 없었다. 고등학교를 졸업하지 못한 사람도 많았다. 같은 교회를 다니던 사람들은 언제나 나를 독려해 주었고 일단 내게 준 것에 대해서는 절대로 돌려 달라는 말을 하지 않았다. 나는 빚이 계속 쌓여 간다는 느낌이었다. 듀보이스는 이러한 역학 관계를 깊이 이해하고 내가 홀딱 반할 만큼 생생한 이야기로 풀어냈다. 다만 존과 나의 유사성이 린치를 당하는 부분까지로 확장되지는 않기를 바랐다.

그날 밤 월터의 가족들을 만나고 집으로 돌아오는 길에 「존의 귀향」을 완전히 새로운 관점에서 바라보았다. 지금까지는 존이 린치를 당한 뒤로 그 마을 사람들이 얼마나 충격을 받았을지 한 번도 관심을 갖지 않았다. 존이 교사가 될 수 있도록 모든 것을 바치며 도왔던 사람들로서는 상황이 더욱 암담했을 것이다. 존의 린치 사건을 겪은 뒤 그가 속했던 흑인 공동체는 그들의 기회와 발전을 저해하는 더 많은 장애와 고통에 직면했을 것이다. 존을 가르침으로써 자유와 발전이 아닌 폭력과 비극이 초래된 셈이었다. 그 마을에는 불신과 적대감이 더욱 팽배하고 불법이 더 횡행하게 될 터였다.

월터의 가족과 그가 속한 공동체의 대다수 가난한 흑인들도 마찬가지로 월터가 유죄 판결을 받음으로써 무거운 짐을 지게 되었다. 먼로빌에 사는 대다수 흑인들은 사건 당일 그의 집에 있지 않았지만 그날 누가 월터와 함께 있었는지 알고 있었다. 이동 주택 안에서는 사람들이 겪는 고통이 마치 손에 만져지는 듯했다. 내게도 그들의 고통이 전해질 정도였다. 그들에게는 정의라는 어떤 희망이 절실하게 필요해 보였다. 월터네 마을 사람들의 심경이 어떨지 깨달으면서 그들이 걱정됐지만 한편으로는 결심이 더욱 굳어졌다.

월터의 재판을 걱정하는 수많은 사람들로부터 전화를 받는 데 익숙해졌다. 대다수는 가난한 흑인이었으며 나를 격려하고 응원해주었는데 월터의 가족들을 만난 뒤로 그러한 전화가 부쩍 늘어났다. 월터와 사업상 거래가 있던 백인이 전화를 걸어 와서 도움을 자청하기도 했다. 샘 크룩이 그런 경우였다. 샘은 전화로 다음에 또 월터네 동네를 방문하게 되면 자신을 꼭 만나러 와달라고 말했다.

「나는 남부 연합군 병사입니다.」 통화가 끝나 갈 즈음 그가 말했다. 「남부 연합군 중에서도 117사단 소속이라고 할 수 있죠.」

「네?」

「내 조상은 남부 연합군의 영웅이었습니다. 나는 그들의 땅과 권리, 자부심을 물려받았습니다. 나 역시 이 카운티를 사랑합니다. 하지만 월터 맥밀리언에게 일어나고 있는 일이 옳지 않다는 것은 압니다.」

「그렇군요. 전화 주셔서 감사합니다.」

「당신에게는 도움이 필요합니다. 당신이 맞서려는 사람들을 아는 조력자가 필요합니다. 내가 당신을 돕겠습니다.」

「도와주신다니 정말 감사합니다.」

「다른 얘기를 해볼게요.」 그가 목소리를 낮추었다. 「혹시 그쪽 전화가 도청되지는 않나요?」

「아니요, 그렇지는 않은 것 같습니다.」

샘의 목소리가 다시 커졌다.

「나는 그들이 월터를 교수형에 처하도록 방관하지 않을 작정입니다. 사람들을 모아서 그들이 월터를 데려가기 전에 우리가 먼저 그를 죽일 생각입니다. 그들이 선량한 남자를, 게다가 내가 알기로 그가 하지도 않은 짓 때문에 깔아뭉개는 것을 정말 참을 수 없어요.」

마치 장엄한 성명서를 발표하듯 샘 크룩이 말했다. 나는 어떤 반응을 보여야 할지 몰라서 잠시 망설였다.

〈음…… 감사합니다〉라는 말이 내가 생각해 낸 최선이었다.

나중에 월터에게 샘 크룩에 대해 묻자 그는 마냥 웃기만 했다. 「같이 일을 많이 했습니다. 항상 내게 잘해 주었고요. 무척 흥미로운 사람이죠.」

나는 처음 몇 달 동안 거의 2주에 한 번씩 월터를 만나면서 그의 습관을 어느 정도 파악한 상태였다. 〈흥미롭다〉라는 말은 이상한 사람들을 지칭하는 월터만의 완곡한 표현이었고 그는 다년간 그 지역에서 수많은 사람들과 거래하면서 〈흥미로운〉 사람들을 차고 넘칠 정도로 만났다. 월터의 표현법에 의하면 더욱 독특하거나 이상한 사람일수록 더욱 〈흥미로운〉 사람이 되었다. 〈무척 흥미로운 사람〉과 〈정말로 흥미로운 사람〉 그리고 마지막으로 〈우와, 정말 진짜 흥미로운 사람〉은 이상하거나 그보다 더 이상한 사람을 구분하는 표시였다. 월터는 어느 누구에 대해서도 나쁜 말을 하기 싫어하는 것 같았다. 어떤 사람이 이상하다고 생각되면 혼자서 싱긋 미소를 지을 뿐이었다.

시간이 지날수록 면담에 임하는 월터의 태도는 부쩍 느긋해졌다. 서로를 보다 편안하게 느끼게 되면서 종종 재판과 관련 없는 주제들로 불쑥 화제를 돌리기도 했다. 우리는 교도소 경비들에 대해서 그리고 그가 다른 재소자들과 겪은 일에 대해서 이야기를 나누었다. 그는 자신의 친인척들 가운데 당연히 면회 올 줄 알았는데 오지 않은 사람들에 대해서도 언급했다. 이런 대화를 나눌 때면 월터는 언제나 놀라운 공감 능력을 보였다. 그는 다른 사람들이 어떤 행동을 보이는 데는 그만한 이유가 있다고 생각하고 그들의 생각과 감정을 헤아리는 데 많은 시간을 들였다. 자신에게 무례한 언행을 보인 경비들이 왜 그랬을지, 그들이 어떤 어려움을 겪고 있을지 이해하려고 노력했다. 사형수를 만난다는 것이 실제로는 얼마나 힘든 일일지에 대해서도 언급했다.

그가 좋아하는 음식이나 젊었을 때 한 일에 대해서도 이야기했다. 인종 문제와 권력, 우리가 보기에 우스꽝스러운 일들, 안쓰러운 일들에 대해서도 대화를 나누었다. 그는 사형수나 교도관이 아닌 누군가와 평범한 주제로 말하기를 좋아했고 나는 늘 추가로 시간을 할애하여 재판과 상관없는 이야기를 나누었다. 단지 월터만이 아니라 나를 위해서였다.

나는 우리 프로젝트를 순조롭게 출범시키기 위해 애를 쓰고 있었다. 순식간에 일과 생활이 구분되지 않을 정도로 바빠졌다. 그러던 중 변호사와 의뢰인의 관계가 아닌 친구로서 의뢰인들과 함께 보내는 시간을 통해 새롭게 기운을 북돋아 주는 어떤 것을 발견했다. 월터의 사건은 그동안 맡았던 어떤 사건보다 복잡하고 시간도 많이 소모됐지만 그와 함께 시간을 보내면서 나는 편안함을 느꼈다. 다만 그를 둘러싼 부당한 대우 때문에 스트레스를 받았고 월터의 사건에 점점 더 사사로운 감정을 개입시키게 되었다.

「당신이 얼마나 열심히 일하는지 이곳에서 당신에게 도움을 부탁한 사형수들이 이야기하더군요. 정말 쉴 틈이 없겠어요.」 어느 날 그가 말했다.

「네, 하나같이 도움이 필요한 사람들이라서 노력하고 있습니다.」

그가 이상한 눈으로 나를 쳐다보았다. 처음 있는 일이었다. 짐작건대 내게 조언을 해도 될는지를 놓고 고민하는 듯 보였다. 그는 아직 한 번도 내게 조언을 건넨 적이 없었다. 이윽고 자신의 생각을 말하기로 결심한 모양이었다.

「당신도 알다시피 당신이 모든 사람을 도울 수는 없어요.」 사뭇 진지한 표정이었다. 「정말 그렇게 하려다가는 죽을 수도 있습니다.」 그가 근심 어린 시선으로 계속 나를 바라보았다.

내가 웃으며 말했다. 「알아요.」

「당신은 〈나〉를 도와야 한다는 말이에요. 내 사건에 전력해야 한다고요.」 그가 엉큼한 미소를 지어 보였다. 「다른 사람의 의뢰를 모두 물리치는 한이 있더라도 당신이 나를 여기서 꺼내 주었으면 해요. 필요하다면 다른 의뢰는 모두 거절해 버려요.」

나는 〈거인에게 맞서고, 야수를 죽이고, 악어와 몸싸움을 벌여서라도 말이죠……〉라며 농담을 던졌다.

「바로 그거예요. 그리고 의뢰를 거절당한 사람들이 당신의 목을 날려 버릴지도 모르니 미리 다른 사람도 준비시켜 놓으세요. 그들이 당신을 제거하더라도 나는 여전히 도움이 필요할 테니까요.」

나는 월터와 많은 시간을 보내면 보낼수록 그가 너그러운 품성을 지닌 친절하고 매력적인 남자라고 확신했다. 그는 자신이 특히 여자와 관련된 상황에서 어리석은 결정을 내렸다고 솔직히 인정했다. 그의 친구들이나 가족들, 샘 크룩 같은 동료들의 증언에 따르면 월터는 대체로 바르게 살려고 노력했다. 그와 함께 보내는 시간이 낭비라거나 비생산적이라는 생각은 전혀 들지 않았다.

사형 재판에서 의뢰인과 함께 시간을 보내는 것은 중요하다. 의뢰인과 신뢰를 쌓는 일은 소송 과정의 복잡한 문제들을 헤쳐 나가기 위해 필요할 뿐 아니라 잠재적인 사형 집행 가능성에서 비롯되는 스트레스를 관리하기 위해서도 꼭 필요하다. 아울러 효과적인 변호를 위해서도 매우 중요하다. 의뢰인이 저지른 어리석은 판단이나 폭력적인 행동의 전후 사정을 파악하고 재판에서 감형을 요구하는 변호사의 능력이 의뢰인의 생명을 좌우하는 경우가 비일비재하기 때문이다. 이전까지 누구도 발견하지 못한 의뢰인의 배후 사정, 즉 대놓고 논의하기는 어렵지만 결정적으로 중요한 어떤 것을 알아내려면 상호 간의 신뢰가 우선이다. 자신이 어린 시절에 겪은 성적 학대나 무관심, 버림 등의 희생자였음을 의뢰인이 인정하게 하려면 시간을 많이 투자하고 면회를 수차례 진행해서 어느 정도 편안한 분위기를 구축해야 한다. 효과적으로 일하기 위해서라도 스포츠나 텔레비전 프로그램, 대중문화, 그 밖에 의뢰인이 이야기하길 원하는 모든 주제에 대해 반드시 대화를 나눠서 관계를 다져 놓을 필요가 있다. 그렇게 했을 때 비로소 의뢰인과 진실한 사이가 되기도 한다. 월터와 나는 분명 그런 관계였다.

월터의 가족을 처음 방문한 직후에 나는 다넬 휴스턴이라는 젊은 남자로부터 한 통의 전화를 받았다. 그는 자신이 월터의 무죄를 증명할 수 있다고 주장했다. 비록 긴장 때문에 목소리가 떨렸지만 말투에서 결연함이 느껴졌다. 그가 전화상으로 자세하게 이야기하길 원하지 않았기 때문에 어느 날 오후 차를 운전해서 그를 만나러 갔다. 그는 노예 시절부터 그의 가족이 일해 온 먼로 카운티 변두리의 농촌에 살았다. 다넬은 진지한 젊은이였고 내게 연락하기까지 한참을 고민했다는 사실을 알 수 있었다.

다넬의 집에 도착하자 그가 걸어 나와 인사를 건넸다. 20대의 젊은 흑인 남성이었고 1980년대 흑인들 사이에서 유행하던 〈제리컬〉 열풍에 동참하고 있었다. 검은 머리카락을 화학 약품으로 처리해서 손질하기 쉽게 만드는 제리 컬 머리 미용법은 먼로빌에서 진작부터 유행하던 중이었다. 그런 헤어스타일을 자랑스럽게 하고 다니는 젊거나 나이 든 흑인 남자들을 몇 번 마주친 적이 있었다. 다넬의 발랄한 헤어스타일이 그의 근심 어린 모습과 대조되었다. 자리에 앉자마자 그가 곧바로 본론을 꺼냈다.

「스티븐슨 씨, 내가 월터 맥밀리언의 무죄를 증명할 수 있어요.」

「정말인가요?」

「빌 훅스는 거짓말을 하고 있습니다. 나는 월터 맥밀리언을 사형수 감방에 집어넣는 데 그가 일조했다는 이야기를 듣기 전까지 빌 훅스가 그 사건과 연루되어 있는지조차 몰랐어요. 무엇보다 빌 훅스가 이 사건의 관련자일 수 없다고 생각했기 때문입니다. 그런데 여자가 살해되던 날 자신이 세탁소 앞을 지나갔다고 증언했다는 사실을 알게 되었어요. 그건 거짓말이에요.」

「당신이 어떻게 알죠?」

「그날 하루 종일 함께 일하고 있었거든요. 작년 11월에 우리는 둘 다 나파 자동차 부품 가게에서 일했습니다. 구급차들과 경찰차들이 도로를 질주하고 다녔기 때문에 여자가 살해된 토요일을 분명히 기억합니다. 대략 30분 동안 계속 그랬어요. 나는 시내에서 2년째 일하고 있었지만 그런 광경은 처음이었죠.」

「론다 모리슨이 살해되던 토요일 아침에 당신이 일하고 있었다는 거죠?」

「맞습니다. 빌 훅스도 함께였습니다. 대략 아침 여덟 시부터 가게 문을 닫을 때까지요. 가게 문을 닫은 건 점심을 먹고 나서였어요. 그때는 이미 구급차들이 우리 가게 앞을 전부 지나가고 난 〈다음〉이었죠. 사이렌 소리가 들리기 시작한 게 아마도 열한 시쯤이었을 겁니다. 빌은 가게 안에서 나와 자동차를 고치고 있었어요. 자동차 부품 가게에는 출입문이 하나밖에 없습니다. 그날 오전 내내 그는 가게를 떠난 적이 없어요. 여자가 살해당한 시점에 자신이 세탁소 앞을 지나갔다고 말했다면 거짓말을 하고 있는 겁니다.」

월터의 재판 기록을 읽고 가장 화가 난 것 중 하나가 검찰 측에서 내세운 증인이었다. 랠프 마이어스, 빌 훅스와 조 하이타워는 누가 보더라도 신뢰할 수 없는 사람들이었다. 그들의 증언은 가소로울 만큼 일관성이 없었고 신뢰성이 완전히 결여되어 있었다. 월터가 자신을 납치해서 범죄 현장까지 차를 운전하도록 시켰고 나

5 장 존의 귀향 161

중에 주유소에 내려 주었다는 마이어스의 설명은 전혀 앞뒤가 맞지 않았다. 맥밀리언에게 결정적으로 불리한 증언을 한 훅스도 기록상으로 전혀 설득력이 없었고 믿을 만하지 않았다. 그는 당초 경찰에게 진술했던 것과 똑같은 말만, 사건 당시 세탁소 앞을 지나갔다는 이야기만 마냥 반복했다. 어떤 질문을 받든 상관없이 월터가 세탁소에서 가방 하나를 들고 나왔으며 〈차고를 낮춘〉 트럭에 올라탔고 백인 남자가 운전해서 떠나는 광경을 보았다는 말만 되풀이했다. 그 밖에 무엇을 보았는지, 세탁소 근처에서 무엇을 하고 있었는지를 묻는 체스트넛의 질문에는 대답하지 못했다. 단지 자신이 세탁소에서 맥밀리언을 목격했다는 주장만 끝없이 되풀이할 뿐이었다. 물론 앨라배마 주는 그런 훅스의 증언을 채택했다.

당초 내 계획은 월터의 유죄 판결에 대해 앨라배마 형사 항소 법원에 즉시 항소하는 것이었다. 검찰 측에서 월터의 유죄를 입증하기 위한 노력을 거의 하지 않은 터라 항소할 만한 법률적 내용이 그다지 많지는 않았다. 하지만 그에게 불리하게 작용한 증거들의 설득력이 떨어진다는 점에서 어쩌면 법원이 증거의 신뢰성 부족을 이유로 유죄 판결을 번복할지도 모른다고 생각했다. 해당 사건이 곧장 항소심으로 가게 되면 새로운 증거가 인정되지 않을 터였고, 1심 재판이 끝나고 재심을 신청할 수 있는 기한은 이미 만료된 상황이었다. 항소심이 시작되기 전 새로운 증거를 제시할 수 있는 마지막 기회가 지나간 것이었다. 1심에서 변호를 맡았던 체스트넛과 보인턴이 월터의 변호인 자리에서 물러나기 전에 재심을 신청했지만 키 판사는 곧장 그들의 신청을 기각했다. 다넬의 설명에 따르면 그는 월터의 이전 변호사들에게도 내게 한 이야기를 했고 체스트넛과 보인턴은 재심을 신청하면서 다넬이 주장한 내용을 제시했지만 아무도 진지하게 받아들이지 않았다고 했다.

사형 재판에서는 언제나 재심 신청이 이루어지지만 신청이 인정되는 경우는 좀처럼 드물다. 그럼에도 상이한 재판 결과로 이어질 수 있거나 이전 재판의 결과를 의심하게 하는 새로운 증거를 피고 측에서 제시하는 경우 일반적으로 심리가 열린다. 다넬과 이야기를 나눈 뒤 나는 항소심으로 가기 전에 그의 주장을 다시 제기하는 것을 고려했다. 어쩌면, 정말 어쩌면 월터에 대한 기소를 철회하도록 검찰 측을 설득할 수도 있을 것 같았다. 나는 맥밀리언에 대한 재심 기각 결정을 재고해 달라는 청원을 제출했고 곧장 다넬에게 혹스의 증언이 거짓이라는 진술서를 받아 놓았다. 설득력 있는 새로운 증거가 있을 경우 새로운 지방 검사장이 기존의 유죄 판결을 신뢰할 수 없다고 하면서 재심을 지지할 가능성을 알아보기 위해 위험을 무릅써 가며 지역 변호사들에게 자문을 구했다.

몇 사람이 긍정적인 답변을 해줬다. 평생을 검사로만 재직한 테드 피어슨에 비해 먼로 카운티의 새로운 지방 검사장이자 형사 소송 변호사로 일한 적 있는 톰 채프먼이 더 공정하고 억울하게 유죄 판결을 받은 사람들에게 보다 호의적일 거라고 조언했다. 피어슨의 오랜 재직 끝에 채프먼이 지방 검사장으로 선출된 것은 새로운 시대의 무언가를 상징했다. 그는 40대였고 먼로 카운티의 법 집행 방식을 현대화하는 문제에 관심을 보였다. 어떤 사람들은 그가 야심 찬 인물이며 장차 주 공무원직에 도전할 거라고 이야기했다. 나는 그가 지방 검사장으로 선출되기 전에 캐런 켈리를 변호했었다는 사실을 알아냈다. 그렇다면 월터 사건에 대해서도 이미 잘 알고 있을 터였다. 나는 희망을 갖기 시작했다.

다넬이 내 사무실로 전화했을 때 나는 여전히 전략을 궁리하던 참이었다.

「스티븐슨 씨, 나를 좀 도와주세요. 나는 오늘 아침에 체포되어 구치소에 있다가 방금 보석으로 나왔습니다.」

「예?」

「내가 무슨 잘못을 했냐고 물었죠. 그랬더니 내가 위증죄로 기소되었다고 하더군요.」 잔뜩 겁에 질린 말투였다.

「위증이라고요? 맥밀리언 씨의 변호사들에게 1년 전에 한 이야기 때문에요? 우리가 진술서를 받은 뒤로 그들이 찾아와 당신과 면담을 했거나 무슨 말을 한 적이 있나요? 그들과 이야기를 했다면 내게도 알렸어야죠.」

「아니에요. 나는 아무런 말도 듣지 못했어요. 그들이 무작정 쳐들어와서 나를 체포했고 내가 위증죄로 기소되었다고 말했어요.」

전화를 끊었다. 충격과 분노에 휩싸였다. 아무런 조사도 하지 않고 위증했다는 설득력 있는 증거도 없이 누군가를 위증죄로 기소하는 것은 듣도 보도 못한 경우였다. 다넬이 우리와 접촉한 사실을 안 경찰과 검찰이 그를 괘씸하게 여겨 보복하기로 한 것이다.

며칠 뒤 나는 새로운 지방 검사장에게 전화해서 약속을 잡았다.

지방 검사장을 만나러 가면서 나는 검찰 측 증인과 반대되는 증언을 했다는 이유로 누군가를 위증죄로 기소한 분별없는 짓에 분노와 비난을 퍼붓는 대신 해명할 기회를 주기로 했다. 잔뜩 준비된 명령 신청 서류들을 제출하는 것도 일단 지방 검사장을 만나 본 다음에 하기로 했다. 월터 사건과 관련하여 기소 측 인물을 만나는 것이 처음이었기 때문에 분노를 표출하는 것으로 그들과의 첫 만남을 시작하고 싶지 않았다. 애초에 나는 월터를 기소한 사람들이 단지 잘못된 정보에 근거하여 잘못된 판단을 내렸을 거라고, 어쩌면 단지 무능할 뿐이라고 믿고자 했다. 그들이 편협하고 폭력적인 인물이라는 사실을 알면서도 그들의 생각이 바뀔 거라는 희망을 놓지 않고자 했다. 그러나 다넬을 기소했다는 것은 그들이 사람을 위협하고 겁주기를 주저하지 않는다는 걱정스러운 신호였다.

먼로 카운티의 법원은 먼로빌 시내 중심부에 위치했다. 나는 시내로 차를 몰았고 주차한 다음 지방 검사장 사무실을 찾아 법원 안으로 들어갔다. 그때까지 그 법원을 방문한 적은 한 달 전에 딱 한 번 있었다. 사건 파일을 가지러 법원 서기를 찾아왔을 때였고 서기는 내게 어디 출신인지 물어 왔었다. 내가 몽고메리라고 대답하자 그녀는 하퍼 리와 그녀의 유명한 소설 덕분에 얻은 먼로빌의 명성에 대해 한바탕 강의를 시작했다. 서기가 내게 어떻게 수작을 걸었는지 지금도 기억이 생생하다.

「책은 읽어 보았나요? 아주 멋진 이야기죠. 여기는 유명한 장소예요. 오래된 법원을 박물관으로 개조했는데 영화로 만들어질 때는 그레고리 펙이 여기 왔었어요. 그곳에 한번 가보세요. 그레고리 펙이 서 있던 자리에도 한번 서보시고요. 애티커스 핀치가 서 있던 자리 말이에요.」

그녀가 신나서 키득거렸다. 짐작건대 그녀는 그곳을 오가는 타지 출신 변호사에게 매번 같은 이야기를 늘어놓을 게 분명했다. 시간이 나는 대로 박물관을 방문하겠다는 약속을 받기 전까지 그녀는 소설에 대해 끊임없이 열정적으로 떠들었다. 당시 나는 먼로 카운티 지역 사람들이 인종적 편견으로 기소한 것도 모자라 이제는 사형까지 집행하려고 하는 어떤 무고한 흑인 남자의 사건을 처리하느라 너무 바쁘다고 설명해 주고 싶은 충동을 억지로 참아야 했다.

이번에는 마음가짐이 달랐다. 무엇보다 정의에 관한 허구적인 이야기를 다시 듣고 싶은 마음이 전혀 없었다. 법원 안을 여기저기 돌아다니다가 마침내 지방 검사장실을 찾았다. 소개를 하는 동안 의심스러운 눈길로 나를 바라보던 비서가 채프먼의 방을 가리켰다. 채프먼이 다가와 악수를 청했다.

채프먼은 〈스티븐슨 씨, 당신을 만나고 싶어 하는 사람들이 많더군요. 그들에게 당신이 여기 온다고 말은 해두었지만 우선은 당신과 나 단둘이서 이야기를 해봐야 할 것 같습니다〉라고 말하며 대화를 시작했다. 월터의 새로운 변호사에 관한 이야기가 사람들의 입에 오르내리고 있다는 것은 전혀 놀라울 게 없었다. 나는 사람들이 월터를 변호하고자 하는 나의 노력을 화제로 삼을 만큼 이미 먼로 카운티의 많은 사람들과 이야기를 나눴다. 짐작건대 키 판사는 자신의 지시대로 사건에서 손을 떼지 않았다는 이유만으로 나를 잘못된 생각을 하는 비협조적인 사람으로 규정지었을 터였다.

채프먼은 중간 정도의 체격에 곱슬머리였고 안경을 썼다. 안경 쓴 모습이 책벌레처럼 보인다는 사실에는 별로 신경을 쓰지 않는 듯했다. 그동안 만났던 검사들이 법률 사무소를 운영하기보다 옷을 쫙 빼입은 오리 사냥꾼처럼 보였다면 채프먼은 전문가처럼 보였고 정중했으며 유쾌한 태도로 나를 대했다. 곧바로 법 집행을 둘러싼 사람들의 우려를 언급한 부분도 흥미로웠고 섣부른 농담이나 에두른 말을 배제한 채 솔직한 대화를 원하는 모습에 일단은 고무적인 느낌을 받았다.

「저도 좋습니다.」내가 말했다. 「저는 맥밀리언 사건을 많이 걱정하고 있습니다. 기록을 검토해 보았는데 솔직히 말해서 그가 과연 유죄인지, 유죄 판결이 신뢰할 만한지 지극히 의심스럽습니다.」

「맥밀리언 사건은 이론의 여지가 없을 만큼 매우 중요한 사건입니다. 내가 사건을 기소하는 데 전혀 관여하지 않았다는 사실은 알 거라고 생각합니다. 그렇죠?」

「알고 있습니다.」

「이 사건은 먼로 카운티 역사상 가장 충격적인 범죄며 당신의 의뢰인은 이곳의 수많은 사람들을 분노하게 했습니다. 스티븐슨 씨, 사람들은 여전히 분노하고 있습니다. 일부는 월터 맥밀리언이 어떤 처벌을 당해도 싸다고 생각합니다.」

실망스러운 시작이었다. 그는 월터가 유죄라고 철석같이 믿는 모양이었다. 나는 계속 밀고 나아갔다.

「맞습니다. 정말 충격적이고 비극적인 범죄였고 사람들이 분노하는 것도 이해합니다. 하지만 그렇다고 무고한 사람에게 죄를 뒤집어씌우는 행위가 정당화될 수는 없다고 생각합니다. 맥밀리언 씨가 잘못을 저질렀는지 아닌지는 재판을 통해 가려져야 합니다. 그리고 만약 재판이 공정하지 않았거나 증인이 위증을 했을 경우에 우리는 그가 유죄인지 아닌지 절대로 알 수 없습니다.」

「아마도 지금 이 순간 1심이 공정하지 않았다고 생각하는 사람은 당신이 유일할 겁니다. 앞서 말했듯이 나는 이 사건을 기소하는 데 관여하지 않았습니다.」

점점 실망스러워졌다. 아마 채프먼도 내 감정 변화를 눈치챘을 것이다. 나를 만난 자리에서 월터가 기소된 것에 격렬히 항의하던 수십 명의 흑인들을 떠올렸다. 채프먼이 순진하거나 의도적으로 무관심한 척한다는 생각이 들기 시작했다. 어쩌면 보다 악의적인 어떤 의도가 있을지도 몰랐다. 실망한 티를 내지 않으려던 노력은 결국 수포로 돌아갔다.

「채프먼 검사님, 이 사건에 의혹을 가진 사람은 비단 저뿐만이 아닙니다. 한 지역 공동체 전체가 똑같이 느끼고 있습니다. 몇 사람들은 범행이 발생했을 당시 자신들이 사건 현장에서 수 킬로미터 떨어진 곳에서 월터 맥밀리언과 함께 있었다고 주장하며 그가 결백하다고 믿습니다. 그와 사업상 거래가 있던 사람도 그가 절대로 해당 범죄를 저지르지 않았다고 확신하고 있습니다.」

채프먼이 말했다. 「나 역시 그들 중 몇 명과 이야기를 해보았습니다. 그들이 내세우는 것이라고는 정보가 아닌 개인적인 견해뿐이더군요. 그들의 주장에는 아무런 근거가 없습니다. 보세요, 캐런 켈리와 잔 사람이 누구인지는 이 사건과 아무 상관이 없습니다. 월터 맥밀리언이 론다 모리슨 살인 사건의 범인이라는 증거가 존재하고 내 일은 그 증거에 따라 유죄 판결을 관철시키는 겁니다.」 그는 점점 논쟁적으로 말했고 덩달아 목소리도 커졌다. 차분하고 특이했던 그의 첫인상이 분노와 혐오감을 드러내고 있었다.

「검찰 측 증인의 진술과 상반되는 증언을 했다는 이유로 어떤 사람이 위증죄로 기소되었습니다. 이 사건에서 검찰 측 증거에 이의를 제기하는 사람은 모조리 기소할 생각인가요?」

이제 내 목소리는 정확히 내가 가장 피하고 싶었던 수준까지 높아졌는데 검사의 태도에 화가 났기 때문이었다. 「앨라배마 판례법에는 위증이 이루어졌다는 확실하고 설득력 있는 증거 없이 위증죄를 적용할 수 없다고 명시되어 있습니다.」 내가 계속해서 말했다. 「그 사람을 위증죄로 기소한 것은 검찰 측 증인의 진술과 상반되는 증거를 가지고 나오지 못하도록 사람들에게 겁을 주어서 단념시키기 위한 전략처럼 보입니다. 채프먼 검사님, 휴스턴 씨에 대한 기소는 정말 부적절했으며 법률적으로도 변명의 여지가 없을 듯합니다.」

나는 내가 훈계조로 이야기하고 있으며 그가 듣기 싫어한다는 것도 알았다. 그럼에도 우리가 아주 적극적으로 월터를 변호할 거라는 사실을 그에게 알리고 싶었다.

「당신이 다넬 휴스턴도 대변하는 겁니까?」

「그렇습니다.」

그가 말했다. 「글쎄요, 당신이 그럴 수 있을지 모르겠군요. 내 생각에는 논란의 여지가 있을 것 같군요.」 그때 그의 논쟁적인 말투가 약간은 사무적인 말투로 바뀌었다. 「하지만 걱정하지 마십시오. 어쩌면 휴스턴에 대한 공소를 철회할지도 모르겠습니다. 판사가 당신의 재심 요청을 기각했기 때문에 나 역시 다넬 휴스턴을 기소하는 데 관심이 없어졌습니다. 그럼에도 나는 사람들이 맥밀리언 사건에 관하여 혹시라도 거짓 증언을 할 경우 그에 대한 책임을 지게 될 거라는 사실을 분명히 알았으면 합니다.」

나는 혼란스러워졌고 약간 충격을 받았다.

「무슨 말씀이죠? 재심 요청이 기각되었다고요?」

「그렇습니다. 판사는 이미 당신의 재심 요청을 기각했습니다. 아직 명령서 사본이 당신에게 전달되지 않은 모양이군요. 이제 그가 모빌에 있기 때문에 종종 우편물 배달 사고가 발생하곤 합니다.」

나는 심리도 거치지 않은 채 법원 판결이 내려진 것에 대한 놀라움을 감추려고 애썼다. 그리고 물었다. 「검찰 측의 주요 증인이 거짓말을 하고 있을 수 있다는 말임에도 불구하고 다넬 휴스턴의 주장을 조사하는 데 아무런 관심이 없다는 건가요?」

「검찰 측의 주요 증인은 랠프 마이어스입니다.」

채프먼은 처음에 자신이 주장했던 것보다 맥밀리언 사건을 훨씬 깊이 조사한 것이 틀림없었다.

「훅스의 증언이 없다면 유죄 판결은 유효하지 않을 겁니다.」 내가 목소리를 가라앉히며 말했다. 「검찰 측 주장대로라면 마이어스는 공모자이며 주 법에 따라 공모자의 증언에는 사실 관계를 뒷받침할 수 있는 증거가 필요합니다. 그리고 바로 그 증거란 훅스한테서 나온 것이 유일하고요. 그런데 휴스턴 씨는 훅스가 거짓말을 한다고 주장합니다. 따라서 휴스턴의 주장은 매우 중대한 증거이며 법정에서 이 주장의 진위 여부를 가려야 합니다.」

나는 내가 옳다고 확신했다. 이 문제와 관련해서만큼은 법도 명확했다. 하지만 대화하는 상대가 법이 뭐라고 하든 상관하지 않는 사람이라는 사실도 알고 있었다. 이야기한다고 해서 채프먼의 생각이 바뀌지 않을 거라는 사실도 알았지만 어쨌거나 그 말은 꼭 해야 할 것 같은 생각이 들었다.

채프먼이 일어섰다. 내 설교와 법리 논쟁에 짜증이 난 기색이 역력했고 나를 주제넘다고 생각할 것이 분명했다. 「그 말은 당신이 항소할 필요가 있다는 것처럼 들리는군요, 스티븐슨 씨. 휴스턴 씨에게 기소가 철회될 거라고 알려 주세요. 여러분을 위해 그 정도는 해줄 수 있지만 거기까지입니다.」

무시하는 말투였고 그가 내게서 등을 돌렸을 때 나는 대화가 사실상 끝났으며 그가 이제 자신의 방에서 나를 내쫓고 싶어 한다는 것을 알았다.

완전히 실망한 채로 지방 검사장실을 나섰다. 채프먼이 딱히 불친절하거나 적대적이지는 않았다. 그럼에도 맥밀리언이 무죄라는 주장에 그가 나타낸 무관심을 절대로 그냥 묵과할 수 없었다. 예전에 재판 기록을 읽으면서 나는 알게 되었다. 누군가에게 죄를 뒤집어씌우기 위해서 그리고 사건이 해결되었으며 살인자가 처벌되었다고 지역 사회를 안심시키기 위해서 증거나 논리, 상식을 도외시하는 데 주저하지 않는 사람들이 존재한다는 사실을 말이다. 하지만 막상 맥밀리언 사건에 대해 누군가와 얼굴을 직접 맞대고 이야기하고 나니 월터의 유죄 판결을 둘러싼 비논리적인 사고들은 도저히 받아들일 수 없을 정도로 몹시 심각했다.

채프먼은 맥밀리언 사건을 기소한 당사자가 아니었다. 따라서 나는 그가 이 사건의 신뢰할 수 없는 부분들을 감싸려 들지 않으리라 기대했다. 그러나 그도 다른 모든 관련자와 마찬가지로 기존의 가설에 갇혀 있는 게 분명했다. 여러 사건에서 권력이 남용되는 사례를 목격했지만 특히 이 사건에는 나를 화나게 하는 것이 존재했다. 한 사람의 피고가 아닌 하나의 공동체 전체를 희생자로 만들었다는 점이다. 준비해 간 다수의 명령 신청서들을 법원에 제출하고 공소를 철회하지 않으면 싸움을 마다하지 않을 거라는 우리의 의지를 확실히 전달했다. 복도를 따라 자동차까지 걸어가는 길에 「앵무새 죽이기」의 다음 공연을 광고하는 전단지가 또 보였다. 더욱 화가 났다.

다넬은 보석금을 내고 구치소에서 나온 뒤 계속 집에서 지냈다. 그의 집에 들러서 지방 검사장과 면담한 이야기를 전했다. 그는 자신에 대한 기소가 철회될 거라는 사실에 환호하면서도 이번 사태로 여전히 겁에 질린 상태였다. 주 정부가 그에게 한 짓이 불법이며 주를 상대로 민사 소송을 제기할 수 있다고 설명했지만 아무런 관심도 보이지 않았다. 더한 시달림을 받을 수 있기 때문에 민사 소송을 제기하는 것이 실제로는 좋은 아이디어가 아니라고 생각했지만 내가 그를 위해 싸우려 하지 않는다는 인상을 주고 싶지 않았다.

「스티븐슨 씨, 나는 진실을 밝히고자 했을 뿐이에요. 그렇다고 감옥에 갈 수는 없어요. 솔직히 나는 그들이 무서워요.」

「이해합니다. 하지만 그들이 한 짓은 불법이에요. 당신한테는 아무런 잘못이 없다는 사실을 알았으면 합니다. 그들이야말로 지극히 부적절한 행동을 한 장본인들이죠. 당신을 겁주려고 하는 겁니다.」

「그렇다면 그들이 성공한 셈이네요. 나는 당신에게 진실을 이야기했고 나중에라도 말을 바꾸지는 않을 겁니다. 하지만 그들이 나를 노린다면 나도 어쩔 수 없어요.」

「1심 판사가 재심 요청을 기각했기 때문에 이 시점에서 당신은 증언할 필요도, 법원에 출두할 필요도 없을 겁니다. 추후에 그들과 또 마찰이 생기거나 그들이 이 문제를 가지고 당신을 찾아와 뭐라고 이야기하면 내게 연락하세요. 사람들에게 내가 당신의 변호사이며 나하고 이야기하라고 하세요. 알았죠?」

「알겠습니다. 그런데 이러면 당신이 정말 내 변호사가 되었다는 뜻인가요?」

「맞아요. 당신이 폭로한 진실과 관련하여 상대가 누구든, 어떤 문제가 발생하든 내가 당신을 변호할 겁니다.」 그는 약간 안심되는 듯 보였지만 내가 떠날 때까지 계속 난처한 표정을 지었다.

자동차에 오른 나는 만약 이 사건에서 우리를 도와주려는 모든 사람이 위협을 받는다면 월터의 무죄를 입증하기가 무척 어려워질 거라는 생각이 들었고 우울해졌다. 항소심에서 유죄 판결이 번복되지 않을 경우 우리에게 남는 기회는 유죄 판결 이후의 구제 신청이었다. 구제 신청을 할 경우에는 월터의 무죄를 입증할 새로운 증거와 증인, 사실이 필요했다. 다넬의 사례만 보더라도 구제 신청의 과정은 절대로 쉽지 않을 터였다. 벌써부터 그런 걱정을 할 필요는 없었고 나는 항소에 집중하기로 했다. 재심 신청이 기각되었기 때문에 28일 안에 항소 이유서를 제출해야 했다. 명령서를 받지 못한 까닭에 판사가 기각 결정을 내린 뒤로 날짜가 얼마나 지났는지도 확실치 않은 상황이었다.

나는 낙담과 걱정에 휩싸인 채 집으로 출발했다. 그동안 먼로빌과 몽고메리를 오가면서 시골 농지와 목화밭, 언덕이 많은 농촌 풍경을 감상하는 데 익숙해졌다. 아울러 수십 년 전에는 이곳 생활이 어땠을 상상해 보기도 했다. 하지만 오늘만큼은 당시의 생활을 굳이 상상할 필요가 없었다. 다넬은 검찰이 자신에게 아무런 제약 없이 그들 마음대로 무슨 짓이든 할 수 있다는 사실을 깨달았다. 여기서 비롯한 다넬의 슬픔과 절망은 정말이지 좌절감을 주기에 충분했다. 주관적인 관점에서만 보자면 그들은 법치에 대한 의지와 책임감이 그야말로 전무했으며 수치심도 없는 듯했다. 신뢰할 만한 증거를 들고 나왔는데 살인죄를 둘러싼 유죄 판결의 신뢰성을 위협한다는 이유로 누군가를 체포한다고? 휴스턴의 일을 생각하면 할수록 나는 더욱 혼란스러웠고 더불어 화가 났다. 한편으로 현실을 직시하는 데 도움이 됐다. 불편한 진실을 발설했다는 이유로 당사자를 체포한 검찰이다. 만약 내가 보다 강력하게 몰아붙인다면 그들은 과연 어떻게 반응할까?

마을을 벗어날 무렵이었다. 해가 저물었고 수백 년 동안 그래 왔던 것처럼 먼로 카운티 전역에 어둠이 내렸다. 이제 사람들은 각자의 집으로 돌아갈 터였다. 누군가에게 집은 쉽게 긴장을 풀 수 있고 안전하며 그들이 속한 지역 사회에 대한 자부심도 느낄 수 있는 무척 편안한 장소일 것이다. 하지만 다른 누군가에게, 이를테면 다넬이나 월터의 가족들에게 집은 그다지 편안하지 않은 곳이다. 마음 편하게 휴식을 취할 수 없을뿐더러 지역 사회에 대한 자부심을 느낄 일도 별로 없을 것이다. 그들에게 어둠은 익숙한 불안을, 즉 경계심에 먼로 카운티의 나이만큼이나 오래된 두려움까지 보태진 불확실성을 가져다주는 존재였다. 새삼스레 거론하기에는 너무나 오래되고 일관된, 하지만 잊고 살기에는 너무나 무거운 불편함이었다. 나는 최대한 빠르게 차를 몰아 그곳을 벗어났다.

6장
불운한 사람들

「그는 아직 어린 소년일 뿐이에요.」

늦은 시간에 전화벨이 울렸다. 사무실에는 아무도 없었다. 나는 업무 시간이 끝났지만 수화기를 들었다. 업무 외 시간에 오는 전화를 받는 게 나의 나쁜 습관 중 하나가 되어 가고 있었다. 전화기 너머에서는 나이 지긋한 여성이 살인죄로 이제 막 구치소에 수감된 자신의 손자에 대해 진정성 있는 설명을 들려준 다음 내게 간절히 부탁을 하고 있었다.

「그 아이가 벌써 이틀째 구치소에 있는데 나는 그 아이한테 가볼 수가 없어요. 내가 버지니아에 있고 건강이 좋지 않기 때문이에요. 제발 선생님이 어떻게 좀 해주세요.」

그녀에게 대답하기가 망설여졌다. 전 세계적으로 미성년자에게 사형을 허가하는 나라는 소수에 불과했다. 미국도 그런 나라였다. 앨라배마의 의뢰인 상당수는 열여섯 살이나 열일곱 살 때 저지른 범죄로 기소되어 사형수가 되었다. 많은 주에서 미성년자를 성인으로 기소하기 쉽도록 법을 개정했으며 의뢰인들의 연령도 갈수록 낮아졌다. 앨라배마 주는 사형 선고를 받는 청소년의 비율이 다른 어떤 주보다 높았다. 아니, 전 세계의 다른 어떤 나라보다 높았다. 도움이 필요하다고 의뢰하는 이가 갈수록 늘어나는 상황에서 나는 기준을 정했다. 의뢰인이 사형 집행을 앞두었거나 공식적으로 사형이 선고된 경우에만 새로운 의뢰를 수락하기로 했다.

여성은 자신의 손자가 겨우 열네 살이라고 이야기했다. 비록 대법원은 1989년 판례를 통해 미성년자에 대한 사형 선고를 지지했지만 원칙적으로는 1988년에 15세 미만의 미성년자에 대한 사형을 금지시켰다. 따라서 어떤 위기에 직면했든 그녀의 손자에게 사형이 선고되지는 않을 터였다. 아마도 가석방 없는 종신형이 선고되겠지만 우리 소송 사건 일람표를 가득 채운 엄청난 사형 재판 건수를 감안할 때 그의 사건을 맡는다는 것은 절대로 합리적인 행동이 아니었다.

내가 여성의 애원에 어떻게 대답할지 고민하는 사이에 그녀가 작은 소리로 빠르게 기도하기 시작했다. 「하느님, 제발 우리를 도와주세요. 당신의 뜻이 아닌 모든 일에서 우리를 보호하도록 이 남자를 이끌어 주세요. 제가 그를 설득할 수 있도록 도와주세요. 그에게 뭐라고 이야기해야 할지 알려 주세요…….」

그녀의 기도를 방해하고 싶지 않았던 나는 그녀가 기도를 끝낼 때까지 기다렸다.

「부인, 저는 이 사건을 맡을 수 없습니다. 하지만 내일 구치소를 찾아가서 손자분을 만나 보도록 하겠습니다. 제가 할 수 있는 일이 있는지 알아보겠습니다. 우리가 그를 변호할 수는 없겠지만 어떤 상황인지 알아보고 가능하다면 부인을 도와 드릴 변호사도 찾아보겠습니다.」

「스티븐슨 씨, 정말 고마워요.」

나는 지쳤고 기존에 맡은 사건들만으로 이미 압도당하고 있었다. 특히 미성년자 사건은 해당 사건을 다루는 모든 사람들에게 가혹한 감정 소모를 요구했다. 어쨌거나 소년이 구속된 카운티 근처 법원에 볼 일이 있었고 잠깐 그곳에 들러 소년을 만난다고 해서 대수로울 것은 없었다.

다음 날 아침 소년이 있는 카운티까지 한 시간 남짓 차를 달렸다. 법원에 도착해서 서기가 작성한 사건 파일을 확인했고 장문의 사건 보고서를 찾았다. 소년의 가족을 대신하여 사건을 조사하는 변호사 자격으로 서기의 동의하에 파일을 열람할 수 있었다. 단, 미성년자와 관련된 사건이었기 때문에 사건 파일을 복사하거나 외부로 반출할 수는 없었다. 서기의 사무실은 좁았지만 분주하지 않았다. 비좁은 한쪽 구석에서 불편한 철제 의자에 앉아 진술서를 읽었다. 진술서는 소년의 할머니가 이야기했던 내용과 대부분 일치했다.

찰리는 열네 살이었다. 45킬로그램이 되지 않는 몸무게에 키가 1미터 50센티미터 남짓했다. 이전까지는 범죄를 저지른 전력이 없었다. 경찰에게 체포된 적도 없었고 학교에서 말썽을 피운 적도 없었으며 법정에 출두한 적도 없었다. 수차례 개근상을 받았을 정도로 모범적인 학생이었다. 찰리의 어머니는 찰리를 〈훌륭한 아이〉라고 지칭하면서 그가 자신의 부탁을 한 번도 거절한 적이 없었다고 설명했다. 그러나 찰리의 진술에 따르면 그는 조지라는 이름의 남자를 총으로 쏴 죽였다.

조지는 찰리 어머니의 남자 친구였다. 그녀의 표현에 의하면 그들의 관계는 〈실수〉였다. 조지는 자주 술에 취해서 집에 들어왔고 폭력을 행사했다. 충격이 발생한 그날 밤 전까지 1년 반 동안 찰리의 어머니는 세 차례나 조지에게 무자비하게 맞아 병원 신세를 져야 했다. 하지만 그녀는 주변의 몇몇 사람들에게 자신이 조지를 떠나거나 내쳐야 한다는 사실을 안다고 말은 하면서도 결코 그렇게 하지 않았다.

충격이 있던 날 밤에도 조지는 만취해서 집에 왔다. 그가 도착했을 때 찰리와 그의 어머니는 카드 게임을 하는 중이었다. 그가 집에 들어오며 소리를 질렀다. 「이봐! 어디 있는 거야?」 찰리의 어머니는 그의 목소리가 들리는 부엌으로 가서 자신과 찰리가 집에서 카드 게임을 하고 있었다고 말했다. 그녀와 조지는 초저녁에 말다툼을 벌인 터였다. 그가 술에 취해 돌아올 것이 걱정된 그녀가 그에게 나가지 말라고 애원하면서 비롯된 싸움이었다. 이제 그녀는 술 냄새를 풀풀 풍기며 서 있는 그를 사납게 노려보았다. 조지도 경멸과 혐오가 담긴 그녀의 시선을 그대로 되돌려 주면서 그녀를 마주 노려보았고 눈 깜짝할 사이에 그녀의 얼굴에 세게 주먹을 날렸다. 그녀는 그가 그처럼 재빠르게 또는 폭력적으로 자신을 때릴 줄 미처 몰랐다. 이전에는 적어도 이렇게까지 심하게 군 적이 없었다. 그의 억센 주먹에 그녀가 그대로 바닥에 나가떨어졌다.

어머니 뒤에 서 있던 찰리는 그녀가 넘어지면서 철제 조리대에 머리를 심하게 부딪치는 광경을 목격했다. 조지는 서 있는 찰리를 발견하고 차갑게 노려본 다음 옆을 스치듯 지나서 침실로 향했다. 곧이어 그가 거칠게 침대에 몸을 던지는 소리가 들려왔다. 찰리의 어머니는 바닥에 쓰러진 채 의식이 없었고 출혈이 엄청났다. 찰리가 어머니 곁에 무릎을 꿇고 지혈을 시도했다. 안면에도 약간의 출혈이 있었지만 심하게 찢어진 머리 뒤쪽에서 피가 콸콸 쏟아졌다. 찰리는 어머니를 살리고 싶었지만 안절부절못했다. 눈물이 나기 시작했고 헛되이 어머니에게 어떻게 해야 할지를 물었다. 찰리가 일어나서 키친타월을 머리 뒤에 대주었지만 출혈은 멈추지 않았다. 그러자 이번에는 미친 듯이 행주를 찾아 나섰다. 천을 대주면 그나마 나을 것 같았기 때문이다. 레인지 위에 주전자를 감싸놓은 행주가 보였다. 어머니는 저녁으로 광저기[15]를 요리해 놓았다. 찰리가 무척 좋아하는 요리였다. 그들 모자는 찰리가 가장 좋아하는 피너클 카드 게임을 하기 전에 함께 광저기 요리를 먹었다.

찰리는 종이로 된 키친타월을 행주로 바꿨지만 그 과정에서 피가 얼마나 흘렀는지 확인하고는 다시 공황 상태가 되었다. 어머니가 숨을 쉬지 않는 것처럼 보이자 제발 일어나라고 어머니에게 작은 소리로 애원했다. 구급차를 불러야 한다고 생각했지만 전화기를 쓰려면 조지가 자는 침실까지 가야 했다. 그가 찰리를 때린 적은 없었지만 그럼에도 그가 무서웠다. 어린 찰리는 몹시 겁을 먹거나 불안해지면 종종 몸을 심하게 떨었다. 그런 떨림 뒤에는 거의 언제나 코피가 났다.

어머니가 흘린 피에 둘러싸인 채 부엌 바닥에 앉아 있던 찰리는 자신의 몸이 떨리고 슬슬 코에서 피가 나기 시작하는 것을 느낄 수 있었다. 코피가 나면 언제나 어머니가 어딘가로 달려가 도움이 될

---

15 콩과의 한해살이 덩굴 식물.

만한 것을 가져오고는 했었는데 그런 어머니가 지금은 바닥에 쓰러져 있었다. 찰리는 피가 흐르는 자신의 코를 훔친 다음 현실에 집중했다. 자신이 무언가를 해야 할 때였다. 떨림이 멈추었다. 그의 어머니는 거의 15분째 꼼짝도 하지 않고 있었다. 집 안은 조용했다. 다른 방에서 조지가 가쁘게 숨을 내쉬는 소리만 들릴 뿐이었다. 머지않아 그 소리가 코고는 소리로 바뀌었다.

찰리는 어머니가 눈뜨기를 간절히 바라면서 어머니의 머리를 쓰다듬었다. 어머니의 머리에서 흘러나온 피가 행주를 적시고 찰리의 바지로 번지고 있었다. 찰리는 어머니가 죽어 간다고, 어쩌면 이미 죽었을 거라고 생각했다. 빨리 구급차를 불러야 했다. 그는 걱정 가득한 얼굴로 자리에서 일어났고 침실을 향해 조심스럽게 발걸음을 뗐다. 침대 위에 잠든 조지가 보이자 새삼스레 증오심이 치밀었다. 찰리는 처음부터 그가 마음에 들지 않았고 왜 어머니가 그를 집으로 받아들였는지 이해할 수 없었다. 조지도 찰리가 마음에 들지 않기는 마찬가지였다. 그는 찰리에게 살갑게 대하는 경우가 좀처럼 없었다. 심지어 술에 취해 있지 않을 때조차 항상 화난 듯 보였다. 어머니의 말에 따르면 다정한 사람일지 몰랐으나 찰리가 보기에는 전혀 그렇지 않았다. 찰리는 조지의 첫 번째 부인과 아이가 자동차 사고로 죽었다는 사실을 알았고 어머니의 설명에 의하면 그가 그토록 술을 많이 마시는 이유도 그 때문이었다. 그럼에도 찰리가 보기에 조지가 그들과 함께 지낸 지난 18개월은 폭력과 언성을 높인 말다툼, 밀고 밀리는 몸싸움, 위협과 불안을 제외하면 아무것도 없었다. 어머니는 예전의 미소를 잃고 신경질적이고 성마르게 변했으며 찰리의 생각이었지만 이제는 부엌 바닥에 쓰러져 죽어 있었다.

찰리는 전화기에 닿기 위해 침실 안쪽 벽에 붙은 서랍장으로 걸어갔다. 1년 전에도 조지가 어머니를 때렸을 때 911에 전화를 했지만 그때는 어머니가 그렇게 하도록 부탁하고 무슨 말을 할지도 알려 주었다. 전화기가 놓인 곳에 도착하자 찰리는 자기도 모르게 곧장 수화기를 집어 들지 않았다. 대신 서랍장을 열었고 어머니가 빨아서 개어 놓은 하얀색 티셔츠 아래로 손을 집어넣어 더듬으며 평소 조지가 그곳에 보관한다고 알고 있는 권총을 찾았다. 찰리는 자신이 왜 그랬는지 전혀 설명하지 못했다. 찰리가 그 총을 처음 발견한 것은 조지가 다른 사람에게 받은 오번 대학교 티셔츠를 찰리에게 입어도 된다고 말했을 때였다. 조지에게는 너무 작고 찰리에게는 너무 큰 티셔츠였지만 찰리는 고맙게 받았다. 조지가 드물게 베푼 친절이었다. 이번에는 전처럼 겁을 내며 바로 손을 빼지 않았다. 대신 권총을 빼 들었다. 그때까지 총을 쏴본 적이 한 번도 없었지만 찰리는 자신이 할 수 있다는 것을 알았다.

조지는 이제 일정한 리듬으로 코를 골고 있었다.

침대로 다가간 찰리가 두 팔을 곧게 내밀고 조지의 머리를 향해 총을 겨누었다. 그가 조지에게 가까이 다가가는 사이 코 고는 소리가 멈추었다. 방 안은 갈수록 더욱 고요해졌다. 바로 그 순간 찰리가 방아쇠를 당겼다.

총알이 발사되는 소리는 찰리가 예상했던 것보다 훨씬 컸다. 반동으로 몸이 비틀거렸고 뒤로 몇 걸음을 밀려났다. 거의 균형을 잃고 넘어질 뻔했다. 조지를 본 그는 눈을 질끈 감았다. 끔찍했다. 다시 몸이 떨리기 시작했으며 그때 부엌에서 어머니의 신음 소리가 들렸다. 어머니가 살아 있다는 사실이 믿기지 않았다. 찰리는 전화기로 달려가 911을 부른 다음 경찰이 도착할 때까지 어머니 곁을 지켰다.

사건의 전모를 알게 된 나는 검찰이 찰리를 성인으로 기소하지 않을 거라고 확신했다. 계속해서 사건 파일과 예심 기록을 읽었다. 검사는 찰리와 그의 어머니가 진술한 내용에 이의를 제기하지 않았다. 그리고 한참을 더 읽고 난 다음에야 조지가 경찰관이었다는 사실을 알게 되었다. 검사는 장문의 논고를 통해 조지가 얼마나 훌륭한 사람이었는지 그리고 그의 죽음이 지역 주민들 모두에게 얼마나 속상한 일이었는지 이야기했다. 그가 말했다. 「조지는 맡은 바 임무를 훌륭하게 수행한 법 집행 공무원이었습니다. 그를 잃은 것은 카운티 전체의 커다란 손실이며 비극입니다. 선한 사람도 찰리 같은 젊은 사람에게 아주 비정하게 살해당할 수 있습니다.」 검사는 찰리가 성인으로 재판을 받아야 한다고 주장했고 법이 허용하는 최고형을 구형할 생각이라고 밝혔다. 판사도 이 사건이 의도적인 살인이며 문제의 소년이 성인으로 재판받아야 한다는 데 동의했다. 찰리는 즉시 해당 카운티의 성인 구치소로 보내졌다.

도로를 사이에 두고 법원 맞은편에 찰리가 수감된 작은 카운티 구치소가 있었다. 남부의 많은 지역 사회들이 그렇듯이 그곳 법원도 마을의 중심임을 상징하는 광장에 자리를 잡고 있었다. 문제의 〈젊은이〉를 만나기 위해서 법원을 나와 도로를 가로질러 구치소로 걸어갔다. 간수들은 그동안 타지 변호사들의 방문을 그다지 많이 받지 않은 게 분명했다. 근무 중이던 보안관 대리가 나를 의심스러운 눈길로 쳐다본 다음 구치소 안으로 안내했고 나는 좁은 변호사 면회실에 앉아서 찰리를 기다렸다. 사건 파일을 읽고 난 뒤로 계속해서 이 사건은 정말 비극적이라고 생각했다. 그때 어린아이 한 명이 면회실 안으로 떠밀려 들어왔고 나는 우울한 생각을 그쳤다. 소년은 열네 살치고는 너무나 작고 왜소했으며 겁에 질려 있었다. 간수를 바라보자 그도 소년이 너무나 왜소하고 겁에 질려 있어 보인다는 사실에 나만큼이나 놀라는 눈치였다. 나는 수갑을 풀어 달라고 요청했다. 간혹 이런 구치소에서는 간수들이 안전상의 이유로 또는 변호사를 만나는 동안 용의자의 수갑을 풀어 주는 것이 금지되었다는 이유로 의뢰인의 수갑을 풀어 주길 거부하는 경우가 있었다. 혹시라도 용의자가 흥분하거나 폭력성을 드러낼 경우 수갑을 차고 있지 않으면 제압하기 어렵다는 점을 우려했기 때문이다.

하지만 간수는 조금도 망설이지 않고 면회실을 나가기 전에 소년의 수갑을 풀어 주었다.

우리는 나무 탁자를 사이에 두고 마주 앉았다. 대략 가로 1.8미터 세로 1.2미터 크기의 탁자였다. 찰리가 먼저 한쪽에 자리를 잡은 다음 내가 맞은편에 앉았다. 그가 체포된 지 삼 일째였다.

「찰리, 나는 브라이언이란다. 할머니께서 내게 전화를 하셨어. 여기 와서 너를 만나 달라고 부탁하셨지. 나는 변호사야. 곤란에 처한 사람이나 범죄로 기소된 사람들을 돕는단다. 너를 도와주고 싶어.」

소년은 도무지 나와 눈을 맞추려고 하지 않았다. 체격은 왜소했지만 크고 아름다운 눈을 가진 소년이었다. 찰리는 대부분의 어린 소년들처럼 관리할 필요가 없는 짧은 머리를 했다. 머리 때문에 실제 나이보다도 더 어려 보였다. 목에 문신인지 기호인지 모를 어떤 것이 얼핏 보이는 것 같아서 자세히 살펴보니 멍든 자국이었다.

「찰리, 너 괜찮은 거니?」

그가 내 왼쪽 뒤에 위치한 벽을 뚫어지게 쳐다봤다. 마치 다른 무언가라도 있는 것처럼 그곳을 응시했다. 나를 지나쳐 먼 곳을 바라보는 그의 시선에 놀란 나는 내 뒤에 정말 흥미로운 어떤 것이 있는지 실제로 고개를 돌려 확인했지만 역시 빈 벽뿐이었다. 세상과 단절된 눈빛과 슬픈 표정, 철저한 무관심만이 그가 정말 열네 살임을 보여 주고 있었다. 그동안 내가 도와준 수많은 10대들의 공통점이었다. 한참을 앉아서 그가 어떤 반응이라도 보여 주길 기다렸지만 면회실 안에는 계속 정적이 감돌았다. 한동안 벽을 노려보던 찰리가 이번에는 고개를 숙여 자신의 팔목을 바라보았다. 뒤이어 오른손으로 수갑이 채워져 있던 왼쪽 팔목을 감싸 쥐었고 수갑에 짓눌린 부위를 문질렀다.

「찰리, 나는 네가 잘 지내고 있는지 확실하게 알고 싶어. 그래서 몇 가지 질문에 네가 대답을 해주었으면 해. 알겠지?」 나는 그가 내 말을 듣고 있다는 것을 알았다. 이야기를 할 때마다 그는 고개를 들어 이전처럼 벽의 한 지점을 응시했다.

「찰리, 내가 너라면 지금 무척 두렵고 걱정이 많을 거야. 누가 나를 도와주길 바라는 마음도 있겠지. 나는 너를 도와주고 싶어. 알았지?」 시간을 두고 기다렸지만 어떠한 반응도 나오지 않았다.

「너 말은 할 수 있는 거지? 정말 괜찮은 거야?」 내가 말할 때면 벽을 노려보고 말이 끝나면 다시 자신의 손목을 바라볼 뿐 찰리는 어떤 말도 하지 않았다.

「우리가 꼭 조지에 대해 이야기할 필요는 없어. 그 사건에 대해
이야기할 필요도 없고 말이야. 네가 하고 싶은 이야기를 하면 돼.
혹시 따로 이야기하고 싶은 게 있는 거야?」 질문을 한 번 던질 때
마다 기다리는 시간을 점점 더 길게 가져갔다. 그가 무슨 말이라
도 해주길 바라는 간절한 마음에서였지만 아무 말이 없었다.

「엄마에 대해 이야기하고 싶어? 엄마는 괜찮을 거야. 내가 확인
했는데 비록 너를 만나러 올 수는 없지만 점점 나아지실 거야. 엄
마는 너를 걱정하고 있어.」

어머니에 대한 이야기를 꺼내자 순간적으로 찰리가 눈을 빛내
는 것 같기도 했다. 실제로는 아니었고 오히려 그 때문에 이 아이
가 더욱 걱정되었다.

문득 테이블 너머 찰리 옆에 놓인 또 다른 의자가 눈에 들어왔
다. 보아 하니 변호사가 그쪽에 앉아야 하고 의자가 하나밖에 없
는 이쪽에 의뢰인이 앉아야 하는 게 분명했다. 내가 잘못된 쪽에
앉아 있었던 것이다.

목소리를 낮추고 더욱 부드럽게 말했다. 「찰리, 제발 말 좀 해.
네가 말을 하지 않으면 너를 도와줄 수가 없잖아. 그냥 네 이름이
라도 말해 볼래? 제발 무슨 말이라도 해주겠니?」 계속 벽을 노려
볼 뿐이었다. 그에게 잠시 시간을 준 다음 자리에서 일어나 테이블
을 돌아 걸어갔다. 내가 움직이는 순간에도 눈길을 주지 않았으며
이제 벽에서 시선을 거두어 자신의 손목을 응시하고 있었다. 나는
찰리 옆에 있는 의자에 앉아 그에게 몸을 바짝 들이밀면서 조용히
말했다. 「찰리, 혹시 네가 화나서 이러는 거라면 정말 유감이구나.

그래도 제발 무슨 말이라도 해보렴. 네가 말을 하지 않으면 내가 도와줄 방법이 없어.」 그때 처음으로 그가 몸을 의자 뒤로 기댔다. 우리 뒤에 있던 벽에 머리가 닿을 정도였다. 의자를 당겨서 그와 보다 가까운 곳에 나란히 자리를 잡은 다음 똑같이 의자 뒤로 몸을 기댔다. 우리는 아무 말없이 한참을 그렇게 앉아 있었고 달리 어떻게 해야 할지 몰랐던 나는 실없는 말을 늘어놓기 시작했다.

「네가 무슨 생각을 하는지 이야기할 마음이 없는 것 같으니까 차라리 내가 무슨 생각을 하는지 이야기해야 할 것 같구나. 너는 분명히 내가 무슨 생각을 하는지 안다고 생각할 거야.」 내가 장난스럽게 말했다. 「하지만 사실 너는 절대로 상상도 못할 거야. 아마도 너는 내가 법이나 판사, 경찰을 생각한다고 생각하겠지? 이 어린 친구가 왜 나하고 말을 하지 않는지를 생각한다고 생각하겠지? 하지만 나는 음식에 대해 생각하고 있어. 정말이야, 찰리.」 그를 놀리듯이 계속 이야기했다. 「프라이드치킨, 칠면조 고기와 함께 요리된 케일, 고구마 비스킷 같은 것들을 생각 중이야. 고구마 비스킷은 먹어 봤니?」

묵묵부답이었다.

「아마 먹어 본 적이 없겠지. 정말 안됐구나.」

여전히 대답이 없었지만 계속 시도했다.

「새 자동차도 살 생각인데 지금 있는 차가 너무 오래되었거든.」 이 시점에서 잠깐 그의 반응을 기다렸지만 역시나 묵묵부답이었다. 「너는 〈브라이언, 그 차가 얼마나 오래되었는데요?〉라고 물어야지. 그럼 나는 진짜 오래됐지라고 대답하고…….」

그는 웃지 않았고 다른 반응을 보이지도 않았다. 슬픔에 가득 찬 군은 표정으로 벽의 한 지점을 마냥 노려볼 뿐이었다.

「너는 내가 어떤 자동차를 사야 한다고 생각하니?」 내가 우스꽝스러울 정도로 과장되게 고민스럽다는 표정을 지었으나 찰리의 반응을 이끌어 내지는 못했다. 찰리는 계속 의자 뒤로 몸을 기댄 채였고 아주 약간 긴장이 풀린 듯 보였다. 나는 우리 두 사람의 어깨가 이제 거의 맞닿아 있다는 사실을 알아차렸다.

잠시 여유를 두었다가 재차 대화를 시도했다. 「기운 내, 찰리야. 무슨 일이야? 내게 말을 해봐.」 약간은 장난스럽게 그에게 어깨를 기대자 그가 조금 앞으로 당겨 앉았다. 하지만 그것도 잠시, 마침내 그가 내게 몸을 기대는 것이 느껴졌다. 이 기회를 틈타 한쪽 팔로 그의 어깨를 감싸 주었다. 그러자 곧바로 그가 몸을 떨기 시작했다. 떨림이 더욱 격렬해졌다고 느끼던 순간 찰리는 마침내 내게 완전히 몸을 기댔고 울음을 터뜨렸다. 내 머리를 찰리의 머리에 기대며 말했다. 「괜찮아, 아무 문제도 없을 거야.」 찰리는 흐느끼더니 마침내 입을 열었다. 오래지 않아 깨달았다. 그는 조지나 어머니에게 일어난 일에 대해 침묵하고 있던 것이 아니었다. 찰리는 구치소 안에서 자신에게 일어난 일에 대해 침묵하고 있었다.

「첫날 밤에는 세 남자가 나를 아프게 했어요. 그들이 나를 만졌고 어떤 짓을 하도록 시켰어요.」 눈물이 그의 뺨을 타고 줄줄 흘러내렸다. 극심한 고통 때문에 잔뜩 긴장되고 격해진 목소리였다.

「그들은 다음 날 밤에도 찾아와 나를 무척 아프게 했어요.」 한마디 한마디를 할 때마다 찰리의 히스테리 증세가 점점 더 심해졌다.

「어젯밤에는 훨씬 많은 사람들이 덤벼들었어요. 몇 명이었는지도 모르겠어요. 그들은 나를 아프게 했고……」

찰리는 몹시 서럽게 울며 말을 더 이상 잇지 못했다. 그가 내 재킷을 그러쥐었다. 도무지 그가 낼 수 있을 거라고 생각지도 못한 힘이었다.

찰리를 안아 주면서 최대한 부드럽게 말했다. 「이제 괜찮아질 거야. 다 괜찮아질 거야.」 이 소년처럼 나를 꼭 붙잡고 있는 누군가를, 그처럼 서럽게 또는 오랫동안 울고 있는 누군가를 안아 준 적이 없었다. 찰리는 울음을 그칠 줄 몰랐다. 지쳐서 잦아들었다고 생각하면 어느새 다시 시작되길 반복했다. 하는 수 없이 다 울 때까지 그냥 안아 주기로 했다. 마음을 진정시키고 울음을 멈추기까지는 거의 한 시간이 걸렸다. 나는 찰리에게 당장 그곳에서 벗어날 수 있도록 해주겠다고 약속했다. 찰리는 제발 가지 말라고 애원했고 나는 그날 안으로 꼭 돌아오겠다며 그를 안심시켰다. 정작 우리는 그가 저지른 범죄에 대해서 단 한마디도 나누지 않았다.

면회실을 나오면서 나는 슬프기도 했지만 화가 더 많이 났다. 〈누가 이 상황을 책임질 거지? 어떻게 일이 이 지경이 되도록 방치할 수 있을까?〉라고 계속 자문했다. 곧장 구치소 안에 위치한 보안관 사무실로 직행해서 뚱뚱한 중년 보안관에게 찰리가 들려준 이야기를 설명하고 즉시 찰리를 안전한 독방으로 옮겨 달라고 요구했다. 보안관은 이야기를 듣는 둥 마는 둥 했다. 내가 판사를 찾아가겠다고 으름장을 놓고 나서야 찰리를 즉시 안전한 장소로 옮기겠다고 동의했다. 보안관을 뒤로한 채 도로를 가로질러서 다시 법원으로 돌아와 판사를 만났고 판사가 검사를 호출했다. 검사가 판사실에 도착할 때까지 기다렸다가 그들에게 찰리가 성추행과 강간을 당했다고 말했다. 그들은 몇 시간 안에 찰리를 근처의 소년원으로 이송하는 데 동의했다.

나는 찰리의 사건을 맡기로 했다. 우리는 결과적으로 찰리의 사건을 소년 법정으로 이관시켰고 그곳에서 청소년 범죄로 판결을 받았다. 즉 찰리가 성인 교도소에 가지 않을 것이며 열여덟 살이 되기 전에, 다시 말해 불과 몇 년 뒤면 풀려날 가능성이 높다는 뜻이었다. 나는 정기적으로 찰리를 방문했고 시간이 흐르면서 그는 회복되는 기미를 보였다. 찰리는 똑똑하고 섬세한 아이였다. 자신이 저지른 일과 겪은 일 때문에 괴로워했다.

몇 개월 뒤 한 교회에서 강연을 하면서 찰리와 청소년 재소자들의 열악한 상황에 대해 이야기했다. 강연이 끝나고 한 쌍의 노부부가 내게 다가와 찰리를 돕고 싶다는 의사를 밝혔다. 나는 찰리를 위해 무언가를 해줄 수 있다고 생각하는 친절한 노부부를 말리고 싶었지만 그들에게 명함을 건네면서 전화를 달라고 말했다. 그들이 실제로 전화를 줄 거라고 기대하지는 않았다. 하지만 며칠 뒤에 정말로 전화를 걸어 왔고 굳은 의지를 보였다. 결국 우리는 그들이 찰리에게 편지를 써서 주면 전달해 주기로 의견을 모았다. 몇 주 뒤 편지가 도착했고 나는 그들의 편지를 읽어 보았다. 편지 내용은 놀라웠다.

제닝스 씨와 그의 부인은 70대 중반에 이른 백인 부부였고 버밍햄 북동부 작은 마을에 살았다. 마을 연합 감리교회에서 활발하게 활동하고 있는 다정하고 인자한 사람들이었다. 절대로 주일 예배를 거르지 않았고 특히 위기에 처한 청소년들에게 많은 관심을 보였다. 늘 부드러운 말투를 사용했고 미소를 잃지 않았으며 진솔하고 인정도 많았다. 부부 간의 애정도 각별해서 손을 잡은 채 서로에게 기대고 있는 다정한 모습도 자주 보여 주었다. 농부처럼 옷을 입었으며 그들이 소유한 약 4만 제곱미터의 땅에 채소를 재배하며 소박하게 살았다. 노부부는 그들의 자식과 함께 하나밖에 없는 손자를 키웠었는데 손자가 10대 때 자살해서 그들의 가슴 한편에 영원히 지워지지 않을 상처를 남겼다. 짧은 생애 동안 정신적 문제를 앓았지만 똑똑한 손자였고 노부부는 손자의 대학 진학을 대비해서 따로 돈을 모아 두고 있었는데 이 돈을 찰리를 돕는 데 쓰고 싶다고 편지에 자세히 적었다.

머지않아 찰리와 이들 노부부는 서로 편지를 주고받기 시작했으며 정을 쌓아 갔다. 급기야 제닝스 부부가 소년원을 방문해 찰리를 만나기에 이르렀다. 나중에 그들은 내게 〈찰리를 보자마자 사랑하게 되었다〉고 말했다. 찰리의 할머니는 처음에 내게 전화를 걸고 나서 몇 달 뒤 세상을 떠났으며 찰리의 어머니는 충격과 찰리의 투옥이라는 비극의 후유증을 여전히 앓고 있었다. 찰리는 혹시라도 자신을 좋아하지 않을까 봐 제닝스 부부와의 만남을 걱정했지만 그들과 만나고 난 뒤 이렇게 털어놓았다. 노부부가 자신을 진심으로 아껴 줘서 무척 편안했다고 말이다. 이제는 제닝스 부부가 그의 가족이었다.

일찍이 나는 제닝스 부부에게 찰리가 출소한 뒤 어떻게 살아갈지에 대해 너무 기대하지 말라고 경고했다. 「두 분도 아시다시피 찰리는 많은 일을 겪었습니다. 그가 아무 일도 없었던 것처럼 계속 앞으로 나아갈 수 있을지 확신할 수가 없군요. 찰리가 모든 면에서 두 분의 기대만큼 해내지 못할 수도 있다는 사실을 알아 두셨으면 합니다.」

그들은 내 경고를 전혀 들으려고 하지 않았다. 제닝스 부인은 좀처럼 다른 사람에게 무례하게 굴거나 논쟁을 벌이지 않는 편이었다. 나는 그녀가 자신이 전적으로 동의할 수 없는 말을 들으면 서슴없이 불만을 표현한다는 사실을 그때 처음 알게 되었다. 그녀가 말했다.「브라이언, 우리는 전부 많은 일을 겪어요. 우리 모두가 말이에요. 어떤 사람은 다른 사람보다 더 많은 일을 겪기도 하죠. 하지만 우리가 서로에게 보다 많은 것을 기대하지 않는다면, 서로에게 보다 나아지길 기대하지 않는다면, 우리가 겪은 아픔을 극복하지 못한다면 우리는 분명 불운한 사람들일 겁니다.」

제닝스 부부는 찰리가 소년원에서 고등학교 졸업 자격을 취득할 수 있도록 도와주었고 대학에 다닐 학비를 지원하겠다고 자청했다. 찰리가 출소했을 때 그들은 찰리의 어머니와 함께 그곳에 있었고 그들 모자를 집으로 데려다 주었다.

7장
거부된 정의

월터의 항소가 기각되었다.

그에 대한 유죄 판결과 사형 선고가 적법하다는 앨라배마 형사 항소 법원의 70쪽짜리 의견서는 충격 그 자체였다. 당초 나는 증거의 부적절함을 상술하고 그동안 발견된 재판 과정상의 모든 법률적 결함을 지적한 장문의 변론 취지서를 제출했다. 마이어스의 증언에 신뢰할 만한 확증적인 사실이 없으며 앨라배마 법률에 따라 검찰은 공범자의 증언을 전적으로 신뢰할 수 없다고 주장했다. 검사의 직권 남용과 인종 차별적인 배심원단 선정, 부적절한 재판지 변경도 지적했다. 배심원단의 종신형 평결에 대한 로버트 E. 리키 판사의 번복 판결에 대해서도 문제를 제기했다. 물론 무고한 남자에게 선고된 사형이 가석방 없는 종신형으로 감형된다고 해서 사법상의 어처구니없는 실수가 사라지는 것은 아닐 터였다. 어쨌거나 항소 법원은 모든 주장을 기각했다.

예상했던 것과 전혀 다른 결과였다. 몇 개월 전 구두 변론을 위해 으리으리한 앨라배마 재판소를 걸어 들어가서 과거에 프리메

이슨 스코트 의례 예배당이었던 웅장한 항소 법정에 섰을 때까지만 하더라도 희망에 부풀어 있었다. 1920년대에 지어진 앨라배마 재판소는 1940년대에 대리석 바닥과 인상적인 돔 형태의 지붕을 갖춘 휑뎅그렁한 법원으로 개조되었다. 재판소는 몽고메리 덱스터 가 끝에 있었다. 몽고메리 버스 보이콧 사건이 일어났을 당시 마틴 루서 킹 주니어 박사가 목사로 있었던 유서 깊은 덱스터 애비뉴 침례교회의 맞은편이었다. 그곳에서 한 블록 떨어진 곳에는 세 개의 깃발을 나란히 내걸고 있는 주 의사당 건물이 있었다. 하나는 성조기였고 다른 하나는 하얀색과 붉은색 조합의 앨라배마 주 깃발, 마지막은 남부 연합군 깃발이었다.

앨라배마 형사 항소 법원의 법정은 2층에 위치했다. 수석 판사는 전직 주지사였던 존 패터슨이었다. 시민 평등권과 인종 통합 정책에 격렬히 반대함으로써 1960년대에 전국적으로 화제가 되었던 인물이었다. 패터슨은 1958년에 큐 클럭스 클랜의 지지로 조지 월리스를 물리치고 주지사에 당선되었다. 그는 월리스보다 인종 차별 정책에 훨씬 우호적이었다. 패터슨에게 패배한 뒤 교훈을 얻은 월리스는 1963년에 지금 이 법원과 불과 한 블록 떨어진 곳에서 〈오늘도 인종 분리, 내일도 인종 분리, 언제나 인종 분리〉를 선언하면서 장차 가장 유명한 인종 분리주의자가 될 예정이었다. 패터슨은 주지사가 되기 전 주 법무 장관 시절에 앨라배마에서 전미 유색인종 지위 향상 협회의 활동을 금지했으며 터스키기와 몽고메리에서 시민 평등권을 요구하는 불매 운동과 저항 운동을 저지했다. 주지사 시절에는 자유의 기수들을 보호하기 위한 경찰 동원을 거부했다. 자유의 기수는 1960년대 초 새로운 연방법을 근거로 삼아 남부 지역을 순회하며 공공시설에서의 인종 차별 철폐를 부르짖던 흑인과 백인 대학생들 및 운동가를 말한다. 자유의 기수들이 탄 버스가 앨라배마를 순회하는 동안 경찰은 그들을 외면했다. 경찰의 보호도 없이 단독으로 순회하던 자유의 기수들은 결국 무자비한 폭행을 당했다. 그들이 타고 다니던 버스가 폭발하기도 했다.

그럼에도 나는 희망을 잃지 않으려고 마음을 다잡았다. 그 뒤로 오랜 세월이 지난 터였다. 변론이 진행되는 동안 다섯 명의 항소법원 판사들이 흥미로운 시선으로 나를 바라보았지만 질문은 거의 없었다. 그들의 침묵은 동의를 의미한다고 생각하기로 했다. 유죄 판결을 뒷받침하는 근거가 부족해서 논의할 내용이 별로 없다고 판단했기 때문일 거라 생각했다. 구두 변론이 끝나 갈 무렵 패터슨 판사가 딱 한 번 입을 열었고 느릿느릿하지만 단호한 어조로 한 가지 질문을 던졌다. 거의 텅 빈 법정 안에 그의 목소리가 울려 퍼졌다.

「당신은 어디 출신인가요?」

나는 혼란스러웠고 대답하기가 망설여졌다.

「몽고메리에 살고 있습니다.」

어리석게도 나는 이 자리에 참석하겠다는 맥밀리언의 가족을 말렸었다. 구두 변론에서 논의되는 사안들은 사실 관계에 관한 게 아니라 추상적인 내용이라서 그들이 들어도 이해하기 힘들 거라 판단했기 때문이었다. 게다가 항소심이 아침 일찍 열렸기 때문에 제시간에 맞추려면 그들은 하루를 완전히 공치고 몽고메리까지 먼 길을 운전해 와야 했다. 변론을 진행할 수 있는 시간이 양쪽에 각각 30분씩밖에 주어지지 않았기 때문에 굳이 그런 수고를 감수할 필요가 없다고 생각했다. 변론을 마치고 앉아 대기하면서 후회했다. 동정 어린 표정으로 재판부에게 이 사건은 다르다는 사실을 알려 줄 사람이 지금 이 법정에 있었다면 도움이 되었을지도 모른다는 생각이 든 것이다. 때늦은 후회였다.

이제 법무 차관보가 검찰 측 논고를 진행했다. 사형 재판의 항소심에서는 지방 검사장이 아닌 주 법무 장관이 검찰 측 변호를 맡는다. 법무 차관보는 맥밀리언 사건이 통상적인 살인 사건이며 사형 선고는 적절하다고 주장했다. 검찰 측 논고를 들으면서도 여전히 나는 판사들이 유죄 판결과 사형 선고를 뒤집을 거라는 기대에 차 있었다. 누가 보더라도 검찰 측 논고를 뒷받침할 만한 신뢰 있는 증거가 전혀 없었기 때문이다. 앨라배마 주 법에 따르면 살인 사건의 공범이 증언한 내용에 대해서는 반드시 신뢰할 수 있는 보강 증거가 있어야 했는데 월터의 사건에서는 그러한 증거가 전무했다. 판사들이 그처럼 빈약한 증거를 가지고 원심을 확정하기 어려울 거라고 믿었다. 결과적으로 내 예상은 보기 좋게 빗나갔다.

나는 항소심 결과를 알려 주러 교도소로 차를 몰았다. 상황을 설명하자 월터는 비록 아무 말도 하지 않았지만 좀처럼 보기 드물게 절망스러운 표정을 지었다. 유죄 판결이 번복되려면 몇 년이 걸릴 수도 있으니 너무 조급하게 생각하지 말라고 일러두었음에도 내심 기대한 모양이었다.

그가 침울하게 말했다.「그들은 자신들이 실수했다는 사실을 절대로 인정하지 않을 겁니다. 내가 진범이 아니라는 건 그들도 알 거예요. 다만 자신들이 틀렸다는 사실을 인정하거나 사실을 인정함으로써 체면을 잃고 싶지 않은 거겠죠.」

「월터, 이제 겨우 시작일 뿐이에요. 앞으로 할 일이 더 많아요. 그들에게 본때를 보여 주자고요.」

사실이었다. 우리는 앞으로 계속 나아가야 했다. 우선은 형사 항소 법원에 결정을 재고해 달라고 요청한 다음 그래도 결과가 신통치 않으면 앨라배마 대법원에 상고해야 했다. 우리에게는 월터의 무죄를 증명할 새로운 증거들이 있었다.

항소 이유서를 제출한 이래로 나는 내내 월터의 사건에 집중했다. 월터의 무죄를 입증할 수 있는 보다 많은 새로운 증거들을 내놓지 않으면 원심 판결이 오히려 더욱 무게를 갖게 될 것 같았기 때문이었다. 교도소를 나서기 전 월터에게 말했다. 「당신의 결백을 증명하기 위해 지금까지 우리가 어떤 증거들을 찾아냈는지 그들은 모릅니다. 새로 찾아낸 증거들을 보여 주면 그들도 생각이 달라질 겁니다.」 그동안의 모든 일에도 불구하고 나는 진심으로 희망에 부풀어 있었다. 우리가 직면하게 될 저항을 과소평가하고 있었다.

드디어 우리 법률 사무소에 새로운 변호사들이 들어왔다. 덕분에 나는 월터의 사건을 조사하는 데 보다 많은 시간을 할애할 수 있게 되었다. 마이클 오코너도 새로 채용된 변호사였다. 예일 대학 로스쿨을 막 졸업했으며 어려움에 처한 사람들을 돕고자 하는 열정이 대단했다. 자신도 일찍이 많은 문제를 겪었기 때문이었다. 마이클은 아일랜드 이민자의 아들로 태어나 거친 노동자들이 모여 사는 필라델피아 외곽 동네에서 자랐다. 같은 고등학교에 다니던 친구들이 중독성 강한 헤로인에 손을 대기 시작하면서 마이클도 마약을 시작했고 머지않아 중독되었다. 그의 삶은 서서히 약물 의존이라는 악몽과 혼돈 속으로 빠져들었고 약물 과다 복용으로 언제 목숨을 잃어도 이상할 게 없는 상황에 이르렀다. 위기를 넘기고 다시 맞기를 수년째 되풀이하고 있을 때였다. 가까운 친구 한 명이 약물 과다 복용으로 숨지는 사건이 발생했고 이를 계기로 마이클은 차츰 정신을 차리기 시작했다. 그가 이처럼 속을 썩이는 동안 그의 가족은 그를 절대로 포기하지 않았다. 안정을 찾도록 도와주었고 대학으로 돌아갈 수 있게 방법을 찾아 주었다. 결국 펜실베이니아 주립 대학에 입학했고 그곳에서 자신의 잠재력을 꽃피우며 수석으로 졸업했다. 훌륭한 학부 성적 덕분에 예일 대학 로스쿨에 들어갔다. 하지만 그의 마음 한구석에는 자신이 거리를 전전할 때 목격했던 불합리한 현실이 여전히 자리 잡고 있었다.

면접 자리에서 마이클은 자신의 어두운 과거에 대해 유감을 나타냈지만 나는 그가 우리가 생각하는 인물상에 딱 들어맞는다고 생각했다. 그는 채용 계약서에 서명한 뒤 몽고메리로 이사했으며 나와 함께 주저 없이 맥밀리언 사건에 뛰어들었다. 우리는 단서를 추적하고, 수십 명을 면담하고, 터무니없는 소문을 쫓아다니고, 다른 가설들을 조사하면서 며칠을 보냈다. 그 과정에서 월터가 석방되려면 우리가 론다 모리슨을 살해한 진범을 밝혀야 한다는 생각이 점점 굳어졌다. 나는 마이클이 업무적으로 큰 도움이 되어 줘서 고마웠다. 나아가 맥밀리언 사건의 광기를 공유할 수 있는 지인을 얻어서 감사했다. 이 사건이 당초 생각했던 것보다 훨씬 더 광기로 얼룩져 있음을 깨닫는 중이었기 때문이다.

몇 달에 걸친 조사 끝에 우리는 월터의 무죄를 증명할 강력한 증거를 발견했다. 월터에게 불리한 증언을 하는 대가로 빌 훅스가 테이트 보안관으로부터 돈을 받았다는 사실을 알아냈다. 먼로 카운티의 재무 기록에서 훅스에게 보상금과 〈비용〉 명목으로 약 5천 달러의 돈이 지급되었음을 나타내는 전표를 찾아냈다. 이 밖에도 테이트 보안관은 1심 재판 기간을 전후해서 훅스에게 카운티를 떠나 여행을 다녀오도록 돈을 지불했다. 이런 정보는 재판 전에 월터의 변호사들에게 알려 줘서 훅스가 증언한 내용의 신뢰성에 의혹을 제기하는 데 활용하도록 했어야 했다.

훅스가 경찰에게 사건 당일 세탁소 앞에서 월터의 〈차고를 낮춘〉 트럭을 보았다고 진술한 뒤 곧장 석방되었다는 사실도 알아냈다. 〈시city〉 법원에 대하여 아무런 권한이 없는 〈카운티county〉 소속 공무원인 지방 검사장과 보안관이 어찌된 일인지 〈시〉에서 제기한 훅스의 혐의와 벌금을 모두 없애 주었다는 법원 기록을 찾아낸 것이다. 미국 대법원의 판례에 따르면 훅스가 검찰에 협조한 대가로 혐의를 면제받은 사실은 검찰이 피고 측에 반드시 고지할 의무가 있는 정보였다. 물론 그들은 그렇게 하지 않았다.

우리는 랠프 마이어스가 월터에게 메모를 건네주었던 문제의 가게를 운영하는 백인 남자도 찾아냈다. 월터가 이전 변호사들을 설득해서 이 남자와 이야기해 보라고 했지만 그들은 끝내 그렇게 하지 않았다. 우리는 월터의 설명을 토대로 그 가게를 찾을 수 있었다. 가게 주인이 그날의 기억을 이야기했다. 마이어스는 주인에게 가게 안에 있던 흑인 여럿 가운데 누가 월터 맥밀리언인지 물어본 뒤에야 월터를 가려내는 데 성공했다. 사건이 발생한 지 몇 개월이나 지난 뒤였음에도 가게 주인은 마이어스와 월터 맥밀리언이 그때 처음 만난 사이임을 확신했다.

월터의 누나는 교회 지하실에서 전단지를 발견했다. 월터의 집에서 열렸던 피시 프라이 행사를 광고하는 전단지였다. 그것으로 피시 프라이 행사가 모리슨이 살해된 날짜와 같은 날에 열렸음이 확인되었다. 더불어 월터나 그의 가족들과 아무런 관계가 없는 한 백인 남성이 어떤 이유에서인지 해당 전단지 한 장을 보관하고 있었다. 가게를 운영하는 그 백인 남성은 모리슨 사건이 일어나기 전에 그 전단지를 받았다고 확인해 주었다. 우리는 월터의 트럭을 개조해서 차고를 낮춰 준 백인 정비공 클레이 캐스트도 찾아냈다. 그는 론다 모리슨이 살해되고 6개월도 넘게 〈지난〉 시점에서 튜닝 작업을 했다고 확인해 주었다. 이로써 사건 당시 맥밀리언의 트럭은 개조됐거나 어떤 특징이 있는 상태가 아니었으며 마이어스와 훅스가 재판에서 묘사한 트럭과 동일할 수 없다는 사실이 밝혀진 셈이었다.

나는 우리 일이 진척을 보인다는 사실에 한껏 고무되어 있었다. 그 무렵 한 통의 전화가 걸려 왔다. 이 사건에서 가장 극적인 순간으로 기억될 전화였다.

수화기 너머의 목소리가 말했다. 「스티븐슨 씨, 랠프 마이어스입니다.」

우리 비서가 〈마일스 씨〉한테서 전화 왔다고 이야기한 뒤였는데 수화기 너머에서 랠프 마이어스라는 이름이 나와 나는 약간 충격을 받았다. 놀란 마음을 가라앉히기도 전에 그가 다시 말했다.

「나를 만나러 여기로 와줘야 할 것 같소. 당신에게 들려줄 말이 있습니다.」 마치 연극배우 같은 말투였다.

마이어스는 앨라배마 스프링빌의 세인트 클레어 교정 시설에 수감되어 있었고 마이클과 나는 3일 뒤에 그와 만나기로 했다.

마이클과 나는 갈수록 길어지는 업무 시간의 긴장을 풀기 위해 일을 마치고 밤에 몇 킬로미터씩 조깅을 시작했다. 몽고메리에는 해마다 앨라배마 셰익스피어 축제가 열리는 아름다운 공원이 있었다. 축제 기간이 되면 호평을 받는 극작가들과 배우들이 앨라배마로 모여들었고 셰익스피어의 작품과 현대극을 공연했다. 호수와 연못을 품고 아름답게 관리되는 수십만 제곱미터의 공원 한가운데에 무대가 세워졌다. 달리기를 할 수 있는 산책로도 몇 개나 되었다. 그날 저녁 우리는 달리기를 하는 내내 마이어스가 무슨 이야기를 할지 추측하면서 거의 대부분의 시간을 보냈다.

마이클이 물었다. 「마이어스가 이 시점에 왜 우리에게 전화를 했을까요? 브라이언이라면 아무 생각도 없이 법정에 들어가서 시종일관 거짓말을 꾸며 내 무고한 남자를 사형수로 만들 수 있겠어요? 그런 사람이 하는 말을 믿어도 될는지 모르겠군요.」

「어쩌면 마이클 당신 말이 맞을 수도 있겠죠. 하지만 마이어스는 증언을 꾸며 내는 과정에서 많은 사람에게 도움을 받았어요. 그런 진술을 이끌어 내기 위해서 검찰이 마이어스를 사형수 수감 건물에 집어넣은 거잖아요. 지금도 마이어스가 검찰 측과 모종의 관계를 유지하고 있을지 그리고 이번 일이 우리를 혼란에 빠뜨리려는 그들의 함정일지 누가 알겠어요?」

그날 밤 마이클과 조깅을 하기 전까지는 마이어스가 또다시 거짓말할 가능성을 진지하게 고민해 보지 않았다. 재판 당시 마이어스가 얼마나 얄팍했는지 다시금 생각났다. 「마이어스에게 정보를 누출하지 않도록 조심해야 합니다. 그가 가진 정보를 가져오기만 하자고요. 어쨌든 우리는 그가 하는 이야기를 들어 볼 필요가 있어요. 혹시라도 그가 재판에서 했던 증언을 철회한다면 검찰에게는 아무것도 남지 않을 테니까요.」

우리는 둘 다 마이어스가 무슨 말을 하느냐에 따라 우리의 모든 것이 바뀔 수 있다는 데 동의했다. 우리는 빌 훅스의 증언이 거짓임을 입증하고자 노력하면서 그동안 많은 성과를 거두었다. 다넬 휴스턴의 등장, 월터의 트럭 상태와 관련된 새로운 증거, 경찰이 훅스에게 특혜를 제공했다는 증거 등을 발견함으로써 이제 그의 거짓 증언이 드러날 터였다. 하지만 마이어스가 증언을 철회한다면 그것은 훨씬 중대한 문제였다. 이 사건을 둘러싼 검찰 측 주장은 전적으로 그의 기괴한 혐의 제기와 주장에 근거했기 때문이다.

마이어스의 증언과 공개된 기록들을 검토하면서 그가 비극적인 배경과 복잡한 성격을 지녔다는 사실을 알 수 있었다. 월터와 그의 가족들은 재판 과정에서 늘어놓은 거짓말 때문에 마이어스를 완전히 악마로 간주했다. 1심 재판에서 월터를 가장 불안하게 만든 요소도 바로 그 점이었다. 자신이 전혀 알지도 못하는 누군가가 법정에서 그토록 천연덕스럽게 거짓말을 늘어놓고 있다는 사실이었다. 다음 날 월터가 사무실로 전화를 걸어 왔을 때 나는 그에게 마이어스와 통화했으며 그가 무슨 이야기를 하는지 들어 볼 참이라고 설명했다. 곧장 월터의 경고가 뒤따랐다. 「그자는 뱀 같은 작자입니다. 조심하세요.」

마이클과 나는 스프링빌 주립 교도소가 있는 세인트 클레어 카운티를 향해 두 시간 동안 차를 몰았다. 교도소는 앨라배마의 지형이 바위와 산으로 변하기 시작하는 버밍햄 북동쪽 시골에 있었다. 경비가 가장 삼엄한 세인트 클레어 교도소는 앨라배마의 다른 교도소들보다 최근에 지어졌다. 홀먼이나 도널드슨 등 비슷한 수준의 보안 시설을 갖춘 교도소보다 늦게 세워졌다. 하지만 세인트 클레어 교도소를 현대적이라고 말하는 사람은 아무도 없었다. 마이클과 나는 교도소 정문의 보안 검사대를 통과했다. 우리에게 몸수색을 실시한 교도관은 자신이 여기서 3개월째 근무하고 있으며 자신이 근무하는 시간에 변호사가 방문한 것은 처음이라고 말했다. 우리는 길게 이어진 복도를 따라갔다. 복도가 끝나자 계단이 나타났고 점점 교도소 안으로 깊숙이 들어갔다. 몇 개의 보안 철문마저 통과하자 마침내 면회실로 사용되는 커다란 방이 나왔다. 전형적인 면회실의 모습이었다. 벽 쪽에는 자판기들이 설치되어 있었고 재소자들이 가족을 만날 때 사용하는 직사각형 모양의 작은 탁자들이 보였다. 익숙한 면회실 풍경도 우리 마음을 진정시켜주지는 못했다. 마이클과 나는 메모장과 펜을 탁자에 올려놓은 다음 마이어스를 기다리며 면회실 안을 서성거렸다.

마이어스가 면회실로 들어왔다. 늙수그레한 그의 모습에 깜짝 놀랐다. 머리카락이 거의 완전히 바랜 회색이었다. 노쇠하고 연약해 보였다. 게다가 내가 예상했던 것보다 키가 작았으며 덩치는 더욱 작았다. 그의 증언이 월터와 월터의 가족들에게 너무나 많은 고통을 초래했기에 마이어스에 대해서 실제보다 과장된 이미지를 가지고 있었던 모양이다. 우리를 향해 걸어오던 마이어스가 마이클을 발견하고는 곧장 걸음을 멈추며 불쑥 물었다. 「저 사람은 누구요? 다른 사람하고 같이 온다는 말은 없었잖소.」남부 억양이 진하게 배어나는 말투였다. 가까이서 보자 얼굴의 흉터가 위협적이거나 잔인하기보다는 오히려 측은하게 보였다.

「이쪽은 마이클 오코너입니다. 우리 사무실에서 일하며 나와 함께 이 사건을 담당하고 있는 변호사입니다.」

「글쎄, 사람들 말로 당신은 믿을 만하다지만 저 사람은 어떨지 모르겠구려.」

「제가 보증하건대 그는 괜찮은 사람입니다.」나는 신뢰할 만한 사람처럼 보이고자 최선을 다하고 있는 마이클을 힐끗 바라본 다음 다시 마이어스를 향해 말했다. 「자, 일단 앉읍시다.」

마이어스는 마이클을 의심쩍은 눈길로 바라보면서 천천히 자리에 앉았다. 원래 내 계획은 그에게 우리가 단지 진실을 원할 뿐이라는 사실을 알림으로써 그가 안심하고 대화에 임할 수 있도록 하는 것이었다. 하지만 정작 내가 말을 꺼내기도 전에 마이어스가 다짜고짜 말을 시작했고 자신의 법정 증언을 완전히 철회했다.

「내가 거짓말을 했습니다. 맥밀리언의 재판과 관련하여 한 말은 모두 거짓입니다. 이것 때문에 잠도 수없이 설쳤고 무척 괴로웠습니다. 더 이상은 침묵하고 있을 수가 없습니다.」

그에게 조심스럽게 다시 물었다. 「법정에서 월터 맥밀리언에 대하여 했던 증언이 거짓이었다는 말씀인가요?」

나는 심장이 고동쳤지만 최대한 흔들림 없는 모습을 보이기 위해 노력했다. 지나치게 열광적이거나 놀랍다는 반응을, 아니 다른 어떤 반응이라도 보일 경우 혹시라도 그가 마음을 바꿀까 봐 두려웠다.

「전부 거짓말이었습니다. 스티븐슨 씨, 이제부터 내가 하려는 이야기를 듣는다면 당신은 흥분해서 어쩔 줄 모를 겁니다.」

한동안 나를 향하던 마이어스의 극적인 시선이 마이클에게 옮겨 갔다. 「당신도 마찬가지요, 지미 코너 씨.」 굳이 오랜 시간을 대화하지 않고도 마이어스가 이름을 잘 기억하지 못한다는 사실을 금방 알 수 있었다.

「마이어스 씨, 우리는 당신이 이런 사실을 우리뿐 아니라 법정에서도 똑같이 진술해 주기를 바랍니다. 알고 계시죠? 그래 줄 수 있겠습니까?」

너무 성급하게 밀어붙이는 것 같아 불안했지만 나는 그 점을 분명히 해두어야 했다. 개인적인 고백은 필요가 없었다.

「그러려고 내가 당신을 부른 것 아니겠소?」 그는 자신의 의도가 의심을 받을 수 있다는 사실에 당황하는 목소리였다. 「나는 여기에서 집단 치료 수업을 듣고 있습니다. 수업 참가자들은 진짜 솔직해야 합니다. 우리는 거의 삼 개월째 정직에 대해 얘기하고 있어요. 지난주에는 어릴 때 자신이 겪었던 나쁜 일들과 자신이 저질렀던 나쁜 짓들에 대해 이야기했습니다.」

마이어스는 점점 흥분하며 말했다.

「드디어 내 차례가 되어 거기 있는 놈들한테 말했죠. 〈내가 네놈들 중에 최고로군. 나는 빌어먹을 법정에서 거짓말을 해서 멀쩡한 어떤 놈을 사형수로 만들었지.〉」

마치 연극을 하듯 그는 극적으로 이야기를 중단했다.

「내가 한 짓을 이야기하자 사람들이 한결같이 내게 그 일을 바로잡아야 한다고 말합니다. 지금 내가 하려는 게 바로 그겁니다.」

내게 이해할 시간을 주기 위해서 그가 재차 이야기를 중단했다. 「이보쇼, 음료수라도 하나 사주시오. 아니면 나보고 여기 앉아서 저 빌어먹을 자판기 속에 든 것들을 하루 종일 쳐다보기만 하며 속내를 털어놓으라는 거요?」 우리가 만난 이래로 그가 처음 미소를 지었다. 그에게 음료수를 사주기 위해 마이클이 벌떡 일어나서 자판기로 걸어갔다.

「이보게, 지미. 선키스트 오렌지가 있으면 그걸로 부탁함세.」

내가 질문하면 마이어스가 대답하는 형식으로 대화가 두 시간 넘게 이어졌다. 끝 무렵에 이르러 그는 실제로 나를 흥분해서 어쩔 줄 모르게 했다. 그는 자신이 보안관과 앨라배마 수사국 요원에게 압력을 받았으며 맥밀리언에게 불리하게 증언을 하지 않으면 사형이 선고되도록 하겠다는 위협을 받았다고 진술했다. 아울러 공직자들의 부정을 고발했고 피트먼 살인 사건에 자신이 연루된 사실을 언급했다. 앞서 벌였던 자신의 증언 철회 시도에 대해서도 이야기했다. 궁극적으로 마이어스는 자신이 모리슨 살인 사건에 관하여 아무것도 몰랐다고 고백했다. 그녀에게 무슨 일이 일어났는지조차 몰랐으며 그 사건과 관련해 아는 바가 전혀 없었다고 인정했다. 지방 검사장을 포함해 그동안 많은 사람들에게 자신이 월터에 대해 거짓 증언을 하도록 압력을 받았다는 사실을 알렸다고 주장했다. 마이어스의 이야기가 절반만 사실이더라도 이 사건의 관련자들 가운데 월터가 론다 모리슨 사건과 아무런 관련이 없음을 아는 사람은 무척 많을 터였다. 이 사건의 유일한 고발자에게 직접 들어서 말이다.

끝없이 이어질 것 같던 진술이 끝났을 때 마이어스는 세 번째 선

키스트 오렌지를 마시고 있었다. 그가 몸을 앞으로 기울이며 우리에게 가까이 오라는 손짓을 보냈다. 그러고는 마이클과 내게 속삭이듯 말했다.

「당신들이 정말로 모든 사실을 속속들이 밝혀낸다면 알다시피 그들은 당신들을 죽이려고 달려들 거요.」

우리는 마이어스가 극적인 최후의 통찰이나 소견, 예측을 내놓지 않고서는 절대로 어떤 자리를 끝내는 법이 없다는 사실을 알 것 같았다. 나는 조심하겠다는 말로 그를 안심시켰다.

몽고메리로 돌아오면서 마이클과 나는 마이어스를 어디까지 믿을 수 있을지 의논했다. 일단 맥밀리언 사건에 관한 이야기는 전부 말이 되었다. 그의 법정 진술이 워낙 터무니없던 터라 거짓 증언을 하도록 압력을 받았다는 주장은 쉽게 납득이 되었다. 그가 의도적으로 꺼낸 것 같은 공직자들의 부정을 둘러싼 설명은 진위를 판단하기가 어려웠다. 그는 다른 보안관의 지시로 자신이 비키 피트먼을 살해했다는 주장도 내놓았다. 그는 우리에게 경찰과 마약 거래, 돈세탁이 연루된 거대한 음모론을 제시하고 있었다. 정말 소설 같은 이야기였다.

우리는 마이어스가 제공한 단서들을 몇 주에 걸쳐 조사했다. 그는 자신이 월터를 실제로 만난 적이 없으며 캐런 켈리를 통해서 알았을 뿐이라고 인정했다. 또한 자신이 캐런 켈리와 사귀었고 그녀가 피트먼 살인 사건에 연루되었다는 사실을 확인해 주었다. 우리는 직접 캐런 켈리를 만나 해당 사실을 확인하기로 했다. 그녀는 피트먼을 살해한 혐의로 10년 형을 선고받아 터트윌러 여자 교도소에서 복역 중이었다. 터트윌러는 앨라배마 주에서 가장 오래된 교도소인 동시에 앨라배마 주의 유일한 여자 교도소였다. 남자 교도소들에 비하면 보안상의 제약이 상대적으로 적은 편이었다. 마이클과 내가 교도소 정문에 도착하자 본관 출입구 앞에서 어슬렁거리는 재소자들이 보였다. 얼핏 보기에도 교도관은 보이지 않았다. 그들은 우리를 유심히 바라보다가 호기심 어린 미소로 인사를 건넸다. 우리는 교도소 로비에서 한 남성 교도관에게 무척 형식적인 몸수색을 받은 다음 빗장이 걸린 문을 통과해 교도소 본관으로 들어섰다. 그러고는 네모진 탁자 하나만 달랑 있는 매우 좁은 방에서 캐런 켈리를 기다렸다.

켈리는 30대 중반의 호리호리한 백인 여성이었고 수갑이나 어떠한 구속 장치도 하지 않은 채 면회실로 걸어 들어왔다. 의외로 편안해 보였으며 자신감 넘치는 태도로 나와 악수를 나눈 다음 마이클을 향해 고개를 끄덕였다. 화장도 하고 있었는데 녹색의 아이새도가 지나치게 화려해 보였다. 자리에 앉은 그녀는 대뜸 월터가 누명을 썼다고 주장했으며 드디어 누군가에게 이 사실을 알릴 수 있게 되어 다행이라고 했다. 우리가 질문을 시작하자 그녀는 모리슨 사건이 일어나기 전까지 마이어스가 월터를 알지 못했다는 사실을 재빨리 확인해 주었다.

「랠프는 바보예요. 부정직한 경찰을 믿을 수 있다고 생각한 것도 모자라 경찰이 시키는 대로 자신이 범죄에 개입했다고 말했으니까요. 자신은 아무것도 모르는 어떤 범죄에 말이에요. 나쁜 짓이라면 이미 충분히 저지른 상황에서 굳이 또 다른 이야기를 꾸며대며 돌아다닐 필요가 없었어요.」

면담 초반 침착한 모습을 보이던 켈리는 월터의 사건을 둘러싼 세부적인 사항들을 설명하기 시작하면서 점점 감정적으로 변했다. 눈물도 몇 번 보였다. 마약을 남용하기 시작하면서 걷잡을 수 없이 꼬여 버린 자신의 인생을 이야기할 때는 후회하는 기색이 역력했다.

「나는 나쁜 사람이 아니에요. 그럼에도 정말 멍청하면서도 나쁜 결정들을 내렸죠.」

켈리는 월터가 사형수 수감 건물에 있다는 사실에 특히 흥분했다.

「그가 교도소에 있는 것이 나 때문인 것 같아요. 월터는 절대로 누군가를 죽일 사람이 아니에요. 그 점만은 분명해요.」 말투가 비통하게 변했다. 「나도 많은 실수를 했지만 월터에게 누명을 씌운 사람들도 부끄러운 줄 알아야 합니다. 내가 했던 짓만큼이나 그들이 한 짓도 정말 나쁜 짓이에요. 테이트 보안관은 머릿속에 딱 한 가지 생각밖에 없었어요. 〈깜둥이와 잔 이유가 뭐요? 무슨 이유로 깜둥이와 자길 원한 거요?〉라는 말만 끊임없이 되풀이했죠. 정말 끔찍한 상황이었고 그 보안관도 끔찍했어요.」 켈리는 말을 멈추고 자신의 손을 내려다보았다. 「하지만 끔찍하기는 나도 마찬가지였어요. 내가 한 짓을 보세요.」 무척 우울한 말투였다.

우리가 방문한 뒤로 캐런 켈리는 내게 편지를 보내기 시작했다. 그녀는 자신이 월터에게 일어난 일을 얼마나 안타깝게 생각하는지 그에게 대신 전해 주기를 바랐다. 월터를 여전히 무척 좋아한다고도 말했다. 우리는 새로운 심리가 열릴 경우 켈리에게 무엇을 기대할 수 있을지 분명하게 알 수 없었다. 마이어스가 월터를 만난 적이 없다는 사실을 확인해 줄 수 있을 뿐이었다. 월터를 아는 다른 모든 사람들과 마찬가지로 그녀는 분명히 월터가 폭력적으로 누군가를 살해할 사람이 아니라고 생각했다. 그녀는 모리슨 살인 사건과 관련해 경찰과 그다지 많이 접촉하지 않았으며 경찰의 위법 행위를 증명할 만한 유용한 정보도 알지 못했다. 경찰이 그녀와 월터의 교제 때문에 얼마나 화가 났었는지만 확인할 수 있었다.

마이클과 나는 피트먼 살인 사건을 조사하는 데 보다 많은 시간을 할애하기로 결정했다. 마이어스에게 가해진 압력과 모종의 상관관계가 드러날지도 모른다는 생각에서였다. 우리는 마이어스가 이미 1심 재판 전에도 월터에 대한 자신의 혐의 제기를 철회하고자 한 적이 있었기 때문에 또다시 그가 모리슨 살인 사건과 월터의 관련 사실을 부정한다고 하더라도 검찰이 깜짝 놀라지는 않을 거라는 사실을 알았다. 우리에게는 마이어스가 지금 주장하는 내용이 사실임을 확인해 줄 수 있는 객관적인 증거가 최대한 많이 필요했다. 피트먼 사건을 보다 철저히 조사하고 그 밖에 마이어스가 주장했던 내용들이 거짓임을 증명할 수 있는 기록들을 확보한다면 우리가 보유한 증거들은 더욱 강력해질 터였다.

비키 피트먼 살인 사건은 사람들의 뇌리에서 완전히 잊혔다. 마이어스가 월터에 대해 증언하는 대가로 먼로 카운티 경찰은 마이어스와 켈리의 형량을 줄여 주었다. 관할권 밖인 다른 카운티에서 피트먼 사건으로 받은 형량을 줄여 준 것은 또 다른 변칙이었다. 마이어스는 자신과 켈리, 그 지역의 부패한 보안관 외에도 피트먼 살인 사건 관련자들이 더 있다고 주장했다. 비키 피트먼이 살해된 이유에는 여전히 여러 가지 의혹이 존재했다. 마이어스가 우리에게 들려준 이야기에 따르면 피트먼의 죽음은 전적으로 그녀가 마약 때문에 빚을 진 뒤 비리를 폭로하겠다고 위협을 가한 것과 관련이 있었다.

경찰의 초기 보고서를 통해 우리는 비키 피트먼의 아버지 빅 피트먼이 살해 용의자로 지목된 적이 있음을 알게 되었다. 비키 피트먼에게는 모젤러와 온젤러라는 두 명의 고모가 있었는데 그들은 나름대로 정보를 수집하면서 조카의 죽음을 둘러싼 여러 가지 의문점의 해답을 필사적으로 찾아 왔다. 우리는 혹시나 두 고모가 우리와 대화할 마음이 있을지도 모른다는 생각에 연락을 했고 그들이 대화에 응하겠다는 의사를 적극적으로 밝혀 깜짝 놀랐다.

모젤러와 온젤러는 쌍둥이 자매였다. 둘은 흥미진진하고 고집스러우며 냉기가 풀풀 날릴 정도로 직설적인 달변가들이었다. 시골 냄새가 물씬 풍기는 두 명의 중년 백인 여성들은 부지불식 중에 서로의 말을 대신 마무리 지어 줄 정도로 오랜 시간을 함께해 왔다. 스스로를 〈억척스러운 시골 사람들〉이라고 묘사했고 두려움을 모르는 용감하고 완고한 여성들이라고 소개했다.

「미리 말해 두자면 우리는 총을 가졌고 따라서 헛소리를 늘어놓을 생각이라면 차라리 오지 않는 편이 나을 거예요.」 우리가 나눈 첫 대화에서 내가 전화를 끊기 전 모젤러가 건넨 마지막 경고였다.

마이클과 나는 에스캠비아 카운티의 전원을 향해 달렸고 쌍둥이 자매가 우리를 맞아 주었다. 그들은 우리를 집 안으로 안내하고 주방 식탁에 자리를 마련해 준 다음 곧장 본론으로 들어갔다.

모젤러가 대뜸 〈당신의 의뢰인이 우리 조카를 죽였나요?〉라고 물었다.

「아닙니다, 부인. 저는 진심으로 그의 소행이 아니라고 봅니다.」

「그럼 누가 그랬는지 아나요?」

내가 한숨을 쉰 다음 대답했다.「글쎄요, 정확히는 모릅니다. 랠프 마이어스와 이야기를 나누어 본 바로 우리는 그와 캐런 켈리가 개입되어 있다고 믿고 있습니다. 마이어스는 관련자들이 더 있다고 말했고요.」

모젤러가 온젤러를 바라본 다음 의자에 등을 기댔다.

온젤러가 말했다.「그 사건과 관련된 사람들이 훨씬 많다는 건 우리도 알아요.」자매는 비키의 아버지 빅 피트먼과 지역 경찰을 의심했다. 하지만 검사가 그들의 의견을 무시하고 묵살했다며 불만을 내비쳤다. 주 정부의 희생자 권리 단체도 자신들을 외면했다고 말했다. 빅 피트먼의 살인 혐의는 공식적으로 제기되지 않았다.

「우리를 마치 저급한 백인 쓰레기처럼 취급했어요. 그들이 우리를 괄시하면 안 되는 거잖아요.」이야기를 하면서도 모젤러는 무척 화가 난다는 표정이었다.「나는 피해자들이 보다 나은 대우를 받을 거라고 생각했어요. 우리에게도 발언권이 주어질 거라고 생각했죠.」

범죄 피해자들은 형사 사법 제도에 따른 그들의 처우에 오랫동안 불만을 제기해 왔지만 1980년대에 범죄 피해자들과 그들 가족의 눈높이에 부응하는 법조계의 새로운 움직임이 나타났다. 문제는 모든 범죄 피해자들이 동일한 대우를 받게 되는 것은 아니라는 점이었다.

50년 전까지 미국의 형사 사법 제도에는 다음과 같은 개념이 일반적이었다. 한 사회에서 폭력 범죄가 발생할 경우 해당 지역 사회의 모든 구성원들을 범죄의 피해자로 인식하는 게 보통이었다. 형사 사건의 피고를 기소하는 당사자도 〈주 정부〉나 〈국민〉 또는 〈연방국〉으로 지칭되었다. 누군가를 살해, 강간하거나 강도를 저지르거나 폭행하는 행위는 우리 모두를 향한 공격이기 때문이다. 하지만 1980년대 초에 접어들면서 주 정부는 재판에서 개인을 범죄 피해자와 결부시키기 시작했고 논고 과정에서 범죄 피해자들을 〈인격화〉하기 시작했다. 재판이 진행되는 동안 피해자의 가족 구성원들이 검사석에 앉을 수 있게 하는 주들도 등장했다. 희생자에게 구체적인 권리를 제공하는 법률이 36개 주에서 발효되어 피해자들이 재판에 참여하거나 자신이 입은 피해에 관해 진술할 수 있게 되었다. 많은 재판에서 검사는 자신을 정부 당국의 대변인이 아니라 특정한 피해자를 대변하는 변호인으로 소개하기 시작했다.

1987년 미국 대법원은 사형 재판에서 살해당한 희생자의 신분이나 인격, 명성, 가족 등과 관련된 증거를 제출하는 것은 위헌이라고 판결했다. 〈모든 희생자는 동등하다〉라는 생각이 수십 년을 지배해 오던 터라 부자 부모를 둔 네 살짜리 아이를 살해하든, 복역 중인 부모를 둔 네 살짜리 아이를 살해하든, 심지어 복역 중인 그 부모를 살해하든 모두 똑같이 심각한 범죄로 취급되었다. 대법원은 배심원들이 〈희생자가 당한 피해에 관한 진술〉을 듣지 못하도록 금지했는데 그것이 너무 선동적이며 사형을 선고하는 과정에서 독단을 초래할 수 있다는 우려 때문이었다. 많은 비평가들도 희생자와 관련된 증거들이 궁극적으로는 가난한 피해자들, 인종적 소수자인 피해자들 그리고 죽은 희생자를 변호할 능력이 없는 유족들의 권리를 빼앗을 뿐이라고 주장했다. 대법원은 비평가들의 주장에 동의하며 〈부스 대 메릴랜드〉 재판에서 그러한 증거들이 증거로서 효력이 없다고 판결했다.

대법원의 결정은 검사들과 일부 정치가들의 대대적인 비난에 직면했고 그 비난이 피해자 권리 운동을 촉발하는 듯했다. 그러자 대법원은 3년도 채 지나지 않아 〈페인 대 테네시〉 재판에서 그들의 결정을 뒤집었다. 주 정부의 권리를 인정하여 사형 재판에서 피해자에 관한 증거를 제출할 수 있게 했다.

대법원이 형사 재판 과정에서 개인 피해자들이 법적 보호를 받으며 보다 뚜렷한 역할을 할 수 있도록 승인하자 미국 형사 사법제도 절차는 더욱 빠르게 변화했다. 주 정부와 연방 정부가 수백만 달러에 달하는 예산을 편성해 각 주마다 범죄 피해자를 위한 시민 단체를 설립하도록 했다. 주 정부는 다양한 방법을 동원하여 개인 피해자들이 특정 사건에서 의사 결정권자나 협력자로 활약할 수 있게 했다. 피해자의 변호사들은 가석방 심의 위원회의 일원으로 추가되었고 대부분의 주에서 지방 검사장실과 주 정부에 소속되어 공식적인 역할을 수행했다. 피해자에 대한 지원과 봉사도 검사의 중요한 임무 중 하나가 되었다. 몇몇 주에서는 사형 집행을 참관할 수 있는 피해자 가족 인원을 늘려 보다 많은 피해자 가족들이 사형 집행 과정을 지켜볼 수 있도록 했다.

주 의회는 범죄를 보다 강력하게 처벌하는 새로운 법안을 발효시키면서 해당 법안에 특정 희생자의 이름을 붙였다. 예컨대 정부의 권한을 확장하여 성범죄자 통지법[16]을 제정하게 한 메건 법은 아동 성추행 혐의로 이미 기소된 전력이 있던 남자에게 강간, 살해당

한 메건 칸카라는 일곱 살짜리 소녀의 이름을 따서 지어졌다. 얼굴이 없는 주나 지역 사회 대신에 범죄 피해자들이 재판의 얼굴이 되었다. 피해자의 가족들이 범죄자와 겨루게 됨으로써 형사 사건은 전통적인 민사 재판의 역학적 성격을 띠게 되었다. 언론은 범죄자와 구체적인 피해자 사이에서 발생하는 갈등에 대해 일신전속성[17]을 부각시켜 보도했다. 형사 사건들이 어떻게 처리되는지를 기술하면서 피해자의 감정과 관점과 견해를 두드러지게 다뤘다. 세간의 주목을 받는 사건의 경우 특히 그랬다. 새로운 형사 소추 방식이 등장한 셈이었다.

하지만 모젤러와 온젤러가 깨달았듯이, 피해자의 신분에만 집중하게 된 형사 사법 제도는 다른 사람들을 냉대하는 또 다른 방법이 되었다. 가난하거나 인종적 소수자인 범죄 피해자들은 제도 자체에 의해 또다시 희생자로 전락했다. 〈페인 대 테네시〉 재판에 대한 대법원의 판결은 〈매클레스키 대 켐프〉 재판을 판결한 직후에 이뤄졌다. 어떤 사람들이 사형 선고를 받는지 알려 주는 가장 중요한 지표가 피해자의 인종임을 확실하게 보여 주는 재판 바로 다음에 〈페인 대 테네시〉 재판을 판결한 것이었다. 〈매클레스키 대 켐프〉 재판 과정을 연구했더니 조지아 주에서는 피해자가 흑인일 경우보다 백인일 경우에 범인에게 사형이 선고될 확률이 11배나 높다는 결과가 나왔다. 이러한 결과는 인종과 사형의 상관관계

16 성범죄 전과자가 이주해 올 경우에 그의 신원이나 주소 따위를 지역 사회에 통고하도록 의무화한 법률.
17 특정한 자에게 전적으로 속하는 권리와 의무로 타인에게는 양도되지 않는 속성.

를 연구한 다른 모든 주에서도 동일하게 되풀이되었다. 앨라배마에서는 전체 살인 사건의 희생자 중 65퍼센트가 흑인이었음에도 백인을 상대로 범죄를 저지르고 사형수가 된 사람들이 거의 80퍼센트에 육박했다. 흑인 가해자와 백인 피해자로만 짝을 지으면 사형 선고를 받을 가능성은 더욱 증가했다.

가난하고 인종적 소수자인 피해자 다수가 지역 경찰이나 검사로부터 어떠한 전화나 지원도 받지 못했다고 불만을 토로했다. 양형 거래를 받아들일지 또는 어느 정도의 형량을 구형하는 것이 적당할지 논의하는 자리에 아예 부름을 받지 못한 사람들도 많았다. 우리 가족 중 누군가가 교도소에서 복역하던 중 살해되었거나 강간 또는 심각한 폭행으로 고통을 당한 경우 그 사람이 피해자라는 사실이 아예 인정되지 않기도 했다. 피해자의 권리를 확장하는 문제는 궁극적으로 언제나 진실이었던 사실을 공개적으로 드러나게 했다. 즉, 일부 희생자는 다른 희생자보다 많은 보호와 존중을 받는다는 것이다.

모젤러와 온젤러 자매를 망연자실하게 한 것도 경찰과 검찰, 피해자 지원 단체의 무관심과 배려 부족이었다. 온젤러가 말했다. 「우리 집에 찾아와 비키에 대해 이야기하면서 시간을 보내 준 사람들은 당신들이 처음입니다.」 세 시간 가까이 자매의 가슴 아픈 설명을 듣고 난 다음 우리는 능력이 미치는 한도 내에서 조카 피트먼의 죽음에 다른 누가 관련되어 있는지 알아보겠다고 약속했다.

우리는 경찰 기록과 파일을 확인하지 않고서는 더 이상 아무런 진척도 기대할 수 없는 지점에 도달했다. 월터의 사건이 이제 항소심에 계류 중이었기 때문에 주 정부는 굳이 우리에게 해당 기록이나 파일을 보여 줄 의무가 없었다. 결국 우리는 32항에 의거한 청원서를 제출하기로 했다. 이 청원서는 시간을 1심 재판 이전으로 돌려, 우리가 새로운 증거를 제출하고 검찰에서 보관 중인 모든 사건 파일 및 관련 증거를 확인할 수 있는 기회를 제공해 줄 터였다.

32항에 의거해 청원서를 제출하려면 1심이나 항소심에서 제기되지 않았으며 제기될 수도 없었던 새로운 주장을 해야 했다. 32항이란 무능력한 변호사, 검찰 측의 증거 은닉, 가장 중요하게는 결백을 증명할 수 있는 새로운 증거 등에 기초하여 기존의 유죄 판결에 이의를 제기하는 수단이었다. 마이클과 나는 경찰과 검사의 불법 행위를 비롯해 위의 문제 세 가지를 모두 제기하는 청원서를 작성해서 먼로 카운티 지방 법원에 제출했다.

월터가 부당한 재판을 받았고 억울하게 유죄 판결을 받았으며 비합법적인 형을 선고받았다는 주장은 먼로빌에서 많은 사람의 관심을 끌었다. 1심이 진행된 지 3년이나 지난 시점이었다. 항소심에서 월터의 유죄 판결을 1차로 확정했다는 사실이 언론을 통해 지역 사회에 대대적으로 보도되면서 이제 대다수 사람들은 월터의 유죄를 확정된 사안으로 생각했다. 형 집행 날짜를 기다리는 것만 남은 상황이었다. 키 판사는 은퇴한 뒤였고 먼로 카운티의 새로운 판사들은 우리가 제출한 청원서를 건들고 싶어 하지 않는 듯했다. 결국 유죄 판결 이후의 항소는 1심과 동일한 카운티에서 다루어져야 한다는 논리로 청원서가 볼드윈 카운티로 보내졌다. 1심 재판을 주관한 판사가 먼로 카운티의 판사였다는 점에서 이해하기 어려운 결정이었지만 우리는 아무것도 할 수 없었다.

놀랍게도 앨라배마 대법원에서 32항에 의거한 청원이 진행될 수 있도록 항소심 진행을 보류하는 데 동의했다. 통상적인 원칙대로라면 항소 과정을 모두 완료한 뒤에나 32항에 의거해 유죄 판결에 대한 구제 신청을 시작할 수 있었다. 앨라배마 대법원의 항소심 보류 결정은 월터의 재판 과정에 정상적이지 않은 어떤 부분이 존재하며 하급 법원이 보강 검토를 해야 함을 암시했다. 이제 볼드윈 카운티 지방 법원 판사는 우리 사건을 재검토할 의무가 생겼고 우리의 정보 공개 요구를 받아들여야 했다. 경찰과 검찰에서 보관 중인 모든 사건 파일을 우리에게 공개해야 한다는 뜻이었다. 무척 긍정적인 방향으로 상황이 전개되고 있었다.

우리는 재차 지방 검사장 토미 채프먼을 만나야 했다. 하지만 이번에는 경찰과 검찰에서 보관 중인 사건 파일을 제공하라는 법원 명령서로 무장한 채였다. 월터의 기소 과정에 개입했던 법 집행 공무원들도 드디어 직접 만날 수 있었다. 지방 검사장 측 수사관 래리 이크너와 앨라배마 수사국 요원 사이먼 벤슨, 톰 테이트 보안관이었다.

채프먼이 우리에게 사건 파일을 한꺼번에 전달할 수 있도록 먼로 카운티 법원 내에 위치한 자신의 사무실로 와달라고 제안했다. 우리는 동의했다. 채프먼의 사무실에 도착하니 우리가 만나야 할 법 집행 공무원들도 이미 그곳에 와 있었다. 테이트는 키가 크고 체격이 좋은 백인 남자였으며 부츠와 청바지, 밝은색 셔츠 차림이었다. 이크너 역시 백인이었으며 40대 중반이었고 테이트와 비슷한 차림이었다. 그들은 좀처럼 웃지 않았다. 호기심 어린 어정쩡한 표정으로 마이클과 내게 인사를 건넬 뿐이었다. 나는 그 같은 표정에 점점 익숙해지는 중이었다. 우리가 그들의 불법 행위를 문제로 삼고 있음을 알면서도 그들은 대체로 예의 바르게 행동했다. 어느 순간에 이르러 테이트가 마이클에게 첫눈에 〈북부 출신〉임을 알아보았다고 말했다.

마이클이 웃으며 〈사실 저는 니타니 라이언[18]입니다〉라고 대답했다.

그의 농담이 조용한 검사실 분위기에 그대로 묻혀 버렸다.

마이클이 굴하지 않고 계속 이야기했다. 「펜실베이니아 주립 대학교를 다녔거든요. 우리 학교의 마스코트가……」

테이트가 마치 막 복권에 당첨된 사람처럼 흥분해서 말했다. 「78년도에 우리한테 혼쭐났었지.」 펜실베이니아 주립 대학과 앨라배마 주립 대학은 1970년대에 풋볼 라이벌이었는데 당시 두 학교에는 훌륭한 훈련 프로그램과 더불어 상징적인 코치가 있었다. 앨라배마 주립 대학에는 베어 브라이언트, 펜실베이니아 주립 대학에는 조 패터노였다. 1978년은 앨라배마 주립 대학이 랭킹 1위인 펜실베이니아 주립 대학 팀을 14대 7로 누르고 전국 챔피언을 거머쥔 해였다.

엄청난 대학 풋볼 팬이자 〈조파〉로 불리며 조 패터노를 헌신적으로 추종했던 마이클이 발끈해서 반박하려다가 무언의 허락을 구하듯 나를 바라보았다. 나는 주의를 촉구하는 눈으로 그를 바라보았고 정말 다행스럽게도 그가 내 뜻을 이해한 듯 보였다.

「당신들은 〈조니 디〉에게 얼마를 받습니까?」 테이트가 월터의

---

18 펜실베이니아 주립 대학교의 마스코트.

친구들과 가족들이 월터에게 붙여 준 별명을 사용하며 물었다.

가능한 한 사무적이고 예의 바르게 대답했다. 「우리는 비영리 단체입니다. 우리가 변호하는 사람들에게 수임료를 청구하지 않습니다.」

「그렇다면 이 일을 하면서 다른 곳에서 돈을 받고 있겠군요.」

그가 하는 말을 무시하고 다음 단계로 나아가기로 했다.

「여러분이 이 사건과 관련된 모든 서류를 넘겼다고 확인하는 의미로 서명을 받아 두는 편이 좋을 것 같습니다. 여러분이 넘겨준 서류들의 목록을 작성한 다음 여기 모인 사람들이 거기에 서명하면 어떨까요?」

보아하니 테이트와 이크너가 내 제안에 자극 받았고 그것을 느낀 채프먼이 말했다. 「브라이언, 그렇게 형식적으로 일할 필요 없습니다. 당신이나 나처럼 이들도 법원 직원들입니다. 그냥 서류들이나 잘 챙겨 가도록 하세요.」

「글쎄요, 무심코 빠진 파일이나 흘린 서류가 있을 수 있으니까요. 여러분이 넘겨준 대로 우리가 받았는지 기록으로 남기고자 할 뿐입니다. 페이지 수는 맞는지, 폴더 제목은 같은지 등을 말입니다. 절대로 누군가의 정직성을 의심해서가 아닙니다.」

「개뿔이나 아니기는.」 테이트는 직설적이었다. 그가 채프먼을 바라보았다. 「우리가 어떤 것들을 넘겼는지 확인하는 서명을 하도록 하죠. 저 사람보다 우리를 위해서 기록을 남길 필요가 있을 것 같군요.」

채프먼이 고개를 끄덕였다. 우리는 결국 파일들을 넘겨받았고 우리가 받은 수백 페이지 분량의 기록 속에 어떠한 내용이 들어 있을지 잔뜩 기대에 부풀어 먼로빌을 떠났다. 몽고메리로 돌아오자마자 우리는 열정적으로 파일들을 검토하기 시작했다. 경찰과 검찰에서만 파일을 받은 것이 아니었다. 법원의 정보 공개 명령서 덕분에 마이어스가 최초로 증언하길 거부한 다음에 보내졌던 정신병원 테일러 하딘에서도 기록을 받아 볼 수 있었다. 사우스앨라배마의 유일한 흑인 앨라배마 수사국 요원이라고 우리에게 자랑스럽게 말했던 사이먼 벤슨에게서 앨라배마 수사국의 파일도 넘겨받았다. 먼로빌 시 경찰국의 기록과 시에서 보관 중이던 그 밖의 파일도 확보했다. 에스캠비아 카운티의 기록과 비키 피트먼 살인 사건을 둘러싼 증거 서류들도 확보했다.

모젤러와 온젤러가 겪는 고통에 영향을 받았는지 아니면 랠프 마이어스가 들려준 정교한 음모론에 이끌렸는지 모르겠지만 얼마 뒤 우리는 피트먼 살인 사건을 둘러싸고 계속해서 이름이 거론되는 법 집행 공무원들에 대해 의문이 생기기 시작했다. 우리는 알게 된 사실을 FBI와 논의하기로 결정했다.

그리고 오래지 않아 폭파 위협이 시작되었다.

8장
다 같은 신의 자손들

흐르지 않는 눈물

내면의 고통 속에 갇힌 채
눈이라는 창문을 통해
탈출할 날을 기다리는
아직 흐르지 않는 눈물을 상상해 보라

「왜 당신은 우리를 보내 주지 않는가요?」
눈물이 의식에게 묻는다
「당신의 두려움과 의심을 놓아 버려요
그리고 그 과정에서 스스로를 치료하세요.」

의식은 눈물에게 말했다
「내가 울기를 너는 무척이나 바라지
하지만 내가 너의 굴레를 벗겨 준다면

자유를 얻는 대가로 너는 죽게 될 거야.」

곰곰이 생각한 눈물이
의식에게 대답했다
「울음이 당신에게 승리를 가져다준다면
죽음은 그다지 큰 재앙이 아니에요.」

이언 E. 마누엘, 유니언 교도소

트리나 가넷은 열두 명의 형제 중 막내였다. 주민 전체가 재정적으로 어려움을 겪는 필라델피아 외곽 자치구 체스터에서도 가장 가난한 지역에 살았다. 체스터의 빈곤율과 범죄율, 실업률은 엄청나게 높아서 공립 교육 수준이 펜실베이니아 내 501개 학군 중에서 가장 낮았다. 이곳 청소년들 중 46퍼센트 정도가 미국 전체의 빈곤선보다 생활 수준이 낮았다. 최저 생활을 유지하는 데 필요한 소득마저 부족했던 것이다.

트리나의 아버지 월터 가넷은 복싱 선수 출신이었지만 복싱 선수로서 실패한 뒤로 폭력적으로 변했다. 술독에 빠져 살았으며 사소한 일에도 주먹부터 날리는 사람으로 지역 경찰들 사이에서 유명했다. 트리나의 어머니 이디스 가넷은 지나치게 잦은 출산의 후유증으로 병약했으며 열두 명의 자녀들 중에는 남편에게 강간당해서 낳은 아이들도 있었다. 그녀는 나이가 들고 병약해질수록 자신이 점점 남편의 화풀이 대상이 되어 가고 있음을 발견했다. 남편은 주기적으로 아이들 앞에서 그녀에게 주먹질과 발길질, 욕설을 퍼부었다. 가혹 행위는 자주 극단으로 치달았다. 그는 아이들이 겁에 질려 바라보는 가운데 이디스를 홀딱 벗긴 다음 그녀가 바닥에 쓰러져 고통으로 몸부림칠 때까지 매질을 했다. 그녀가 매질을 견디지 못하고 의식을 잃으면 그녀의 목구멍에 막대기를 쑤셔 넣어서 의식을 차리게 한 다음 매질을 이어 갔다. 가넷의 집 안에서는 어느 것도 안전하지 않았다. 트리나는 그녀의 애완견이 시끄럽게 짖는다는 이유로 아버지가 애완견의 목을 조르는 광경을 목격하기도 했다. 아버지는 애완견을 망치로 죽도록 때린 다음 축 늘어진 개 시체를 창문 밖으로 던져 버렸다.

트리나에게는 쌍둥이 언니가 있었다. 이름은 린과 린다로 트리나보다 한 살이 많았다. 쌍둥이 언니들은 어린 트리나에게 〈눈에 띄지 않는 놀이〉를 가르쳤다. 술에 취한 아버지가 허리띠를 손에 든 채 집 안을 돌아다니면서 아이들의 옷을 벗기고 닥치는 대로 매질을 할 때 트리나를 아버지의 눈에 띄지 않도록 보호하기 위해서였다. 트리나는 침대 아래나 옷장에 숨어서 최대한 조용하게 있는 법을 배웠다.

트리나는 어릴 때 지적 장애 증후를 비롯한 여러 가지 문제를 보였다. 막 걸음마를 뗐을 때는 아무도 그녀를 돌보지 않는 사이에 라이터 기름을 마시고 끔찍하게 앓았다. 다섯 살 때는 실수로 자신에게 불을 질러서 가슴과 배, 등에 심각한 화상을 입었다. 결국 몇 주 동안 병원 신세를 지면서 고통스러운 피부 이식 수술을 견뎌야 했다. 수술은 몸에 끔찍한 흉터를 남겼다.

트리나가 겨우 아홉 살 때 어머니 이디스가 세상을 떠났다. 막내 동생을 끝까지 돌보려고 했던 트리나의 언니들은 아버지가 그들을 성적으로 학대하기 시작하면서 집을 나갔다. 언니들이 떠난 뒤로 학대는 트리나와 린, 린다에게 집중되었다. 세 자매는 결국 집을 뛰쳐나와 체스터의 길거리를 배회하기 시작했다. 쓰레기통을 뒤지며 먹을 것을 찾았고 때로는 며칠씩 굶었다. 잠은 공원이나 공중 화장실에서 해결했다. 소녀들은 언니 에디의 집에서 지내기도 했다. 하지만 형부가 그들을 성적으로 학대하기 시작하면서 그마저도 불가능해졌다. 오빠나 언니들, 숙모들이 일시적으로 지낼 곳을 제공해 주었지만 그때마다 폭력이나 누군가의 죽음 때문에 계속 그곳에서 지내기가 곤란해졌다. 트리나는 다시 길거리를 배회했다.

　어머니의 죽음과 학대, 절망적인 환경은 트리나의 정서적, 정신적 문제를 하나같이 더욱 악화시켰다. 때로는 완전히 제정신이 아니거나 너무 심하게 앓았고 언니들은 그녀를 병원에 데려가기 위해 친척을 찾아 나서야 했다. 그녀는 상태가 안정되거나 호전될 때까지 오랫동안 병원에 머무를 수 없었다. 무일푼 신세였기 때문이다.

　1976년 8월의 어느 늦은 밤, 열네 살이던 트리나와 열여섯 살인 그녀의 친구 프랜시스 뉴섬이 체스터에 있는 한 연립 주택의 창문으로 기어올랐다. 그 집에 사는 소년들과 이야기를 나누기 위해서였다. 소년들의 어머니가 아이들을 트리나와 어울리지 못하게 했지만 트리나는 소년들이 보고 싶었다. 집 안으로 기어드는 데 성공한 트리나는 소년들의 방을 찾기 위해 성냥불을 켰다. 불은 곧장 집으로 옮겨 붙었다. 불이 집 전체로 빠르게 번지면서 집에서 자고 있던 두 소년은 연기에 질식해서 사망했다. 소년들의 어머니는 트리나가 의도적으로 불을 질렀다며 그녀를 고소했다. 트리나와 그녀의 친구 뉴섬은 사고였다고 주장했다.

소년들의 죽음에 정신적으로 엄청난 충격을 받은 트리나는 경찰이 자신을 체포하는 순간에도 제대로 말을 할 수가 없었다. 그녀가 너무 멍하고 무력했기 때문에 국선 변호사는 그녀가 법정에 설 능력이 없다고 생각했다. 일반적으로 법정에 설 능력이 없다고 판단되는 피의자는 상호 대립적으로 진행되는 형사 소송 절차에 따른 재판을 받을 수 없다. 피의자가 스스로를 변론할 수 있을 만큼 상태가 호전되지 않는 한 검찰이 그들을 기소할 수 없다는 뜻이다. 따라서 재판을 앞둔 형사 사건의 피의자에게는 각종 치료와 의료 서비스가 주어진다. 하지만 트리나의 변호사는 적절한 청원서를 제출하거나 재판 부적격 판결을 받아 내기 위한 어떠한 증거도 제시하지 않았을뿐더러 트리나를 성인 법정에 세우기로 한 검찰의 결정에 아무런 이의를 제기하지 않았다. 결국 트리나는 성인 법정에서 2급 살인죄로 재판을 받게 되었다. 1심 재판에서 프랜시스 뉴섬은 검찰이 자신에 대한 기소를 철회하는 대가로 트리나에게 불리한 증언을 했다. 트리나는 2급 살인죄로 유죄 판결을 받았고 재판은 이제 형량을 결정하는 단계로 넘어갔다.

델라웨어 카운티의 지방 법원 판사 하워드 리드는 트리나에게 누구를 죽이려는 의도가 없었음을 알았다. 그러나 펜실베이니아 법률상 판사는 형을 선고하는 단계에서 피고에게 살해 의도가 없었다는 점을 감안할 수 없었다. 트리나의 나이나 불안정한 정신 상태, 가난, 그동안 받아 온 학대, 화재를 둘러싼 비극적인 상황 등 어느 하나도 고려할 수 없었다. 형량을 선고하는 데 있어서 펜실베이니아의 법률은 완고했다. 2급 살인죄로 유죄 판결을 받은 피의자가 받을 수 있는 형량은 가석방 없는 종신형이 유일했다. 리드 판사는 자신이 어쩔 수 없이 부과한 형량에 심각한 우려를 표했다. 그는 판결문에 〈이 사건은 내가 본 사건 중에서 가장 슬픈 사건이다〉라고 썼다. 열네 살의 어린 나이에 저지른 비극적인 범죄로 트리나는 유죄 판결을 받고 교도소에서 생을 마감해야 할 처지가 되었다.

형량이 확정되자 트리나는 곧장 성인 여자 교도소로 이송되었다. 이제 열여섯 살이 된 트리나는 성인 여자 교도소인 먼시 주립 교도소 정문을 통과했다. 잔뜩 겁을 먹었고 여전히 정신 질환에 시달리고 있었으며 지극히 연약한 상태였다. 그녀는 자신이 그곳에서 영원히 벗어날 수 없다는 사실을 알았다. 교도소는 집 없이 떠돌던 불확실한 삶에서 트리나를 구원해 주었지만 새로운 위험과 문제를 안겨 주었다. 먼시 교도소에 도착한 지 얼마 지나지 않아 한 남자 교도관이 그녀를 후미진 곳으로 끌고 가서 강간했다.

트리나가 임신한 사실이 밝혀지면서 교도관의 소행도 발각되었다. 그런 일이 워낙 빈번했기 때문에 문제의 교도관은 해고되었을 뿐 형사 처분은 받지 않았다. 트리나의 수감 생활은 계속되었고 그녀는 아들을 낳았다. 교도소에서 아기를 낳는 수많은 다른 여성들과 마찬가지로 트리나는 출산 스트레스에 대한 준비가 전혀 되어 있지 않았다. 아기를 낳는 순간에도 수갑으로 침대에 구속되어 있었다. 2008년이 되어서야 대다수 주에서 여성 재소자들은 아기를 낳는 동안 수갑이나 기타 구속 장치를 하지 않게 되었다.

트리나의 갓난 아들은 그녀와 떨어져 위탁 가정으로 보내졌다. 화재, 교도소 수감, 강간, 충격적인 출산, 빼앗긴 아들. 이 일련의 사건들로 트리나의 정신 건강은 더욱 악화되었다. 시간이 지날수록 점점 더 무기력해졌고 지적 장애도 더욱 심해졌다. 몸을 제대로 가누지 못할 만큼의 경련 증상이 생겨서 지팡이를 썼으며 나중에는 휠체어 신세를 져야 했다. 서른 살을 넘길 즈음에는 교도소 의사들로부터 정신적 충격에서 비롯된 다발성 경화증과 지적 장애, 정신 질환을 진단받았다.

트리나는 자신을 강간했던 교도관을 상대로 민사 소송을 제기했고 배심원단은 그녀에게 6만 2천 달러를 지급하라고 평결했다. 교도관은 항소했고 대법원은 평결을 뒤집었다. 교도관이 배심원단에게 트리나가 살인죄로 징역을 살고 있다는 사실을 알리지 못했다는 것이 판결의 이유였다. 결과적으로 주 정부는 그들이 고용한 〈교정〉 공무원에게 난폭하게 강간당한 트리나에게 보상 차원의 어떠한 재정적 지원이나 도움을 제공하지 않았다.

2014년에 이르러 트리나는 쉰두 살이 되었다. 38년째 복역하는 중이었다. 그녀는 펜실베이니아에서 복역 중인 무기수 5백여 명 중 한 명이었다. 이들은 모두 열세 살에서 열일곱 살 사이에 저지른 범죄로 가석방 없는 종신형을 선고받아 감옥에 있었다. 전 세계적으로 단일 관할권 내에서 이렇게 많은 사람이 청소년 범죄로 종신형을 선고받는 경우는 없었다.

1990년 플로리다 탬파에서 열세 살이던 이언 마누엘과 그보다 나이가 많은 두 명의 소년이 저녁을 먹으러 외출한 한 쌍의 부부를 상대로 강도짓을 벌였다. 데비 바이거가 저항하자 이언이 그녀를 향해 권총을 발사했다. 이언보다 나이가 많은 소년들이 준 총이었다. 총알은 바이거의 턱을 뚫고 들어가서 치아 몇 개를 산산 조각 냈다. 세 명의 소년은 전부 체포되었고 무장 강도 및 살인 미수 혐의로 기소되었다.

국선 변호사가 유죄를 인정하라고 이언을 설득했다. 징역 15년 정도가 선고될 거라는 말로 그를 안심시켰다. 하지만 변호사는 이언에게 제기된 두 가지 혐의라면 가석방 없는 종신형이 선고될 수 있다는 사실을 미처 모르고 있었다. 판사는 이언의 유죄 인정을 받아들였고 그에게 가석방 없는 종신형을 선고했다. 비록 열세 살밖에 되지 않았지만 그가 길거리 생활을 했을 뿐 아니라 부모로부터 충분한 감독을 받지 않았으며 상점을 털거나 사소한 재산 침해 행위로 이미 여러 번 체포된 전력이 있다는 점을 강조했다. 이언은 성인 교도소로 보내졌다. 플로리다에서 수감 생활이 힘들기로 가장 악명 높은 애팔라치 교도소였다. 교도소 입소 과정을 담당한 교도관은 이언 정도 체격의 소년에게 맞는 죄수복을 구할 수 없자 구비된 가장 작은 사이즈의 죄수복 바지를 15센티미터 정도 잘라서 그에게 주었다. 성인 교도소에 수감되는 청소년은 성폭행의 피해자가 될 가능성이 다섯 배나 높은 탓에 애팔라치의 교도관은 나이에 비해서 가뜩이나 체격이 작은 이언을 독방에 수감했다.

애팔라치에서 독방 수감이란 커다란 옷장 크기의 콘크리트 상자 안에서 지내야 한다는 것을 의미했다. 음식은 문에 나 있는 가늘고 길쭉한 틈새로 받아먹어야 했다. 다른 재소자들을 볼 일이 없었고 다른 사람을 만지거나 누군가에게 가까이 다가갈 수도 없었다. 반항적인 말을 하거나 교도관의 명령에 복종하길 거부하는 등 이른바 〈튀는 행동〉을 할 경우에는 매트리스도 없이 콘크리트

맨바닥에서 잠을 자야 했다. 비명을 지를 경우에는 독방에 수감되는 기간이 연장되었다. 식사하길 거부하거나 자신의 몸을 훼손하는 등 자해를 할 경우에도 기간이 연장되었다. 교도관에게 불평하거나 위협적인 또는 부적절한 말을 하더라도 마찬가지였다. 샤워는 일주일에 세 번만 할 수 있었고 일주일에 두세 번 철조망으로 둘러싸인 좁은 공터에서 45분 동안 운동을 할 수 있었다. 이외에는 콘크리트로 된 상자 안에서 몇 주든 또는 몇 달이든 홀로 있는 듯 없는 듯 지내야 했다.

독방 생활을 하면서 이언은 자칭 〈베는 사람〉이 되었다. 식판에 날카로운 물건만 올라오면 그것을 이용해서 자신의 손목이나 팔을 베려고 했다. 단지 몸에서 피가 흐르는 것을 보기 위해서였다. 그는 정신적으로 피폐해졌고 수차례에 걸쳐 자살을 기도했다. 자해를 하거나 튀는 행동을 할 때마다 독방에 수감되는 기간은 연장되었다.

그렇게 이언은 독방에 수감된 채 18년을 보냈다.

한 달에 한 번 이언은 외부에 전화를 걸 수 있었다. 교도소에 들어온 지 얼마 지나지 않은 1992년 크리스마스이브에 자신이 총을 쏘았던 데비 바이거에게 전화를 걸었다. 그녀가 전화를 받자 이언은 깊은 후회와 회한을 담아 진심에서 우러난 사과를 건넸다. 바이거 부인은 자신에게 총을 쏜 소년의 목소리를 듣고 깜짝 놀랐지만 이내 그의 전화에 감동을 받았다. 적어도 육체적으로 그녀는 총격에서 회복한 상태였다. 보디빌더로서 성공하기 위해 노력하는 중이었고 여성 헬스 잡지를 막 출간하기 시작하던 때였다. 총격 사건을 겪고도 목표를 포기하지 않을 정도로 그녀는 의지가 강한 여성이었다. 전혀 예상치 못한 첫 번째 통화는 정기적인 통화로 이어졌다. 충격 사건이 발생하기 전부터 이언의 가족은 그에게 신경을 쓰지 않았다. 부모나 가족 중 누구도 도와주지 않았고 그가 길거리를 배회해도 내버려 뒀다. 독방에서 생활하면서 그는 다른 재소자나 교도관을 만나지 못했다. 절망의 나락으로 점점 깊이 빠져들던 순간에 데비 바이거는 이언이 힘을 잃지 않도록 격려해 준 몇 안 되는 사람들 중 한 명이 되었다.

수년 동안 이언과 대화를 주고받은 바이거는 법원에 탄원서를 보냈다. 이언에게 종신형을 선고한 판사에게 형벌이 너무 가혹하며 독방에 감금된 이언의 상황이 비인간적이라고 말했다. 그녀는 교도관들하고 대화를 시도했으며 이언이 처한 곤경에 세간의 관심을 촉구하기 위해서 언론과 인터뷰도 했다. 「이언이 저지른 범죄가 얼마나 파괴적이고 무모했는지 나보다 잘 아는 사람은 없어요. 하지만 현재 우리가 그에게 하고 있는 짓은 너무나 비열하고 무책임합니다.」 그녀가 한 기자에게 말했다. 「범행을 저질렀을 때 그는 어린아이였어요. 문제가 많았고 도와줄 사람 하나 없이 방치된 열세 살짜리 소년이었어요. 하지만 우리는 어린아이가 아니잖아요.」

법원은 데비 바이거의 감형 요구를 무시했다.

2010년까지 플로리다는 살인과 관련 없는 범죄를 저지른 백여 명의 청소년들에게 가석방 없는 종신형을 선고했다. 몇몇은 범행 당시 열세 살에 불과했다. 가장 어린 나이에 유죄 판결을 받은 청소년들은 보통 열세 살에서 열네 살 사이였고 하나같이 흑인이나 라틴계였다. 플로리다는 살인과 무관한 범죄로 종신형을 선고받은 청소년들이 세계에서 가장 많은 주였다.

안토니오 누녜스가 사는 로스앤젤레스 사우스센트럴 지역은 갱단의 폭력에 시달렸다. 안토니오의 어머니는 분잡한 그들 집 밖에서 총소리가 들리면 아이들을 강제로 바닥에 엎드리게 했는데 일상생활에 지장을 줄 정도로 그런 경우가 빈번했다. 거의 열 명에 가까운 이웃이 총격전에 휘말려 목숨을 잃었다.

안토니오의 집 밖에만 문제가 있는 것은 아니었다. 집 안에도 심각한 가정 폭력 문제가 있었다. 안토니오는 기저귀를 차고 다닐 때부터 아버지의 난폭한 매질을 견뎌야 했다. 손이나 주먹, 허리띠, 전기 연장선 등으로 맞아 안토니오는 몸에 멍이 들었고 상처가 생겼다. 그는 어머니와 아버지가 서로에게 폭력을 휘두르며 죽이겠다고 위협하는 끔찍한 싸움을 지켜보아야 했다. 부모님의 싸움이 너무나 폭력적으로 치닫는 바람에 안토니오가 경찰을 부른 적도 여러 번이었다. 그는 끔찍한 악몽에 시달리기 시작했으며 악몽에서 깨어날 때면 항상 비명을 질렀다. 우울증 증세가 있던 안토니오의 어머니는 그를 거들떠보지도 않았다. 울어도 혼자 내버려 두었다. 그녀는 자신이 기억하기로 안토니오의 행사에 참석한 적이 딱한 번 있었는데 그가 초등학교에서 약물 남용 예방 교육 프로그램을 수료했을 때였다.

「그 아이는 경찰과 사진 찍는 것을 무척 좋아했어요.」그녀가 나중에 말했다.「커서 경찰이 되고 싶어 했어요.」

1999년 9월, 만 열세 살이 되고 한 달 남짓 지나서 안토니오 누녜스가 집 근처에서 자전거를 타고 있을 때였다. 낯선 사람이 그에게 다가와 배와 옆구리, 팔에 총을 쏘았다. 안토니오는 길바닥에 쓰러졌다. 열네 살이던 그의 형 호세가 동생의 비명을 듣고 도와주러 달려왔다. 호세는 머리에 총을 맞았고 그 자리에서 사망했다. 도움을 호소하는 동생의 요청에 달려갔다가 그대로 목숨을 잃은 것이다. 안토니오는 몸 안에 심각한 손상을 입었고 몇 주 동안 병원 신세를 졌다.

안토니오가 퇴원하자 어머니는 그를 라스베이거스에 있는 친척 집으로 보냈다. 안토니오는 그곳에서 지내며 호세의 비극적인 죽음을 잊기 위해 노력했다. 무엇보다 위험한 로스앤젤레스 사우스 센트럴 지역에서 벗어나서 안도했다. 말썽을 피우는 일도 없었다. 집에 오면 가사를 거들고 순종적으로 행동했다. 사촌 누나의 남편에게 도움을 받아 숙제를 하면서 저녁 시간을 보냈다. 사우스센트럴의 갱단들과 폭력을 뒤로하고 앞으로 나아갔으며 놀랄 만한 진전을 보였다. 하지만 1년이 채 지나지 않아서 캘리포니아 보호 관찰국이 그에게 로스앤젤레스로 돌아오라고 명령했다. 이전에 저지른 경범죄 때문에 안토니오는 법원의 피후견인이자 보호 관찰 대상자였다.

미국 전역의 도시 빈민 지역에서는 흑인과 라틴계 소년들이 툭 하면 경찰과 마주친다. 상당수는 뚜렷한 잘못이 없더라도 경찰의 표적이 된다. 범죄자 취급을 당하며 위험인물이나 범죄와 관련되어 있을 거라고 의심을 받는다. 경찰의 불심 검문이나 심문, 괴롭힘 등은 그들이 극히 경미한 범죄로 체포될 가능성을 극적으로 높여 준다. 유복한 아이들이라면 아무런 처벌도 받지 않았을 행동 때문에 빈민가의 흑인과 라틴계 청소년 대다수의 전과 기록이 쌓여 간다.

어쩔 수 없이 사우스센트럴로, 형이 살해당한 장소에서 불과 몇 블록 떨어진 곳으로 돌아온 안토니오는 힘든 시간을 보냈다. 법원이 나중에 알게 된 바에 따르면 〈자신은 총에 맞고 형은 목숨을 잃은 장소에서 몇 블록 떨어진 곳에 살면서 누녜스는 정신적 외상에 의한 여러 가지 증상에 시달렸다. 환각을 보는 것은 물론이고 형이 총에 맞았던 장소를 기피하려는 갑작스럽고 절실한 욕구를 표출했으며 잠재적인 위협에 지나친 경계심을 보였고 현실이나 상상 속의 위협으로부터 자신을 지키려는 강박 증상을 보였다〉. 그는 자신을 지키기 위해 총을 장만했고 그 때문에 바로 체포되어 소년원으로 보내졌다. 소년원 감독관의 보고서에 따르면 안토니오는 그곳에서 구조화된 환경에 잘 적응하고 교도관들의 지시를 적극적으로 따르며 긍정적인 태도를 보였다.

소년원에서 돌아온 안토니오는 한 패거리에 들었고 그 안에서 자신보다 나이가 두 배나 많은 두 명의 남자를 만났다. 두 남자는 친척에게 몸값을 뜯어내기 위해 납치극을 꾸밀 계획이었고 계획에 동참하도록 안토니오를 적극적으로 회유했다. 열네 살이던 안토니오는 몸값을 받으러 두 남자와 함께 자동차에 올랐다. 후안 페레스가 운전대를 잡았고 안토니오는 조수석에 앉았으며 가짜 인질이 자동차 뒷좌석에 앉았다. 그들은 돈을 회수하기로 한 장소인 오렌지 카운티에 도착하기도 전에 라틴계 남성 두 명이 탄 회색 승합차가 자신들을 미행했고 어느새 따라잡았음을 알아차렸다. 어느 순간에 이르러 페레스와 다른 남자가 안토니오에게 총을 주면서 승합차를 향해 쏘라고 말했다. 자동차들이 고속으로 질주하는 가운데 위험천만한 총격전이 시작되었다. 그들을 쫓던 남자들은 잠복 경찰이었다. 물론 총격전을 벌이던 당시에 안토니오가 그 사실을 알 리 만무했다. 경찰 순찰차 한 대가 추격전에 가담했을 때 안토니오는 총을 떨어뜨렸고 곧바로 그들이 탄 자동차는 나무를 들이받았다. 다친 사람은 없었지만 안토니오와 페레스는 악질적인 납치와 경찰 살인 미수 혐의로 기소되었다.

안토니오와 스물일곱 살 먹은 공동 피고인은 함께 재판을 받았고 둘 다 유죄 판결을 받았다. 캘리포니아 법률에 따르면 청소년이 가석방 없는 종신형을 받으려면 최소한 열일곱 살 이상이 되어야 했다. 하지만 납치 사건과 관련해서 만큼은 나이 제한이 없었고 오렌지 카운티의 판사는 안토니오를 절대로 변할 수 없는 또는 갱생이 불가능한 위험한 갱단원이라고 주장하며 불우한 배경과 심각한 범죄를 저지른 이력이 전무했음에도 불구하고 종신형을 선고했다. 판사는 안토니오를 캘리포니아에서 가장 위험하고 초만원인 성인 교도소로 보냈다. 열네 살인 안토니오는 아무에게도 물리적인 상해를 입히지 않은 범죄를 이유로 종신형을 선고받은 미국에서 가장 어린 죄수가 되었다.

트리나와 이언, 안토니오가 기소된 것과 같은 유형의 범죄로 유죄 판결을 받는 성인들은 가석방 없는 종신형을 선고받지 않는다. 연방법에 따르면 방화로 인해 의도하지 않게 한 사람 이상을 살해한 성인은 일반적으로 25년 안에 석방이 허락되는 형을 선고받는다. 플로리다에서 살인 미수로 유죄 판결을 받는 성인은 대체로 10년 이하의 징역을 산다. 강력한 처벌을 지향하는 이 시대에도 사상자가 발생하지 않은 총기 폭력 사건은 피고가 성인일 경우 10년 이하의 징역으로 끝나는 경우가 빈번하다.

중죄를 저지른 청소년들은 여러 주에서 성인 기준의 기소와 처벌에 오랫동안 취약한 상태로 노출되어 왔다. 그러나 청소년 사법 제도가 발전하면서 청소년 범죄자 대다수가 청소년 구금 시설로 보내졌다. 비록 청소년 사법 제도가 같은 미국 내에서도 제각각이기는 했지만 대부분의 주는 트리나나 이언, 안토니오를 열여덟 살이나 스무 살이 될 때까지 청소년 구금 시설에 수용했을 것이다. 보호 시설이나 구금 시설 기록에 근거하여 그들이 여전히 공공 안전에 위협이 된다고 판단될 경우에도 기껏해야 스물다섯 살 정도까지 보호 시설에 있을 터였다.

예전에는 열세 살이나 열네 살짜리가 범죄를 저질러도 해당 범죄가 이례적으로 세간의 주목을 받거나 남부에서 흑인 청소년이 백인을 상대로 저지른 범죄일 경우에만 성인에 준하는 처벌을 받았다. 일례로 1930년대 앨라배마에서 악명이 자자했던 스코츠보로 소년 사건에서 피고 로이 라이트와 유진 윌리엄스는 둘 다 겨우 열세 살에 불과했다. 하지만 강간 혐의로 억울하게 유죄 판결을 받았고 연이어 사형 선고까지 받았다.

청소년에 대한 기소와 관련하여 또 다른 상징적인 사건이 있었는데 1944년 6월 16일 열네 살의 흑인 소년 조지 스티니가 사우스캐롤라이나 주에서 사형을 당한 일이었다. 사건 3개월 전이었다. 기찻길을 경계로 흑인과 백인이 나뉘어 사는 작은 방앗간 마을 알콜루에서 두 명의 백인 소녀가 꽃을 꺾으러 나갔다가 행방불명되었다. 수십 명의 마을 주민들이 사라진 소녀들을 찾아 나섰다. 어린 조지와 그의 형제들도 수색 팀에 합류했다. 어느 시점에 이르러 조지가 백인 수색 팀 중 한 명에게 그날 일찍 자신과 여동생이 소녀들을 보았다고 언급했다. 그들이 밖에서 놀고 있을 때 소녀들이 다가와 꽃이 있는 곳을 물었다고 했다.

다음 날 얕은 수로에서 소녀들의 사체가 발견되었다. 그 즉시 조지도 살인 혐의로 체포되었다. 소녀들이 사라지기 전에 그들을 보았다고 인정했을 뿐 아니라 살아 있는 소녀들을 마지막으로 본 사람이라는 이유였다. 조지는 부모나 변호사가 동석하지 않은 상태에서 몇 시간 동안 심문을 받았다. 흑인 소년이 살인 혐의로 체포되었다는 소문이 나돌면서 분노가 폭발한 것은 당연했다. 서면이나 서명된 진술서가 없었지만 보안관은 조지가 범행을 자백했다고 발표했다. 조지의 아버지는 직장에서 바로 해고되었다. 마을을 떠나지 않으면 린치를 당하게 될 거라는 이야기가 들려왔다. 생명에 위협을 느낀 조지의 가족은 그날 밤 늦게 마을을 탈출했고 구치소에 남겨진 조지는 더 이상 가족의 도움을 기대할 수 없는 처지가 되었다. 의심스러운 자백 사실이 발표되고 몇 시간 뒤 린치를 가하려는 무리들이 알콜루 구치소 앞에 집결했지만 열네 살짜리 소년은 이미 항구 도시인 찰스턴의 구치소로 이감된 뒤였다.

한 달 뒤에 재판이 열렸다. 1급 살인죄 혐의를 받은 조지는 백인 군중들 앞에 홀로 앉았다. 법정을 가득 채우고도 모자라서 법원 건물까지 둘러싸고 있던 백인은 어림잡아 1,500명에 달했다. 아프리카계 미국인은 법원 안으로 들어가는 것이 금지된 상황이었다. 법원에서 선임한 조지의 백인 변호사는 정치적 야망을 가진 조세 전문 변호사였으며 증인을 한 명도 호출하지 않았다. 검찰 측의 증거는 조지가 자백했다고 주장하는 보안관의 일방적인 증언이 유일했다. 재판은 두세 시간 만에 종결되었다. 백인 일색으로 구성된 배심원단이 10분간 고민한 끝에 강간과 살인 혐의로 조지에게 유죄를 평결했다. 스톨 판사가 열네 살짜리 피고에게 서둘러 사형을 선고했다. 변호사는 조지의 가족이 항소 비용을 감당할 능력이 없기 때문에 항소는 없을 거라고 말했다.

판결을 종신형으로 바꾸어 달라고 요구하는 전미 유색 인종 지위 향상 협회와 흑인 성직자들의 탄원에도 불구하고 올린 존스턴 주지사는 그 사건에 개입하기를 거부했고 조지는 형 집행을 위해 전기의자가 있는 사우스캐롤라이나의 컬럼비아 교도소로 보내졌다. 158센티미터에 41킬로그램으로 나이에 비해 체격이 작은 조지가 손에 성경책을 들고 전기의자 위로 걸어 올라갔다. 교도관들이 전기의자를 그의 작은 체격에 맞출 수 없었기 때문에 성경책을 깔고 앉아야 했다. 가족은 물론이고 흑인이라고는 그림자도 보이지 않는 방에서 혼자 잔뜩 겁에 질린 소년이 자신의 몸집보다 훨씬 큰 전기의자에 앉았다. 자신을 도와줄 사람을 찾아 절박하게 방 안을 두리번거렸지만 법 집행 공무원과 기자들뿐이었다. 첫 번째 전기 충격이 가해지자 성인에게 맞추어 제작된 두건이 조지의 얼굴에서 흘러내렸다. 형 집행 과정을 지켜보던 사람들은 〈눈물을 머금은 채 잔뜩 부릅뜬 눈과 입에서 뚝뚝 떨어지는 침〉을 볼 수 있었다. 꽃을 찾아다니던 두 명의 어린 소녀들을 만난 지 81일 뒤 조지 스티니에게 공식적으로 사망이 선언되었다. 몇 년 뒤 유력한 집안의 한 백인 남자가 임종을 맞는 자리에서 자신이 소녀들을 죽였다고 고백했다는 소문이 떠돌았다. 최근 들어서 조지 스티니의 무죄를 밝히려는 노력이 다시 시작되었다.

조지가 사형을 당한 일은 끔찍하고 가슴 아픈 사건이었다. 조지의 사건은 범죄를 저지른 청소년들이 일반적으로 당하는 일이 아니었다. 남부의 인종 문제를 보여 주는 사례였다. 전적으로 흑인을 통제하고 처벌하는 데 초점이 맞춰진 정책과 기준이 어떻게 일반적인 형사 사법 제도에 스며들 수 있는지 보여 준 사례였다. 미국 전역을 휩쓸며 대량 투옥 사태를 부채질한 공포와 분노의 정치학은 1980년대 후반과 1990년대 초반에 이르러서야 눈을 돌려 청소년들을 주목하기 시작했다.

유력한 범죄학자들은 기존의 청소년 사법 제도로는 대처 불가능한 〈초포식자〉의 등장을 예견했다. 때로는 노골적으로 흑인 청소년과 라틴계 청소년을 겨냥해서 미국이 조만간 〈점심 도시락 대신 총으로 무장하고 사람의 목숨을 전혀 존중할 줄 모르는 초등학생 꼬마들〉로 넘쳐날 거라고 주장했다. 〈기본적으로 충동적이고 잔인할 정도로 냉혹한〉 이 청소년들이 만들어 낼 범죄의 거센 파도가 임박했다고 생각한 거의 모든 주 정부는 새로운 법률을 제정하여 청소년을 보다 쉽게 성인 법정에 세울 수 있도록 했다. 청소년을 성인 법정에 세울 수 있는 연령 제한을 낮추거나 폐지하는 주들이 늘어났다. 그 결과 심지어 여덟 살짜리 아이도 성인처럼 기소되고 징역을 살았다.

어떤 주 정부는 강제 이송 규칙을 시행해 청소년 범죄자에게 청소년 사법 제도를 적용할지를 결정하는 검사와 판사의 고유 권한을 박탈했다. 이에 따라 수만 명의 청소년들이 점점 더 포화되어 가고 폭력적이며 절망적인 성인 교도소로 보내졌다. 이전까지 그들은 청소년을 위한 보호책과 필요한 부분이 잘 갖춰진 청소년 사법 제도의 적용을 받았었다.

〈초포식자〉의 등장을 예견했던 전망들은 지극히 잘못된 것으로 드러났다. 1994년부터 2000년 사이에 미국의 소년원 재소자는 증가했지만 청소년 범죄율은 오히려 감소했다. 결국 처음에 〈초포식자〉 이론을 지지했던 학계는 해당 이론을 부정하기에 이르렀다. 2001년 미 연방 정부의 의무감은 〈초포식자〉 이론을 근거 없는 믿음이라고 규정짓는 보고서를 배포하고 〈청소년 범죄가 한창 절정으로 치달았던 1990년 초에 폭력에 가담한 젊은이들이 이전 세대보다 더 자주 또는 더 사악한 범죄를 저질렀다는 증거는 어디에도 없다〉고 진술했다. 다만 트리나나 이언, 안토니오 같은 청소년에게는 이러한 보고서가 너무 늦은 셈이었다. 복잡한 절차상의 규정과 법률적인 장애물에 가로막혀서 유죄 판결 이후에 이의를 제기하는 것이 사실상 불가능했다. 그들은 종신형을 선고받고도 합법적인 이의 제기나 항소 절차를 밟지 못했다.

몇 년 뒤 트리나와 이언, 안토니오를 직접 만났을 때 그들은 수년 동안 이어진 절망적인 수감 생활로 하나같이 피폐해진 상태였다. 그들은 법적으로 유죄 판결을 받고 알려지지 않거나 잊힌 채로 성인 교도소 안에서 묻혀 지냈다. 위험하고 두려운 환경 속에서 가족의 지원이나 외부의 도움 없이 살아남는 데 전념해야 했다. 그들의 경우가 딱히 이례적인 것은 아니었다. 미국 전역의 교도소에는 그들처럼 가석방 없는 종신형을 선고받거나 그 밖의 중형을 선고받은 수천 명의 청소년들이 복역 중이었다. 이러한 청소년들의 상대적인 익명성이 그들의 고통과 절망을 더욱 가중시키는 듯 보였다. 나는 트리나와 이언, 안토니오를 변호하기로 했다. 청소년에게 선고되는 종신형에 이의를 제기하는 일은 곧 우리 법률 사무소의 주된 업무가 되었다. 하지만 그들에게 내려진 극단적이고 부당한 형벌은 극복해야 할 수많은 문제들 중 하나에 불과하다는 사실이 금세 명백해졌다. 그들은 모두 우리 사회의 사법 제도 안에서 상처를 입고 정신적으로도 엄청난 충격을 받은 터였다.

트리나는 정신적, 육체적 건강 상태 때문에 교도소 생활이 지극히 힘들었다. 우리의 도움을 고맙게 받아들였으며 감형을 받을 수 있도록 우리가 대신 싸워 주겠다는 말을 듣고 상태가 상당히 호전되었다. 그럼에도 그녀에게는 여전히 다른 것들이 많이 필요했다. 그녀는 끊임없이 자신의 아들이 보고 싶다고 말했다. 이 세상에 자신이 혼자가 아니라는 사실을 느끼고 싶어 했다. 우리는 그녀의 언니들을 찾아냈고 아들을 만날 수 있도록 면회도 주선했다. 그 모든 일이 내가 예상한 것 이상으로 그녀에게 힘을 주는 것 같았다.

나는 로스앤젤레스까지 날아간 다음 중부 캘리포니아의 전원 지대를 가로질러 수백 킬로미터를 운전해서 최고 보안 등급의 교도소로 안토니오를 만나러 갔다. 갱들이 지배하고 폭력이 난무하는 곳이었다. 안토니오는 건강한 인간으로의 성장을 모든 면에서 저해하는 그곳 세상에 동화되기 위해 노력하는 중이었다. 안토니오에게 글을 읽는다는 것은 언제나 힘든 도전이었다. 하지만 배우고자 하는 열정이 강했고 알고자 하는 의지가 단호했기 때문에 이해가 될 때까지 잘 모르는 단어들을 우리가 보내 준 사전에서 찾아 가면서 한 문장 한 문장씩 읽어 나갔다. 가장 최근에는 다윈의 『종의 기원』을 보내 주었는데 안토니오는 그 책을 통해서 주위 사람들을 보다 잘 이해할 수 있게 되기를 바랐다.

알고 보니 이언은 무척 명석했다. 명석함과 똑똑함 때문에 특히나 파괴적인 독방 생활이 연장되기도 했지만 그는 스스로 교양을 쌓았고 수백 권에 달하는 책을 읽었으며 열정적이고 왕성한 지적 능력을 보여 주는 시와 단편 소설을 썼다. 내게도 수십 통에 달하는 편지와 시를 보냈다. 출장 때문에 며칠 동안 사무실을 비웠다가 돌아와 보면 이언에게서 편지가 와 있기 일쑤였다. 가끔은 편지와 함께 구겨진 종잇조각도 들어 있었는데 종이를 펴보면 「흐르지 않는 눈물」, 「말에 묶여」, 「용서의 시간」, 「정적」, 「수요일의 의식」 같은 제목이 적힌 시가 쓰여 있었다. 깊은 생각이 담겨 정신을 번쩍 들게 하는 작품들이었다.

우리는 종신형을 선고받은 미국 청소년들의 어려운 처지에 관심을 제고하기 위해서 보고서를 출간하기로 했다. 나는 우리 의뢰인들의 사진을 찍어서 청소년들에게 부과된 가석방 없는 종신형이라는 형벌에 사람의 얼굴을 입히고 싶었다. 플로리다는 사진사가 교도소 안까지 방문할 수 있도록 허락하는 몇 안 되는 주들 가운데 하나였다. 우리는 그곳 교도관에게 사진사가 이언을 찍을 수 있도록 그가 독방에서 나와 한 시간만 혼자 있을 수 있게 해달라고 부탁했다. 기쁘게도 교도관은 동의했다. 이언이 외부에서 온 사진사와 같은 방에 있을 수 있도록 허락해 주었다. 사진사가 돌아간 뒤에 이언이 곧바로 내게 편지를 보내 왔다.

스티븐슨 씨에게
이 편지가 당신에게 온전히 도착하길 바라며 당신의 모든 일이 순조롭길 바랍니다. 이 편지를 쓴 가장 중요한 이유는 사진사와 함게 시간을 보낼 수 있도록 해준 것에 감사를 전하고 어떻게 해야 내가 그 사진들을 가능한 많이 얻을 수 있을지 조언을 구하기 위해서입니다.

당신도 알다시피 나는 14년 반 가까이 독방 생활을 해왔습니다. 제도가 나를 산 채로 묻어 버린 것 같기도 하고 바깥세상에서는 내가 죽은 사람처럼 느껴지기도 합니다. 그 사진들은 지금 이 순간 내게 정말 많은 의미가 있습니다. 현재 내가 가진 돈은 재소자 계좌에 들어 있는 1.75달러가 전부입니다. 그중 1달러를 보내 드리면 몇 장의 사진을 구매할 수 있을까요?

사진을 찍은 것에 너무 들떠서 오늘 6월 19일이 돌아가신 어머니의 생일이라고 이야기하는 것도 잊었군요. 그다지 중요한 일이 아니라는 것을 알지만 그래도 지나고 나서 생각해 보니 어머니 생일에 사진을 찍었다는 사실이 상징적이고 특별한 의미가 있는 것 같습니다!

그 사진들이 어떤 의미가 있고 얼마나 중요한지를 당신에게 어떻게 설명해야 할지 잘 모르겠지만 솔직히 나는 내가 살아 있다는 사실을 세상에 알리고 싶습니다! 그 사진들을 보면서 내가 살아 있다는 것을 느끼고 싶어요! 내 아픔을 치료하는 데 정말 많은 도움이 될 것 같습니다. 오늘 사진을 찍으면서 나는 즐거웠습니다. 매번 당신이 방문하고 돌아갈 때면 나는 기분이 우울해집니다. 그럼에도 당신과 함께 보낸 순간들을 머릿속에 잘 기억해 두고 간직했다가 마음속으로 되돌려 보면서 인간적인 소통과 만남에 감사하게 됩니다. 하지만 오늘은 우리가 나눈 간단한 악수만으로도 생명을 잃은 내 감각 기관이 무척 반가운 자극을 받았습니다.

내가 사진을 몇 장 정도 얻을 수 있는지 꼭 알려 주세요. 자유를 원하는 만큼이나 절실히 그 사진들을 원하고 있습니다.

내 삶에 여러 가지 긍정적인 사건들이 일어날 수 있도록 도와주어 감사합니다. 법적으로 어떤 내막을 거쳐 당신이 내 앞에 나타나게 되었는지는 모르지만 당신을 보내 주신 하느님께도 감사드립니다. 당신과 이퀄 저스티스 이니셔티브가 내게 해주는 모든 일에 감사합니다. 제발 사진은 꼭 보내 주세요. 알았죠?

9장
내가 왔어요

마침내 월터 맥밀리언의 심리 날짜가 도래했다. 이제 랠프 마이어스의 새로운 증언을 비롯해 월터의 무죄를 입증할 모든 증거들을 제출할 수 있게 된 것이다. 그동안 한 번도 공개된 적 없던 경찰 기록에서 찾아낸 증거들이었다.

마이클과 나는 10여 차례나 반복해서 사건을 검토하고 월터가 무죄라는 증거를 가장 효과적으로 제시할 방법을 궁리했다. 우리의 가장 큰 관심사는 마이어스였다. 카운티 재판소로 돌아오는 순간부터 그가 엄청난 압박감을 느낄 것이 분명했고 이전에도 그러한 압박감에 굴복한 적이 있기 때문이다. 다만 우리가 보유한 증거 대부분이 기록된 사실이기 때문에 법정에서 마이어스의 증언이 초래할 수 있는 복잡하거나 예측 불가능한 문제들을 발생시키지 않고 인정될 수 있다는 점에 위안을 얻었다.

우리 사무실에는 브렌다 루이스라는 법률 보조원이 있었다. 우리는 그녀를 이 재판에 끌어들였다. 한때 몽고메리의 경찰이었던 루이스는 경찰로 일하면서 자신이 인내할 수 있는 것보다 훨씬 심각한 수준의 직권 남용 사례들을 목격한 뒤로 우리 사무실에 합류했다. 아프리카계 미국인 여성인 루이스는 자신의 성별이나 인종 때문에 따돌림을 자주 겪었다. 우리는 심리가 열리기 전에 증인들과 만나서 막바지 세부 사항들을 점검하고 그들을 진정시켜 달라고 루이스에게 부탁했다.

한편 채프먼은 월터의 유죄 판결을 변론하기 위해 주 법무 장관실에 지원을 요청했고 검사로 재직하던 오랜 기간 동안 적극적이고 공격적인 성향으로 명성이 높았던 법무 차관보 돈 발레스카가 파견되었다. 발레스카는 40대의 백인 남성으로 중간 정도 되는 체격에 능동적인 사람이었다. 안경까지 쓰고 있어서 더욱 진지한 사람처럼 보였다. 그의 남동생 더그도 휴스턴 카운티의 지방 검사장이었다. 두 형제는 〈악인〉을 기소하는 일에 무척 공격적이었고 한치의 양보도 없었다. 마이클과 나는 심리가 열리기 전에 채프먼을 한 번 더 만났다. 그를 설득해서 수사를 재개하고 월터의 유죄 여부를 독립적으로 재검토하도록 할 수 있을지 알아보기 위해서였다. 하지만 그 무렵에는 비단 채프먼뿐 아니라 법 집행 공무원들 모두가 우리에게 부쩍 치를 떨고 있었다. 우리를 만날 때마다 점점 더 적대적인 태도를 보였다. 나는 그들에게 우리가 받은 폭파 위협과 살해 위협을 알릴까 진지하게 고민했었다. 위협을 가한 범인들이 먼로 카운티 사람들일 가능성이 농후했기 때문이다. 하지만 내가 보기에 보안관이나 지방 검사장실의 어느 누구도 그런 문제에 상관하지 않을 것 같았다.

심리를 담당한 새로운 판사 토머스 B. 노턴 주니어도 우리를 지긋지긋하게 여기기는 마찬가지였다. 우리는 다른 청원 건으로 몇 차례 사전 심리를 진행했는데 그때마다 그는 검사 측과 우리의 언쟁에 불편한 심기를 드러내고는 했다. 우리는 계속해서 검찰이 보유한 모든 사건 파일과 증거를 넘겨 달라고 요구했다. 이전까지 공개되지 않았던 증거들에서 월터의 무죄를 입증할 수 있는 수많은 증거가 발견되었기 때문에 여전히 우리가 넘겨받지 못한 증거들이 더 있을 거라고 확신했다. 우리가 경찰과 검찰 파일을 더 내놓으라고 9번인가 10번째로 요청하고 나섰을 때였다. 결국 판사는 우리가 검찰을 상대로 낚시를 하고 있다며 자제시켰다. 지금 생각하면 노턴 판사가 32항에 의거한 최종 심리 일정을 잡은 것도 논쟁적이고 복잡한 맥밀리언 사건을 자신의 소송 사건 일람표와 법정에서 지워 버리고 싶었기 때문인 것 같다.

마지막으로 사전 출두했을 때 판사가 물었다. 「스티븐슨 씨, 증거를 제출하는 데 시간이 얼마나 필요할 것 같습니까?」

「일주일 정도 필요할 것 같습니다, 판사님.」

「일주일이라고요? 농담하는 거요? 32항 심리에 말이요? 이 사건의 1심 재판도 겨우 하루하고 반나절밖에 걸리지 않았소.」

「그렇습니다, 판사님. 우리는 이 사건이 매우 이례적인 사건이라고 믿고 있으며 여러 증인들과 그리고 ──」

「3일 주겠소, 스티븐슨 씨. 이 모든 드라마 같은 일을 벌이고도 3일 안에 당신의 주장을 입증하지 못한다면 당신이 내놓을 게 없는 것으로 알겠소.」

「판사님, 저는 ──」

「휴정합니다.」

마지막으로 몇 명의 증인들을 더 찾느라 먼로빌에서 긴 하루를 보낸 다음 마이클과 나는 사무실로 돌아와 우리에게 주어진 짧은 시간 안에 어떻게 모든 증거를 제시할지 계획을 세웠다. 우리는 판사에게 이 사건의 복잡성과 월터가 여러 단계에서 권리를 침해당했다는 사실을 논리적이고 이해하기 쉽게 전달해야 했다. 마이어스와 말을 만들어 내길 좋아하는 그의 성격 역시 문제였기 때문에 우리는 심리가 열리기 며칠 전 그와 마주 앉아서 가능한 한 있는 그대로 이야기하라고 주의를 주었다.

「경찰의 부패에 대해 길게 이야기하지 말아요.」 내가 말했다. 「묻는 말에만 정확하고 솔직하게 대답하세요.」

랠프가 자신 있게 대답했다. 「나는 언제나 그래요.」

「잠깐만요, 지금 〈언제나〉 그렇다고 대답했나요?」 마이클이 따지고 들었다. 「무슨 말이 그런가요? 〈언제나〉 그렇다니요? 랠프 씨, 당신은 얼어 죽을 재판 내내 거짓말을 했어요. 이번 심리에서 우리가 밝히고자 하는 것도 바로 그거라고요.」

「압니다.」 마이어스가 뻔뻔하게 대꾸했다. 「내 말은 당신들에게는 항상 진실만을 이야기한다는 거요.」

마이클이 말했다. 「랠프 씨, 사람 놀라게 하지 말아요. 정직하게만 증언하세요.」

랠프는 거의 매일 우리 사무실로 전화해서 끊임없이 이상한 생각과 아이디어, 음모론 등을 늘어놓았다. 나는 그를 상대할 수 없을 만큼 바쁠 때가 많았고 그럴 때면 마이클이 총대를 멨는데 랠프의 독특한 세계관 때문에 마이클의 걱정은 갈수록 늘어났다. 그럼에도 우리가 더 이상 할 수 있는 일은 없었다.

심리 당일 우리는 걱정을 안고 아침 일찍 법원에 도착했다. 마이클과 나는 둘 다 짙은색 정장과 흰색 셔츠, 넥타이를 맸다. 나는 대체로 법정에 설 때 가능하면 옷을 보수적으로 입었다. 내가 젊고 수염을 기른 흑인 남자였기 때문이다. 배심원이 없을 때조차 법정이 기대하는 변호사의 모습에 맞추려고 노력했다. 오직 나의 의뢰인을 위해서였다. 심리가 시작되기 전 우리는 먼저 마이어스에게 가서 그가 안전하게 도착했는지, 안정적인 심리 상태를 유지하고 있는지 확인했다. 볼드윈 카운티의 보안관 대리들이 간밤에 랠프를 세인트 클레어 카운티의 교도소에서 법원으로 이송해 왔기 때문이다. 무려 다섯 시간이나 앨라배마 남부의 밤길을 달려온 랠프는 지친 기색이 역력했다. 유치장에서 만난 그의 얼굴에 걱정이 가득했다. 평소와는 아주 딴판으로 조용하고 조심스럽다는 것이 더욱 마음에 걸렸다. 나는 마이어스와의 불안한 만남을 뒤로하고 마찬가지로 법원 유치장에 와 있는 월터를 만나러 갔다. 4년 전 외견상 그의 운명을 확정지었던 법원에 다시 돌아온 탓에 그는 긴장한 듯 보였지만 내가 들어서자 애써 미소를 지었다.

「여행은 괜찮았어요?」 내가 물었다.

「다 좋습니다. 지난번 여기 왔을 때보다 좋은 결과가 있길 바랄 뿐입니다.」

나는 고개를 끄덕여서 공감을 표시한 다음 향후 며칠간 논의될 내용들을 그와 함께 검토하기 시작했다.

재소자를 수감하는 유치장은 법원 지하에 있었다. 나는 월터를 만난 다음 조만간 시작될 재판을 준비하기 위해서 계단을 이용해 위층으로 올라갔다. 법정으로 들어서려던 나는 그 안의 풍경에 깜짝 놀랐다. 월터의 마을에서 온 수십 명의 사람들이 방청석을 가득 메우고 있었다. 중앙 통로를 기준으로 법정의 양쪽 방청석에는 월터의 가족들뿐 아니라 사건 당일 피시 프라이 행사에 참여했던 사람들, 지난 몇 개월 동안 우리가 면담했던 사람들, 샘 크룩과 그의 패거리들을 비롯해 사업적으로 월터와 안면이 있는 사람들로 가득한 상태였다. 법정 안으로 들어서자 미니와 아멜리아가 미소를 지어 보였다.

그때 톰 채프먼이 돈 발레스카와 함께 들어왔고 두 사람이 동시에 법정 안을 훑어보았다. 나는 그들의 표정을 알아챌 수 있었다. 채프먼과 발레스카는 방청석의 군중이 마음에 들지 않았다. 이어서 월터를 기소하는 데 주된 역할을 한 법 집행 공무원인 테이트와 래리 이크너, 벤슨이 우르르 들어왔고 마찬가지로 법정 안에 자리를 잡고 앉았다. 심리가 시작되기 직전에 보안관 대리 한 명이 론다 모리슨의 부모를 방청석 앞자리로 안내했다. 판사가 법정 안으로 들어서자 흑인 방청객들이 소란스럽게 일제히 기립했다가 자리에 앉았다. 흑인 공동체 구성원들의 상당수는 교회에 갈 때처럼 옷을 차려입고 있었다. 남자들은 정장을 입었고 일부 여성들은 모자까지 썼다. 그들이 정숙을 되찾기까지 시간이 좀 걸리자 노턴 판사가 불편한 심기를 드러냈다. 그럼에도 그들이 함께한다는 사실에 나는 기운을 얻었고 월터도 그토록 많은 사람들이 자신을 응원하러 와주었다는 사실에 기뻐했다.

노턴 판사는 머리숱이 별로 없는 50대의 백인 남성이었다. 키가 그다지 크지 않은 편이었음에도 높은 판사석에 앉은 모습은 여느 판사들과 마찬가지로 무척 당당해 보였다. 앞선 몇 번의 예심에서

는 일반적인 정장을 입기도 했었는데 오늘은 법복을 갖추어 입고
손에는 판사용 망치를 들고 있었다.

「변호인들은 재판을 진행할 준비가 되었습니까?」노턴 판사가
물었다.

내가 대답했다. 「준비되었습니다, 판사님. 다만 본격적인 재판에
앞서 일부 법 집행 공무원들이 이 법정에 참석해 있다는 점을 지적
하고자 하며 저는 증인 격리 원칙을 적용해야 한다고 생각합니
다.」형사 재판에서 증언을 앞둔 증인들은 법정 밖에서 대기해야
했다. 다른 증인들의 증언 내용을 듣고 말을 바꾸지 않도록 하기
위해서였다.

발레스카가 즉각 자리에서 일어났다. 「이의 있습니다, 판사님.
그럴 수 없습니다. 이들은 이 악질적인 범죄를 밝혀낸 수사관들이
며 검찰 측 논고의 정당성을 입증하기 위해 법정 안에 있을 필요가
있습니다.」

내가 계속해서 선 채로 말했다. 「이 재판에서 논고의 정당성을
입증해야 하는 건 검찰 측이 아닙니다. 바로 우리입니다. 이 재판
은 사실심이 아니라 유죄 판결의 근거가 되었던 증거를 심리하는
자리입니다.」

발레스카의 반박이 이어졌다. 「판사님, 해당 사건을 재심하려는
쪽은 오히려 피고 측이며 따라서 우리는 우리 사람들과 함께 재판
에 임할 필요가 있습니다.」

판사가 끼어들어 말했다. 「스티븐슨 씨, 재심을 원하는 쪽은 당
신 같군요. 그렇다면 수사관들을 법정 안에 머물도록 허락하겠습
니다.」

시작이 좋지 않았다. 나는 첫 번째 증인으로 마이어스를 부르기에 앞서 모두 진술을 통해 내가 단순히 원래의 변호사들과 다른 각도에서 맥밀리언 씨를 변호하고 있는 것이 아니라는 사실을 판사에게 알리기로 했다. 우리에게는 월터의 무죄를 밝힐 새로운 극적인 증거들이 있으며 정의는 월터의 즉각적인 석방을 요구하고 있음을 알려 주고 싶었다. 판사가 이러한 증거들을 그냥 흘려듣는다면 우리는 성공을 기대하기 어려웠다.

「판사님, 월터 맥밀리언에 대한 검찰 측의 기소는 전적으로 랠프 마이어스의 증언에 근거하여 이루어졌습니다. 해당 증인은 이전에 중죄를 저질러 몇 차례 유죄 판결을 받았을 뿐 아니라 맥밀리언 씨의 1심 재판이 진행되던 시점에는 에스캠비아 카운티에서 또 다른 살인 혐의로 재판을 앞둔 상황이었습니다. 1심 재판에서 맥밀리언 씨는 자신이 결백하며 사건 당시 마이어스 씨를 전혀 알지 못했다고 주장했습니다. 맥밀리언 씨는 재판이 진행되는 내내 자신의 무죄를 주장했습니다.」

모두 진술이 시작됨과 동시에 판사가 지루하다는 듯 몸을 꼼지락거렸고 전혀 집중하지 않는 것 같았다. 나는 모두 진술을 잠시 멈추었다. 그가 내 이야기에 동의하지는 않더라도 경청해 주기를 바라는 마음이었다. 그가 다시 집중한다는 확신이 들 때까지 이야기를 중단했다. 마침내 그가 내게 눈을 맞추었고 나는 모두 진술을 이어 갔다.

「랠프 마이어스의 증언에 근거하여 월터 맥밀리언이 살인 혐의로 유죄 판결을 받았음은 의심의 여지가 없습니다. 마이어스의 증언을 제외하면 살인 혐의에 대한 맥밀리언 씨의 유죄를 암시하는 다른 증거가 없었습니다. 검찰은 맥밀리언 씨를 이 사건과 연결시킬 물리적인 증거가 없었고, 범행 동기를 밝혀내지도 못했으며, 범행을 목격한 다른 목격자도 없었습니다. 오로지 단 하나 랠프 마이어스의 증언만 있었을 뿐입니다.

1심 재판에서 마이어스는 1986년 11월 1일 〈자신도 모르게〉 그리고 〈본의 아니게〉 살인과 강도에 연루되었다고 증언했습니다. 그날 월터 맥밀리언이 주차장에서 자신을 발견했고 트럭을 운전하도록 시켰다고 했습니다. 맥밀리언 씨가 〈팔을 다쳐서〉 운전을 할 수 없었다고 했죠. 마이어스는 맥밀리언 씨를 잭슨 클리너스까지 태워다 준 다음 자신도 세탁소 안으로 들어갔고 총을 든 맥밀리언이 갈색 가방에 돈을 집어넣는 광경을 목격했다고 진술했습니다. 세탁소 안에는 또 다른 백인 남자도 있었습니다. 마이어스는 이 남자가 반 백발이었고 맥밀리언과 이야기를 하고 있었다고 증언했습니다. 마이어스는 자신이 세탁소 안으로 들어갔을 때 맥밀리언 씨에게 난폭하게 떠밀렸으며 위협을 받았다고 주장했습니다. 정황상 두목으로 추정되는 신비에 싸인 제3의 인물이 맥밀리언에게 〈마이어스를 처치하라〉고 지시했고 이에 맥밀리언은 총알이 떨어져서 마이어스를 죽일 수 없다고 말했죠. 두목인 그 남자는 현재까지 체포는 고사하고 정체조차 파악되지 않고 있습니다. 경찰은 이 사건의 주모자인 제3의 인물을 찾으려는 노력조차 하지 않았습니다. 저는 그 이유가 경찰도 제3의 인물이 실존하지 않는다는 사실을 알기 때문이라고 생각합니다.」

나는 이 말의 의미를 생각할 시간을 충분히 주기 위해 다시 이야기를 중단했다. 「월터 맥밀리언은 랠프 마이어스의 증언에 근거하여 살인 혐의로 유죄 판결과 사형 선고를 받았습니다. 곧 있으면 듣겠지만 랠프 마이어스의 증언은 완전히 거짓이었습니다. 판사님, 다시 말씀드리지만 1심 재판에서 랠프 마이어스가 증언한 내용은 완전히 거짓이었습니다.」

잠시 여유를 둔 다음 나는 집행관을 향해 마이어스를 증인석으로 불러 달라고 요청했다. 집행관이 대기실로 이어지는 문을 열고 나갔다가 랠프 마이어스를 데리고 돌아오기 전까지 법정 안에는 잠시 침묵이 흘렀다. 그가 등장하자 웅성거리는 소리가 들렸다. 법정에 있는 사람들 상당수가 마지막으로 그를 본 이래로 랠프 마이어스는 눈에 띄게 늙어 있었다. 머리가 완전히 세었다며 수군거리는 소리가 들렸다. 하얀색 죄수복을 입고 증인석에 오르는 마이어스가 내 눈에는 또다시 너무나 왜소하고 슬프게 보였다. 그는 불안한 눈초리로 법정 안을 둘러본 다음 손을 들고 진실을 말하겠다고 선서했다. 나는 법정이 조용해질 때까지 기다렸다. 노턴 판사가 세심하게 마이어스를 살펴보고 있었다.

나는 증인 신문을 위해 앞으로 나갔다. 기록을 위해 그에게 이름을 말해 달라고 요청하고 이전에 재판에 출두해서 월터 맥밀리언에 대해 증언했던 사실을 확인하고 나자 마침내 본론으로 들어갈 시간이 되었다.

나는 증인석으로 조금 더 다가갔다.

「마이어스 씨, 당신이 맥밀리언 씨의 재판에서 했던 증언이 사실이었습니까?」 내가 숨을 참으면서까지 랠프의 대답을 기다리고 있다는 사실을 판사가 모르길 바랐다. 랠프가 침착하게 나를 바라보았고 지극히 분명하고 단호한 어조로 대답했다.

「전혀 아니었소.」 법정 안의 웅성거리는 소리가 아까보다 더욱 커졌다. 하지만 다음 이야기를 듣기 위해 청중은 금세 조용해졌다.

「전혀 아니었다.」 나는 다음 질문으로 넘어가기 전에 그가 한 대답을 되풀이했다. 랠프의 철회 진술이 충분히 전달되도록 하기 위해서였다. 그렇다고 이 시점에서 너무 오래 머뭇거릴 생각은 없었다. 아직 갈 길이 멀었기 때문이다.

「론다 모리슨이 살해되던 날 맥밀리언 씨를 보았습니까?」

「보지 못했소.」 대화가 이어지면서 랠프가 안정을 찾는 듯 보였다.

「사건 당일 먼로빌까지 그의 트럭을 운전했습니까?」

「아니오.」

「론다 모리슨이 살해되었을 때 잭슨 클리너스에 갔었나요?」

「아니오, 한 번도 간 적 없소.」

나는 법정에 모인 사람들에게 랠프가 내 질문에 로봇처럼 무조건 부정적인 답변을 내놓는다는 인상을 주지 않기 위해서 긍정이 필요한 질문을 던졌다. 「그렇다면 맥밀리언 씨의 1심 재판에서 당신이 세탁소 안으로 들어갔을 때 그 안에 백인 남자가 있었다고 증언한 적이 있습니까?」

「네, 그렇소.」

나는 대담하게도 랠프에게 단답형이 아닌 질문을 던지기에 이르렀다. 「어떻게 증언했습니까?」

「내가 기억하기로 월터 맥밀리언이 백인 남자에게 이야기하는 것을 내가 들었다는 내용이었고 내가 그 백인 남자의 뒤통수를 보았다고 이야기한 것도 기억납니다. 내가 기억할 수 있는 건 단지 그게 전부요.」

「마이어스 씨, 해당 증언은 사실이었습니까?」

「아니오, 사실이 아니었소.」이 시점에 이르러 판사는 몸을 앞으로 기울인 채 완전히 몰두해서 듣고 있었다.

「월터 맥밀리언이 론다 모리슨 살인 사건과 연루되었다는 당신의 주장 가운데 사실을 이야기한 부분이 있습니까?」

랠프가 잠시 뜸을 들이며 법정을 둘러본 다음 대답했다. 증언을 시작하고 처음으로 그의 목소리에 후회와 회한의 감정이 묻어났다.

「없습니다.」

법정 안의 모든 사람들이 숨을 멈춘 듯했지만 곧이어 월터를 지지하는 많은 사람들의 수군거림이 들렸다.

나는 준비한 1심 재판 기록을 꺼내 랠프에게 월터에 대해 그가 증언했던 모든 내용을 보여 주었다. 각각의 진술 내용에 대해 랠프는 자신의 이전 증언이 전적으로 거짓이었음을 인정했다. 마이어스의 답변은 간단명료했고 설득력이 있었다. 이야기 도중에 그는 자주 고개를 돌려 노턴 판사의 눈을 똑바로 쳐다보았다. 거짓 증언을 강압받았던 부분에 이르러 내가 해당 증언 내용을 반복해 달라고 요구했을 때는 평정을 유지한 채 더없이 진실된 모습을 보여 주었다. 채프먼이 길게 반대 신문을 하는 동안에도 마이어스는 동요하지 않았다. 채프먼은 증언을 번복하는 이유에 대하여 무자비한 질문 공세를 퍼부은 다음 누군가가 그를 부추겼다고 주장하자 랠프가 분개했다. 그가 검사를 바라보며 말했다.

나는 당신과 다른 사람들의 눈을 똑바로 쳐다보면서 당신들에게 그것이 전부라고, 맥밀리언에 대해 진술했던 이야기가 전부 거짓말이라고 말할 수 있을 뿐이오……. 내가 아는 한 맥밀리언은 이 사건과 아무런 관련이 없었소. 사건 당일에, 사람들이 사건이 일어났다고 말하는 날에 나는 맥밀리언을 보지 못했소. 그리고 나는 이 말을 정확히 똑같이 많은 사람들에게 이야기했소.

교차 심문을 시작한 나는 랠프에게 1심 재판에서 증언했던 말이 거짓이었으며 고의로 무고한 남성을 사형수로 몰았다는 사실을 재차 인정하도록 요구했다. 잠시 여유를 두었다가 피고석으로 돌아가서 혹시라도 빠뜨린 것이 없는지 확인했다. 메모들을 확인한 다음 마이클을 바라보았다. 「잘된 것 같죠?」

마이클은 무척 놀란 표정이었다. 「랠프가 정말 잘 해주었어요. 정말 대단했어요.」

나는 월터를 바라보았고 그제야 그의 눈가가 젖어 있음을 발견했다. 믿을 수 없다는 듯 고개를 절레절레 흔들고 있었다. 나는 그의 어깨를 다독여 준 다음 마이어스를 내보내도 좋다고 알렸다. 우리는 더 이상 질문할 것이 없었다.

마이어스가 법정을 떠나기 위해 증인석에서 일어났다. 집행관들이 그를 옆문으로 안내하는 사이 마이어스는 월터를 미안한 표정으로 바라봤지만 곧 밖으로 이끌려 나갔다. 월터가 그를 보았는지는 확실하지 않다.

법정 안에서 사람들이 다시 수군거리기 시작했다. 월터의 친척이 낮은 소리로 말하는 것이 들렸다. 「하느님, 감사합니다!」

다음 과제는 론다 모리슨이 살해된 시각에 세탁소 앞에서 〈차체를 낮게〉 개조한 월터의 트럭이 떠나는 광경을 목격했다는 빌 혹스와 조 하이타워의 증언을 논박하는 일이었다.

　나는 클레이 캐스트를 증인석으로 불렀다. 백인 자동차 정비사인 캐스트는 론다 모리슨이 살해된 1986년 11월까지 맥밀리언의 트럭이 차체를 낮추지 않은 상태였다고 증언했다. 캐스트는 정비 기록을 보관하고 있었고 훅스와 하이타워가 세탁소 앞에서 차체를 낮게 개조한 트럭을 보았다고 주장한 날짜에서 6개월이 지난 시점인 1987년 5월에 월터의 트럭을 개조했다고 명확하게 확인해 주었다. 우리는 그날의 마지막 증인으로 우드로 이크너를 불렀다. 그는 자신이 현장에 가장 먼저 도착했으며 론다 모리슨의 시체가 마이어스의 증언과 다른 위치에 있었다고 말했다. 이크너는 자신이 작성한 현장 보고서에 근거하여 모리슨이 몸싸움을 벌이다가 등에 총을 맞았으며 화장실에서 시작된 몸싸움이 세탁소 뒤편에서 끝났고 시체가 발견된 장소도 그곳이 확실하다고 진술했다. 사건 현장에 대한 그의 설명은 마이어스가 1심 재판에서 주장했던 증언과 배치되었다. 마이어스는 세탁소 전면에 위치한 계산대 근처에서 모리슨의 시체를 보았다고 했다. 이크너의 증언이 계속되는 가운데 더욱 심각한 문제가 드러났다. 1심 재판에서 검사를 맡았던 피어슨이 이크너에게 모리슨의 시체가 전면 계산대에서 세탁소를 가로질러 마지막에 시체가 발견된 장소까지 옮겨졌다고 증언하도록 지시한 사실이 드러났다. 이크너는 당시의 대화를 떠올리며 증인석에서 울분을 토했다. 그는 그것이 위증임을 알았고 검사에게 거짓을 말할 수 없다고 했다. 머지않아 그는 경찰서에서 해고되었다.

　증거 심리도 일반 배심 재판과 마찬가지로 얼마든지 심신을 지치게 할 수 있다. 하지만 나는 모든 증인들을 상대로 직접 신문을 진행했고 시간이 벌써 오후 다섯 시가 되었음을 깨닫고 깜짝 놀랐다. 심리는 만족스럽게 진행되고 있었다. 드디어 월터의 무죄를 입증할 증거들을 펼쳐 놓을 수 있다는 사실에 무척 고무되었고 기운이 넘쳤다. 한편으로는 계속해서 노턴 판사의 눈치를 살폈는데 그가 재판에 여전히 집중하는지 확인하기 위해서였다. 그는 분명히 재판 과정에서 영향을 받은 것 같았다. 수심 그득한 얼굴이었다. 새로운 증거들을 감안할 때 자신이 어떤 결정을 내려야 할지 한창 혼란을 겪으며 걱정하는 표정이었다. 나는 판사의 새로운 혼란과 근심이야말로 이 사건의 진정한 진전이라고 생각했다.

우리가 첫날 호출한 증인들은 전부 백인이었고 월터 맥밀리언과 특별한 관계가 없는 사람들이었다. 노턴 판사는 이런 상황을 예상치 못한 모양이었다. 검찰 측 증인들이 〈차체를 낮춘〉 트럭으로 묘사한 자동차가 사건 발생 후 거의 7개월이 지날 시점까지 개조된 적 없었다고 클레이 캐스트가 확인해 주었을 때는 이마의 주름이 더욱 깊어진 채 사납게 메모를 휘갈겨 썼다. 우드로 이크너가 맥밀리언에게 불리한 증언을 하지 않고 정직하고자 했다는 이유로 해고당한 사실을 밝혔을 때는 한층 더 충격을 받은 듯 보였다. 우리는 법 집행 공무원들이 월터에게 죄를 뒤집어씌우는 데 너무 급급한 나머지 그들의 주장과 배치되는 증거들을 무시하거나 은닉할 준비가 되어 있었음을 보여 주는 최초의 증거를 제시한 셈이었다.

우드로 이크너까지 증언을 마치자 이미 늦은 오후가 되었다. 판사가 시계를 확인하고 휴정을 선언했다. 나는 재판을 계속 이어 가고 싶었지만, 필요하다면 한밤중까지라도 계속하고 싶었지만 그럴 일은 없을 거라는 사실을 받아들였다. 나는 월터에게 다가갔다.

그가 걱정스럽게 물었다.「여기서 그만하는 건가요?」

「네, 하지만 내일 아침에 다시 시작해서 재판을 속행할 겁니다.」 내가 미소를 지어 보이자 그 역시 미소로 화답했다. 나는 마음이 한결 가벼워졌다.

월터가 격정에 찬 시선으로 나를 바라보았다.「지금 이 순간의 내 기분은 말로 형용할 수 없을 지경입니다. 오랜 세월 나는 진실이 밝혀질 날을 기다려 왔어요. 그럼에도 들려오는 건 전부 거짓말뿐이었죠. 지금 이 순간이 도무지 믿기지 않아요. 나는 단지…….」 제복 차림의 보안관 대리가 걸어와서 우리 대화에 끼어들었다.

「그를 유치장으로 데려가야 합니다. 이야기는 그곳에 가서 하시오.」 중년의 백인 경찰은 화가 난 듯 보였다. 나는 개의치 않고 월터에게 잠시 후에 유치장에서 보자고 했다.

법정을 빠져나가는 사람들 사이에서 희망에 부푼 월터 가족들의 얼굴이 보였다. 그들이 내게 다가와 포옹을 해주었다. 월터의 누나 아멜리아와 아내인 미니, 조카 자일스는 우리가 제출한 증거에 하나같이 흥분해서 이야기를 나누었다.

호텔로 돌아온 마이클과 나도 흥분되기는 마찬가지였다.

「채프먼으로서는 우리에게 전화해서 월터에 대한 기소를 철회하고 그를 귀가시키겠다고 말할 수밖에 없을 거예요.」

「그런 전화가 오기를 숨이 넘어갈 정도로 기다리지는 맙시다.」 내가 말했다.

우리가 법원을 떠났을 때 채프먼은 곤란한 상황이었을 터였다. 그가 입장을 바꾸어 우리를 도와줄 수 있다는 희망을 완전히 포기하지는 않았지만 절대로 그러한 가정에 근거해서 계획을 세울 수는 없는 노릇이었다.

다음 날 아침 일찍 법원에 도착해서 심리 절차가 시작되기 전에 지하 유치장에 있는 월터를 방문했다. 위층으로 향하던 나는 법정 안으로 들어가지 않고 법원 로비에 앉아 있는 흑인 군중을 발견하고 어리둥절해졌다. 조금 있으면 재판이 시작될 시간이었다. 나는 법정 밖에서 다른 사람들과 함께 앉아 있는 아멜리아에게 다가갔다. 그녀가 걱정스러운 얼굴로 나를 바라보았다.

「왜 그래요?」 내가 물었다. 「왜 다들 법정 안에 있지 않고 여기 나와 있나요?」

나는 로비를 둘러보았다. 어제도 엄청나게 많은 사람이 왔었는데 오늘 심리에는 훨씬 더 많은 사람들이 몰려왔고 성직자들을 비롯해 처음 보는 나이 든 흑인들도 있었다.

「스티븐슨 씨, 우리를 들여보내 주지 않아요.」

「들여보내 주지 않다니 그게 무슨 말이에요?」

「우리는 일찌감치 들어가려고 했는데 그들이 우리에게 들어갈 수 없다고 말했어요.」

보안관 대리 제복을 입은 젊은 남자 한 명이 법정 출입구를 지키고 서 있었다. 내가 다가가자 그가 손을 들어 나를 제지했다.

「나는 법정 안으로 들어가야겠습니다.」 내가 단호한 어조로 말했다.

「들어갈 수 없습니다.」

「내가 들어갈 수 없다니 무슨 말입니까? 저 안에서 오늘 심리가 열릴 예정이고 나는 안으로 들어가야겠습니다.」

「미안합니다만 법정 안으로 들어갈 수 없습니다.」

「들어갈 수 없는 이유가 뭐죠?」 내가 물었다.

그는 자리에 선 채 아무 대답도 하지 못했다. 결국 내가 덧붙여 말했다. 「나는 피고 측 변호사입니다. 저 안으로 들어갈 자격이 충분하다고 생각되는군요.」

그가 나를 면밀히 살펴보았다. 당황한 기색이 역력했다. 「음, 어떻게 해야 할지 잘 모르겠군요. 가서 확인해 보고 오겠습니다.」 그가 법정 안으로 사라졌다. 그리고 잠시 후에 돌아와서는 멋쩍게 웃어 보였다. 「음, 당신은 들어가도 됩니다.」

보안관 대리를 밀어젖히고 문을 열자 완전히 바뀐 법정 내부가 눈에 들어왔다. 출입문 안쪽으로 대형 금속 탐지기가 설치되어 있었고 그 뒤에는 경관 한 명이 엄청난 덩치의 독일 셰퍼드를 데리고 서 있었다. 법정 안은 벌써 절반쯤 차 있었다. 전날 월터의 지지자들로 채워졌던 방청석은 이제 나이 든 백인들로 대부분이 채워져 있었다. 분명히 모리슨 가족과 검찰을 응원하는 사람들이었다. 채프먼과 발레스카는 마치 아무 일도 없다는 듯이 이미 검사석에 앉아 있었다. 나는 굉장히 화가 났다.

채프먼에게 걸어가서 〈보안관 대리에게 밖에 있는 사람들을 법정 안으로 들여보내지 말라고 이야기한 사람이 누굽니까?〉라고 따져 물었다. 그들이 도대체 무슨 말을 하는지 모르겠다는 표정으로 나를 쳐다보았다. 「나는 판사에게 가서 이 문제를 따질 겁니다.」

나는 홱 돌아서서 곧장 판사실로 향했고 그들 두 사람도 나를 따라왔다. 검찰 측 지지자들은 입장이 허락되었지만 맥밀리언의 가족과 지지자들은 법정 안으로 들어갈 수 없다는 말을 들었다고 노턴 판사에게 설명하자 그는 눈을 희번덕거리며 짜증스러운 표정을 지었다.

노턴 판사가 〈스티븐슨 씨, 당신네 사람들이 조금 더 일찍 왔으면 되는 것 아니오?〉라며 일축했다.

「판사님, 문제는 그들이 일찍 오지 않았다는 것이 아닙니다. 그들이 법정 안으로 들어갈 수 없다는 말을 들었다는 것입니다.」

「법정은 누구에게나 문이 열려 있습니다. 스티븐슨 씨.」

그가 집행관을 바라보자 집행관은 방을 나갔다. 나는 집행관을 따라 나섰고 그가 법정 출입문 밖을 지키던 보안관 대리에게 뭐라고 소근거리는 장면을 목격했다. 비록 법정이 이미 반쯤 차 있는 상태이기는 했지만 맥밀리언의 지지자들도 이제 법정 안으로 들어가도록 허락될 터였다.

나는 두 명의 목사를 중심으로 모여 있는 월터의 지지자들에게 걸어가서 상황을 설명하려 했다.

「여러분, 죄송합니다. 그들이 오늘 정말 부적절한 짓을 벌였습니다. 이제는 들어가도 되지만 법정 안은 검찰을 응원하기 위해서 모인 사람들로 이미 반 정도가 차 있습니다. 여러분이 모두 들어가기에는 자리가 부족할 겁니다.」

두 목사 중 커다란 몸에 짙은색 정장을 입고 커다란 십자가 목걸이를 한 아프리카계 미국인 남성이 내게 다가와서 말했다. 「스티븐슨 씨, 괜찮아요. 우리 걱정은 하지 마십시오. 오늘은 대표로 몇 사람들만 들어가고 내일은 오늘보다 더 일찍 오겠습니다. 어느 누구도 우리를 돌려세우지 못하도록 하겠습니다.」

두 명의 목사가 대표로 법정에 들어갈 사람을 선발하기 시작했다. 그들은 미니와 아멜리아, 월터의 아이들을 포함하여 몇몇 사람들에게 들어가라고 말했다. 월리엄스 부인의 이름이 호명되자 사람들이 전부 미소를 지었다. 월리엄스 부인은 나이가 지긋한 흑인 여성이었다. 그녀가 일어나 법정으로 들어갈 채비를 시작했다. 무척 정성스럽게 자신의 머리를 매만진 다음 회색으로 센 머리 위에 작은 모자를 올려놓고 세심하게 위치를 조정했다. 뒤이어 기다란 파란색 스카프를 꺼내더니 섬세한 손길로 목에 둘렀다. 모든 준비를 마친 다음 맥밀리언의 지지자들이 줄지어 서 있는 법정 출입문을 향해 천천히 나아가기 시작했다. 나는 그녀의 근엄한 의식에서 눈을 떼지 못하고 있다가 어느 순간 마법에서 풀려났고 나도 들어가야 한다는 사실을 문득 깨달았다. 오늘 아침은 맥밀리언의 지지자들을 상대로 벌어진 터무니없는 소행을 해결하느라 시간을 다 허비했다. 원래의 계획대로 증인들을 준비시킬 틈도 없었다. 나는 인내심을 갖고 줄을 서서 기다리는 사람들을 지나쳐 법정 안으로 들어가 심리를 준비하기 시작했다.

　나는 변호인석에 서서도 곁눈질로 월리엄스 부인을 살폈다. 출입문을 막 통과하는 중이었다. 모자를 쓰고 스카프를 두른 그녀는 무척 우아했다. 체격이 그다지 크지 않았음에도 그녀에게는 사람의 시선을 끄는 무언가가 있었다. 그녀에게서 눈을 뗄 수가 없었고 이제 그녀는 조심스럽게 출입문을 지나 금속 탐지기를 향하고 있었다. 다른 사람들보다 걸음이 느렸지만 고개를 꼿꼿이 세운 채 부정할 수 없는 우아함과 위엄을 과시하고 있었다. 그녀는 내가 살아오면서 보았던 주위의 할머니들을 떠올리게 했다. 그들은 힘든 삶을 살면서도 늘 친절하며 자신들의 공동체를 구성하고 유지하는 데 헌신적인 여성들이었다. 윌리엄스 부인이 앉을 곳을 확인하기 위해 빈자리를 힐끗 둘러본 다음 금속 탐지기를 향해 발걸음을 옮겼다. 그때 개를 발견했다.

나는 한순간에 평정심을 잃고 절대적인 공포에 사로잡히는 그녀를 보았다. 어깨가 움츠러들고 몸이 축 늘어졌으며 그대로 얼어붙은 듯했다. 1분이 넘도록 제자리에 얼음처럼 서 있더니 몸을 떨기 시작했고 어느 순간부터 떨림이 현저히 심해졌다. 그녀의 신음소리가 들렸다. 눈물이 얼굴을 타고 흐르는 가운데 그녀가 슬픈 표정으로 고개를 젓기 시작했다. 그녀가 몸을 돌려 서둘러 법정을 빠져나갈 때까지 나는 계속해서 지켜보았다.

나도 기분이 급변했다. 윌리엄스 부인이 정확히 어떤 일을 겪었는지는 몰랐지만 여기 앨라배마에서 경찰견과 정의를 추구하는 흑인들이 서로 잘 지냈을 리 없다는 사실을 알 수 있었다.

내가 아침에 일어난 일련의 사건들로 우울해진 기분을 털어 내려고 애쓰는 동안 경찰이 월터를 법정으로 데려왔다. 월터는 죄수복을 입고 있었다. 판사가 배심원이 없다는 이유로 월터에게 일상복을 입지 못하도록 했기 때문이다. 또한 판사는 법정 안에서 수갑을 차지 않고 있어도 된다고 허락하면서 족쇄는 계속 차고 있어야 한다고 고집을 피웠다. 맥밀리언의 가족들과 지원자들이 천천히 금속 탐지기를 통과한 다음 경찰견을 지나 법정 안으로 들어오는 동안 마이클과 나는 증인 호출 순서를 놓고 간단히 의견을 주고받았다.

이른 아침에 검찰 측이 벌인 간교한 술책과 윌리엄스 부인이 당한 불길한 징조에도 불구하고 우리는 법정에서 만족스러운 둘째 날을 보냈다. 주 소속 정신 보건 복지사들이 첫째 날 마이어스가 진술한 증언을 확인해 주었다. 이들은 테일러 하던 보안 의료 시설의 사람들로 마이어스가 1심 재판에서 증언하기를 거부한 다음 정신 감정을 받기 위해 의료 시설에 갔을 때 그를 치료했었다. 오마르 모하밧 박사는 당시 마이어스가 제기했던 주장에 따라 이렇게 설명했다. 〈경찰은 마이어스에게 이미 기소된 피트먼 살인 사건으로 처벌을 받든지 아니면 《그 남자가 모리슨을 죽였다》고 《증언》하라며 강요했습니다. 마이어스는 모리슨 사건과 자신이 관련되어 있다는 사실을 단호하게 부정했습니다. 《나는 죽은 소녀의 이름도 모르고, 사건이 발생한 시간도 모르며, 날짜나 장소도 모른다》고 주장했고 《경찰은 내게 시키는 대로 이야기하라고 했다》고 말했습니다.〉

다른 의사들의 증언도 모하밧 박사의 증언을 추가로 확인해 주었다. 노먼 포이드레스 박사는 마이어스가 〈자신의 이전 《자백》이 거짓말이며 육체적, 정신적으로 자신을 고립시킨 경찰의 압박에 어쩔 수가 없었다〉고 말했다고 설명했다.

카말 나기 박사도 증인으로 내세웠다. 그는 다음과 같이 증언했다. 〈마이어스는 1986년에 한 소녀가 세탁소에서 총에 맞아 숨진 또 다른 살인 사건을 언급했습니다. 그는 《경찰과 심지어 내 변호사도 내가 이 사람들을 세탁소까지 태워다 주었으며 그들이 소녀를 총으로 살해했다고 진술하길 원했지만 나는 그들이 원하는 대로 하지 않을 것이다》라고 말했습니다.〉 당시 마이어스는 나기 박사에게 이런 말도 했다. 〈그들이 나를 위협했다. 그들은 내 입에서 그들이 듣고 싶은 말이 나오길 바라며 그들이 원하는 대로 하지 않으면 《전기의자에 앉게 될 것이다》라고 했다.〉

마이어스는 우리가 증인으로 채택한 네 번째 의사 버나드 브라이언트에게 자신이 월터 맥밀리언에 대해 거짓 증언을 하도록 압력을 받고 있다고 털어놓았다. 브라이언트 박사는 마이어스가 자신에게 말한 내용을 증언했다. 〈마이어스는 범행을 저지르지 않았으며 해당 혐의로 수감되었을 당시 지역 경찰에게 저지르지도 않은 범행을 자백하도록 위협받고 시달렸습니다.〉

우리는 이날 네 명의 의사가 진술한 내용이 마이어스가 1심 재판이 열리기 〈전〉에 말한 것임을 심리가 진행되는 내내 법원 측에 강조했다. 의사들의 진술은 마이어스의 번복에 신뢰를 더했다. 의사들의 증언은 법적으로 마땅히 월터의 이전 변호사들에게 공개되어야 했지만 전혀 제공되지 않았던 의료 기록 내용이었다. 미국 대법원은 피고의 무죄를 증명할 수 있는 증거나 목격자의 신뢰성에 의문을 제기하는 증거가 있을 경우 이를 반드시 피고 측에 공개하도록 검찰에게 오랫동안 요구해 왔다.

검찰 측에서 동원한 지지자들과 희생자의 가족들은 우리가 제시한 증거 때문에 혼란스러운 듯 보였다. 새로운 증거가 나타나면서 월터가 유죄임을 확신하게 한 단순한 설명과 신속하고 확실한 처벌이 필요하다는 생각이 복잡해진 것이다. 시간이 지날수록 검찰 측 지지자들이 법정을 떠나기 시작했고 빈자리에 월터를 응원하는 사람들이 들어오면서 법정 안 흑인들의 숫자가 점점 늘어났다. 둘째 날이 끝나갈 즈음 나는 무척 희망에 부풀었다. 우리는 좋은 흐름을 유지하고 있었다. 반대 신문도 예상했던 것보다 금방 끝났다. 이제 하루만 더 지나면 월터의 사건을 이대로 종결지을 수도 있겠다는 생각이 들었다.

그날 저녁 몸은 피곤하지만 기분은 좋아진 채로 주차장을 향해 걸었다. 윌리엄스 부인이 법원 밖 벤치에 혼자 앉아 있었다. 다소 의외였다. 나와 눈이 마주치자 그녀가 일어섰다. 그녀를 향해 걸어가는 잠깐 사이에 법정을 떠나던 그녀를 바라보며 내가 얼마나 가슴을 졸였는지 생각났다.

「윌리엄스 부인, 오늘 아침 그들이 벌인 짓은 정말 유감입니다. 그러면 안 되는 거였어요. 그들 때문에 화가 나셨다면 대신 사과드리겠습니다. 참고로 오늘도 일이 잘 풀렸습니다. 만족할 만한 하루였던 것 같습니다…….」

그녀가 〈스티븐슨 변호사님, 나는 기분이 엉망이에요. 너무 안 좋아요〉라고 말하면서 내 손을 붙잡았다.

「오늘 아침 나는 법정 안으로 들어갔어야 했어요. 그 법정 안에 있어야 했어요.」 그녀의 얼굴에서 눈물이 흐르기 시작했다.

「윌리엄스 부인, 괜찮아요. 그들이 하지 말아야 할 짓을 했기 때문이에요. 너무 마음에 담아 두지 마세요.」 나는 그녀를 가볍게 안아 주었다.

「아니, 아니에요. 나는 자리를 지켜야 했어요. 그 법정 안에 있어야 했어요.」

「괜찮아요, 윌리엄스 부인. 괜찮아요.」

「아니에요, 변호사님. 나는 그곳에 있어야 했고 있고 싶었어요.

그렇게 하려고 했죠. 정말 그러려고 했어요. 하느님은 내가 노력했다는 것을 아실 겁니다, 스티븐슨 씨. 하지만 그 개를 발견했을 때⋯⋯.」 그녀는 도리질을 하고 먼 곳을 응시했다. 「그 개를 보았을 때 1965년에 겪은 일이 생각났어요. 당시 우리는 셀마의 에드먼드 페투스 다리에 모여서 투표권을 요구하며 행진을 하려고 했답니다. 그들은 우리에게 폭행을 가하는 것으로 모자라 개까지 풀었어요.」 그녀가 다시 슬픈 눈으로 나를 바라보았다. 「나는 앞으로 나아가려고 노력했어요, 스티븐슨 변호사님. 앞으로 나아가고 싶었지만 그럴 수가 없었어요.」

그녀가 이야기를 하는 순간에도 세상의 모든 슬픔이 그녀를 집어삼킨 듯했다. 그녀는 내 손을 놓고 멀어져 갔다. 나는 법정에서 보았던 사람들과 함께 자동차에 오르는 그녀의 모습을 지켜보았다.

우울한 기분을 안고 호텔로 돌아와 심리 마지막 날을 준비하기 시작했다.

나는 아무 문제가 없도록 확실히 하기 위해 다음 날 아침 일찍 법원에 도착했다. 막상 도착해서 보니 검찰을 응원하는 사람들은 아주 소수만 모습을 나타냈다. 금속 탐지기와 경찰견은 그대로였지만 문 앞에서 흑인들을 법정 안으로 들어가지 못하게 막는 보안관 대리는 보이지 않았다. 법정 안에는 전날 저녁 내가 윌리엄스 부인과 헤어질 때 그녀와 함께 자동차를 탔던 여성이 있었다. 그녀가 내게 다가와서 자신을 윌리엄스 부인의 딸이라고 소개했다. 어머니를 위로해 준 것에 고마움을 표시했다.

「어젯밤 집에 돌아왔을 때 어머니는 무척 화가 나 있었어요. 아무엇도 먹지 않고 누구와도 말을 섞지 않은 채 곧장 침실로 올라 갔죠. 밤새도록 기도하는 소리가 들렸어요. 아침에는 목사님한테 전화해서 주민 대표로 법정에 들어갈 수 있도록 한 번만 더 기회를 달라고 부탁했어요. 내가 일어났을 때는 이미 모든 준비가 끝나 있었어요. 옷까지 다 갖추어 입고 법원에 갈 준비를 완료한 상태였죠. 내가 법원에 꼭 가야할 필요는 없다고 말했지만 전혀 듣지 않았어요. 어머니는 일찍이 많은 일을 겪었고 아무튼 여기 오는 내 내〈하느님, 저는 개를 무서워하지 않습니다. 저는 개가 무섭지 않습니다〉라는 말을 되풀이했답니다.」

나는 법원 공무원들이 전날 한 짓에 대해 윌리엄스 부인의 딸에게 한 번 더 사과했다. 그때 갑자기 법정 출입문 쪽에서 작은 소란이 일었다. 우리가 돌아보자 거기에는 윌리엄스 부인이 서 있었다. 어제처럼 모자와 스카프를 갖춘 완벽한 차림이었다. 손가방을 옆구리에 꼭 끼운 채 출입문 앞에서 여전히 망설이는 듯 보였다. 그녀가 계속 혼잣말을 하는 소리가 들렸다. 「나는 개가 무섭지 않아. 나는 개가 무섭지 않아.」 이제 그녀의 순서가 되었고 앞으로 이동해도 된다는 법원 경비들의 허락이 떨어졌다. 윌리엄스 부인은 고개를 꼿꼿이 세우고 계속 〈나는 개가 무섭지 않아. 나는 개가 무섭지 않아〉라는 말을 되풀이하면서 금속 탐지기를 향해 천천히 걸어갔다. 나는 그녀에게서 시선을 거둘 수가 없었다. 금속 탐지기를 통과한 그녀가 경찰견을 노려보았다. 그러고는 모든 사람에게 들릴 만큼 큰 소리로 외쳤다. 「나는 개가 무섭지 않아!」

그녀는 경찰견을 지나쳐서 법정 안으로 들어왔다. 그녀가 금속 탐지기와 경찰견을 통과하자 이미 법정에 들어와 있던 흑인들이 좋아서 뱅글거렸다. 법정 앞쪽에 자리를 잡고 앉은 그녀가 나를 향해 활짝 웃으며 선언하듯 말했다. 「스티븐슨 변호사님, 나 왔어요!」

「윌리엄스 부인, 여기서 뵙게 되어 기쁩니다. 와주셔서 감사해요.」

법정이 사람들로 채워졌고 나는 서류들을 정리하기 시작했다. 월터가 법정 안으로 들어왔다. 심리가 곧 시작된다는 신호였다. 그때 윌리엄스 부인이 내 이름을 부르는 소리가 들렸다.

「그게 아니고요, 스티븐슨 변호사님. 당신은 내 말을 듣지 못했군요. 내가 여기 왔다고요.」 그녀가 하도 큰 소리로 이야기해서 나는 약간 어리둥절하고 당혹스러웠다. 나는 몸을 돌려 그녀에게 미소를 지어 보였다.

「아닙니다, 윌리엄스 부인. 들었어요. 부인이 지금 여기에 있다는 사실이 너무 기쁩니다.」 하지만 그녀를 바라보자 그녀는 자신만의 세상에 도취되어 누구의 말도 들리지 않는 듯했다.

법정 안이 사람들로 가득 찼다. 판사가 걸어 나오자 집행관이 정숙을 외쳤다. 관례대로 사람들이 모두 자리에서 일어섰다. 판사가 판사석으로 가 앉았고 법정 안의 다른 사람들도 일제히 자리에 앉았다. 이례적으로 긴 침묵이 흘렀고 모든 사람들이 판사의 입을 예의 주시하고 있었다. 그때 나는 사람들이 내 뒤의 어떤 것을 응시하고 있음을 알아차렸고 고개를 돌리자 자신의 자리에 여전히 서 있는 윌리엄스 부인이 눈에 들어왔다. 법정 안은 고요했고 모든 시선이 그녀를 향했다. 내가 앉으라는 몸짓을 하려는 찰나 그녀가 고개를 높이 들고 외쳤다. 「내가 왔어요!」 그녀가 자리에 앉는 동안 사람들이 조심스럽게 낄낄거렸지만 나를 바라보는 그녀의 눈에는 눈물이 맺혀 있었다.

그 순간 나는 심오한 무언가를 깨달은 것 같은 특별한 느낌을 받았다. 미소가 지어졌다. 나는 그녀가 법정 안의 모든 사람에게 〈비록 늙고 가난한 흑인일지라도 나는 여기에 왔다. 내게는 이 사건의 목격자가 되라고 요구하는 정의감이 있으며 그래서 여기에 왔다. 내가 여기에 있어야 하기 때문에 여기에 왔다. 아무도 나를 막지 못했고 결국 나는 여기에 왔다〉라고 이야기하고 있음을 알 수 있었다.

나는 뿌듯한 표정으로 앉아 있는 윌리엄스 부인에게 미소를 건넸다. 이 사건을 맡아 일을 시작한 이래 처음으로 우리가 무엇을 성취하기 위해 싸우고 있는지 마침내 이해가 되는 것 같았다. 내가 판사의 목소리를 인지하기까지 1분 정도의 시간이 걸렸다. 그는 내 이름을 부르면서 얼른 시작하라고 재촉하고 있었다.

심리 마지막 날도 만족스럽게 진행되었다. 랠프 마이어스와 구치소나 교도소 생활을 함께한 대여섯 명이 증인으로 출두했다. 그들은 마이어스가 월터 맥밀리언에 대해 거짓 증언을 하라는 압박을 받고 있다는 말을 들은 수감자들이었다. 우리는 그런 말을 들은 적이 있는 사람들을 거의 다 찾아내서 증언대에 세웠고 그들은 일관된 진술을 보여 주었다. 마이어스 때문에 억울하게 피트먼 살해 혐의를 받았던 아이작 데일리는 피트먼 살인 사건과 관련하여 마이어스가 월터에게 누명을 씌웠다고 설명했다. 경찰에게 체포된 마이어스가 데일리에게 자신과 캐런이 피트먼 살인죄를 월터에게 뒤집어씌우기로 모의했다고 털어놓았던 것이다. 「마이어스는 우리에게 자신과 캐런이 피트먼을 살해했으며 조니 디에게 죄를 뒤집어씌우기로 했다고 말했습니다.」

먼로 카운티 구치소에서 마이어스를 대신해 편지를 써주었던 다른 재소자도 마이어스가 맥밀리언을 알지 못했고, 모리슨 살인 사건에 대해 전혀 아는 바가 없었으며, 경찰로부터 맥밀리언에 대해 거짓 증언을 하도록 압박을 받고 있었다고 설명했다.

우리는 마지막을 위해 가장 강력한 증거를 아껴 두었다. 테이트와 벤슨, 이크너가 마이어스를 심문하면서 녹음해 둔 테이프는 꽤나 인상적이었다. 무엇보다 테이프에는 마이어스가 자신은 모리슨 살인 사건이나 월터 맥밀리언에 대해 전혀 모른다고 경찰에게 거듭 이야기하는 대목이 수차례 등장했다. 경찰은 마이어스를 위협하고 마이어스는 무고한 남자에게 살인 누명을 씌울 수 없다고 저항하는 내용이 담겨 있었다. 테이프가 공개됨으로써 마이어스의 번복이 정당성을 갖게 되었고 그가 1심 재판에서 증언한 내용들은 설득력을 잃었다. 피어슨이 판사와 배심원단, 맥밀리언의 1심 변호사들에게 마이어스가 딱 두 가지 사실만을 진술했다고 거짓말한 사실도 드러났다. 실제로 마이어스는 경찰에게 그 두 가지와 더불어 최소 여섯 가지의 추가적인 사실을 진술했으며, 내용상 월터 맥밀리언이 론다 모리슨을 죽였는지와 관련해 자신은 전혀 알지 못한다고 진술한 이번 심리의 증언과 일맥상통했다. 테이프에 녹음된 진술이 전부 서면으로 기록되었다. 모든 내용이 월터 맥밀리언에게 유리한, 그의 무죄를 암시하는 증거였지만 어느 하나 법이 요구하는 대로 맥밀리언의 변호사들에게 공개되지는 않았다.

나는 1심에서 맥밀리언을 변호했던 브루스 보인턴과 J. L. 체스트넛에게 만약 검찰이 1심에서 은닉한 증거를 공개했더라면 그들이 무죄 판결을 받아 내는 데 얼마나 도움이 되었을지 증언해 달라고 요청했다. 우리는 그렇게 증거 제출을 마무리 지었고 놀랍게도 검찰 측은 아무런 반론도 제기하지 않았다. 우리가 제시한 증거에 그들이 어떤 반론을 제기할 수 있을지는 몰랐지만 그래도 〈어떻게든〉 반론을 제기할 거라고 예상했다. 판사도 놀라기는 마찬가지인 듯했다. 노턴 판사는 잠시 고민하더니 피고와 검사 측에 판사가 어떤 판결을 내려야 하는지를 적어 준비 서면[19]을 제출하라고 했다. 우리가 바라던 바였다. 나는 모든 증거의 의미를 서면으로 설명하고 판사가 판결을, 희망컨대 월터를 석방하라는 판결을 내리는 데 도움을 줄 수 있는 기회를 얻은 것에 안도했다. 늦은 오후에 판사가 휴정을 선언함으로써 3일간의 격렬했던 소송이 끝났다.

마이클과 나는 서둘러 심리 마지막 날 아침을 준비하느라 법원으로 가기 전에 체크아웃을 하지 못했다. 우리는 법정 안에서 월터의 가족들에게 작별 인사를 고하고 호텔로 돌아갔다. 기진맥진했지만 만족스러웠다.

심리가 열린 베이 미넷은 멕시코 만의 아름다운 해변에서 대략 30분 정도 떨어진 곳이었다. 우리는 매년 9월이 되면 직원들과 함께 정기적으로 해변을 찾기 시작했고 멕시코 만의 투명하고 따뜻한 바다와 사랑에 빠져 있었다. 멕시코 만의 백사장과 개발되지 않아서 더욱 멋진 해변은 장관을 이루었고 마음을 진정시켜 주었다. 멀리 보이는 연안의 대규모 석유 굴착 장비들이 약간 거슬렸지

---

19 변론하고자 하는 내용을 적어서 법원에 제출하는 문서.

만 그것만 무시할 수 있다면 마치 낙원에 와 있는 것 같았다. 돌고래들도 멕시코 만의 이 부분을 좋아했는지 유쾌하게 물속을 헤엄치는 모습이 이른 아침마다 포착되었다. 나는 우리 사무실을 멕시코 만의 이곳으로 옮겨야 한다고 생각했다.

몽고메리로 돌아가기 전에 해변을 들렀다 가자는 것은 마이클의 아이디어였다. 나는 과연 좋은 생각일지 확신이 없었지만 날은 따뜻하고 해변이 바로 지척이었기 때문에 도저히 반대할 수 없었다. 우리는 서둘러 자동차를 타고 석양을 따라 앨라배마 포트 모건 근처의 아름다운 해변을 향해 달렸다. 해변에 도착하자마자 마이클은 수영 팬츠를 입고 바닷속으로 뛰어들었다. 나는 바다로 뛰어들기에는 너무 피곤해서 반바지를 입고 물가에 앉았다. 곧 있으면 해가 질 시간이었지만 더위는 물러갈 기미를 보이지 않았다. 나는 법정에서 있었던 일로 머리가 복잡했다. 증인들이 한 말들을 되새겼고 모든 것이 완벽하게 진행되었는지 고민했다. 머릿속으로 세부 사항들을 일일이 다시 검토하고 혹시라도 실수는 없었는지 점검했다. 그때였다. 문득 다 끝난 일이라는 생각이 들었다. 지금 시점에서 미친 듯이 머리를 쥐어짜며 고민해 봐야 아무런 소용이 없었다. 나는 바다를 만끽하는 데 전념하기로 했다. 적어도 지금만큼은 전부 잊어버리기로 했다.

얼마 전 나는 읽을거리 하나 없이 공항에 발이 묶이는 바람에 상어의 공격에 관한 기사를 읽게 된 적이 있었다. 석양을 받아 반짝거리고 있는 포트 모건의 파도 쪽으로 다가가는데 상어가 해 질 녘과 새벽에 먹이 활동을 한다는 사실이 떠올랐다. 해변에서 멀리 떨어져 수영하는 마이클은 재미있어 보였다. 한편으로 상어가 나타난다면 그보다는 내가 손쉬운 먹잇감이 될 거라는 생각이 들었다. 마이클은 물고기처럼 수영을 잘했고 그에 비해 나는 겨우 물에 떠 있는 수준이었다.

마이클이 내게 손을 흔들며 외쳤다. 「남자답게 굴어요, 이리 와요!」 나는 조심스럽게 물속으로 모험을 감행했으며 마이클에게 상어가 걱정되어 그랬다고 해명할 수 있을 정도로 멀리 나아갔다. 그가 한심하다는 듯 나를 놀렸다. 물속은 따뜻했고 경이로웠으며 예상 밖으로 편안했다. 한 무리의 물고기 떼가 다리 사이를 핑핑 지나다녔다. 나는 넋을 잃고 물고기를 바라보다가 문득 이 물고기들이 덩치가 훨씬 큰 어떤 포식자를 피해 도망다니는 것일지도 모른다는 생각이 들었다. 나는 조심스럽게 다시 해변으로 돌아갔다.

백사장에 앉아 멋진 펠리컨들을 바라봤다. 잔잔한 물 위를 힘들이지 않고 미끄러지듯 날아가며 먹이를 찾고 있었다. 작은 꽃발게들이 내 주위를 날쌔게 기어 다녔다. 가까이 다가오기에는 너무 겁이 많았지만 주위에서 서성거릴 정도로 호기심을 느낀 모양이었다. 나는 월터가 생각났다. 승합차 뒷좌석에서 족쇄를 찬 채 다시 홀먼 교도소로 돌아가고 있을 터였다. 나는 그가 희망에 차 있기를, 아울러 판사가 어떤 판결을 내리든 이겨 낼 수 있을 만큼 현실적이기를 바랐다. 그의 가족들을 비롯해 법정에 와주었던 모든 사람들이 생각났다. 그들은 월터가 체포된 이래로 지난 5년 동안 한결같은 믿음을 보여 주었다. 이제는 그들에게도 희망을 품고 용기를 가질 충분한 이유가 있었다. 윌리엄스 부인도 생각났다. 심리가 끝나자 그녀가 내게 다가와 볼에 달콤한 키스를 해주었다. 나는 그녀에게 법정에 다시 와줘서 얼마나 기뻤는지 모른다고 말했다.

그녀가 농담조로 〈스티븐슨 변호사님, 당신은 내가 올 줄 알았잖아요. 내가 그 사람들에게 굴복하지 않을 줄 알았잖아요〉라고 대꾸했다. 그녀의 말에 웃을 수밖에 없었다.

물 밖으로 나온 마이클의 표정이 어두웠다.

「못 볼 거라도 보았나요?」 내가 농담을 던졌다. 「상어였나요? 뱀장어? 독해파리? 홍어? 피라냐?」

그가 가쁜 숨을 몰아쉬었다. 「그들은 우리를 위협했고 거짓말도 서슴지 않았어요. 사람들 말로는 우리가 하고 있는 일 때문에 몇몇 먼로 카운티 사람들의 심기가 불편해졌고 그래서 우리를 죽이려고 한다고 했잖아요. 우리에게 월터의 무죄를 입증할 수 있는 증거가 얼마나 많은지 그들도 알게 됐는데 이제는 어떻게 나올까요?」

나도 이 문제를 고민한 적이 있었다. 우리의 상대는 월터에게 죄를 뒤집어씌우기 위해, 그를 죽이기 위해 할 수 있는 모든 짓을 했다. 우리에게 거짓말을 했고 재판 절차도 무시했다. 화가 난 마을 사람들이 우리를 죽여 버리겠다고 말하는 것을 들었다는 사람도 한둘이 아니었다. 그들은 우리가 살인자를 사형당하지 않도록 도와주려 한다고 생각했다.

「모르겠군요.」 나는 마이클에게 말했다. 「하지만 우리는 단호하게 밀고 나아가야 합니다. 단호하게 나아가는 수밖에 없어요.」

우리는 둘 다 아무 말없이 그 자리에 앉아 어둠 속으로 사라져 가는 해를 감상했다. 갈수록 많은 꽃발게들이 구멍에서 나와 정신없이 기어 다녔고 우리가 앉아 있는 곳으로 점점 더 다가왔다. 어둠이 내리기 시작할 즈음 마이클에게 말했다.

「갑시다.」

10장

짐을 덜다

미국의 교도소는 정신 병동이 되어 갔다. 잘못된 마약 정책과 과도한 형벌로 대량 투옥 현상이 발생했으며 정신 질환을 앓고 있는 가난한 다수의 사람들에게 형을 선고하여 기록적인 수감률을 달성했다. 그리고 이런 상황은 전례 없는 문제들을 양산했다.

나는 전화로 에이버리 젱킨스를 처음 만났다. 그가 전화를 걸어왔는데 대체로 횡설수설이었다. 자신이 무슨 죄로 유죄 판결을 받았는지 설명하지 못했을뿐더러 무엇을 원하는지도 확실하게 말하지 못했다. 자신의 수감 환경에 대해 불평하다가 다른 생각이 들면 갑자기 주제를 바꾸는 식이었다. 편지도 보내왔지만 전화 통화만큼이나 이해하기 어려웠다. 결국 나는 어떻게 도와 달라는 것인지 보다 잘 알 수 있을까 하는 생각에 그를 직접 만나 보기로 했다.

백여 년 동안, 중증 정신 질환을 앓는 미국인들을 보호하는 시설은 정신 병원과 감옥 사이를 바쁘게 오갔다. 19세기 말 정신 질환을 앓는 재소자들에 대한 비인간적인 처우에 놀란 도로테아 딕스와 루이스 드와이트 목사는 정신 질환자들을 교도소에서 꺼내기 위한 캠페인을 벌였다. 그 결과 중증 정신 질환을 앓는 재소자들의 숫자는 극적으로 감소했고 공립이나 사립 보호 시설들이 등장해서 정신적으로 고통받는 사람들을 보살폈다. 그리고 주립 정신 병원들이 전국 각지에 빠른 속도로 들어섰다.

20세기 중반에 이르자 이러한 정신 질환자 보호 시설 내에서 자행되는 학대에 많은 관심이 집중되었고 타의에 의한 구금이 심각한 문제로 부각되었다. 중대한 정신 질환이라기보다는 사회나 문화, 성 규범에 저항하면서 일어난 별난 행동 때문에 수천 명의 사람들이 가족들이나 교사들, 판사들에 의해 보호 시설로 보내졌다. 동성애자이거나 성 규범에 저항하거나 다른 인종과 연애하는 사람들이 자의에 반하여 정신 병원에 수용되기 일쑤였다. 소라진처럼 정신병에 효과가 있는 약이 도입되어 중증 정신 질환을 앓는 사람들에게 커다란 희망을 주기도 했지만 많은 보호 시설들이 이러한 약물에 지나치게 의존하면서 끔찍한 부작용과 약물 남용을 초래했다. 일부 시설들에서 공격적이고 과격한 방식으로 치료를 진행해 끔찍한 사례들이 발생했고 이는 새로운 운동을 부추겼다. 이번에는 정신 질환자 보호 시설에서 사람들을 탈출시키는 것이었다.

1960년대와 1970년대에 들어 자의에 반해서 정신 병원에 수감하는 것을 보다 어렵게 만드는 법률들이 제정되었다. 많은 주는 탈시설화를 목표로 삼았다. 정신 질환자의 대변자들과 변호사들이 일련의 대법원 재판에서 승소하면서 주 정부는 주립 시설에 수용된 사람들을 지역 사회 프로그램으로 옮겨야 했다. 법적인 판결에 의해 발달 장애가 있는 사람들이 치료를 거부할 수 있게 되었고 정신 질환을 앓는 사람들에게도 권리가 생기면서 보호 시설에 강제 수용되는 사례가 감소했다. 1990년대에 이르러 몇몇 주의 탈시설화 비율은 95퍼센트에 육박했다. 탈시설화 프로그램이 시행되기 이전까지 주립 정신 병원에 수용된 환자가 백 명이었다면 조사가 행해진 1990년대에는 다섯 명이 채 되지 않았다는 뜻이다. 1955년을 기준으로 정신 병원에서 수용할 수 있는 환자의 숫자는 미국인 3백 명당 한 명이었다. 그리고 불과 50년 뒤에 이 수치는 3천 명당 한 명이 되었다.

이런 개혁들이 절실히 필요하긴 했지만 탈시설화는 광범위하게 시행된 대량 투옥 정책과 맞물려 비참한 결과를 초래했다. 형사 법령이 늘어나고 처분이 더 가혹해지면서 〈자유로운 바깥세상〉은 시설에서 벗어난 가난한 지적 장애인들에게 위험한 세상이 되었다. 소득이 낮아 필요한 약을 못 구하고 치료도 못 받는 수많은 장애인들이 경찰과 마주쳐 구치소나 교도소에 수감될 확률이 극적으로 증가했다. 구치소와 교도소는 마약 중독과 약물 의존이 초래한 의료 위기를 해결하려는 주 정부의 전략으로 사용되었다. 사소한 범행과 마약류 범죄, 또는 지역 사회가 용납하길 거부한 어떤 행동을 했다는 단순한 이유로 수많은 정신 질환자들이 교도소로 보내졌다.

오늘날 미국의 구치소나 교도소 재소자들 50퍼센트 이상이 정신 질환 진단을 받은 사람들이다. 이는 일반 성인들을 기준으로 했을 때보다 거의 다섯 배나 높은 수치이다. 재소자 다섯 명 가운데 한 명은 심각한 정신 질환을 앓고 있다. 실제로 구치소나 교도소에 수감된 정신 질환자의 숫자가 병원에 있는 정신 질환자의 숫자보다 세 배 이상 많다. 주에 따라서는 열 배가 넘는 경우도 있다. 교도관들이 정신 질환이나 신경 질환에 무지한 까닭에 교도소는 해당 질환을 앓는 재소자들에게 더없이 끔찍한 곳이다.

일례로 내가 아직 애틀랜타에서 일할 때 우리 사무실은 루이지애나에서 악명 높은 앙골라 교도소를 고소했었다. 독방에 있는 피수용자를 이송하기 위해 교도관이 안으로 들어가야 할 경우, 사전에 재소자에게 수갑을 채울 수 있도록 두 손을 철창 사이로 내밀게 하는 정책을 수정해 달라는 요구를 그들이 거부했기 때문이었다. 간질이나 발작 장애를 앓는 재소자들이 독방 안에서 경련을 일으킬 경우 때때로 도움이 필요했는데 교도관들은 그들이 두 손을 철창 사이로 내밀지 못한다며 곤봉으로 때리거나 소화기를 이용해서 진압했다. 이 같은 개입은 재소자들의 건강 문제를 더욱 악화시켰고 때로는 그들의 사망으로 이어졌다.

초만원인 대다수 교도소들은 정신 질환이 있는 재소자들을 특별히 보살피거나 치료해 줄 여력이 없다. 치료의 부재는 장애인들의 수감 생활을 불가능한 것으로 규정하는 무수한 규칙을 수반한다. 다른 재소자들은 정신 질환자의 이상 행동을 악용하거나 그것에 폭력적으로 반응한다. 교도관들은 지적 장애인을 못마땅하게 여기고 자주 가혹하게 처벌하거나 독방에 감금하고 가능한 한도 내에서 가장 극단적인 형태의 감금을 실시한다. 많은 판사들과 검사들, 변호사들이 지적 장애인들의 특별한 어려움을 인지하지 못하며 이런 상황은 잘못된 유죄 판결과 장기형, 높은 재범률을 야기한다.

나는 앨라배마에서 정신 질환을 앓는 사형수 조지 대니얼을 변호했었다. 조지는 어느 늦은 밤 텍사스 휴스턴에서 일어난 자동차 사고로 뇌에 손상을 입은 상태였다. 사고 당시 그는 의식을 잃었고 정신을 차렸을 때는 도로 가에서 뒤집힌 자동차 안이었다. 그날 밤 집으로 돌아왔을 때 그는 치료를 받으려고 하지 않았다. 나중에 그의 여자 친구가 조지의 가족에게 이야기한 바에 따르면 처음에는 약간 이상해 보이는 정도였다. 곧 그는 환각에 시달리기 시작했고 갈수록 이상하고 괴상한 행동을 보였다. 주기적으로 불면증에 시달렸고, 목소리가 들린다고 불평했으며, 말벌이 자신을 쫓아온다고 생각해서 두 번이나 나체로 집을 뛰쳐나갔다. 사고가 일어난 지 일주일도 지나지 않아 더 이상 완전한 문장으로 이야기할 수 없게 되었다. 병원에 가게끔 조지를 설득해 달라는 어머니의 요청을 받았을 때는 이미 조지가 한밤중에 그레이하운드 버스에 올라탄 뒤였다. 그는 자신의 주머니에 있던 돈이 바닥날 때까지 여행을 멈추지 않았다.

정신적으로 혼란스럽고 의사소통이 불가능한 상태에서 조지는 큰 소리로 혼자 중얼거리고 자신의 주위를 날아다니는 가상의 물체를 향해 과격한 행동을 함으로써 승객들을 불안하게 하더니 앨라배마 허츠버러를 지나던 버스에서 강제로 쫓겨났다. 버스가 가족들이 사는 몽고메리를 경유했지만 강제로 하차당하기 전까지 그는 버스에서 내리려고 하지 않았다. 버스에서 쫓겨났을 때 그는 무일푼이었으며 1월 중순이었지만 신발도 없이 청바지에 티셔츠 차림이었다. 그는 허츠버러를 배회하다가 어느 집 앞에 멈추었다. 문을 두드리자 집주인이 문을 열었고 조지는 허락도 없이 집 안으로 들어가 여기저기를 돌아다니다가 식탁을 발견하고 앉았다. 깜짝 놀란 집주인이 그녀의 아들을 부르자 아들이 와서 조지를 억지로 쫓아냈다. 조지는 어떤 노부인이 사는 또 다른 집을 찾아갔고 앞의 집에서 했던 것과 똑같이 행동했다. 노부인이 경찰을 불렀다. 공격적인 성향으로 명성이 자자했던 경찰관은 출동해서 강제로 조지를 끌어냈다. 경찰차로 끌려가던 조지가 저항하기 시작하자 두 사람 사이에는 몸싸움이 일어났으며 둘 다 땅에 넘어졌다. 경찰이 총을 꺼내자 두 사람은 서로 총을 차지하려고 격투를 벌였고 그때 총이 발사되면서 경찰관의 배에 맞았다. 그는 총상으로 결국 사망했다.

조지는 체포되었고 살인 혐의로 기소되었다. 러셀 카운티의 구치소에 수감되어 있는 동안 그의 정신병은 더욱 심해졌다. 경찰이 작성한 보고서에 따르면 그는 자신의 감방에서 나오려고 하지 않았다. 자신의 대변을 먹는 광경이 목격되기도 했다. 어머니가 방문했지만 그는 어머니를 알아보지 못했다. 완전한 문장으로 말을 하지도 못했다. 사형 재판에서 그를 변호하도록 두 명의 국선 변호사가 선임되었는데 그들의 주된 관심사는 사형 재판에 선임된 국선 변호사가 법정 밖에서 재판을 준비하는 데 들인 시간에 대해 앨라배마 주 정부에서 지급하는 1천 달러를 오직 한 사람만 받을 수 있다는 사실이었다. 그들은 이 돈을 차지하기 위해 서로 싸우기 시작했고 한 사람이 다른 사람을 상대로 민사 소송을 제기하기에 이르렀다. 판사는 조지가 재판을 받을 수 있는 상태인지 확인하기 위해서 그를 터스컬루사의 브라이스 병원으로 보냈다. 조지를 진찰한 의사 에드 시거는 그가 정신 질환을 앓고 있지 않으며 〈꾀병〉을 부리고 있거나 정신 질환자인 척하고 있다는 이상한 결론을 내렸다.

에드 시거의 진단에 근거하여 판사는 의도적인 살인 혐의로 조지의 재판을 진행했다. 조지의 변호사들은 그들끼리 언쟁을 벌일 뿐 어떠한 변론도 제기하지 않았으며 증인을 부르지도 않았다. 조지는 재판 내내 계속해서 컵에 침을 뱉고 시끄럽게 혀를 찼지만 검찰이 증인으로 내세운 시거 박사는 조지에게 정신적으로 아무런 문제가 없다고 배심원을 설득했다. 조지의 가족들은 황당했다. 조지는 자동차 사고 전까지 휴스턴의 피어 원 가구점에서 일했다. 그는 자신의 급여 수표를 그대로 놓아둔 채 버스를 타고 마을을 떠났다. 집을 나서기 최소 이틀 전부터 현금으로 바꿀 수 있는 수표였다. 자신도 가난했기 때문에 조지 같은 이에게 단돈 1달러가 얼마나 소중한지 잘 알았던 어머니는 다른 무엇보다도 수표를 놓고 간 조지의 행동이 그에게 정신적 문제가 있음을 보여 주는 증거라고 판단했고 변호사들에게 아직 청구되지 않은 그 수표에 대한 권리를 넘겨주었다. 재판에서 조지의 혼란스러운 정신 상태를 입증하는 데 사용되길 바라는 마음에서였다. 하지만 돈 문제로 여전히 언쟁을 벌이던 변호사들은 수표를 증거로 제출하는 대신 현금으로 바꾸어 나눠 가졌다.

조지는 유죄 판결을 받았고 사형이 내려졌다. 우리 이퀄 저스티스 이니셔티브가 이 사건에 개입하기 시작했을 때 그는 사형수 수감 건물에 7년째 복역 중이었다. 형 집행 날짜는 시시각각 다가오고 있었다. 내가 그를 만났을 때는 교도소의 의사들이 그에게 향정신성 치료제를 대량으로 투약하고 있어서 적어도 안정적인 행동을 보이고는 있었다. 브라이스 병원에서 그를 진찰했던 의사가 의료 훈련을 받지 않은 돌팔이였다는 사실을 알았을 때 우리는 전혀 놀라지 않았다. 조지가 정신 질환을 앓고 있음이 너무나 명백했기 때문이다. 〈에드 시거 박사〉는 자격증을 위조했다. 대학도 나오지 않았으며 병원 관계자들을 속여서 자신을 정식 의료 훈련을 받고 정신 의학을 전공한 의사라고 믿게 했다. 그는 사기가 들통나기 전까지 해당 병원에서 무려 〈8년〉 동안 의사 행세를 하면서 범죄 피의자들의 재판 가능성 여부를 평가했다.

나는 연방 법원이 진행한 소송에서 조지를 변호했다. 법원에서 검찰은 시거가 사기꾼이라는 사실을 인정하면서도 조지에 대한 사실심을 다시 진행하는 데는 동의하지 않았다. 결과적으로 우리는 연방 판사에게서 유리한 판결을 얻어 냈다. 조지에 대한 유죄 판결과 형량을 모두 뒤집은 것이다. 정신 질환과 재판 부적격 사유로 조지는 재심을 받지 않았고 다시 기소되지도 않았다. 그 뒤로 내내 보호 시설에서 지내고 있다. 하지만 〈시거 박사〉에게 정신 감정을 받은 뒤 교도소에서 복역 중인 수백 명의 재소자들이 있을 수 있었고 그들에게 내려진 유죄 판결은 전혀 재검토되지 않았다.

사형 선고를 받은 의뢰인 상당수가 심각한 정신 질환을 앓았던 적이 있었지만 그들의 질환이 교도소에 오기 전부터 시작된 것인지는 늘 분명치 않았다. 장애 증상이 일시적으로 나타나는 경우도 있었고 스트레스에서 기인하는 경우도 빈번했기 때문이다. 그럼에도 글씨가 너무 작아서 돋보기를 대고 읽어야 하는 에이버리 젱킨스의 편지들을 보면서 나는 그의 병이 아주 오래되었음을 확신했다.

나는 그의 사건에 대해 알아보고 전체적인 그림을 맞추기 시작했다. 알고 보니 그는 나이 든 한 남성을 무척 충격적이고 잔인하게 살해한 혐의로 유죄 판결을 받은 상태였다. 희생자를 칼로 여러 번 찔러서 만든 자상이 정신 질환을 암시하는 강력한 증거였음에도 재판 기록이나 사건 파일에는 젱킨스가 장애를 앓는 사실에 대한 언급이 전혀 없었다. 그를 직접 만나 보면 보다 많은 것을 알아낼 수 있을 것 같았다.

교도소 주차장에 차를 대고 있는데 픽업트럭 하나가 내 눈을 사로잡았다. 마치 남북 전쟁 이전의 옛 남부에 봉헌된 제단 같은 차량이었다. 눈살을 찌푸리게 만드는 범퍼 스티커들과 남부 연합기 모양의 데칼을 비롯해 눈에 거슬리는 다수의 그림들로 완전히 도배되어 있었다. 남부 연합기가 들어간 자동차 번호판이야 남부 지역 어디에서나 흔히 볼 수 있었지만 처음 보는 범퍼 스티커들도 있었다. 대체로 총과 남부의 정체성에 관한 것들이 많았다. 그중 하나에는 〈이렇게 될 줄 알았더라면 내가 직접 그 빌어먹을 목화들을 땄을 것이다〉라고 쓰여 있었다. 어릴 때 주위에서 남부 연합기를 자주 보았고 디프사우스에서 다년간 일해 온 내가 보기에도 픽업트럭에 도배된 상징물들은 좀 충격적이었다.

나는 항상 미국의 역사 중에서 남부 재건 조치 이후의 시대에 특히 흥미를 느꼈다. 나의 할머니는 노예로 끌려온 부모의 딸이었다. 1880년대 버지니아에서 태어났는데, 당시는 연방군이 철수한 뒤로 아프리카계 미국인들의 정치적, 사회적 권리를 부정하기 위해 폭력과 공포의 통치가 시작될 무렵이었다. 할머니가 할머니의 아버지에게 들은 이야기에 따르면 노예 신분에서 갓 해방된 흑인들은 한때 남부 연합군이던 경찰들과 군인들에 의해 본질적으로 다시 노예가 되었다. 경찰과 군인 등은 폭력과 위협, 린치, 강제 노역 등의 수단을 동원하여 아프리카계 미국인들을 굴복시키고 소외시켰다. 남부 출신의 백인 민주당원들이 폭력적인 방법으로 정치적 권력을 거머쥐면서 노예 제도가 폐지되고 자유와 평등이 보장될 거라는 약속이 깨지자 할머니의 부모님들은 크게 상심했다.

큐 클럭스 클랜 같은 테러 단체들은 남부 연합을 상징하는 표식을 걸치고 다니면서 수천 명의 흑인들을 위협하고 괴롭혔다. 가까운 곳에서 자행된 큐 클럭스 클랜의 만행에 관한 소문처럼 시골에 사는 흑인 정착민들을 불안하게 하는 것도 없었다. 백 년에 걸친 세월 동안 흑인들의 지위가 향상되는 기미만 보이면 백인들은 즉시 행동에 나섰고 그들의 행동은 필연적으로 남부 연합의 상징물과 흑인을 향한 반대 여론을 이끌어 냈다. 한 세기가 바뀌는 시점에서 앨라배마 주는 남부 연합 기념일을 주 공휴일로 공표했다. 백인들이 그들의 지배권을 확실히 하기 위해 주 헌법을 수정한 직후에 일어난 일이었다. 이 공휴일은 오늘날에도 여전히 지켜지고 있다. 2차 세계 대전이 끝나고 흑인 참전 용사들이 남부로 돌아왔을 때 남부의 정치가들은 〈딕시크랫〉[20] 연합을 결성해 인종 차별과 백인의 지배 구도를 유지하려고 했다. 군 복무를 하고 온 흑인들이 인종 차별에 이의를 제기할까 봐 두려웠던 까닭이다. 1950년대와 1960년대의 시민권 운동과 새로운 연방법은 흑인들의 지위 향상에 반대하는 저항을 부추겼고 또다시 남부 연합 이미지의 사용이 급증하는 결과를 낳았다. 〈브라운 대 교육 위원회〉 재판을 통해

20 1948년에 민주당을 떠나 주권 민주당을 조직하였던 사람들을 이르는 말로 민주당의 혁신 정책에 반대하는 미국 남부의 지주 계급을 중심으로 이루어졌다.

공립 학교의 인종 차별이 위헌으로 공표되자 남부의 여러 주에서 주 정부 건물 지붕에 남부 연합기를 게양한 사건도 1950년대에 일어난 일이었다. 시민권 운동 기간 중 남부 곳곳에서는 남부 연합을 상징하는 기념물과 기념비, 이미지 등이 급증했다. 남부 연합 대통령이던 제퍼슨 데이비스의 생일이 앨라배마에서 공휴일로 지정된 것도 이 시기였다. 심지어 오늘날에도 앨라배마의 은행과 관청, 주립 시설 등은 문을 닫고 이날을 기념한다.

나는 사전 심리를 진행하면서 아프리카계 미국인들이 배심원 후보에서 배제된 것에 이의를 제기한 적이 있다. 재판이 열린 남부의 시골 마을 전체 주민 중 대략 27퍼센트가 흑인이었지만 배심원 후보에 선정된 아프리카계 미국인은 겨우 10퍼센트에 불과했다. 내가 관련 자료를 제출하고 아프리카계 미국인들을 배제하는 행위가 헌법에 위배된다고 주장하자 판사가 큰 소리로 불만을 표출했다.

「스티븐슨 씨, 당신의 이의 제기는 받아들이겠지만 내 솔직히 말하겠소. 아프리카계 미국인이나 멕시코계 미국인, 아시아계 미국인, 아메리카 인디언 등 소수 집단의 권리를 떠들고 다니는 사람들 때문에 나는 아주 진저리가 납니다. 내 법정에서 남부 사람들의 권리를 지켜 줄 사람은 도대체 언제가 되어야 나올까요?」 판사에게 완전히 허를 찔린 기분이었다. 나는 남부에서 태어났거나 앨라배마에서 살고 있으면 남부 사람이 아니냐고 묻고 싶었지만 그만두기로 했다.

교도소 주차장에 선 채로 픽업트럭을 보다 자세히 살폈다. 나도 모르게 트럭 주위를 돌며 자극적인 스티커 내용들을 읽었다. 교도소로 들어가는 정문을 돌아보며 다시 일에 집중하려고 했지만 인종 차별의 상징과도 같은 스티커들에 도저히 무관심할 수가 없었다. 나는 이 교도소의 많은 교도관들과 잘 알고 지낼 정도로 자주 이곳을 방문했다. 하지만 교도소 안으로 들어서자 그동안 한 번도 보지 못했던 교도관이 나를 맞았다. 180센티미터 정도로 나와 비슷한 키에 탄탄한 몸을 가진 백인이었다. 40대 초반으로 보였고 군인처럼 짧은 머리였다. 그가 짙고 푸른 눈으로 나를 냉랭하게 노려보았다. 나는 면회실 로비로 연결되는 입구를 향해 걸어갔다. 로비에서 면회실로 들어가기 전에 일상적인 몸수색을 받게 될 것이다. 교도관이 내 앞으로 나서며 더 이상 나아가지 못하도록 나를 막아섰다.

「뭐하는 거요?」 그가 으르렁거렸다.

「의뢰인을 만나러 왔습니다. 이번 주 초에 이미 일정을 잡아 놓았던 겁니다. 교도소장실에 있는 직원에게 관련 서류가 있을 겁니다.」 나는 미소를 지었고 분위기를 부드럽게 하기 위해 최대한 예의 바르게 이야기했다.

「그건 되었소. 그건 되었고 당신은 몸수색부터 받아야 합니다.」

명백히 적대적인 그의 태도를 무시하기가 결코 쉽지 않았지만 나는 최선을 다했다.

「알겠습니다. 신발도 벗을까요?」 종종 철저한 교도관을 만나면 그들은 내게 안으로 들어가기 전에 신발을 벗으라고 요구했다.

「내 교도소 안으로 들어가길 원한다면 화장실로 가서 몸에 걸친 것을 전부 벗도록 하시오.」

나는 귀를 의심했지만 최대한 상냥하게 말했다. 「오, 아니에요.

아무래도 혼동하신 것 같군요. 나는 변호사입니다. 법률적인 문제로 의뢰인을 만나러 온 변호사는 알몸 수색을 받을 필요가 없어요.」

내 말이 그를 진정시키기는커녕 더욱 화를 돋운 듯 보였다. 「이보쇼. 나는 당신이 누구라고 말하든 상관없소. 하지만 우리 보안 정책에 협조하지 않고는 내 교도소에 들어올 수 없소. 지금 화장실로 가서 옷을 벗든지 아니면 당신이 왔던 곳으로 돌아가시오.」

이전에도 교도소 안으로 들어가는 과정에서 종종 교도관들과 마찰을 빚은 적이 있었지만 대부분이 작은 카운티 구치소나 처음 방문하는 곳이었다. 이번 경우는 지극히 이례적이었다.

나는 보다 단호한 어조로 말했다. 「그동안 이 교도소를 수없이 방문했지만 알몸 수색을 요구받은 적은 한 번도 없었습니다. 이런 요구가 정당한 절차에 따른 것인지 의심스럽군요.」

「글쎄올시다. 나는 다른 사람들이 어떻게 하는지 알지도 못하고 상관하지도 않지만 이게 내 방식이오.」 나는 부교도소장을 찾아가려고 생각했다가 그를 만나기가 쉽지 않을 거라는 사실을 깨달았다. 설령 만난다 하더라도 그가 내 면전에서 교도관에게 실수하고 있다고 이야기할 리 만무했다. 나는 이번 방문을 위해 무려 두 시간을 운전해서 달려온 터였고 향후 3주 동안은 일정이 매우 빠듯했다. 지금 들어가지 못하면 가까운 시일 내에는 다시 시간을 내기 어려운 상황이었다. 나는 화장실로 가서 옷을 벗었다. 교도관이 따라 들어와 쓸데없이 적극적으로 몸수색을 하고는 아무 이상이 없다고 웅얼거리듯 말했다. 나는 다시 옷을 입고 화장실을 나왔다.

「이제는 면회실 안으로 갔으면 합니다.」 약간의 위엄이라도 되찾고자 나는 일부러 목소리에 힘을 주었다.

「음, 당신은 다시 돌아 나가서 기록부에 서명하고 와야 하오.」

차분한 말투였음에도 나를 자극하려는 의도가 명백했다. 이 교도소에는 가족들이 면회 왔을 때 이름을 적는 방문 기록부가 있었지만 변호사에게는 해당되지 않는 사항이었다. 나는 이미 변호사 방문 기록부에 서명한 터였다. 나머지 다른 하나에도 서명해야 한다니 도무지 말이 되지 않았다.

「변호사는 그 대장에 서명할 필요가 없습니다…….」

「내 교도소 안으로 들어오고 싶다면 서명해야 할 거요.」이제 그는 히죽거리는 듯 보였고 나는 평정을 유지하기 위해서 안간힘을 썼다.

돌아서서 방문 기록부가 있는 곳으로 걸어가 이름을 적었다. 그런 다음 면회실 앞으로 돌아가 기다렸다. 의뢰인을 만나는 장소로 들어가려면 유리문을 통과해야 했고 그러기 위해서는 유리문에 달린 맹꽁이자물쇠를 열어야 했다. 마침내 교도관이 열쇠를 꺼내 자물쇠를 열었다. 더 이상은 드라마 같은 일이 일어나지 않길 바라며 조용히 서서 기다렸다. 문이 열리고 내가 앞으로 발을 내딛는 순간 그가 내 팔을 잡아 세웠다. 그가 목소리를 내리깔며 말했다.

「잠깐, 면회실 밖에 있는 마당에서 범퍼 스티커들과 깃발들이 잔뜩 붙어 있고 총기 거치대가 설치된 트럭을 보았소?」

내가 조심스럽게 대답했다. 「네, 보았습니다만.」

그가 얼굴을 굳히며 내게 말했다. 「그게 내 트럭이라는 사실을 알아 두길 바라오.」그가 내 팔을 놓아주었고 나는 교도소 안으로 들어갔다. 교도관에게 화가 났지만 무력한 내 모습에 더욱 화가 났다. 면회실 뒷문이 열리고 다른 교도관에게 이끌려 젠킨스 씨가 들어왔을 때까지도 나는 집중해서 생각할 수가 없었다.

젱킨스는 짧은 머리를 한 단신의 아프리카계 미국인이었다. 자리에 앉으면서 두 손으로 내 한쪽 손을 잡고는 그가 활짝 웃었다. 나를 만나서 무척 기쁜 듯 보였다.

「젱킨스 씨, 저는 브라이언 스티븐슨이라고 합니다. 당신과 통화했던 변호사이며 ─」

그가 재빨리 끼어들었다. 「초콜릿 밀크셰이크를 가져왔나요?」

「죄송한데 뭐라고 하셨죠?」

여전히 웃음기 가득한 얼굴로 그가 물었다. 「내게 줄 초콜릿 밀크셰이크를 가져왔나요? 초콜릿 밀크셰이크를 먹고 싶어요.」

장거리 운전과 남부 연합을 상징하는 트럭, 교도관의 희롱에 더해서 이제는 밀크셰이크를 달라는 요구까지 갈수록 별난 하루가 되어 가고 있었다. 나는 조급함을 감추지 않았다.

「아니요. 젱킨스 씨, 초콜릿 밀크셰이크는 가져오지 않았습니다. 저는 변호사입니다. 당신 사건과 관련해서 도움을 주러 왔으며 당신이 다시 1심 재판을 받을 수 있도록 하려고 합니다. 아시겠어요? 저는 그래서 여기 온 겁니다. 지금부터 몇 가지 질문을 통해 어떻게 된 일인지 알아볼 거예요.」

그의 얼굴에서 웃음기가 순식간에 사라지는 것이 보였다. 질문이 시작되었고 그는 한 단어로만 짤막하게 대답했다. 때로는 퉁명스럽게 〈네〉 또는 〈아니오〉로만 대답했다. 나는 그가 여전히 밀크셰이크를 생각하고 있음을 알아차렸다. 앞서 교도관을 상대하느라 이 남자에게 어떤 장애가 있는지 깜빡했던 것이다. 나는 질문을 멈추고 몸을 앞으로 당겼다.

「젱킨스 씨, 정말 미안해요. 내가 당신에게 초콜릿 밀크셰이크를 가져다주길 기대하고 있는 줄 미처 몰랐습니다. 미리 알았더라면 틀림없이 가져오려고 했을 거예요. 교도소 측에서 당신에게 초콜릿 밀크셰이크를 가져다주어도 된다고 허락하면 다음에 올 때는 꼭 그렇게 할게요. 반드시 그렇게 할게요. 그러면 될까요?」

그러자 그의 얼굴에 미소가 돌아왔고 기분도 좋아진 듯했다. 교도소 기록에 따르면 그는 자주 정신병 증세를 겪었고 그럴 때면 으레 몇 시간씩 비명을 질렀다. 나와 면담하는 자리에서는 대체로 친절하고 너그러운 모습을 보였지만 그럼에도 아픈 게 분명했다. 그의 재판 기록에 어째서 정신 질환에 대한 언급이 없는지 이해할 수 없었지만 앞서 조지 대니얼 사건을 겪은 터라서 놀랄 일은 아니었다. 사무실로 돌아온 나는 젱킨스 씨의 배경을 보다 깊이 조사하기 시작했고 한 사람의 가슴 아픈 개인사를 알게 되었다. 그의 아버지는 그가 태어나기 전에 살해당했고 어머니는 그가 한 살일 때 약물 과다 복용으로 세상을 떠났다. 그는 두 살 때부터 위탁 가정에서 자랐는데 그곳에서 보낸 시간은 한마디로 끔찍했다. 여덟 살이 되기 전까지 열아홉 곳의 위탁 가정을 전전해야 했다. 그는 일찍부터 지적 장애 증후를 보이기 시작했다. 물리적인 뇌 손상을 암시하는 인지 장애와 정신 분열증 그리고 심각한 정신 질환을 암시하는 행동 장애도 앓았다.

열 살 때는 양부모에게 학대를 받으며 살았다. 양부모의 엄격한 규칙 때문에 늘 불안에 떨었다. 젱킨스는 자신에게 정해진 모든 규칙을 완벽하게 지킬 수 없었고 그 결과 자주 옷장에 갇히거나, 음식을 먹지 못하거나, 매질을 비롯한 다양한 물리적 학대를 당했다.

그럼에도 행동이 개선될 기미를 보이지 않자 양어머니는 그를 없애기로 결심했다. 그녀는 그를 숲으로 데려가 나무에 묶어 두고는 그대로 떠나 버렸다. 그는 사흘 뒤 몹시 위독한 상태로 사냥꾼들에게 발견되었다. 이 일로 그는 심하게 앓았고 건강을 회복하자 다시 정부 기관에 맡겨졌으며 재차 위탁 가정으로 보내졌다. 열세 살 무렵부터는 마약과 술에 손을 대기 시작했다. 열다섯 살이 되자 경련이 시작되었고 정신병 증세를 겪었다. 열일곱 살에 이르러서는 관리가 불가능한 상태로 여겨져 집 없이 떠도는 신세로 전락했다. 스무 살이 될 때까지 구치소를 들락거리던 에이버리는 어느 날 정신병이 발작한 상태로 자신이 악마에게 공격당한다고 생각하며 낯선 집으로 뛰어들었다. 그리고 그 집에서 한 남자를 잔인하게 칼로 찔러 숨지게 했다. 그 남자를 악마라고 믿은 것이다. 변호사들은 재판에 앞서 젱킨스 씨의 과거를 조사하지 않았으며 그에게는 금방 유죄 판결이 내려졌고 사형이 선고되었다.

젱킨스 씨에게 밀크셰이크를 사다 주도록 교도소 측에서 허락하지 않았다. 그에게 이런 사정을 설명하려고 노력했지만 매번 면담을 시작할 때마다 그는 내게 밀크셰이크를 가져왔는지 물었다. 그때마다 나는 계속 노력하겠다고 대답했다. 그를 밀크셰이크가 아닌 다른 것에 집중하게 하려면 다른 도리가 없었다. 몇 개월 뒤 마침내 그가 중증 정신 질환을 앓고 있다는 증거를 가지고 법정에 설 날짜가 잡혔다. 증거는 1심 재판에서 제출되었어야 할 자료였다. 우리는 에이버리의 이전 변호사들이 1심 재판에서 그의 형사상 책임이나 형량과 직접적으로 연관이 있는 과거사와 재판 당시의 장애를 발견하지 못했으며 따라서 변호사로서 효과적인 도움을 제공하지 못했다고 이의를 제기했다.

심리가 진행될 법원은 교도소에서 차로 세 시간 정도 떨어진 곳에 위치했고 나는 법원에 도착해서 에이버리를 만나기 위해 법원 지하 유치장으로 갔다. 밀크셰이크를 둘러싼 일상적인 통과 의례를 거친 다음 그에게 잠시 뒤 법정에서 일어날 일들을 이해시키려고 노력했다. 에이버리가 위탁 가정에 있을 때 상대했던 사람들을 증인으로 세웠기 때문에 그가 그들을 보면 흥분할 것 같아 염려되었다. 아울러 전문가들이 제공하기로 한 증언도 그의 장애와 병을 설명하는 데 매우 직설적일 것이었다. 나는 우리가 왜 이런 일을 벌이는지 그가 이해하기를 바랐다. 그는 평소처럼 명랑했고 쉽게 동의했다.

위층 법정으로 올라가자 처음 에이버리를 만나러 갔을 때 나를 그토록 괴롭혔던 교도관이 눈에 띄었다. 불쾌한 첫 만남 뒤로는 마주친 적이 없었다. 나는 다른 의뢰인에게 그에 대해 물어봤는데 악명이 자자한 사람이었고 주로 야간에 근무를 선다고 했다. 그를 가까이하지 않으려는 사람이 대부분이었다. 아마도 에이버리를 법원으로 이송하는 임무를 맡은 모양이었다. 나는 이송 과정에서 에이버리가 어떤 취급을 받았을지 걱정되었지만 정작 교도관 본인은 평소와 다름없는 모습이었다.

사흘간 우리는 에이버리의 배경에 관한 증거를 제시했다. 에이버리의 장애에 대해 증언한 전문가들은 정말 훌륭했다. 그들은 편파적이거나 편견을 갖지 않았으며 물리적 뇌 손상과 정신 분열증, 조울증이 겹치면 심각한 정신 장애를 유발할 수 있다는 무척 설득력 있는 설명을 들려주었다. 또한 젠킨스 씨를 괴롭히는 정신병과 다른 심각한 정신적인 문제들이 그를 위험한 행동으로 이끌 수 있는데, 그러한 행동은 그에게 심각한 병이 있음을 보여 주는 징후일 뿐 그의 인간성이 반영된 결과는 아니라고 설명했다. 우리는 가정 위탁 제도와 그 제도가 에이버리를 어떻게 망쳤는지 보여 주는 증거도 제시했다. 에이버리를 맡았던 양부모들 중 일부는 위탁받은 아이들에 대한 성적 학대와 부주의로 나중에 유죄 판결을 받았다. 우리는 에이버리가 마약에 중독되고 집 없이 떠돌게 되기까지 얼마나 불행한 환경을 전전했는지 설명했다.

몇몇 양부모들은 자신들이 심각한 정신적 질병에 대처할 준비가 되어 있지 않았고 에이버리 때문에 무척 좌절했었다고 인정했다. 나는 판사에게 1심에서 에이버리의 정신병 문제를 고려하지 않은 것이 다리를 잃은 누군가에게 〈당신은 누구의 도움도 받지 않고 이 계단을 올라야 한다. 그렇게 할 수 없다면 당신은 단지 게으름뱅이일 뿐이다〉라고 말하는 것만큼이나, 또는 앞을 볼 수 없는 누군가에게 〈당신은 이 혼잡한 고속 도로를 아무런 도움 없이 건너야 한다. 그렇게 하지 않는다면 당신은 단지 겁쟁이일 뿐이다〉라고 말하는 것만큼이나 잔인했다고 주장했다.

우리는 신체장애에 대해 다양한 방식으로 친절을 베푼다. 적어도 장애를 이해해 준다. 어떤 사람이 신체장애가 있는 이에게 신중하고 연민 어린 도움이 필요하다는 사실을 인식하지 못할 때 우리는 화를 낸다. 하지만 정신적 장애는 신체장애와 달리 눈으로 확인되지 않는다는 이유로 그것을 앓는 사람들의 특별한 어려움을 외면하고 그들의 결함이나 실패를 쉽게 재단하는 경향이 있다. 어떤 사람이 누군가를 잔혹하게 살해한 경우 주 정부는 당연히 그 사람에게 책임을 묻고 대중을 보호해야 한다. 하지만 어느 정도로 책임을 묻고 어떤 형벌을 부과할지 평가하는 과정에서 그 사람의 장애를 외면하는 것은 부당하다.

나는 심리 결과가 무척 좋으리라 예감하며 집으로 돌아왔다. 하지만 현실적으로 주 법원에서 진행한 유죄 판결 이후의 구제 심리가 우호적인 판결로 이어지는 경우는 드물었다. 설령 구제 신청이 받아들여지더라도 항소로 이어질 가능성이 매우 높았다. 나는 판결과 관련해 어떠한 기적도 기대하지 않기로 했다. 심리가 열린 지한 달쯤 지났을 때였다. 아직 판결이 내려지기 전이었고 교도소로 가서 에이버리를 만나기로 했다. 심리 뒤로 이야기를 나눌 시간이 별로 없었기 때문에 그가 괜찮은지 확인하고 싶었다. 심리 기간 내내 대체로 유쾌한 모습으로 앉아 있던 그였지만 예전 양부모 몇몇이 법정에 들어섰을 때는 그가 흥분했음을 알 수 있었다. 이번 방문이 그가 안정을 되찾는 데 도움을 줄 수 있으리라 생각했다.

주차장에 도착하자 깃발과 스티커에 위협적인 총기 거치대까지 설치된 역겨운 픽업트럭이 또다시 눈에 들어왔다. 문제의 교도관과 또 마주칠 생각에 걱정이 앞섰다. 부교도소장에게 확인 전화를 하고 면회실을 향해 가는데 아니나 다를까 그가 내게로 다가오는 게 보였다. 마음을 다잡고 그와 대면할 준비를 했다. 그때 놀라운 일이 벌어졌다.

「안녕하시오, 스티븐슨 씨. 어떻게 지냈습니까?」 그 교도관이 물었다. 진지하고 솔직한 목소리였다. 나는 여전히 의심이 가시지 않은 상태였다.

「잘 지냈습니다. 안녕하시죠?」 나를 바라보는 눈빛이 이전과 달랐다. 나를 노려보지도 않았고 진심으로 어떤 교류를 원하는 것 같았다. 일단 동조하는 척하기로 했다.

「그럼 나는 화장실로 가서 몸수색 받을 준비를 하겠습니다.」

그가 재빨리 대꾸했다. 「오, 스티븐슨 씨, 그 부분은 신경 쓸 필요 없습니다. 당신은 몸수색을 받지 않아도 됩니다.」 그의 말투며 태도까지 모든 것이 변해 있었다.

「아, 잘되었군요. 감사합니다. 그럼 다시 돌아가서 방문 기록부에 서명하고 오겠습니다.」

「스티븐슨 씨, 그럴 필요 없습니다. 당신이 오는 것을 보고 내가 대신 서명했습니다. 내가 알아서 했어요.」 나는 그가 실제로 긴장한 듯 보인다는 사실을 깨달았다.

돌변한 그의 태도가 혼란스러웠다. 나는 그에게 감사를 표하고 면회실 출입문으로 걸어갔다. 그가 내 뒤에서 따라왔다. 그리고 내가 들어갈 수 있도록 맹꽁이자물쇠를 열어 주었다. 그를 지나쳐 안으로 들어가려고 할 때 그가 내 어깨에 손을 얹으며 말했다.

「저기요, 음, 당신에게 하고 싶은 말이 있습니다.」

나는 그가 무슨 이야기를 하려고 이러는지 도무지 감을 잡을 수 없었다.

「알다시피 나는 에이버리 그 친구를 심리 법정에 데려갔고 3일 동안 내내 당신들과 그곳에 있었습니다. 그리고 나는, 음, 내가 듣고 있었던 사실을 당신이 알았으면 합니다.」 그가 내 어깨에서 손을 치웠다. 그의 시선은 나를 지나쳐서 내 뒤에 있는 무언가를 바라보는 듯했다. 「나는, 음, 나는 당신이 하고 있는 일에 고맙다는 말을 하고 싶습니다. 진심입니다. 법정 안에서 당신들이 이야기하는 내용을 듣고 있는 것이 내게는 꽤나 고역이었습니다. 알아요? 나는 위탁 가정 출신입니다. 나도 위탁 가정 출신이에요.」 그제야 긴장이 풀리는 눈치였다. 「나는 누구도 나처럼 힘든 과정을 겪지는 않았을 거라고 생각했습니다. 위탁 가정을 여기저기 전전하면서 아무도 나를 원하지 않는다는 생각이 들었습니다. 그런 생각 때문에 무척 고통스러웠죠. 하지만 당신이 에이버리에 대해 이야기하는 것을 들으면서 나만큼이나 고통을 겪은 사람들이 더 있다는 사실을 깨달았습니다. 어쩌면 나보다 더 심한 고통을 겪었을 수도 있겠죠. 그러니까 내 말은 그 법정에 앉아 있으면서 많은 기억을 떠올렸다는 겁니다.」

그가 주머니에서 손수건을 꺼내 이마의 땀을 훔쳤다. 나는 그때 처음으로 그의 팔에 남부 연합기 문신이 있는 것을 알아차렸다.

「여하튼 내가 이야기하려고 했던 것은 당신이 좋은 일을 하고 있다고 생각한다는 것입니다. 나에게는 너무 화가 나서 정말로 다른 누군가에게 화풀이하려고 했던 순간이 셀 수 없이 많았습니다. 단지 내가 화가 났다는 이유였죠. 그렇게 열여덟 살이 되었고 군대에 입대했습니다. 이후로는 보다시피 별 탈 없이 지내왔습니다. 그런데 그 법정에 앉아 있으면서 옛날 기억들이 떠올랐고 내가 여전히 일종의 화가 난 상태임을 깨달은 것 같습니다.」

나는 미소를 지었고 그가 계속해서 말했다. 「당신이 증인으로 내세운 그 전문가 박사의 말에 따르면 폭력 가정에서 어릴 때 입은 어떤 상처들은 영원히 치유되지 않는다고 합니다. 그래서 나는 약간 걱정입니다. 당신은 그게 정말이라고 생각합니까?」

「나는 우리가 언제든 더 나은 행동을 할 수 있다고 생각합니다.」

내가 말했다. 「우리에게 일어나는 나쁜 일들이 우리를 규정하는 건 아니에요. 다만 가끔씩은 우리의 과거를 사람들이 이해해야 하는 거죠.」

우리는 서로에게 속삭이듯 말하고 있었다. 우리 곁을 지나던 다른 교도관이 우리를 빤히 쳐다볼 정도였다. 내가 계속해서 말했다. 「내게 지금 이런 말을 해줘서 정말 고맙습니다. 아주 의미 있는 대화였어요. 진심입니다. 우리 모두는 어느 시점에서 마음의 짐을 덜 필요가 있고 때때로 나는 그 사실을 잊어버리거든요.」

그가 나를 바라보며 미소를 지었다. 「당신은 법정에서도 짐을 더는 문제에 대해 계속 이야기하더군요. 나는 〈도대체 저 사람은 뭐가 문제지? 왜 저렇게 《짐을 더는 문제》를 계속 언급하지?〉라고 생각했습니다. 집에 가서 사전을 찾아보았습니다. 처음에는 당신이 무슨 의미로 그런 말을 사용하는지 잘 몰랐거든요. 하지만 이젠 압니다.」

나도 웃으며 대꾸했다. 「나도 가끔씩 내가 법정 안에서 무슨 말을 하는지 모를 때가 있습니다.」

「어쨌든 나는 당신이 정말 훌륭한 일을 했다고 생각합니다. 진짜 훌륭한 일을요.」 그가 나와 눈을 마주친 다음 손을 내밀었다. 우리는 악수를 나누었으며 나는 다시 면회실 문으로 향하기 시작했다. 내가 막 안으로 들어서려는 순간 그가 재차 내 팔을 잡았다.

「아, 잠깐만요. 할 이야기가 더 있습니다. 그냥 들어 주십시오. 나는 어쩌면 하지 말았어야 할 어떤 일을 했는데 당신이 알았으면 합니다. 마지막 날 재판이 끝나고 여기로 돌아올 때였습니다. 나는 에이버리가 어떤 사람인지 알게 되었고…… 음, 어쨌든 내가 돌아오는 길에 고속 도로에서 잠깐 벗어났었다는 사실을 알려 주고 싶어요. 그러니까 나는 그를 웬디스에 데려갔습니다. 그에게 초콜릿 밀크셰이크를 사줬죠.」

내가 믿을 수 없다는 눈으로 뚫어지게 바라보자 그는 싱긋 웃어 보였다. 그런 다음 면회실에 나를 남겨 두고 문을 닫고 가버렸다. 나는 그 교도관의 말에 너무 충격을 받아서 다른 교도관이 에이버리를 데리고 면회실로 들어오는 소리도 듣지 못했다. 뒤늦게 에이버리가 이미 면회실에 와 있음을 깨닫고 그를 향해 돌아서서 인사를 건넸다. 그가 아무 말도 하지 않고 있다는 사실이 나로서는 약간 놀라웠다.

「괜찮아요?」

「그럼요. 나는 괜찮아요. 당신도 잘 지내고 있나요?」 그가 물었다.

「네, 에이버리. 아주 잘 지내고 있어요.」 나는 우리의 통과 의례가 시작되길 기다렸다. 하지만 그는 아무 말이 없었고 나는 그냥 내 대사를 하기로 했다. 「있잖아요, 초콜릿 밀크셰이크를 가져오려고 했는데 그들이 —」

에이버리가 내 말을 잘랐다. 「아, 밀크셰이크는 먹었어요. 이제 괜찮아요.」

내가 심리에 관한 이야기를 시작할 즈음 그는 환하게 웃고 있었다. 내가 다른 의뢰인을 만날 시간이 되기 전까지 우리는 한 시간 가까이 이야기를 나누었다. 그러는 동안 에이버리는 두 번 다시 내게 초콜릿 밀크셰이크를 달라고 하지 않았다. 결국 우리는 재심 판결을 얻어 냈고 궁극적으로 에이버리는 사형수 수감 건물에서 나와 정신과 치료를 받을 수 있는 보호 시설로 보내졌다. 나는 그 교도관을 다시는 만날 수 없었다. 사람들은 그가 나와 마지막으로 만난 뒤 얼마 지나지 않아서 교도관 일을 그만뒀다고 했다.

11장
날아가다

두 달 뒤 세 번째 폭파 위협이 있었다. 서둘러 사무실을 빠져나와 경찰이 도착하기를 기다리는 동안 직원들이 하나같이 불안한 표정을 지었다. 이제 우리 사무실에는 변호사 다섯 명, 조사원 한 명, 일반 사무직 직원 세 명이 함께 일하고 있었다. 이외에도 법을 배우는 학생들이 단기 인턴 자격으로 들어오기 시작한 참이었다. 인턴들은 우리에게 법률적 도움과 더불어 조사 단계에서 꼭 필요한 작업을 도와줬다. 하지만 그들 중 누구도 폭파 위협을 당하려고 우리 사무실에서 일하는 것은 아니었다. 위협을 무시하고 싶은 유혹도 들었지만 2년 전 조지아 주 서배너 사무실로 보내진 폭탄이 터지는 바람에 로버트 〈로비〉 로빈슨이라는 아프리카계 미국인 민권 변호사가 목숨을 잃었다. 거의 동시에 버밍햄 연방 항소 법원의 로버트 밴스 판사도 우편으로 배달된 폭탄으로 목숨을 잃었다. 며칠 뒤에는 플로리다의 민권 변호사 사무실로 세 번째 폭탄이 배달되었고 애틀랜타의 한 법원으로 네 번째 폭탄이 배달되었다. 폭파범은 민권 운동과 관련된 법조계 인물을 공격하는 듯했다.

당시 우리도 표적이 될 수 있다는 경고를 들어서 몇 주 동안 우리 사무실로 배달되는 우편물들을 연방 법원으로 가져가 엑스레이로 검사한 다음 개봉했다. 그 뒤로 폭파 위협은 절대 소홀히 할 수 없는 것이 되었다.

우리가 실제 폭탄 공격일 가능성을 논의하는 사이 다른 사람들도 모두 건물 밖으로 대피했다. 전화를 걸어 온 사람은 협박을 하면서 우리 건물을 정확히 묘사했다. 우리 접수 담당자 샤론은 오히려 전화를 건 그 사람을 꾸짖었다. 그녀는 어린 두 자녀를 둔 젊은 어머니였고 가난한 시골의 백인 가정에서 자랐다. 사람들과 이야기할 때도 항상 분명하고 직설적인 화법을 사용했다.

「왜 이런 짓을 하는 거죠? 당신 때문에 사람들이 겁먹고 있잖아요!」

그녀는 협박 전화를 한 남자가 중년의 남부 사람 같다고 설명했지만 더 이상의 묘사는 불가능했다. 「나는 당신들에게 호의를 베풀고 있는 거요.」 그 남자가 위협적인 말투로 말했다. 「지금 하고 있는 일에서 손을 떼시오. 나는 전부 다 죽일 생각은 없소. 그러니 지금 당장 그곳에서 나오시오! 다음에는 어떠한 경고도 없을 거요.」

맥밀리언에 대한 심리가 열린 지 한 달 정도 지난 시점이었다. 우리 사무실로 처음 협박 전화가 왔을 때 전화를 걸어 온 사람은 우리에게 교훈을 가르칠 필요가 있다며 인종 차별적인 발언을 늘어놓았다. 비슷한 시기에 우리 집으로도 여러 통의 협박 전화가 걸려왔다. 대표적으로 어떤 사람은 〈그 깜둥이가 소녀를 죽이고도 무사할 수 있게 도와주도록 우리가 내버려 둘 거라고 생각한다면 오산이다. 너희 깜둥이들은 둘 다 시체가 될 것이다!〉라고 말했다.

당시에는 다른 사건을 맡고 있었지만 나는 협박 전화들이 맥밀리언 사건과 관계있을 거라고 확신했다. 맥밀리언의 심리 날짜가 다가오면서 나는 마이클과 함께 먼로 카운티에서 조사 업무를 진행했었고 그 과정에서 수차례 미행을 당했다. 어느 날 밤에는 섬뜩한 느낌을 주는 한 남자가 내게 전화를 걸어 자신이 나를 죽여 달라는 거액의 청부 의뢰를 받았는데 우리가 훌륭한 일을 하고 있다고 생각해서 의뢰를 거절했다고 말했다. 나는 그의 응원에 감사를 표시하고 예의를 갖추어 고마움을 전했다. 그 남자의 말을 어디까지 진지하게 받아들여야 할지 알 수 없었지만 불안한 마음이 드는 것은 어쩔 수가 없었다.

우리가 건물에서 모두 나온 다음에 경찰견을 대동한 경찰들이 사무실을 수색했다. 폭탄은 발견되지 않았다. 한 시간 반이 지난 뒤에도 건물이 폭파되지 않는 것을 확인한 우리는 다시 안으로 들어갔다. 우리에게는 할 일이 있었다.

며칠 뒤에 내게 전혀 다른 종류의 폭탄이 배달되었다. 이번에는 볼드윈 카운티에서 걸려온 법원 서기의 전화였다. 그녀는 맥밀리언 사건에 대한 노턴 판사의 판결이 나왔다며 판결문 사본을 보내 줄 테니 사무실 팩스 번호를 알려 달라고 했다. 나는 번호를 알려 준 다음 초조한 마음으로 팩스 옆에 앉았다. 팩스를 통해 달랑 세 페이지가 들어왔을 때 불길한 예감이 엄습했다.

간단명료한 문체로 작성된 노턴 판사의 판결문은 우리가 제기한 구제 신청을 기각한다는 내용이었다. 충격보다 실망감이 앞섰다. 나는 노턴 판사가 이런 결정을 내릴 거라고 어느 정도 예상했었다. 심리가 진행되는 동안 그가 상당한 관심을 보이면서도 근본적인 문제, 월터가 유죄인지 아닌지에 대해서는 특별히 고민하는 것 같지 않았기 때문이다. 그는 관리자로서의 역할에 치중했다. 제도를 유지하려는 관리자에 불과했으며 설령 무죄를 암시하는 저항할 수 없는 증거가 있다 하더라도 절대로 원심을 뒤집으려 하지 않을 것이었다.

정작 놀라운 것은 두 쪽 반에 달하는 피상적이고 공허하며 무관심한 판결문의 내용이었다. 노턴 판사는 랠프 마이어스의 증언에 대해서만 이야기할 뿐 우리가 제기한 법률적인 주장이나 십여 명의 다른 증인들이 증언한 내용에 대해서는 한마디도 언급하지 않았다. 판결문 어디에서도 판례법을 인용하지 않았다.

랠프 마이어스는 본 법정 증인석에 서서 진실만을 말하겠다고 맹세했음에도 1심에서 증언했던 유의미한 내용들을 전부는 아닐지라도 거의 대부분 번복했다. 따라서 그가 1심에서 위증했거나 본 법정에서 위증했음이 명백하다.

이러한 결론에 이르기까지 해당 증인의 태도, 1심에서 증언했던 사실들을 해당 증인이 실질적으로 알았을 가능성, 해당 증인이 1심에서 진술한 증언의 논리적 근거, 피고 측에서 주장하는 증언 번복의 논리적 근거, 1심과 증언 번복 시점 전후에 해당 증인에게 외부 압력이 가해졌음을 보여 주는 증거, 증언 번복에 신빙성을 부여할 만한 해당 증인의 행동, 1심에서 해당 증인의 증언 내용에 반하여 제시된 증거, 본 사건의 특성상 1심에서 해당 증인이 자신이 알지 못하는 사실을 증언했다고 암시하는 가능한 모든 증거 등의 관련 사항들이 고려되었다.

훌륭한 순회 재판 판사인 로버트 E. 리 키 판사가 이 사건의 1심을 진행했으나 이미 은퇴한 시점에서 본 법정은 해당 증인의 1심 증언과 증언 번복 사이에서 일어난 태도의 변화를 비교할 기회가 없었다.

그 밖에 위에 나열된 사항들을 검토한 결과 증인 랠프 마이어스가 1심에서 위증을 했다는 결정적인 증거는 발견되지 않았다. 반면 1심에서 증언한 이래로 랠프 마이어스에게 압력이 가해져 왔음을 암시하는 증거가 충분한 만큼 그의 증언 번복은 사실상 신뢰하기 어렵다. 1심 재판 기록이나 앞선 증언을 번복한 증언에 따르면 범행이 발생한 시각에 랠프 마이어스가 사건 현장에 있지 않았다는 증거는 전혀 없다.

이러한 이유에서 본 법정은 랠프 마이어스가 원심에서 위증했다는 가설을 뒷받침할 증거가 있는지 재차 검토했으며 해당 가설을 뒷받침할 수 있는 증거가 불충분하다는 결론에 도달했다. 이에 랠프 마이어스의 1심 증언이 위증이 아니었던 것으로 규정하고 판단하며 결정하는 바이다.

1992년 5월 19일에 작성됨.

토머스 B. 노턴 주니어 순회 판사

채프먼은 마이어스가 증언을 번복하도록 압력을 받은 것 같다고 주장하면서도 자신의 주장을 뒷받침할 어떠한 실질적인 증거도 제시하지 않았다. 판사의 결정이 더더욱 이해되지 않았다. 나는 이미 월터와 그의 가족들에게 심리가 만족스럽게 진행된 것처럼 보이더라도 실질적으로 구제를 받으려면 항소 법원까지 가야 할 거라고 조언한 상태였다.

나는 우리가 가진 증거가 앨라배마 형사 항소 법원에서 훌륭한 역할을 해낼 거라고 믿었다. 이 무렵 우리는 앨라배마 항소 법원에서 자주 변론을 진행하고 있었다. 처음에 맥밀리언을 변호한 뒤로 20여 건의 사형 사건에 항소를 제기한 상황이었으며 항소 법원으로부터 호의적인 판결을 이끌어 내기 시작하던 참이었다. 1990년에는 네 건의 사형 사건에 대해 원심 파기 판결을 받아 냈으며, 이듬해인 1991년에는 추가로 네 번의 원심 파기 판결을 받아 냈고, 1992년 말에 이르러서는 또 다른 여덟 명의 사형수들에 대해 구제 판결을 받아 냈다. 항소 법원은 재심을 명령하거나 구제 신청을 받아들여야 하는 상황에 자주 불만을 표출하면서도 우리에게 유리한 판결을 내렸다. 몇 년 후에 치러진 당파적인 판사 선거에서는 항소 법원 판사 몇 명이 다른 후보들에게 신랄한 공격을 받았고 그들에게 자리를 빼앗겼다. 새로운 항소 법원 판사는 사형 사건에 대한 항소 법원의 판결에 불만을 제기했던 이들이었다. 우리는 굴하지 않고 사형 사건에서 바로잡을 수 있는 실수들을 계속해서 지적해 나갔다. 항소 법원이 법을 집행하도록 압박했고 그들이 거부하는 경우에는 앨라배마 대법원과 연방 법원에 구제 신청을 제출했으며 어느 정도 성과를 올렸다.

이런 최근 경험에 근거하여 나는 맥밀리언에 대한 구제 신청이 항소심에서 받아들여질 거라 생각했다. 법원이 월터가 무죄이며 그를 석방해야 한다는 판결을 내리지는 않더라도 검찰 측에서 무죄를 암시하는 증거들을 피고 측에 제공하지 않은 행위는 대단히 중대한 사안이었고 따라서 법원은 판례법상 재심 판결을 내리지 않을 수 없을 것이었다. 무엇도 확신할 수 없었지만 나는 월터를 위로하며 우리가 이제 겨우 우리 주장을 진지하게 고려하는 법원 앞까지 왔을 뿐이라고 설명했다.

마이클은 당초 우리에게 약속한 2년이 넘도록 일을 했다. 이제 연방 국선 변호사로 새출발을 하기 위해 샌디에이고로 가야 했다. 그는 우리 사무실을 떠나는 것 때문에 괴로워했지만 앨라배마를 떠나는 것에는 아무런 미련이 없었다.

나는 월터 사건에서 마이클이 맡았던 일을 신입 변호사인 버나드 하커트에게 맡겼다. 버나드는 똑똑하고 단호하며 무척 열심히 일한다는 점에서 마이클과 여러모로 닮았다. 나와 함께 처음으로 일했을 당시 그는 하버드 로스쿨 학생이었다. 졸업 후에 연방 판사의 법률 연구원이 되었지만 우리와 했던 일에 완전히 매료된 그는 2년으로 예정되어 있던 법률 연구원 일을 그만두고 앨라배마로 가서 우리와 합류해도 되는지 그의 판사에게 물었다. 판사는 허락해 주었고 버나드는 마이클이 떠나기 직전에 우리와 합류했다. 프랑스인 부모와 함께 뉴욕에서 자란 그는 철저한 유럽식 교육관으로 학생들을 가르치는 리세 프랑수아 드 뉴욕 고등학교를 다녔다. 프린스턴 대학을 졸업하고 은행에서 일을 하다가 법률 공부를 시작했다. 전통적인 법조계 일을 준비하던 그는 어느 해 여름 우리와 일하게 되었고 사형 사건을 둘러싸고 발생하는 문제들에 매료되었다. 그와 그의 여자 친구 미아는 몽고메리로 이사했고 앨라배마 생활에 아주 흥미를 느꼈다. 버나드는 맥밀리언 사건에 곧바로 투입되면서 그가 상상했던 것보다 훨씬 더 밀도 높은 문화 탐험을 시작하게 되었다.

월터의 심리에 참석했던 마을 주민들을 통해 우리가 법정에서 주장했던 내용들이 퍼져 나가면서 유용한 정보를 가진 보다 많은 사람들이 전면에 나설 수 있게 되었다. 각양각색의 사람들이 우리에게 연락을 취해 왔으며 부패와 불법 행위에 관한 광범위한 주장을 내놓았다. 월터의 누명을 벗기는 데 도움이 될 만한 제보는 극히 드물었지만 하나같이 흥미로운 내용들이었다. 버나드와 나는 계속해서 단서들을 추적했고 먼로 카운티의 삶에 대한 지식을 말해 주는 사람들과 면담을 진행했다.

우리에게 가해지는 위협을 보면서 나는 월터가 풀려난 뒤 직면하게 될 적개심이 걱정되었다. 사람들이 전부 그를 위험한 살인자로 믿는다면 그가 어떻게 마을에서 안전하게 살 수 있을까라는 생각이 들었다. 우리는 잠재적으로 월터가 석방된 뒤의 단계를 준비하기로 했다. 그 일환으로 몇몇 사람들에게 연락해서 억울하게 유죄 판결을 받은 월터의 부당한 사례를 극적으로 공개하는 데 도움을 받을 수 있는 방안을 논의하기 시작했다. 우리가 알고 있는 사실을 다른 사람들에게 알릴 수만 있다면 그는 훨씬 수월하게 자유의 품으로 복귀할 수 있을 터였다. 우리는 사람들에게 한 가지 단순한 사실을 알리고 싶었다. 〈월터가 그 소녀를 죽이지 않았다〉는 사실 말이다. 그가 자유를 얻는다면 그것은 모호한 법률적 허점이나 어떤 세부적인 법 조항을 악용한 결과가 아니다. 전적으로 정의가 실현된 결과다. 어쨌든 그는 결백했으니까.

나는 언론의 관심이 현재 형사 항소 법원에 계류 중인 재판에서 승소하는 데 도움이 되지 않을 거라고 생각했다. 실제로 항소 법원의 수석 판사 존 패터슨은 앨라배마 주지사 시절에 민권 운동을 다루었다는 이유로 「뉴욕 타임스」를 고소한 것으로 유명했다. 민권 운동에 반대하는 남부의 정치가들이 흔히 사용하던 전략이었다. 그들은 민권 운동가에게 동정적인 태도를 보이거나 정치가들과 법 집행 공무원들을 비판적으로 묘사하는 언론 매체를 명예 훼손으로 고소했다. 남부의 지방 법원 판사들과 전원 백인들로 구성된 배심원단은 하나같이 기꺼이 〈명예가 훼손된〉 지역 공무원들에게 우호적인 판결을 내리고자 했으며 주 정부는 이런 식의 재판을 통해 수백만 달러를 벌어들였다. 보다 중요한 문제는 이런 식의 명예 훼손 소송이 이어지면서 민권 운동에 우호적인 기사들의 숫자가 감소했다는 점이다.

1960년 「뉴욕 타임스」에 〈점점 커지는 그들의 목소리에 귀를 기울여라〉라는 제목의 광고가 실렸다. 마틴 루서 킹 주니어 박사가 앨라배마에서 위증죄로 기소되자 그를 변호하는 데 필요한 돈을 모금하기 위해 제작된 광고였다. 남부의 공무원들은 이 광고에 공격적으로 대응했고 해당 신문을 고소했다. 공안 위원 L. B. 설리번과 패터슨 주지사는 명예 훼손을 당했다고 주장했다. 지역 배심원단은 50만 달러를 배상하라는 평결을 내렸고 「뉴욕 타임스」는 미국 대법원에 항소했다.

대법원은 〈뉴욕 타임스 대 설리번〉 사건을 통해 기념비적인 판결을 이끌어 냈다. 원고에게 피고의 악의를, 즉 해당 기사가 거짓이라는 사실을 신문사 측에서 실제로 알고 있었음을 보여 주는 증거를 요구함으로써 명예 훼손, 특히 출판물에 의한 명예 훼손의 기준을 바꾸어 놓았다. 대법원의 판결은 언론의 자유가 승리했음을 의미했으며 언론 매체와 신문사들에게 민권 운동과 활동에 대해 보다 솔직하게 이야기할 수 있는 자유를 선물했다. 반면 남부에서는 해당 판결로 전국의 언론을 향한 격렬한 비난이 들끓었으며 이러한 적개심은 민권 운동 시대가 막을 내린 뒤에도 계속 이어졌다. 전국의 언론에서 월터의 사건을 다루는 것이 형사 항소 법원에서 소송을 진행하는 우리에게 전혀 도움이 되지 않을 거라는 사실에는 의심의 여지가 없었다.

한편으로는 대중에게 월터의 유죄 판결 및 살인과 관련하여 보다 많은 정보를 제공할수록 그가 풀려났을 때 덜 위험해질 거라는 생각도 들었다. 그 이면에는 물론 그의 유죄 판결이 언젠가는 뒤집어질 거라는 가정이 존재했다. 어쨌거나 기회가 되는 대로 그의 이야기를 언론에 공개하는 편이 나을 것 같았다. 사건의 전말을 정확히 알지 못하는 지역 주민들의 무지가 걱정되었기 때문이다. 그가 풀려났을 때 직면하게 될 적대감에 대한 걱정과는 별개로 재심 판결이 내려질 경우에 일어날 일도 문제였다. 한결같이 편견에 사로잡힌 언론들의 보도가 공정한 재심을 거의 불가능하게 할 것이기 때문이었다. 먼로 카운티와 모빌 카운티의 지역 언론들은 월터를 악마처럼 묘사했고 그가 유죄 판결을 받은 것이 타당할 뿐 아니라 조속히 형을 집행해야 한다고 감연히 주장하고 있었다.

지역 언론들은 월터가 어쩌면 이미 여러 명의 무고한 10대들을 살해했을지도 모르는 위험한 마약상이라고 보도했다. 먼로빌과 모빌의 신문들은 제멋대로 월터가 〈마약계의 대부〉나 〈성범죄자〉 또는 〈깡패 두목〉이라고 주장했다. 월터가 체포된 초기에 언론은 랠프 마이어스가 연루된 터무니없는 남색 혐의를 강조했었다. 〈남색 혐의로 기소된 맥밀리언〉이란 표제 기사를 심심치 않게 볼 수

있었다. 32항에 의거한 심리를 보도하면서도 「먼로 저널」은 월터
의 위험성에 집중했다. 〈해당 사건으로 맥밀리언에 대한 공판이 진
행될 때면 항상 그랬듯 법정으로 들어가는 사람들은 모두 금속 탐
지기를 통과해야 했으며 법정 여기저기에 경찰들이 배치되어 있었
다.〉심리 기간 중 월터가 피트먼 살인 사건과 전혀 관련이 없음을
보여 주는 수많은 증거들이 제출되었음에도 지역 언론은 해당 사
건을 언급하면서 월터에 대한 두려움을 더욱 부채질했다. 심리가
시작된 초기에 브루턴 신문에서는 〈유죄 판결을 받은 살인마가 이
스트브루턴 살인 사건의 용의자〉라는 표제 기사를 실었다. 심리가
끝난 뒤에는 「모빌 프레스」에서 〈살해된 소녀는 론다만이 아니다〉
라는 표제 기사를 실었고, 〈경찰에 따르면 마이어스와 맥밀리언은
사우스앨라배마의 여러 카운티에서 암약하며 강도와 절도, 위조,
마약 밀수를 일삼는 범죄 조직의 일원이다. 맥밀리언은 해당 조직
의 수괴다〉라고 보도했다. 미결수 신분으로 사형수 수감 건물에
수감된 것부터 그가 법정에 출두할 때면 더욱 강화되는 보안 조치
에 이르기까지 해당 신문사에서 이야기하는 바는 명백했다. 이 남
자가 지극히 위험한 인물이라는 것이다.

　이 시점에 이르자 사람들은 사건을 둘러싼 진실에는 더 이상 관
심이 없는 듯 보였다. 가장 최근에 볼드윈 카운티에서 진행된 심리
에서 검찰 측이 동원한 지지자들은 월터의 무죄를 뒷받침하는 증
거에 귀를 기울이는 대신 법정을 나가 버렸다. 비록 위험할 테지만
우리는 전국 언론이 우리 편에서 이 사건을 다루고 여론을 바꾸어
주길 희망했다.

　1년 전 「워싱턴 포스트」 기자 월트 해링턴이 우리 일에 관한 기사

를 쓰기 위해 앨라배마에 왔을 때 월터의 사건을 언급한 적이 있었다. 월트는 동료 기자 피트 얼리에게 이 이야기를 전했고 피트는 즉각 관심을 보이며 내게 직접 연락을 해왔다. 우리가 제공한 재판 기록과 사건 파일을 읽은 피트는 월터의 사건에 뛰어들었고 관련자 몇 명을 직접 만났으며 머지않아 월터가 터무니없는 증거에 근거하여 유죄 판결을 받았다는 사실에 우리와 마찬가지로 경악했다.

그해 초 나는 예일 대학 로스쿨에서 강연을 했는데, 그 자리에 참석했던 CBS의 인기 심층 취재 프로그램 「60분」의 제작자가 내게 연락을 해왔다. 지난 몇 년 동안 우리는 우리 일에 관심을 보이는 다양한 시사 프로그램 제작자들로부터 전화를 받고 있었지만 나는 무척 조심스러웠다. 언론의 보도가 우리 의뢰인들에게 그다지 도움이 되지 않는다는 것이 나의 지론이었다. 언론에 대한 남부 사회의 통상적인 반감은 사형과 결부될 경우 특히 심해졌다. 사형이 정치적으로 너무나 민감한 사안이라서 사형수에 대한 동정적인 기사만으로도 자주 지역민의 반발이 초래되었고 그 결과 의뢰인과 그의 사건이 더욱 어려움을 겪었다. 때로는 의뢰인이 언론의 관심을 원하는 경우도 있었지만 나는 계류 중인 사건들에 관해 언론과 인터뷰하는 것을 아주 싫어했다. 언론의 우호적인 태도 때문에 급히 형 집행 날짜가 정해지거나 보복성 학대가 발생함으로써 상황이 악화된 경우를 너무나 많이 알고 있었기 때문이다.

우리는 그해 여름에 형사 항소 법원에 항소를 제기했다. 나는 상당한 부담을 안고 「60분」에 월터의 이야기를 공개하기로 결심했다. 37도가 넘는 7월의 무더운 어느 날 노련한 리포터인 에드 브래들리와 제작자 데이비드 겔버가 뉴욕에서 먼로빌까지 찾아와 심리에서 우리가 증인으로 세웠던 사람들을 인터뷰했다. 월터와 랠프 마이어스, 캐런 켈리, 다넬 휴스턴, 클레이 캐스트, 지미 윌리엄스, 월터의 가족, 우드로 이크너 등과 이야기를 나누었다. 아울러 빌 훅스의 직장을 찾아가 그와 대면했으며 토미 채프먼과도 심도 있는 인터뷰를 진행했다. 유명 인사인 에드 브래들리가 마을을 방문했다는 소식은 빠르게 퍼져 나갔고 지역 경찰들을 화나게 했다. 「먼로빌 저널」에서는 다음과 같은 기사를 내보내기도 했다.

타지 출신 기자들 가운데 너무나 많은 사람들이 진실을 파헤치려는 노력은 거의 하지 않고 이곳에서 만나는 사람들과 기관에 노골적인 경멸감을 표출한다. 더욱 안타까운 사실은 그들 중 몇몇은 명백히 틀렸다는 점이다. 우리에게 〈잘나가는 리포터가 작은 시골 마을을 찾다〉라는 식의 뉴스 보도는 필요 없다.

해당 방송분이 방영되기 전부터 먼로빌 지역의 대중 매체들은 주민들에게 월터 사건과 관련된 어떠한 보도 내용도 믿지 말라고 주장하는 듯 보였다. 〈CBS에서 살인 사건을 파헤치다〉라는 기사에서 「먼로 저널」의 한 지역 기자는 〈먼로 카운티의 지방 검사장 토미 채프먼의 말에 의하면 CBS 텔레비전 시사 프로그램 「60분」의 조사원들은 이곳에 오기 전부터 이미 모종의 결심을 한 것 같다〉고 썼다. 채프먼은 체포 당시에 찍은 월터의 사진을 이용하기를 좋아했다. 길고 텁수룩한 머리에 수염을 기르고 있는 사진이었는데 그가 위험한 범죄자라는 사실이 그 사진에 잘 나타나 있다고 생각했기 때문이었다. 채프먼은 〈그들이 홀먼 교도소에서 인터뷰

한 사람은 테이트 보안관이 살인죄로 체포한 사람과 동일인이 아니다〉라고 설명했다. 「먼로 저널」은 채프먼이 CBS 측에 체포 당시에 찍힌 〈진짜〉 맥밀리언의 사진을 제공하려고 했지만 그들이 〈아무런 관심을 보이지 않았다〉고 덧붙였다. 앨라배마의 재소자들은 항상 깨끗이 면도를 해야 했기에 카메라 앞에서 인터뷰할 당시의 월터가 다르게 보이는 것은 당연했다.

몇 개월 뒤 「60분」의 해당 방송분이 전파를 타자 지역 경찰들은 서둘러 방송 내용의 신뢰성을 떨어뜨렸다. 「모빌 프레스 레지스터」에서는 〈지방 검사장, 맥밀리언의 유죄 판결을 둘러싼 텔레비전의 설명에 《치욕》을 느끼다〉라는 표제 기사를 내보내면서 〈그들이 명망 있는 시사 프로그램을 자처한다는 사실이 믿기지 않으며 무책임하다는 생각이 든다〉라는 채프먼의 말을 인용했다. 월터 사건에 관한 CBS의 관심은 론다 모리슨의 부모에게 또 다른 상처를 준 것으로 매도되었다. 지역 기자들은 모리슨 가족들이 새로운 언론의 관심 때문에 〈많은 사람들이 맥밀리언을 무죄라고 생각할 수 있다〉라는 걱정과 스트레스를 감당해야 한다고 불만을 토로했다.

월터와 해당 사건에 대해 대부분 검찰 측의 가설과 설명에만 의지했던 지역 언론들은 그들이 기존에 보도했던 내용과도 관련이 있기 때문에 기꺼이 검찰과 함께 「60분」을 비난하는 데 열을 올렸다. 하지만 지역 주민들은 이전부터 항상 「60분」을 시청해 왔고 이 프로그램을 대체로 신뢰했다. 지역 언론의 반응에도 불구하고 CBS는 우리가 법정에서 제출했던 증거들을 지역 주민들에게 일목요연하게 보도했고 이 방송은 월터가 정말 유죄인지에 대한 의문과 의심을 자아냈다. 일부 유력한 지역 인사들은 해당 사건 때문에 먼로빌이 시대에 역행하고 인종 차별이 잠재하는 곳으로 비쳐져서 지역 이미지에 또는 사업을 유치하는 데 악영향을 줄 수 있다고 생각했다. 몇몇 사업가는 채프먼과 법 집행 공무원들에게 사건 전말에 대한 노골적인 질문을 던지기 시작했다.

흑인 지역 사회의 주민들은 월터 사건을 둘러싼 솔직한 보도 내용을 보며 흥분에 들떴다. 그들끼리는 월터가 억울하게 유죄 판결을 받았다고 수년째 수군거리던 참이었다. 월터의 사건으로 흑인 지역 사회 전체가 엄청난 충격을 받았기 때문에 많은 사람들이 매번 재판이 전개되는 국면과 판결에 관심을 갖고 지켜보았다. 우리는 진행 상황을 단순히 궁금해하는 사람들로부터 자주 전화를 받았다. 어떤 사람들은 이발소에서 또는 친목 모임에서 사건과 관련해 열띤 논쟁을 벌이다가 주제가 된 특정 사실을 확인하고자 우리에게 전화를 걸었다. 우리가 법정에서 제시했던, 이제는 텔레비전을 통해 전국에 공개된 증거들을 보면서 많은 흑인 지역민들이 위안을 얻는 것 같았다.

「60분」과의 인터뷰에서 채프먼은 월터 맥밀리언을 기소하는 과정에서 인종적인 편견이 작용했는지 묻는 질문에 얼토당토않다며 일축했다. 그는 침착한 어조로 맥밀리언이 유죄이며 가능한 빨리 처형되어야 한다는 굳은 믿음과 확신을 피력했다. 그리고 월터의 변호사들과 〈배심원단을 뒤늦게 비난하려는 사람들〉에게 경멸을 드러냈다.

지역 언론이나 「60분」과의 인터뷰에서 보여 준 확신에도 불구하고 채프먼이 개인적으로는 월터를 범인으로 지목한 증거들의 신빙성을 걱정하기 시작했다는 사실을 우리는 나중에야 알게 되었다. 그로서도 해당 사건과 관련해 심리에서 드러난 문제들을 무시할 수가 없었을 터였다. 그동안 우리가 다른 사형 사건에서 거둔 성과를 고려할 때 항소 법원이 월터에 대한 유죄 판결을 뒤집을 수도 있다는 지극히 현실적인 가능성에 불안을 느꼈음이 분명했다. 월터의 유죄를 옹호하는 대표적인 인물이 된 마당에 지역 수사관들의 수사 결과만 믿다가는 자신의 신뢰성이 도마에 오를 수 있다는 사실을 깨달았다. 더구나 이제는 웃음거리가 될 정도로 그들의 수사가 결함투성이였음이 드러난 상황이었다.

심리 직후에 채프먼은 테이트와 이크너, 벤슨을 전부 불러들여 우려를 나타냈다. 우리가 제출한 반대 증거들에 대해 그들에게 해명을 요구했지만 납득할 수 없는 설명들만 돌아왔다. 얼마 뒤 그는 공식적으로 몽고메리의 앨라배마 수사국 요원들에게 살인 사건을 재수사하고 맥밀리언이 유죄인지 확인할 것을 요구했다.

우리가 2년 넘게 그토록 재수사를 요청해 왔음에도 그는 재수사를 하기로 한 뒤에 우리에게 해당 사실을 직접 알려 주지 않았다. 새로운 앨라배마 수사국 수사관 톰 테일러와 그레그 콜이 내게 전화를 걸어 왔을 때 나는 사건 파일과 정보를 공유하는 데 주저 없이 동의했다. 그들을 만난 뒤로 나는 재수사 결과에 대해 더욱 희망을 갖게 되었다. 둘 다 허튼짓 따위는 할 것 같지 않았으며 신빙성 있는 수사에만 관심을 쏟는 노련한 수사관처럼 보였기 때문이다.

이삼 주 정도가 지나자 테일러와 콜은 맥밀리언이 범인이라는 사실을 의심하는 것 같았다. 그들은 사우스앨라배마의 그 어떠한 관련자하고도 아무런 관련이 없었다. 우리는 숨길 것이 없었기 때문에 그들에게 사건 파일과 메모는 물론이고 일부 증거 원본까지 넘겨주었다. 나는 불안한 마음이 들었다. 1심 판결이 번복되고 사건이 재심으로 가더라도 우리에게 너무나 많은 정보를 받은 주 수사관들이 그때가 되어서 우리가 제공한 증거를 왜곡하거나 그것의 설득력을 떨어뜨릴 가능성이 농후했고 결국 재판이 불리해질 수 있기 때문이었다. 하지만 합리적이고 정직한 수사를 통해 월터가 불합리한 혐의를 뒤집어썼다는 사실이 밝혀질 수 있을 거라고 믿기로 했다.

이듬해 1월, 항소를 제기한 지 6개월이 지났고 우리는 곧 있을 판결을 기다리고 있었다. 톰 테일러가 전화를 걸어 왔고 자신과 콜이 우리를 다시 만났으면 한다고 말했다. 그들이 수사를 진행하는 동안에도 몇 차례 통화했었지만 이번에는 수사 결과를 놓고서 논의할 예정이었다. 그들이 도착했을 때 버나드와 나는 두 사람을 내 방으로 안내했고 함께 자리에 앉았다. 그들은 지체 없이 본론을 꺼냈다.

「월터 맥밀리언이 론다 모리슨을 살해했을 가능성은 전무합니다.」톰 테일러가 숨김없이 직설적으로 말했다. 「우리는 주 법무장관과 지방 검사장을 비롯해 우리에게 묻는 누구에게든 맥밀리언이 두 건의 살인 사건과 전혀 관련이 없으며 완전히 결백하다고 이야기할 것입니다.」

나는 흥분을 감추려고 노력했다. 혹시라도 이 좋은 소식이 놀라서 달아날까 봐 겁이 났던 까닭이다. 「정말 좋은 소식이군요.」덤덤한 척하려고 애쓰면서 말했다. 「그 같은 소식을 듣게 되어 정말 기쁘고 이 사건과 관련된 증거들을 철저하고 솔직하게 봐줘서 무척 고맙다는 인사를 하고 싶습니다.」

「글쎄요, 맥밀리언이 이 사건과 아무런 관련이 없다는 사실을 확인하는 작업은 별로 힘들지 않았습니다.」테일러가 대답했다. 「마약계의 우두머리가 왜 그러한 환경에서 살고 또 척박한 땅에서 나무를 베며 하루에 열다섯 시간씩이나 일을 했겠습니까? 맥밀리언에 관한 지역 경찰들의 주장도 들어 보았지만 좀처럼 앞뒤가 맞지 않았으며 마이어스가 1심에서 이야기한 내용은 전혀 말이 되지 않았습니다. 나로서는 배심원들이 그에게 유죄 평결을 내렸다는 사실이 여전히 믿기지 않습니다.」

이번에는 콜이 나섰다. 「당신이 무척 흥미를 느낄 만한 소식도 있습니다. 훅스와 하이타워도 그들이 1심에서 증언한 내용이 거짓이라고 인정했습니다.」

「정말인가요?」이번에는 나로서도 놀라움을 감출 수가 없었다.

「그렇습니다. 이 사건을 조사해 달라는 요청을 받았을 때 우리는 당신에 대해서도 수사를 해야 한다고 들었습니다. 훅스는 증언을 번복하는 대가로 당신이 돈과 멕시코의 아파트를 제시했다고 말했습니다.」테일러가 무척 진지한 표정으로 말했다.

「멕시코의 아파트요?」

「그것도 해변가에 있다는 것 같았습니다.」콜이 무미건조한 말투로 덧붙였다.

「잠깐만요. 내가요? 월터에 대한 증언을 번복하면 내가 빌 훅스에게 멕시코에 있는 아파트를 제공하겠다고 했다고요?」나는 감당키 어려운 충격에 휩싸였다.

「음, 당신이 듣기에는 미친 소리 같겠지만 분명한 건 저쪽에 당신을 기소하고 싶어서 안달하는 사람들이 있다는 겁니다. 어쨌든 우리는 빌 훅스와 이야기를 나누었는데 그는 당신을 만난 적도 없으며 당신이 뇌물을 제안한 적도 없다고 금방 인정했을 뿐 아니라 1심에서 그가 맥밀리언에 대해 했던 증언도 순전히 거짓이라고 시인했습니다.」

「우리는 훅스가 거짓말하고 있다는 사실을 한 번도 의심한 적이 없습니다.」

콜이 싱긋 웃으며 말했다. 「사람들에게 거짓말 탐지기를 사용하기 시작하자 거의 순식간에 결론이 나더군요.」

버나드가 당연한 질문을 던졌다. 「그럼 이제 어떻게 되는 건가요?」

테일러가 자신의 동료를 바라본 다음 다시 우리를 바라보았다. 「수사가 아직 완전히 끝난 것은 아닙니다. 우리는 이 사건을 해결하고자 하며 용의자도 있습니다. 우리를 도와줄 마음이 있는지 알고 싶습니다. 당신이 어느 누구도 사형대에 세우고 싶어 하지 않는다는 것은 알지만 우리가 진범을 찾아낼 수 있도록 약간의 도움을 제공하는 것에 대해서는 적어도 고려해 볼 수 있을 거라고 생각합니다. 이 사건의 진범을 알게 된다면 사람들이 맥밀리언 씨의 무죄를 받아들이는 데도 많은 도움이 될 것입니다.」

월터의 자유가 다른 누군가의 체포 여부에 달렸다는 발상이 터무니없었지만 나는 수사가 성공적으로 진행된다면 이런 상황이 일어날 수 있을 거라고 예상했었다. 아울러 앨라배마 수사국의 수사를 통해 월터의 무죄가 드러나도 진범이 밝혀지지 않는 한, 사람들은 여전히 월터가 살인을 저지르고도 법망을 교묘히 빠져나갔다고 생각할 거라는 주장에도 반박할 수 없었다. 오래전부터 우리는 진범을 찾아내는 것이 월터가 자유를 되찾을 수 있는 가장 효과적인 방법이라고 결론을 내렸지만 법 집행 공무원과 같은 권한이나 권위가 없었기 때문에 우리가 알아낼 수 있는 사실에 한계가 있었다.

우리에게는 나름의 설득력 있는 가설이 있었다. 몇몇 목격자들로부터 사건이 발생한 시점에 세탁소를 나서는 한 백인 남자를 보았다는 진술을 확보한 상황이었다. 론다 모리슨은 살해되기 전 협박 전화를 받고 있었으며 세탁소에 불쑥 찾아오거나 어쩌면 스토킹까지 하면서 그녀를 집요하고 부적절하게 따라다니던 남자가 있었다는 사실도 알아냈다. 처음에 우리는 이 의문의 남자가 누구인지 밝혀낼 수 없었다.

그럼에도 용의자는 있었다. 이 사건에 관심이 많아 보이는 한 백인 남성이 우리에게 접촉해 왔다. 그는 종종 우리에게 전화해서 조사의 진행 상황과 관련해 자세한 이야기를 듣고 싶어 했다. 우리에게 도움이 될 정보를 가졌다는 암시를 주기도 했는데 구체적인 사실을 우리와 공유하는 단계에 이르면 매번 소극적이고 굼뜬 태도를 보였다. 맥밀리언이 결백하다는 사실을 알고 있으며 그 사실을 입증할 수 있도록 자신이 돕겠다는 말만 되풀이했다. 나중에는 몇 차례의 통화와 장시간에 걸친 대화 끝에 그때까지 발견되지 않은 살인 무기가 있는 장소를 안다고 주장했다.

우리는 그에게서 최대한 많은 정보를 얻고자 애썼다. 그의 배경도 확인했다. 그는 우리에게 같은 마을의 다른 어떤 남자와 갈등이 있다고 말했으며 이야기가 진행될수록 자신과 갈등을 빚었던 그 남자가 모리슨을 총으로 쏴 죽였다며 점점 더 그를 비난했다. 우리는 이 남자의 주장을 조사했지만 결과는 실망스러웠다. 그가 언급한 남자의 인상착의가 세탁소를 떠나는 남자를 보았다는 목격자들의 설명과 일치하지 않았을 뿐 아니라 제보자가 말한 것처럼 스토킹을 했거나 여성에게 폭력을 행사한 전력도 없었고 모리슨 사건에도 그다지 관심이 없었기 때문이다. 우리는 전화를 건 남자가 론다 모리슨을 살해한 범인일지도 모른다는 데 생각이 미치기 시작했다. 우리는 그와 수십 차례에 걸쳐 통화했고 두 번 정도는 직접 만나기도 했다. 그가 혐의를 제기하고 있는 남자가 관련되었을 거라는 생각은 점점 회의적으로 변했다. 어느 시점에 이르러 우리는 그에게 살인 사건이 일어나던 날 어디에 있었는지와 관련해 몇 가지 노골적인 질문을 했고 그는 겁을 집어먹은 듯 그 일을 계기로 연락이 뜸해졌다.

앨라배마 수사국 요원들에게 내가 이 이야기를 꺼내기도 전에 테일러가 말했다. 「우리는 당신이 우리 용의자를 이미 만났을 수 있으며 그에게서 상당한 양의 정보를 얻었을지도 모른다고 생각합니다. 해당 정보와 면담 기록을 우리와 공유해 주길 간절히 희망합니다.」 그가 우리 용의자의 이름을 꺼냈다.

나는 그들에게 우리가 해당 용의자에 관해 수집한 정보를 공유하겠다고 말했다. 우리가 그 남자의 변호사도 아니었을뿐더러 비밀로 해달라는 부탁을 받은 적도 없었기 때문에 관련 정보를 공유한다고 해서 변호사의 비밀 유지 의무에 저촉될 이유가 없었다. 테일러와 콜에게 관련 정보를 정리해서 넘겨줄 테니 며칠만 기다려 달라고 말했다.

「우리는 월터가 가능한 빨리 교도소에서 나오길 바랍니다.」내가 말했다.

「글쎄요. 내 생각에 주 법무 장관과 검찰 측에서는 두세 달 동안 현 상태를 유지하려고 할 것 같습니다. 우리가 진범을 체포할 수 있을 때까지 말입니다.」

「그렇겠죠. 하지만 현 상태를 유지한다는 것이 우리로서는 곤란하다는 것도 아시겠죠? 월터는 자신과 무관한 죄 때문에 거의 6년째 사형수 수감 건물에서 복역 중입니다.」

테일러와 콜이 난처한 기색으로 서로를 쳐다보았다. 테일러가 대답했다. 「우리가 변호사가 아닌 다음에야 변호사의 심정을 정확히 이해할 수는 없겠죠. 그렇지만 만약 내가 저지르지도 않은 범죄 때문에 교도소에 있고 당신이 내 변호사라면 나는 당신이 가능한 빨리 나를 꺼내 주기를 바랄 겁니다.」

그들이 떠났을 때 버나드와 나는 무척 흥분되었지만 〈현 상태를 유지한다〉는 계획이 계속 마음에 걸렸다. 나는 주 법무 장관실로 전화를 걸어 현재 계류 중인 항소 건에 대해 법적 실수를 인정할 것인지 알아보기로 했다. 그들이 실수를 인정한다면 항소심에서 구제될 것이 확실했고 어쩌면 월터가 보다 빨리 풀려날 수 있을 터였다.

주 법무 장관실의 켄 누넬리라는 또 다른 검사가 우리 항소 사건을 넘겨받았다. 앞서 다른 몇 건의 사형 재판을 통해 이미 상대한 적이 있는 사람이었다. 나는 그에게 내가 앨라배마 수사관들을 만났으며 맥밀리언 씨에게 유리한 국면으로 사건이 진행되고 있음을 안다고 말했다. 주 검사들도 이 사건을 둘러싸고 상당히 많이 논의했음이 분명했다.

「브라이언, 다 잘 해결될 겁니다. 몇 개월만 더 기다립시다. 그는 수년째 교도소에 있었잖아요. 몇 개월 더 있는다고 해서 큰 차이는 없을 겁니다.」

「켄, 사형수 수감 건물에 있는 사람에게는 그리고 억울하게 유죄 판결을 받은 사람에게는 하루하루가 커다란 차이입니다.」 나는 약속을 받아 놓고 싶었지만 그는 어떠한 언질도 주지 않았다. 그에게 주 법무 장관이나 누구든 최종 결정을 내릴 수 있는 결정권자를 만나게 해달라고 요청했고 알아보겠다는 대답이 돌아왔다. 며칠 뒤 검찰 측은 형사 항소 법원에 독특한 청원서를 제출했다. 주법무 장관의 이름으로 제출된 그 청원서는 항소 법원에 그들이 〈맥밀리언 씨에게 재심 기회가 주어질 수도 있는 유리한 무죄 증거를 발견한 것 같으니〉 소송을 중단하고 판결을 보류해 달라고 요청했다. 단 수사를 마무리 짓기 위한 시간이 필요하다고 했다.

월터에 대한 법원의 구제 명령을 늦추려는 검찰 측의 시도에 나는 몹시 화가 났다. 그들의 행동은 지난 6년 동안 벌어졌던 일들과 하나도 다를 게 없었고 여전히 화를 돋우었다. 우리는 재빨리 검찰 측 청원에 반대하는 답변서를 제출했다. 맥밀리언 씨의 권리가 침해당했음을 보여 주는 결정적인 증거가 존재하며 그가 즉시 구제되어야 한다고 항소 법원에 주장했다. 구제를 늦춤으로써 억울하게 유죄 판결을 받고 저지르지도 않은 죄 때문에 사형 선고를 받은한 남자가 또다시 상처를 입을 수도 있다. 우리는 항소 법원에 검찰 측의 요구를 무시하고 서둘러 판결을 내려야 한다고 주장했다.

이즈음 나는 미니와 월터의 가족들과 매주 연락을 주고받으면서 그들 모두에게 재수사와 관련한 새로운 소식을 알려 주고 있었다.

「브라이언, 왠지 좋은 일이 일어날 것 같아요.」 미니가 내게 말했다. 「그들은 남편을 몇 년 동안 붙잡아 두었어요. 이제는 그를 놓아줄 때가 되었어요. 그들은 남편을 풀어 주어야 해요.」

나는 그녀의 낙관적인 태도를 높이 샀지만 동시에 걱정이 되기도 했다. 이전까지 너무나 많은 실망을 겪었기 때문이다. 「우리는 희망을 잃지 말아야 해요, 미니.」

「나는 늘 사람들에게 〈거짓말은 절대로 영원할 수 없다〉라고 이야기해 왔는데 이번 일은 내내 하나의 거대한 거짓말이었어요.」

나는 가족들의 기대에 어떻게 대응해야 할지 딱히 확신이 없었다. 의뢰인의 가족들이 최선의 결과를 기대하도록 독려하면서도 그들이 최악의 경우에 대비할 수 있도록 경종의 목소리를 내야 한다고 생각했다. 이 일은 내가 맡는 사건이 늘어나고 일이 잘못될 수 있는 수많은 가능성을 볼 줄 알게 되면서 점점 더 난해한 임무가 되었다. 그럼에도 나는 정의를 실현하는 과정에서 희망이 얼마나 중요한지에 대해 보다 성숙한 인식을 키워 가고 있었다.

나는 소규모 집단을 대상으로 하는 강연에서 희망을 주제로 이야기하기 시작했다. 소련의 지배를 받던 시절에 투쟁하는 동유럽 사람들에게 필요한 한 가지는 바로 〈희망〉이라고 말했던 체코의 위대한 지도자 바츨라프 하벨의 말을 자주 인용했다.

하벨은 독립을 위해 투쟁하는 사람들이 다른 나라들의 자금 지원과 관심을 원한다고 말했다. 서방이 소비에트 연방을 보다 적극적으로 비난하고 외교적 압력을 가해 주기를 바란다고 했다. 하벨의 주장에 따르면 이러한 것들은 사람들이 〈원하는〉 것에 불과했으며 그들에게 〈필요한〉 단 하나는 희망이었다. 실현 불가능한 어떤 것보다는 또는 비관적인 태도에 비해 단순히 낙관적인 태도를 취하기보다는 〈영혼의 지향점〉을 역설했다. 희망은 사람들로 하여금 스스로 절망적인 상황에 뛰어들어서 목격자가 되고자 하는 의지를 낳으며 폭력적인 힘에 직면해서도 보다 나은 미래를 믿게끔 한다. 바로 이러한 희망이 우리를 강하게 하는 것이다.

하벨이 묘사한 것은 우리가 하는 일에 필요한 바로 그것이었다. 월터의 사건에는 다른 무엇보다도 희망이 필요했다. 그러한 이유로 나는 미니의 희망을 짓밟지 않았다. 우리 모두는 희망을 놓지 않았다.

2월 23일, 앨라배마 수사국 요원들에게 수사 결과를 들은 지 거의 6주가 지나서 나는 법원 서기로부터 맥밀리언 사건에 대한 형사 항소 법원의 판결이 나왔으며 판결문을 가져가도 된다는 전화를 받았다.

「아마도 마음에 들 거예요.」 아리송한 말투였다.

나는 법원으로 달려갔고 숨이 턱 밑까지 차오른 채 자리를 잡고 앉아 서른다섯 페이지 분량의 판결문을 읽어 내려갔다. 서기의 말이 맞았다. 판결문은 월터에 대한 유죄 판결과 사형을 무효로 선언했다. 그가 무고하며 석방되어야 한다고 결론을 내리지는 않았지만 우리가 제기한 다른 모든 주장에 대해 우호적인 판결을 내렸으며 재심을 명령했다. 마침내 승소하고 나서야 나는 혹시라도 패소할까 봐 내가 얼마나 두려워했는지를 깨달았다.

나는 급히 자동차를 몰아 교도소로 달려갔다. 월터를 직접 만나서 이 소식을 전하고 싶었다. 나는 이야기를 듣고 난 월터의 반응을 살폈다. 그가 몸을 뒤로 기대고는 만족한 표정으로 익숙한 미소를 지어 보였다.

「음.」 그가 느릿하게 말했다. 「좋은 소식이군요. 다행이에요.」

「좋다고요? 이건 굉장한 거예요!」

「맞아요, 굉장해요.」 그는 그제야 긴장이 풀린 듯 환하게 웃고 있었다. 이전까지 볼 수 없었던 환한 미소였다. 「휴우, 믿기지 않는군요. 도무지 믿기지가 않아요……. 휴우!」

얼굴에 웃음기가 잦아들면서 그가 천천히 고개를 가로젓기 시작했다.

「6년이에요, 6년이 훌쩍 지났어요.」 그의 시선이 먼 곳을 향했다. 비통한 표정이었다. 「지난 6년이 마치 50년처럼 느껴져요. 6년이란 세월이 그냥 사라졌군요. 그들이 나를 죽일까 봐 나는 정말 무서웠어요. 시간이 얼마나 지났는지 신경 쓸 겨를조차 없었어요.」

그가 괴로워하는 모습에 나도 정신이 번쩍 들었다. 「알아요, 월터. 게다가 아직 완전히 끝난 게 아니에요.」 내가 말했다. 「이번 판결은 당신에게 재심 기회를 주었을 뿐입니다. 앨라배마 수사국 요원들의 말을 고려하면 검찰이 당신을 다시 기소할 것 같지는 않아요. 그럼에도 그동안의 행보를 볼 때 그들이 합리적으로 나올 거라는 보장은 없어요. 인간의 능력이 미치는 한 최대한 빨리 당신을 집으로 보내기 위해 노력할게요.」

집을 생각하며 그는 기분이 나아졌고 우리는 첫 만남 이래로 그동안 입 밖에 내길 꺼렸던 주제들을 가지고 이야기하기 시작했다. 그가 말했다. 「몽고메리에서 나를 도와주었던 사람들을 전부 만나고 싶어요. 당신과 함께 돌아다니면서 그들이 내게 한 짓을 세상에 알리고 싶어요. 이곳에는 나처럼 억울하게 잡혀 온 사람들이 더 있어요.」그가 잠시 말을 중단하고 다시 미소를 짓기 시작했다. 「아, 좋은 음식도 먹고 싶어요. 너무나 오랫동안 진짜 음식 같은 음식을 먹지 못해서 그 맛이 어땠는지 기억이 가물가물할 지경이에요.」

「어떤 음식을 원하든 내가 살게요.」내가 의기양양하게 말했다.

「그동안 들어 본 바로 당신은 내가 원하는 요리를 사줄 수 없을지도 몰라요.」그가 나를 놀렸다. 「스테이크와 닭고기, 돼지고기 그리고 제대로 만든 너구리 요리도 먹고 싶군요.」

「너구리요?」

「모른 체하지 말아요. 당신도 틀림없이 구운 너구리를 좋아할 거예요. 내가 자란 동네와 비슷한 시골에서 자랐다는 사실을 아는데 거기 앉아서 맛있는 너구리 요리를 먹어 본 적이 없다고는 제발하지 말아 줘요. 사촌과 함께 자동차를 타고 가다 보면 너구리가 도로를 가로지르는 것을 발견한 사촌이 〈차 세워 봐, 차 좀 세워!〉라고 말하죠. 내가 자동차를 세우면 그는 급히 뛰쳐나가 숲속으로 달려가요. 그리고 몇 분 뒤 너구리를 잡아 온답니다. 우리는 너구리를 집으로 가져가서 가죽을 벗긴 다음 고기를 튀기거나 구워 먹죠. 참내, 너구리 고기를 먹어 본 적이 없다니 무슨 말이 그래요? 맛이 얼마나 기가 막힌데요.」

「농담이죠? 시골에서 자란 것은 맞지만 나는 한 번도 집에 가져가서 먹기 위해 야생 동물을 쫓아다닌 적이 없어요.」

우리는 긴장을 풀고 실컷 웃었다. 물론 예전에도 많이 웃었다. 지난 6년 동안 사형수 수감 건물에서 지내면서도 월터의 유머 감각이 전혀 녹슬지 않았던 까닭이다. 더욱이 이번 사건은 그에게 한층 더 많은 소재를 제공했다. 우리는 이번 사건과 관련된 상황이나 사람들에 대해 자주 이야기를 나누었으며 그토록 많은 피해를 초래했음에도 관련된 상황이나 사람들의 불합리함은 우리를 웃게 했다. 하지만 오늘의 웃음은 무척 다르게 느껴졌다. 해방된 자의 웃음이었다.

나는 차를 몰아 몽고메리로 돌아왔고 월터의 석방을 조금이라도 앞당길 방법을 고민했다. 토미 채프먼에게 전화해서 항소 법원의 판결에 근거하여 월터에 대한 모든 혐의를 취하해 달라는 청원을 제출할 생각이라고 이야기하고 그가 동의해 주길 또는 적어도 반대는 하지 않기를 바랐다. 그가 한숨을 내쉬었다. 「이번 일이 모두 마무리되면 얘기 좀 합시다. 일단 당신의 청원이 제출되면 동의할지 말지 다시 연락하겠소. 분명히 말하건대 반대하지는 않을 거요.」

우리 측 청원에 대한 심리 날짜가 정해졌다. 사실상 검찰은 혐의를 취하해 달라는 우리의 청원에 동의했으며 나는 최종 심리가 단 몇 분이면 끝날 것으로 예상했다. 바로 전날 밤 나는 심리에서 월터가 입을 정장을 가지러 미니를 찾아갔다. 내일이면 월터가 드디어 자유인의 신분으로 법정을 걸어 나올 수 있을 터였다. 미니의 집에 도착하자 그녀가 내게 긴 포옹을 해주었다. 그녀는 울고 있던 것 같았고 간밤에 잠도 설친 듯 보였다. 함께 자리를 잡고 앉자 재차 남편이 풀려나게 되어 정말 행복하다고 말했다. 왠지 근심이 어린 얼굴이었다. 이윽고 그녀가 나를 돌아보았다.

「브라이언, 당신이 남편에게 이야기를 전해 주었으면 해요. 어쩌면 남편은 여기로 돌아오지 않는 편이 좋을 것 같아요. 그동안 너무나 많은 일이 있었잖아요. 스트레스와 험담, 거짓말을 비롯해서 온갖 일들이 있었잖아요. 남편은 겪지 않아도 될 일을 겪었고 그들이 남편에게 한 짓은 나를 포함한 우리 모두에게 남은 날 동안 계속 상처가 될 거예요. 나는 내가 예전으로 돌아갈 수 없을 것 같아요.」

「글쎄요, 그가 집에 돌아오면 그때 가서 다 함께 이야기하는 편이 나을 것 같군요.」

「우리는 그가 나오면 그동안 애써 준 사람들을 모두 초대하고 싶어요. 맛있는 음식을 만들어서 다 같이 축하하고 싶어요. 하지만 그런 다음에는 남편이 당신과 함께 몽고메리로 가는 게 좋을 것 같아요.」

나는 안전상의 이유로 처음 며칠 동안은 먼로빌에 머물지 않는 것으로 월터와 이미 이야기를 끝냈다. 우리가 그의 석방에 따른 지역 주민들의 반응을 살피는 동안 식구들과 플로리다에서 지내기로 이야기했다. 하지만 그와 미니의 미래에 대해서는 전혀 논의한 적이 없었다.

나는 월터가 집에 돌아오면 그와 이야기를 나누어 보라고 계속해서 미니를 설득했지만 그녀는 분명히 그럴 마음이 없었다. 몽고메리로 돌아오면서 나는 우리가 비록 승리의 문턱에 서 있으며 월터의 무죄 방면이 그와 가족들에게 무척 행복한 일이 되어야 하지만 월터 개인으로서는 안타깝게도 이 악몽 같은 일이 절대로 완벽하게 끝나지 않을 거라는 사실을 깨달았다. 유죄 판결과 사형 선고, 오심에 따른 슬픔과 유린이 영원한 상처를 남겼다는 사실을 처음으로 오롯이 체감했다.

다음 날 아침 내가 도착했을 때는 주와 카운티의 언론은 물론이고 전국 언론 매체들까지 법원 밖에 운집해 있었다. 월터의 가족들과 지역 사회의 지인 수십 명도 그가 나오면 축하 인사를 건네기 위해 자리를 지키고 있었다. 그들은 팻말과 현수막까지 준비해 와서 나를 놀라게 했다. 지극히 단순한 행동이었지만 매우 감동적이었다. 팻말은 군중을 향해 조용히 말했다. 〈조니 디의 귀가를 환영합니다.〉〈신은 절대로 우리를 실망시키지 않습니다.〉〈마침내 자유의 몸이 되었습니다, 전능하신 하느님, 우리는 마침내 자유를 얻었습니다.〉

나는 구치소로 내려가서 월터에게 정장을 건넸다. 그리고 심리가 끝난 뒤에 그의 집에서 축하 파티가 열릴 예정임을 알렸다. 월터가 풀려날 거라는 사실을 인정하지 않은 교도소 측에서 그가 법원으로 출발할 때 개인 물품을 챙겨 가지 못하게 했기 때문에 집으로 가기 전 홀먼 교도소에 다시 들러 개인 물품을 챙겨야 했다. 몽고메리에 그가 묵을 호텔을 예약했으며 며칠 동안은 그곳에서 지내는 편이 가장 안전할 것 같다고도 말했다.

미니와 나눈 대화에 대해서도 마지못해 언급했다. 그는 충격을 받은 듯했지만 이내 평정을 되찾았다.

「오늘은 내게 정말 행복한 날입니다. 그 무엇도 자유를 되찾은 기쁨을 망칠 수 없어요.」

나는 〈음, 기회를 봐서 두 분이 이야기를 나눠 보세요〉라고 조언했다.

법정에서 나를 기다릴 토미 채프먼을 만나러 나는 위층으로 올라갔다. 「심리가 끝나면 그와 악수를 하고 싶습니다.」 채프먼이 내게 말했다. 「그래도 괜찮을까요?」

「내 생각에 그도 고마워할 것 같군요.」

「이 사건으로 나는 배워야 한다고 느끼지 못했던 것들을 배웠습니다.」

「우리 모두가 많은 것을 배웠죠.」

곳곳에 보안관 대리들이 배치되어 있었다. 버나드가 도착했고 우리가 변호인 책상에서 간략하게 상의하던 중에 집행관이 다가와서 판사실로 가달라고 했다. 노턴 판사는 형사 항소 법원의 판결이 나오기 몇 주 전에 은퇴한 터였다. 후임 판사인 패멀라 바샵 판사가 따뜻하게 나를 맞아 주었다. 우리는 잠깐 동안 여담을 나눈 다음 심리에서 일어날 일을 논의했다. 이상할 정도로 모든 사람들이 즐거워 보였다.

「스티븐슨 씨, 당신은 청원을 제출하고 간략하게 변론을 진행하면 됩니다. 어떠한 언쟁이나 진술도 필요 없어요. 나는 곧장 청원을 인정할 생각이고 그럼 당신들은 모두 함께 집으로 돌아갈 수 있을 거예요. 빨리 끝내 버리자고요.」 우리는 다시 법정으로 돌아갔다. 심리가 진행될 법정 안에는 그동안 드나들면서 처음 보았을 정도로 흑인 보안관 대리들이 유난히 많았다. 금속 탐지기도, 위협적인 경찰견도 없었다. 법정은 월터의 가족들과 지지자들로 가득 찼다. 안으로 들어오지 못하고 법원 밖에서 응원을 보내는 흑인들은 더 많았다. 다수의 텔레비전 카메라들과 기자들 때문에 가뜩이나 혼잡한 법정 안이 더 혼잡했다.

내가 가져다준 검은색 정장과 흰색 셔츠를 입고 마침내 월터가 법정 안으로 들어섰다. 인물이 한결 훤칠해 보였으며 정장을 입은 모습이 너무나 잘 어울려서 마치 다른 사람을 보는 것 같았다. 보안관 대리들이 그에게 수갑이나 족쇄를 채우지 않은 터라 그는 가족과 지인들에게 손을 흔들며 걸어 들어왔다. 그의 가족들은 그가 6년 전 재판을 받은 이래로 줄곧 흰색 죄수복을 입은 모습만 봐왔었다. 그가 정장 차림으로 법정에 들어서자 군중 사이에서 탄성이 흘러나왔다. 월터의 가족과 지지자들은 수년째 재판 중 자연스럽게 의견을 표출할 때마다 위압적인 시선이나 퇴장 위협에 직면했지만 오늘만큼은 보안관 대리들도 그들이 조용히 기쁨을 표출하도록 내버려 두었다.

판사가 입장했고 나는 변론을 위해 앞으로 나섰다. 먼저 사건 개요를 간단히 설명한 다음 판사에게 피고 측과 검사 측 모두 피고에 대한 모든 혐의를 취하해 줄 것을 제안한다고 알렸다. 판사가 곧장 요청을 수락했고 추가할 사항이 있는지 물었다. 불현듯 이상한 격정이 밀려왔다. 당초 나는 마음이 후련해질 것으로 예상했다. 나를 제외하고는 모두 기분이 좋은 듯했다. 판사와 검사도 갑작스레 너그러워졌으며 협조적이었다. 마치 모든 사람이 유감이나 원한이 남지 않도록 확실히 하려는 듯 보였다.

월터가 황홀감에 도취된 것은 당연했지만 나는 불쑥 고개를 쳐든 분노에 혼란스러웠다. 이제 곧 월터의 법정 공방이 마무리될 참이었고 나는 월터와 그의 가족들은 물론 지역 사회 전체가 얼마나 많은 아픔과 고생을 겪었는지에 생각이 미치기 시작했다. 로버트 E. 리 키 판사가 배심원단의 가석방 없는 종신형 평결을 뒤엎고 사형을 선고하지 않았더라면, 그래서 이 사건이 우리의 관심을 끌지 않았더라면 월터는 교도소에서 여생을 보내고 감방 안에서 삶을 마감했을 거라는 생각이 들었다. 월터처럼 무고하지만 필요한 도움을 분명히 받지 못하고 있을 수백 또는 수천 명의 다른 죄수들을 생각했다. 나는 이 자리가 연설이나 불만을 늘어놓을 때와 장소가 아님을 알았지만 마지막으로 한마디 하지 않을 수 없었다.

「판사님, 재판을 마치기 전에 이 이야기를 꼭 하고 싶습니다. 억울하게 기소된 이 남자에게 유죄 판결을 내리고 그가 저지르지도 않은 짓을 이유로 사형수 수감 건물로 보내기까지는 너무 쉬웠습니다. 반면 그의 결백을 입증하고 다시 자유를 찾아 주기까지는 너무나 어려웠습니다. 앨라배마 주에는 심각한 문제들이 존재하며 반드시 해결해야 할 중요한 과제들이 있습니다.」

내가 자리에 앉자 판사가 월터에게 가도 좋다고 선언했다. 단지 그 한마디로 그는 자유의 신분이 되었다.

월터가 나를 꼭 껴안았다. 그의 눈에서 눈물이 흘러내렸고 나는 손수건을 건넸다. 그를 이끌어 채프먼에게 갔으며 그들은 악수를 나누었다. 우리는 주위에 있던 흑인 보안관 대리들의 안내를 받아 뒷문을 통해 아래층으로 내려왔다. 그곳에는 한 무리의 기자들이 대기하고 있었다. 보안관 대리 한 명이 내 등을 가볍게 두드리며 〈최고였어요. 정말 최고였습니다〉라고 말했다. 나는 버나드에게 법원 앞에서 만나자는 말을 월터의 가족들과 지지자들에게 전해 달라고 부탁했다.

기자들의 질문에 대답하는 동안 월터는 내게 바짝 붙어 서 있었다. 나는 그가 주눅이 들었음을 알 수 있었고 그래서 몇 분 뒤 질문을 중단시키고 월터와 법원 정문으로 걸어갔다. 방송국 카메라맨들이 우리를 따라왔다. 밖으로 걸어 나오자 수십 명의 사람들이 환호하며 팻말을 흔들었다. 월터의 친척들이 앞으로 달려 나와서 그와 포옹을 나누었으며 내게도 포옹을 해주었다. 월터의 손주들이 그의 손을 잡았다. 이전까지 한 번도 본 적 없는 나이 든 사람들이 그에게 다가가 그를 안아 주었다. 월터는 자신 때문에 그토록 많은 사람들이 그곳에 모여 있는 것이 도저히 믿기지 않는 모양이었다. 그는 사람들과 일일이 포옹을 나누었다. 심지어 그에게 악수를 청하러 온 남자들한테도 포옹을 해주었다. 나는 사람들에게 버나드와 내가 월터를 교도소로 데려가야 하고 그곳에서 곧바로 집으로 갈 거라고 설명했다. 군중을 헤집고 자동차에 타기까지 거의 한 시간이 소모되었다.

교도소로 향하는 차 안에서 월터가 내게 사형수 수감 건물에 있는 사람들이 자신의 마지막 밤을 기념하여 특별한 친절을 베풀었다고 말했다. 사람들이 그를 찾아와서 함께 기도해 주었으며 마지막으로 그를 안아 주었다는 것이다. 그들을 뒤로한 채 혼자만 떠나게 되어 죄스러운 마음이 든다고 했다. 나는 그러지 말라고 조언했다. 그가 집에 돌아간다는 사실을 알고서 그들은 하나같이 무척 기뻐했을 거라고 말했다. 그가 얻은 자유가 절망적인 환경 속에서 작게나마 희망을 상징했기 때문이다.

곧 있으면 집으로 갈 거라고 알렸음에도 사람들이 교도소까지 우리를 따라왔다. 기자들과 지역 방송국 직원들, 가족들까지 전부 우리를 따라왔다. 우리가 홀먼 교도소에 도착했을 때는 각종 언론들과 지지자들이 우리 뒤로 긴 행렬을 이루었다. 나는 자동차를 주차하고 정문으로 걸어가서 감시탑의 교도관에게 그들이 나와는 아무런 관련이 없는 사람들이라고 설명했다. 볼일도 없이 교도소에 찾아오는 사람들에 대해 그곳 교도소장이 아주 엄격한 원칙을 갖고 있다는 사실을 알았기 때문이다. 교도관은 의외로 순순히 우리에게 안으로 들어가라며 손짓했다. 아무도 군중을 해산시키려 하지 않았다.

우리는 교도소 사무실로 가서 월터의 개인 물품을 받았다. 법적으로 허용된 물건들과 나하고 오간 서한들, 가족들과 지인들이 보내온 편지들, 성경 한 권, 체포될 당시에 차고 있던 타이멕스 손목시계, 그의 악몽이 시작된 1987년 6월에 가지고 있던 지갑이 전부였다. 지갑 안에는 여전히 23달러가 들어 있었다. 월터는 수용실에서 가지고 있었던 선풍기와 사전, 약간의 음식물을 다른 사형수들에게 주었다. 월터가 소지품들을 넘겨받는 내내 교도소장은 사무실에서 우리를 바라보았지만 모습을 드러내지는 않았다.

두세 명의 교도관들이 지켜보는 가운데 우리는 교도소 정문을 걸어 나왔다. 밖에는 여전히 많은 사람들이 모여 있었다. 윌리엄스 부인의 모습도 보였다. 월터가 다가가서 그녀와 포옹을 나누었다. 포옹이 끝나자 그녀가 나를 바라보며 윙크했다. 나는 저절로 웃음이 나왔다.

수용실의 수감자들은 밖에 운집한 군중과 멀어져 가는 월터의 모습을 보면서 함성을 지르며 그를 격려하기 시작했다. 교도소 밖에 있는 우리에게 그들의 모습이 보이지는 않았지만 그들의 목소리만큼은 마치 바로 눈앞에 있는 사람들의 목소리처럼 생생하게 울려 퍼졌다. 비록 보이지 않는 곳에서 들려오는 소리였지만 흥분과 희망에 가득 찬 그들의 목소리가 쉽게 잊히지 않을 것 같았다. 우리에게 마지막으로 들려온 한 남자의 목소리가 〈약해지면 안

돼. 강해져야 돼!〉라고 소리쳤다.

월터가 그 말을 받아 외쳤다. 「그래!」

자동차로 걸어가면서 월터가 양팔을 들어 마치 날갯짓하듯 천천히 아래위로 흔들었다. 그가 나를 돌아보며 말했다. 「새가 된 기분입니다. 마치 새가 된 것 같아요.」

12장

어머니

3월 중순의 선선한 어느 날 저녁, 감청색 드레스 차림의 마샤 콜비가 남편과 나란히 뉴욕 거리로 나섰다. 그녀는 오랫동안 이 순간을 꿈꿔 왔다. 혼잡한 인도를 따라 남편과 한가로이 걸으면서 호기심 가득한 눈으로 뉴욕의 풍경과 소음을 음미했다. 멀리 보이는 거대한 빌딩들은 하늘에 닿을 듯했으며 자동차들은 붕붕 요란한 소리를 내며 그리니치빌리지 가를 질주했다. 그들이 워싱턴 스퀘어 공원으로 들어서는 순간에도 뉴욕의 학생들과 아마추어 예술가들은 그들을 신경 쓰지 않았다. 그녀는 공원 한쪽 구석에서 연습 중이던 아마추어 재즈 트리오를 발견했다. 하나같이 영화의 한 장면 같았다.

가난한 앨라배마 시골 출신의 백인 여성 마샤는 이전까지 뉴욕에 와본 적이 없었으며 이제 곧 2백여 명의 손님들이 참석하는 만찬 행사에서 수상의 영예를 안게 될 참이었다. 지극히 설레기도 했지만 행사장으로 걸어가면서 그녀는 이례적인 어떤 것을 경험하는 중이었다. 이내 자신이 느끼고 있는 것의 실체를 알아냈다. 바로 자유였다. 그녀는 세계에서 가장 눈부신 도시의 거리를 남편과 함께 거닐고 있었고 자유의 신분이었다. 그것은 멋진 느낌이었다. 자유의 몸이 된 이래로 지난 석 달 동안 모든 것이 마법 같았다. 가석방 없는 종신형을 선고받고 줄리아 터트윌러 여자 교도소에 수감되기 이전에는 감히 상상하지 못한 것들이었다.

허리케인 에번이 앨라배마 연안을 덮치면서 마샤의 삶에 혼돈과 재앙을 불러왔을 때 그녀는 자신이 처할 수 있는 최악의 상황에 놓였다고 생각했다. 에번은 119개의 토네이도를 유발했고 180억 달러가 넘는 피해를 초래했다. 그녀는 집을 잃었고 주위의 모든 것이 처참하게 파괴되었지만 여섯 명의 아이들을 돌보느라 허둥지둥할 틈이 없었다. 마샤의 걱정은 불확실한 미래에 있었다. 그녀나 그녀의 남편은 어디서 일을 구할 수 있을까? 아이들은 얼마나 오랫동안 학교에 가지 못하게 될까? 어떻게 돈을 벌어야 할까? 무엇을 먹고살아야 할까? 불확실한 미래를 직면한 채 멕시코 만의 모든 사람들은 무력감을 느끼고 있었다. 2004년 루이지애나와 앨라배마, 미시시피, 플로리다 연안 지역에 연이어 출몰하며 이들 지역을 위협한 열대성 태풍과 허리케인은 느긋한 남부 연안 지역의 삶을 마치 세상에 종말이 온 듯한 생존의 전장으로 바꾸어 놓았다.

마샤와 글렌 콜비 부부는 비좁은 이동식 주택 안에서 여섯 명의 아이들과 살았고 허리케인 경보가 발령되었을 때 그들에게 위험이 닥쳤음을 직감했다. 그들만이 아니었다. 다른 수많은 가족도 비슷한 상황이었고 다른 사람들을 보면서 그들은 약간이나마 위안을 얻었다. 하지만 9월에 허리케인 에번이 콜비 가족의 집을 앗아 갔을 때, 마샤는 다른 수천 명의 사람들과 함께 연방 긴급 사태 관리청이 지원하는 물품을 수령하고자 줄을 선 자신을 발견했고 그곳에서 아무런 위안도 느끼지 못했다. 오래지 않아 지원 물품이 도착했다. 콜비 가족에게는 임시 거처로 연방 긴급 사태 관리청의 캠핑용 트레일러가 지급되었고 그들은 지급된 트레일러를 그들의 예전 집터에 두어 아이들이 근처 학교에서 시간을 보낼 수 있도록 했다. 마샤와 글렌은 그해 초여름 건축 일과 지붕을 수리하는 일을 구했지만 당시로서는 다시 재건축 일손이 필요해지기까지 몇 주를 기다려야 할지 모르는 상황이었다.

마샤는 자신이 임신했다는 사실을 깨달았다. 이미 마흔세 살의 나이였고 아이를 더 낳을 계획이 없던 상황이었다. 그녀에게는 오로지 몇 달 뒤면 임신 때문에 건설 현장에서 일하는 데 제한을 받게 될 거라는 생각뿐이었다. 그녀의 걱정은 종종 극심한 불안으로 이어졌고 예전에 자신을 유혹했던 것에 이끌렸다. 마약을 하고 싶었다. 하지만 그녀에게 의지한 채 살아가는 식구가 한두 명이 아니었고 유혹에 굴복하기에는 감수해야 할 것이 너무 많았다. 5년 전 막내아들 조슈아를 임신했을 때였다. 그녀의 몸에서 코카인 성분을 발견한 간호사들이 그녀를 경찰에 신고했고 당국은 기소와 형사 입건, 징역살이, 양육권 박탈 등을 들먹이며 그녀에게 엄포를 놓았다. 그녀는 두 번 다시 그런 모험을 감수할 마음이 없었다.

그들 부부는 찢어지게 가난했지만 아이들에게 해줄 수 없는 부분을 언제나 마샤가 사랑으로 채워 나갔다. 아이들에게 책을 읽어주었고, 대화를 나누었으며, 함께 놀아 주었고, 자주 키스와 포옹을 해주었고, 늘 아이들 곁을 지켰다. 온갖 악조건에도 지극한 사랑으로 끈끈하게 연결된 훌륭한 가족을 만들어 갔다. 제법 나이가

든 아들들은 물론, 심지어 열아홉 살 된 아들은 고등학교를 졸업하면서 맞닥뜨릴 수 있는 수많은 유혹에도 불구하고 집에서 그녀와 꼭 붙어 지냈다. 마샤는 어머니 역할을 좋아했다. 그렇게 많은 아이를 낳으면서 그다지 걱정을 하지 않은 것도 바로 그 때문이었다. 일곱 번째 아이를 임신한 것도 그녀가 기대하거나 바라던 일은 아니었지만 앞서 태어난 아이들을 사랑한 만큼 그 아이도 똑같이 사랑해 줄 터였다.

겨울이 되면서 볼드윈 카운티의 상황도 안정되었다. 다시 일거리가 생겼고 드디어 글렌도 안정적인 직장을 얻었다. 여전히 재정적으로 어려움을 겪었지만 아이들 대부분이 학교로 돌아갔고 그들은 파괴로 인한 최악의 상황을 이겨 낸 듯 보였다.

마샤는 그 나이에 아기를 갖는다는 것이 매우 위험하다는 사실을 알았지만 의사를 만나러 갈 수 없었다. 병원비를 지출하기에는 생활비가 턱없이 부족했다. 이미 여섯 명의 아이를 출산한 경험이 있었기 때문에 그녀는 출산 과정에 대해서 잘 알았고 산전 건강 관리를 받지 못하더라도 최선을 다하기로 마음먹었다. 이전에 임신했을 때는 몰랐던 약간의 통증과 문제들을 겪으면서도 그녀는 걱정하지 않기로 했다. 하혈도 있었다. 이때라도 그녀가 검사를 받을 수 있었더라면 의사가 태반 조기 박리[21] 증후를 발견할 수도 있었다.

연방 긴급 사태 관리청에서 새로 지급받은 캠핑용 트레일러 옆에는 그들의 예전 이동식 주택이 있었는데, 사람이 거의 살 수 없

---

21 태아를 만출하기 전 태반이 착상 부위에서 떨어지는 질환.

는 상태였지만 여전히 물이 나왔고 욕조도 사용 가능했기 때문에 가끔씩 마샤의 조용한 쉼터로 활용되었다. 어느 날 그녀는 몸 상태가 좋지 않음을 느꼈고 따뜻한 물에 한참 몸을 담그고 나면 상태가 나아질 것으로 생각했다. 따뜻한 욕조에 몸을 담근 지 불과 몇 분도 지나지 않아서 지독한 산통이 시작되었다. 그녀는 진통이 너무 일찍 찾아왔다고 생각했고 자신도 모르는 사이에 사산된 아들을 낳았다. 그녀가 아이를 살리고자 필사적으로 노력했지만 아이는 숨을 쉬지 않았다.

처음 임신한 사실을 알고서 초조해했던 그녀였지만 마샤는 아이의 죽음에 몹시 슬퍼했으며 아이에게 이름을 지어 주고 가족장을 치러 주자고 주장했다. 그들은 죽은 아이에게 티머시라는 이름을 지어 주고 그들의 작은 캠핑용 트레일러 옆에 매장한 다음 묘비를 세워 주었다. 콜비 가족을 내내 의심스럽게 지켜보고 참견하길 좋아하던 한 이웃이 없었더라면 사산아 출산은 마샤와 그녀 가족의 개인적 비극으로 끝났을지도 모를 일이었다.

데비 쿡은 마샤 콜비의 배가 더 이상 부르지 않은데도 아기가 보이지 않는다는 사실을 알아차렸고 사산을 둘러싼 세부적인 과정에 호기심이 발동했다. 한편 마샤는 이 여성을 믿지 않았기 때문에 그녀가 질문을 늘어놓자 대답을 회피했다. 콜비 부인의 자녀들이 다니는 초등학교에서 일하던 쿡은 결국 학교 식당 직원에게 사라진 갓난아이에 대해 경찰에 신고하라고 지시했다. 케네스 루월렌 경관은 쿡 부인을 면담한 다음 콜비 부인의 집으로 갔다. 여전히 아기를 잃은 슬픔에 잠겨 있었고 주변의 간섭이 불만이었던 마샤는 경찰의 질문에 격하게 반응했다. 자신의 사생활을 보호하려는 의도에서 처음에는 경찰과 수사관들에게 사실과 다르게 설명하려고 했다. 현명하지 못한 행동이었지만 그녀는 그들의 재촉에 화가 난 상태였다. 하지만 루윌렌이 콜비 가족의 집 근처에서 묘비를 발견했고 마샤는 얼마 전 사산아로 태어난 아들을 그곳에 묻었다고 자백했다.

갓난아이의 시체를 발굴하기 위해 주 정부 소속 법의학자 캐슬린 앤스티스가 호출되었다. 정당한 이유도 없이 법 집행 공무원들이 속상한 어떤 일을 벌이려고 하자 마샤는 충격에 휩싸였다. 발굴이 끝나자마자 앤스티스는 정식으로 시체를 검시하지도 않은 상태에서 수사관에게 아기가 태어났을 때 살아 있었을 것으로 생각된다고 말했다. 후에 앤스티스는 자신의 견해에 아무런 근거가 없었고 부검과 실험을 하지 않고는 아기가 산 채로 태어났는지 알 수 있는 방법이 없다고 시인했다. 알고 보니 앤스티스는 과거에도 수차례나 적절한 입증 자료 없이 성급하고 부적절하게 누군가의 죽음을 살인에 의한 것으로 공표한 전력이 있었다.

이 법의학자는 나중에야 모빌의 법과학부 실험실에서 부검을 진행했다. 그러고는 마샤 콜비의 아기가 산 채로 태어났다는 결론을 내렸을 뿐 아니라 치료를 받았더라면 살았을 거라고 단언했다. 주로 죽은 사람을 상대하는 법의학자들이 생존 가능성을 판단하는 것은 부적절하다는 대다수 전문가들의 일치된 견해에도 불구하고 앨라배마 주는 검찰에게 형사 사건으로 마샤를 기소하도록 했다.

믿을 수 없게도 마샤 콜비는 사산된 아들을 낳은 지 불과 몇 주 만에 체포되었고 살인 혐의로 기소되었다. 당시 열네 살 미만의 미성년자에 대한 살인을 사형에 처해질 수 있는 중죄로 다스리는 주들이 점차 늘어나는 추세였고 앨라배마도 이러한 주들 가운데 하나였다. 어린 희생자와 관련된 범죄 영역이 강화되면서 사형수 수감 건물로 보내지는 젊은 어머니들과 미성년자들의 숫자도 급격히 증가했다. 앨라배마의 사형수 수감 건물에 수감된 총 다섯 명의 여성은 사인이 밝혀지지 않은 어린 자식의 죽음이나 폭력적인 배우자 또는 남자 친구의 죽음 때문에 유죄 판결을 받았다. 다섯 명모두가 그랬다. 실제로 전국의 대다수 여자 사형수들은 아동 학대 혐의나 남성 배우자가 연관된 가정 폭력 혐의 같은, 가족을 상대로 한 범죄로 사형을 앞두고 있다.

1심 재판에서 캐슬린 앤스티스는 티머시가 산 채로 태어났으며 익사했다고 증언했다. 정상 출산이라는 자신의 결론이 〈제외 진단〉이라고도 말했다. 다시 말해 아기가 사산아로 태어났다는 어떠한 증거도 발견할 수 없었으며 익사 말고는 아기의 죽음을 설명할 다른 방법이 없다는 뜻이었다. 검찰에서 증인으로 채택한 전문가이자 사산아를 출산한 지 2주 뒤에 콜비 부인을 진찰했던 산과 의사이자 부인과 의사인 데니스 맥널리 박사에 의해 앤스티스의 증언은 신뢰할 수 없는 것으로 드러났다. 맥널리 박사는 콜비 부인이 나이도 많고 출산 전 건강 관리도 받지 않았기 때문에 임신 기간 중 〈이유를 알 수 없는 태아 사망〉의 위험이 매우 높았다고 증언했다. 앤스티스가 법의 병리학을 배우면서 참고했던 의학 논문의 저자 베르너 스피츠 박사의 증언으로 그녀의 증언은 더욱 신뢰성이 떨어졌다. 피고 측 증인으로 나선 스피츠 박사는 자신이라면 이 사건과 같은 정황에서 살인은 고사하고 〈절대로〉 정상 출산을 운운하지 않았을 거라고 증언했다.

　범죄 행위가 있었다는 신뢰할 만한 과학적 증거가 전혀 없음에
도 검찰은 마샤가 가난하고, 과거에 마약을 복용한 전과가 있으
며, 자식을 돌보려 하지 않는 명백히 나쁜 어머니라는 선동적인 증
거를 제시했다. 수사 경찰들이 그녀의 집에 들어가서 물을 내리지
않은 변기와 바닥에 뒹구는 맥주 캔 사진을 찍어 왔고 이 사진들은
그녀가 무관심하고 나쁜 어머니라는 증거로 배심원단 앞에 제시
되었다.

　콜비 부인은 수차례의 심문 과정에서 아기가 사산아로 태어났
다고 일관되게 주장했다. 수사관들에게 아들이 죽은 채 태어났으
며 아들을 소생시키려고 노력했지만 전혀 숨을 쉬지 않았다고 진
술했다. 검찰이 제안한 감형 거래도 거부했다. 거래를 수락할 경우
교도소에서 18년만 복역하면 되었지만 그녀는 자신이 잘못한 것
이 없다며 단호한 태도를 유지했다.

　마침내 언론이 마샤 콜비의 기소 사건에 관심을 보이기 시작했
고 그들은 또 다른 〈위험한 어머니〉 이야기에 이끌렸다. 지역 언론
은 그녀의 사건을 선정적으로 다루었으며 무방비 상태의 어린아
이를 돕고자 나선 경찰과 검찰을 칭송했다. 마샤에 대한 1심 재판
일정이 잡혔을 즈음에는 무책임한 어머니들을 악마로 묘사하는
관행이 언론들 사이에서 일종의 유행처럼 번져 있었다. 아울러 친
자식을 살해한 어머니들의 끔찍한 이야기가 전국적으로 돌풍을
일으키고 있었다. 2001년 텍사스에서 앤드리아 예이츠라는 여성
이 다섯 명의 자식을 물에 빠트려 숨지게 한 비극적인 사건이 전국
적으로 화제가 되었다. 사우스캐롤라이나에서는 자신의 아이들을

죽였다고 무작위로 흑인 남성들을 비난하다가 나중에 가서 자신이 죽였다고 인정한 수전 스미스의 어설픈 시도가 범죄 이야기라면 사족을 못 쓰는 미국인들을 매료시켰다. 이런 종류의 이야기에 언론의 관심이 몰리면서 결국 전 국민이 열광했다. 두 살짜리 딸의 죽음으로 기소되었다가 종국에는 무죄로 풀려난 플로리다의 젊은 어머니 케이시 앤서니의 이야기가 연일 케이블 방송을 통해 보도되자 『타임』지는 그녀의 사건을 〈세기의 소셜 미디어 재판〉이라고 지칭하기도 했다.

부모에 의한 영아 살해는 끔찍하기도 하거니와, 예이츠와 스미스 사건처럼 심각한 정신 질환 문제와 얽혀서 일반적으로 복잡한 양상을 띤다. 또한 왜곡과 편견을 낳기도 한다. 경찰과 검찰은 언론의 보도에 영향을 받고, 자식의 예상치 못한 죽음에 직면한 수천 명의 여성들, 특히 불우한 환경에 있는 가난한 여성들은 당연히 유죄라는 추정을 받는다. 선진국 중에서 우월한 위치를 점유하고 있음에도 미국은 다른 선진국들보다 높은 영유아 사망률과 항상 씨름해 왔다. 출산 전후를 포함하여 미국의 가난한 여성들이 적절한 의료 서비스를 받지 못하는 상황은 수십 년째 심각한 문제로 지적되고 있는 실정이다. 최근 개선되었다고는 하지만 전 세계 어느 나라보다 의료 서비스에 많은 예산을 지출하는 나라치고 미국의 영유아 사망률은 여전히 당혹스러운 수준을 보인다. 전국의 교도소들을 통해서 이미 증명되기 시작했듯, 영유아의 사망을 범죄로 취급하고 자녀를 잃은 가난한 여성들을 기소하는 관행은 21세기 미국의 새로운 면모를 보여 주었다.

지역 사회에서는 교도소로 보내져야 할 나쁜 어머니들이 감시의 대상이 되었다. 마샤에 대한 기소가 진행될 즈음 앨라배마 피컨스 카운티에서는 브리짓 리가 사산아를 출산했다. 그녀는 살인 혐의로 기소되었고 억울하게 징역을 살게 되었다. 교회에서 피아노를 연주하는 두 아이의 어머니이며 은행에서 부기 계원으로 일하던 리는 혼외정사를 통해 임신했다. 덜컥 겁도 나고 우울해진 서른네 살의 이 여성은 임신 사실을 숨기고 비밀리에 아기를 입양시키기로 마음먹었다. 하지만 예정일보다 5주나 빨리 출산이 이루어지면서 사산아가 태어났다. 그녀는 사산아를 낳은 사실을 남편에게 비밀로 했으나 그것이 의혹을 부추겼다. 리의 임신을 둘러싸고 좋지 않은 소문이 나돌던 상황은 부검을 주도한 병리학자에게 영향을 끼치기에 충분했으며, 해당 병리학자는 그녀의 아기가 산 채로 태어났으나 그녀에 의해 질식사했다고 결론지었다. 리가 체포되어 살인 혐의로 기소되고 몇 개월 뒤 추가로 여섯 명의 병리학자들이 부검을 실시했는데, 만장일치로 신생아가 폐렴으로 사망했다는 결론을 내렸다. 신생아의 폐렴은 특징이 잘 알려져 있으며 사산을 유발하는 대표적인 질병이었다. 이 새로운 정보의 등장으로 검찰은 기소를 취하했고 리 부인은 사형 재판과 다가올 사형도 면하게 되었다. 한편 신뢰를 잃은 병리학자는 앨라배마를 떠났지만 텍사스에서 지금도 계속해서 검시관으로 활동하고 있다.

　수백 건의 다른 사건에서 억울하게 누명을 쓴 여성들은 잘못된 유죄 판결을 피하기 위한 어떠한 법의학적 도움도 제공받지 못했다. 마샤 콜비를 변호하기 이삼 년 전 우리는 다이앤 터커와 빅토리아 뱅크스의 사건을 맡았다. 지적 장애가 있고 앨라배마 촉토 카운티에 사는 흑인 여성 뱅크스 부인은 그녀의 갓난아기를 살해한 혐의로 기소되었다. 경찰에게는 그녀가 임신했었다고 믿을 만한 타당한 근거가 없던 상황이었으나, 뱅크스는 자신과 무관한 사건으로 구치소에 수감되는 것을 피하기 위해 보안관 대리에게 자신이 임신했다고 이야기한 것으로 알려졌다. 몇 개월 뒤 진즉에 출산했어야 할 아기가 없다는 사실이 확인되자 경찰은 자신의 아기를 살해한 혐의로 그녀를 기소했다. 장애가 있을 뿐 아니라 적절한 법률적 도움도 받지 못한 뱅크스 부인은 자신이 여동생 터커 부인과 공모하여 사실상 존재한 적도 없는 아이를 살해했다는 혐의에 대해 형량 거래를 수락하도록 강요받았다. 살인 혐의와 다가올 사형 선고를 눈앞에 두고 있었기 때문에 그녀는 형량 거래를 받아들였고 징역 20년을 선고받았다. 경찰은 그녀를 교도소로 보내기에 앞서 자신이 결백하다는 그녀의 주장과 관련해 아무런 조사도 진행하지 않았다. 우리는 그녀가 체포되기 5년 전에 불임 시술을 받았으며 출산은 고사하고 생물학적으로 임신이 불가능한 상태였다는 사실을 입증함으로써 그녀에게 자유를 찾아 주었다.

가난한 어머니를 둔 신생아들의 이유를 알 수 없는 죽음과 더불어 다른 유형의 〈잘못된 양육〉도 범죄로 규정되었다. 2006년에 앨라배마 주는 마약을 접할 수 있는 〈위험한 환경〉에 아동을 노출시킬 경우 이를 중죄로 규정하는 법안을 통과시켰다. 이 〈아동의 화학적 위기 법령〉은 표면상 마약 제조 시설이 있거나 마약 밀매가 이루어지는 가정에서 생활하는 아동을 보호하기 위해 제정되었지만 보다 광범위하게 적용되었고 머지않아 마약과 마약 중독이 만연한 가난하고 소외된 동네에서 자녀와 함께 살아가는 수천 명의 어머니들이 기소될 위기에 처했다.

시간이 흘러 앨라배마 대법원은 〈환경〉이란 단어에 자궁을 포함시키고 〈아동〉이란 단어에 태아를 포함시켜 해석했다. 임신한 여성들은 이제 임신 중 한 번이라도 마약을 복용했다는 증거만 있으면 형사 사건으로 기소되어 수십 년씩 징역을 살게 되었다. 실제로 해당 법령에 따라 최근 몇 년 동안 수십 명의 여성들이 그들에게 필요한 도움을 받는 대신 교도소로 보내졌다.

나쁜 어머니들을 둘러싼 과잉 반응 때문에 마샤 콜비에 대한 공정한 재판은 거의 불가능했다. 배심원을 선정하는 과정에서 다수의 배심원들이 콜비 부인에 대해 도저히 공정성을 유지할 수 없다는 입장을 표명했다. 몇몇 배심원들은 친자식을 죽였다는 사실이 너무 충격적이라서 무죄 추정의 원칙을 존중할 수 없다는 태도를 내비쳤다. 몇몇 배심원들은 나쁜 어머니를 규정하는 데 특히 목소리를 높였던 검찰 측 핵심 증인과 밀접한 관계라서 그를 〈즉각적으로 신뢰〉하고 〈그가 말하는 모든 내용을 사실로 믿었다〉고 했으며, 어떤 배심원은 자신과 알고 지내던 경찰들이 증인으로 출두했는데 〈그들이 말하는 것은 무엇이든 사실로 믿을〉 정도로 그들을 신뢰했다고 인정했다.

1심 법원은 피고 측의 반대에도 불구하고 이 배심원들을 거의 전원 그대로 배심원단에 머물게 했다. 결국, 마샤 콜비의 재판에 온갖 추정과 편견을 불러온 배심원단에게 그녀의 운명을 맡긴 셈이었다.

배심원단은 살인 혐의 한 가지 항목에 대해 유죄 평결을 제출했다. 평결을 제출하기 전 콜비 부인이 사형 선고를 받을까 봐 배심원들이 우려를 나타내자 검찰은 유죄 판결이 날 경우 사형을 구형하지 않기로 합의했다. 검찰 측의 양보는 즉각적인 유죄 평결로 이어졌다. 1심 법원은 콜비 부인에게 가석방 가능성이 없는 종신형을 선고했고 얼마 뒤 그녀는 족쇄를 찬 채 죄수 호송차를 타고 줄리아 터트윌러 여자 교도소로 향했다.

1940년대에 지어진 터트윌러 교도소는 앨라배마 위툼카에 있다. 재소자에 대한 교육을 장려하고 인간적인 수감 환경을 위해 투쟁했던 여성의 이름을 딴 터트윌러 교도소는 점점 더 붐볐고 그곳의 재소자들에게 위험한 악몽 같은 곳이 되어 갔다. 판사들은 해당 교도소가 헌법에 위배될 정도로 초만원이라는 사실을, 여성 재소자들의 숫자가 당초 설계된 수용 가능 인원보다 거의 두 배나 많다는 사실을 익히 알고 있었다. 미국의 여성 재소자 숫자는 1980년부터 2010년 사이에 646퍼센트 증가함으로써 남성 재소자들보다 1.5배나 높은 증가율을 보였다. 구치소와 교도소에 수감된 여성 재소자들이 20만 명에 육박하고 1백만 명이 넘는 여성들이 형사 사법 제도의 감독이나 통제를 받는 상황에서 미국의 여성 수감률은 이미 기록적인 수준에 이르렀다.

터트윌러에서는 여성 재소자들이 공동 수용실과 임시로 제작된 생활 공간에 빼곡하게 수용된다. 마샤는 초만원인 교도소의 상태에 어안이 벙벙했다. 앨라배마 주의 유일한 여자 교도소로서 터트윌러는 재소자들을 효과적으로 분류하고 적절한 수용실에 배정할 도리가 없었다. 중증 정신 질환이나 심각한 정서 문제를 겪는 여성들이 다른 재소자들과 함께 방치되면서 수용실 생활은 모두에게 혼란과 스트레스를 유발했다. 마샤는 초만원인 수용실 안에서 다른 여성 재소자들이 밤새도록 내지르는 비명과 알 수 없는 외침을 듣는 것에 도저히 익숙해질 수가 없었다.

전체의 3분의 2에 달하는 대다수 여성 재소자들이 비폭력적이고 사소한 마약 범죄나 재산 침해 범죄 때문에 감옥살이를 하는 중이었다. 특히 마약 관련법은 교도소로 보내지는 여성들의 숫자에 지대한 영향을 끼쳤다. 〈삼진 아웃제〉도 상당한 역할을 했다. 1980년대 중반 SPDC에서 풋내기 변호사로 일할 때부터 나는 터트윌러의 수감 환경에 문제를 제기하기 시작했다. 당시에 여성 재소자들이 아주 사소한 위법 행위 때문에 복역 중이라는 사실을 알고서 얼떨떨한 기분이 되기도 했었다. 처음에 만난 여성 재소자는 젊은 어머니였고 통장 잔고가 부족한 상태에서 세 명의 어린 자녀에게 크리스마스 선물을 사주기 위해 수표를 발행했다는 이유로 장기수로 복역하는 중이었다. 빅토르 위고의 소설에 등장하는 인물처럼 그녀는 울면서 자신의 가슴 아픈 이야기를 들려주었다. 그녀의 사건 파일을 확인해서 그녀가 정말로 부도 수표를 발행한 혐의로 유죄 판결을 받았으며 10년이 넘는 징역형을 선고받았다는 사실을 알게 되기 전까지 그녀의 이야기를 사실로 받아들일 수가 없었다. 그녀가 발행한 수표는 총 다섯 장이었고 그중 세 장이 장난감 가게인 토이저러스를 상대로 발행되었다. 다섯 장 중 어느 하나도 액면 금액이 150달러를 넘지 않았다. 그녀만이 아니었다. 수천 명의 여성들이 부도 수표를 발행하거나 사소하게 재산권을 침해한 죄목으로 최소 형량이 아닌 장기 징역형을 선고받았다.

여성을 수감시키면 심각한 부수적인 결과가 뒤따른다. 여성 재소자들 중 대략 75퍼센트에서 80퍼센트가 어린 자녀를 둔 어머니들이기 때문이다. 거의 65퍼센트에 달하는 여성 재소자들이 체포 당시 어린 자녀와 살고 있었다. 그들의 자녀는 어머니가 징역을 살게 됨으로써 보다 취약하고 위험한 환경에 노출되었고 그들의 어머니가 집에 돌아온 뒤에도 평생 힘든 상태를 유지했다. 1996년에 미 의회는 불필요한 조항이 포함된 복지 개혁 법안을 통과시켰고, 그 결과 주 정부에게는 마약 범죄로 유죄 판결을 받은 사람들에게 공공 혜택과 복지 제공을 금지할 수 있는 권한이 생겼다. 이 잘못된 법안으로 가장 타격을 받은 사람들은 한때 징역살이를 한 적 있는 애어머니들이었는데 그들 중 대다수가 마약 관련 범죄로 징역을 살았기 때문이다. 이러한 여성들과 그들의 아이들은 더 이상 공공 주택에서 지낼 수 없게 되었고 식료품 할인 구매권이나 기초적인 혜택도 받을 수 없게 되었다. 지난 20년 사이에 미국 사회는 가장 취약한 상태에 놓인 어머니들과 그들의 아이들로 구성된 〈불가촉천민〉이라는 새로운 계층을 탄생시켰다.

터트윌러에 입소한 처음 며칠간 마샤는 도저히 믿기지 않는 심정으로 갈피를 잡지 못하고 방황했다. 그러던 중 그녀와 마찬가지로 사산아를 낳고 감옥살이를 하게 된 다른 여성 재소자들을 만났다. 앨라배마 오펠라이카 출신의 10대 흑인 여성 에프니아 메클렌던은 고등학교 때 임신했다. 부모님에게는 임신 사실을 비밀로 했다. 임신 5개월 남짓 만에 사산아를 출산했고 아기 유해를 배수 도랑에 유기했다. 유해가 발견되자 경찰은 그녀를 심문했고 조산일 경우 신생아가 생존할 가능성이 무척 희박함에도 불구하고 죽기 전 아기의 움직임이 전혀 없었는지 100퍼센트 확신할 수 없다고 그녀가 인정한 다음에야 심문은 끝이 났다. 사형당할 위협에 직면한 채로 그녀는 예상치 못한 임신과 어리석은 결정 때문에 점점 늘어나는 여성 재소자의 대열에 합류했다.

터트윌러에서는 여성 재소자들의 삶과 고난이 복잡하게 뒤엉켰다. 마샤는 면회객이 전혀 없는 일부 재소자들을 외면하기가 도저히 불가능했다. 처음에는 애써 외면하려 했지만 격심한 고통에 시달리는 듯 보이는 주변 사람들에게 계속 무관심할 수가 없었다. 지나칠 정도로 우는 사람도 있었고, 남겨 두고 온 아이들이나 부모님이 너무나 걱정되어 괴로워하는 사람도 있었으며, 특히 의기소침하거나 우울해 보이는 사람도 있었다. 서로가 촘촘하게 연결된 공동체 생활이었기 때문에 어느 한 사람의 끔찍한 하루는 필연적으로 모든 사람의 끔찍한 하루가 되었다. 이 공동체 생활의 유일한 위안거리는 즐거운 순간도 함께 공유할 수 있다는 사실이었다. 가석방 승인이나 고대하던 편지의 도착, 오랫동안 연락이 두절되었던 가족의 방문은 모든 재소자들의 마음을 들뜨게 했다.

다른 재소자들이 겪는 고통이 터트윌러에 있는 마샤에게 가장 큰 어려움이었다면 그녀 자신의 수감 생활은 비록 힘들기는 했지만 그래도 감당할 만했다. 그러나 교도관들 때문에 발생하는 훨씬 심각한 문제들이 존재했다. 터트윌러의 여성 재소자들이 교도소 경비들에게 강간을 당하고 있었던 것이다. 여성 재소자들은 남자 교도관들에게 다양한 방식으로 성적인 추행이나 착취, 학대, 폭행을 당하고 있었다. 터트윌러의 남성 교도소장은 남성 교도관들이 교도소 점호 시간에 샤워장에 들어가는 것을 허용했다. 그 결과 교도관들은 나체 상태의 여성 재소자들을 힐끔거렸고 그들에게 상스러운 말을 하거나 도발적인 위협을 가했다. 여성 재소자들이 용변을 볼 때도 교도관이 지켜볼 수 있었기 때문에 화장실에서도 사생활이 보장되지 않기는 마찬가지였다. 교도소에는 어두컴컴한 구석이나 통로들이 존재했는데 터트윌러에서는 이러한 곳들이 두들겨 맞거나 성폭행을 당할 수 있는 끔찍한 장소였다. 이퀄 저스티스 이니셔티브에서는 수용실 내부에 감시 카메라를 설치해 달라고 교정국에 요청했으나 거절되었다. 교도소 내의 성폭행 관행은 예배당을 찾은 재소자를 교도소 목사가 성폭행할 정도로 너무나 만연해 있었다.

마샤가 터트윌러에 수감된 직후에 우리는 자신이 저지르지도 않은 죄 때문에 억울하게 유죄 판결을 받고 종신형까지 선고받은 다이앤 존스의 누명을 벗기는 데 성공했다. 그녀는 전 남자 친구가 개입된 마약 밀매 사건에 본의 아니게 연루됐다. 결국 다수의 혐의에 근거해 유죄 판결과 가석방 없는 종신형을 선고받았다. 우리는 그녀의 유죄 판결과 형량에 이의를 제기했고 궁극적으로 그녀에게 자유를 찾아 주었다. 종신형을 선고받았던 다이앤 존스의 석방은 터트윌러의 다른 모든 무기수들에게 희망을 주었다. 나는 한 번도 만난 적 없는 여성들로부터 그녀를 도와주어서 고맙다는 편지를 받았다. 그녀의 사건을 맡아 일하는 동안 나는 그녀를 만나기 위해 자주 터트윌러를 방문했고 그녀는 내게 다른 여성 재소자들이 얼마나 절실하게 도움을 필요로 하고 있는지 이야기했다.

「브라이언, 나는 대략 아홉 개 정도의 메모를 받았어요. 사람들이 당신에게 전해 달라고 부탁한 것들이에요. 교도관의 눈을 피해 가져오기에는 너무 많아서 결국 가져오지는 못했지만 그들에게는 당신의 도움이 필요해요.」

「몰래 가져오려고 하지 마세요. 그들이 직접 내게 보내면 됩니다.」

「어떤 사람들은 당신에게 이미 직접 보냈다고 하던데요.」

「우리가 일이 밀려서 그래요. 미안합니다. 어쨌든 답장하도록 노력할게요.」

「나는 무기수들이 제일 걱정이에요. 그들은 이곳에서 생을 마감하게 될 사람들이잖아요.」

「우리도 노력하고 있습니다만 한계가 있군요.」

「나도 알아요. 그들에게도 그렇게 이야기하고 있고요. 다만 그들이 필사적이라서 그래요. 당신의 도움을 받기 전까지는 나도 마찬가지였죠. 마샤와 애슐리, 모니카, 퍼트리샤는 자신들을 도와줄 누군가를 당신이 보내 주길 원해요.」

얼마 뒤 우리는 마샤 콜비를 만났고 항소를 준비하기 시작했다. 우리는 검찰 측의 주장과 배심원단이 선정된 방식에 문제를 제기하기로 했다. 샬럿 모리슨과 크리스틴 넬슨이 수차례에 걸쳐 마샤를 만났다. 로즈 장학생이자 내 제자인 샬럿은 이퀄 저스티스 이니셔티브의 수석 변호사였으며, 크리스틴은 하버드 로스쿨을 졸업하고 컬럼비아 특별구 국선 변호인 협회에서 근무한 경력이 있는 이퀄 저스티스 이니셔티브 소속 변호사였다. 마샤는 자신의 사건을 비롯해 교도소에 있으면서 가족을 지키는 어려움과 그 밖의 여러 문제들을 성토했다. 그럼에도 우리 변호사들을 만나는 동안 가장 빈번하게 언급한 것은 터트윌러에서 자행되는 성폭력 문제였다.

샬럿과 나는 터트윌러에서 강간을 당하고 연방 법원에 민사 소송을 제기한 또 다른 여성의 사건을 맡았다. 그녀는 법률적인 도움을 받은 적이 없었다. 그래서 그녀가 작성한 탄원서의 항변과 주장에는 결함이 있었고 우리는 오직 적은 금액의 배상 판결을 받을 수 있을 뿐이었다. 하지만 그녀가 겪은 세부적인 일들은 너무나 많은 고통을 초래했다. 교도소 내의 성폭력 문제를 더 이상 좌시할 수 없을 정도였다. 우리는 조사에 착수했고 그 과정에서 50여 명의 여성 재소자를 면담했다. 성폭력 문제가 얼마나 만연해 있는지를 깨닫고 정말 놀랐다. 강간을 당해 임신한 여성까지 있었다. 심지어 DNA 검사를 통해 남성 교도관이 아기의 친부로 밝혀지더라도 거의 아무런 조치가 취해지지 않았다. 성폭행과 관련해 다수의 불만이 접수된 일부 교도관들이 한시적으로 다른 부서나 교도소에 배치되었지만 얼마 뒤면 터트윌러로 돌아왔고 계속해서 여성 재소자들을 사냥했다. 결국 우리는 미국 법무부에 탄원서를 제출했고 이 문제를 다룬 몇 건의 공개 보고서를 배포했으며 언론에서도 이 문제를 대대적으로 보도했다. 터트윌러는 『마더 존스』지에서 꼽은 최악의 미국 교도소 열 곳 중 하나로 이름을 올렸다. 여자 교도소로는 유일하게 불명예를 떠안았다. 뒤이어 청문회가 열렸고 해당 교도소의 정책이 변경되었다. 남성 교도관은 이제 샤워장에 들어갈 수 없게 되었고 새로운 교도소장이 부임했다.

이러한 어려움에도 마샤는 잘 참아 냈고 몇몇 어린 여성 재소자들을 옹호하기 시작했다. 항소 법원이 그녀에 대한 원심을 확정한다는 판결을 내렸을 때 우리는 완전히 충격에 휩싸였다. 우리는 다시 앨라배마 대법원에 상고했고, 편견을 가진 공정하지 못한 사람들을 배심원에서 제외시켜 달라는 요청을 1심 판사가 거부했다는 사실에 근거하여 재심을 진행하라는 판결을 받아 냈다. 마샤와 우리 팀은 몹시 신났지만 볼드윈 카운티의 법 집행 공무원들은 달랐다. 그들은 다시 기소하겠다고 위협해 왔다. 우리는 전문 병리학자들과 연계해서 마샤에게 살인 혐의로 유죄 판결을 내릴 아무런 근거가 없다고 지방 검찰을 설득했다. 그들과 법률적인 합의를 이끌어 내기까지는 2년이 걸렸고, 마샤의 복역 기간을 전부 인정해야 한다고 교정국과 실랑이를 벌이느라 또다시 1년이 걸렸다. 2012년 12월, 10년에 걸친 억울한 징역살이 끝에 마침내 그녀가 자유를 얻었다.

우리는 이퀄 저스티스 이니셔티브의 운영 자금 마련을 위해 매년 3월에 뉴욕에서 자선 만찬 행사를 열기 시작했다. 일반적으로 공익사업 분야의 전문가 한 명과 의뢰인 한 명을 만찬에 초대해서 그들에게 경의를 표했다. 이전 해에는 영웅적인 민권 변호사이자 어린이 보호 기금 설립자인 메리언 라이트 에덜먼을 초대했었다. 2011년에는 은퇴한 대법관 존 폴 스티븐스 판사를 초빙하기도 했다. 스티븐스 판사를 처음 만난 것은 내가 아직 초보 변호사일 때 소규모 학회를 통해서였는데 그는 초짜 변호사인 내게 무척 친절했다. 은퇴할 무렵의 그는 과도한 처벌과 대량 투옥에 대해 대법원에서 가장 열렬한 비판의 목소리를 내는 사람이었다. 2013년에 우리는 마샤 콜비와 더불어 전미 유색 인종 지위 향상 협회 변호 기금의 카리스마 넘치는 전임 이사장 일레인 존스, 혁신적인 아이스크림의 상징 벤 코언과 제리 그린필드[22]에게 경의를 표하기로 했다. 전설적인 가수 겸 작곡가 로버타 플랙이 공연도 해주기로 했다. 그녀는 우리가 마샤에게 상을 수여하기 전에 조지 해리슨의 곡

---

22 독특한 경영 철학과 사업 방식으로 유명한 벤 앤 제리스 아이스크림의 공동 창업주.

「이즌 잇 어 피티」를 불렀다.

그녀를 소개하면서 청중에게 나는 마샤가 터트윌러에서 풀려나던 날 고맙다는 인사를 하러 우리 사무실에 들렀던 이야기를 들려주었다. 그녀의 남편과 두 딸이 터트윌러에서 그녀를 태워 왔다. 사무실에 머무는 내내 열두 살 정도 된 그녀의 막내딸이 어머니를 놓아주려고 하지 않아서 우리 직원들의 눈시울을 뜨겁게 했다. 막내딸은 마샤의 허리에 매달려서 그녀의 팔을 잡고 꼭 달라붙어 있었다. 마치 누구도 두 번 다시 자신들을 물리적으로 떼어 놓지 못하게 하려는 듯 보였다. 우리는 마샤가 우리 직원들과 함께 있는 광경을 몇 장의 사진에 담았는데 그녀의 막내딸이 어머니를 놓아주길 거부하는 바람에 결국 모든 사진에 등장했다. 이를 통해 우리는 마샤 콜비가 어떤 어머니인지 충분히 짐작할 수 있었다. 마샤가 아름다운 파란색 드레스를 입고 시상대에 섰다.

「제 자신과 제가 한 일을 인정해 주시는 여러분 모두에게 감사하고 싶어요. 과분한 친절에 감사드립니다. 자유로운 몸이 되어 행복할 따름이에요.」 그녀는 수많은 청중을 향해 차분하고 무척 침착하게 말했다. 말소리도 또박또박했으며 매력이 넘쳤다. 자신이 뒤에 남기고 온 여성들을 언급할 때만 유일하게 감정적인 모습을 보였다.

「저는 행운아입니다. 대부분의 여성 재소자들이 받지 못하는 도움을 받았거든요. 지금 이 순간 가장 마음에 걸리는 것도 바로 그 점입니다. 그들은 여전히 그곳에 있는데 나만 집에 있다고 생각하면 정말 마음이 아픕니다. 저는 우리가 보다 많은 사람을 위해 보다 많은 일을 할 수 있기를 희망합니다.」 마샤가 뒤에 남겨진 여성들을 생각하며 눈시울을 적시는 동안 그녀의 드레스가 조명을 받아 반짝였고 청중들이 일어나서 그녀에게 박수를 보냈다.

그녀의 뒤를 이어 나는 무슨 말을 해야 할지 몰랐다. 「우리에게는 더 많은 희망이 필요합니다. 더 많은 자비가 필요합니다. 더 많은 정의가 필요합니다.」

그러고는 곧장 일레인 존스를 소개했다. 그녀가 〈마샤 콜비……그녀가 정말 아름답지 않나요?〉라며 말문을 열었다.

13장
회복

월터가 석방된 뒤에 열린 며칠, 몇 주에 걸친 환영 행사들은 완전히 예상 밖이었다. 「뉴욕 타임스」는 그가 누명을 벗고 집으로 돌아간 일을 1면 기사로 다루었다. 언론사들의 인터뷰 요청이 빗발쳤고 월터와 나는 그의 이야기를 다루길 원하는 지역이나 전국 방송, 심지어 해외 언론들과도 인터뷰를 진행했다. 재판에 계류 중인 사건이었다면 평소처럼 언론과의 인터뷰를 꺼렸겠지만 이제는 재판이 끝났고 월터가 결백했기 때문에, 풀려났다는 보도를 먼로 카운티의 사람들이 최대한 많이 접하게 된다면 그가 집으로 돌아갔을 때 그를 받아들이는 데 저항이 덜할 거라고 생각했다.

무죄가 입증되어 사형수 수감 건물에서 풀려난 사람이 월터가 처음은 아니었다. 수십 명에 달하는 사람들이 월터보다 앞서 억울하게 사형 판결을 받았다가 풀려났다. 미국 사형 선고 정보 센터의 보고서에 따르면 월터는 현대 들어서 50번째로 무죄임이 밝혀진 사형수였다. 그럼에도 앞선 사례들은 그다지 언론의 관심을 끌지 못했다. 1990년 텍사스에서 클래런스 브랜틀리가 석방되면서 약간의 관심을 끌었고 「60분」에서 그의 사건을 특집으로 다루기도 했다. 랜들 데일 애덤스는 눈을 뗄 수 없을 만큼 강렬해서 상까지 받은 에롤 모리스의 다큐멘터리 영화 「가늘고 푸른 선」에 영감을 주었다. 영화는 애덤스의 무죄를 밝히는 데 중요한 역할을 했으며 그는 이 영화가 개봉되고 얼마 지나지 않아 텍사스 사형수 수감 건물에서 무죄로 풀려났다. 그러나 월터의 경우처럼 언론의 뜨거운 플래시 세례를 받은 경우는 전혀 없었다.

월터가 풀려나기 1년 전인 1992년 미국에서는 서른아홉 명의 사형수들에 대해 사형이 집행되었다. 1976년에 현대적인 사형 제도가 도입된 이래 단일 연도로는 가장 많은 사형 집행 건수였다. 1999년에 이르러 이 수치는 아흔여덟 건으로 치솟았다. 월터의 석방은 사형 집행에 가속이 붙으면서 언론이 사형 제도에 부쩍 관심을 갖기 시작한 시점과 맞물려 일어났다. 그의 사연은 더 많은 사형 집행이 더 빨리 이루어지길 원하는 정치가들과 법 집행 공무원들이 내세우는 공정성과 신뢰성에 정면으로 배치되었다. 월터의 사건을 계기로 사형 제도를 둘러싼 논란의 복잡성이 생생하게 드러났다.

월터와 나는 여러 곳을 돌아다니며 법률 학회에 참석했고 그의 경험과 사형 제도에 대해 이야기했다. 월터가 풀려나고 몇 개월 뒤 미 상원 법사 위원회가 무죄와 사형에 관한 청문회를 열었고 우리는 둘 다 참고인으로 참석했다. 비슷한 시기에 피트 얼리의 『정황증거Circumstantial Evidence』가 출간되었으며 월터의 사건을 자세히 설명했다. 월터는 대중 앞에서 이야기하는 것을 좋아하지 않았지만 여행과 사람들의 관심을 즐겼다. 때때로 정치인들은 그가 무죄로 풀려났다는 것이 제도가 제대로 작동하고 있다는 반증이라는 말 같은 도발적인 발언으로 나를 분노하게 했다. 나는 싸움도 불사할 기세로 종종 극단적인 태도를 보이고는 했다. 하지만 월터는 침착하고 아주 쾌활하며 진지한 태도를 유지했고 이는 매우 효과적이었다. 월터가 자신의 이야기를 너무나 재미있고 지적으로, 그리고 솔직하게 털어놓았기 때문에 청중은 그런 그를 지켜보면서 정부가 우리 모두의 이름으로 단호하게 이 남자를 사형시키고자 했었다는 사실을 더욱 끔찍하게 받아들였다. 무척 설득력 있는 이야기 방식이었다. 우리는 꽤 많은 시간을 함께 보냈는데 이따금 월터는 사형수 수감 건물에 남겨진 다른 재소자들 때문에 자신이 여전히 고통에 시달린다고 호소했다. 그는 사형수 수감 건물의 재소자들을 친구로 생각했다. 청중 앞에서는 담담하게 이야기하는 그였지만 이면에서는 사형 제도를 강력히 반대했다. 자신이 직접 경험하기 전까지는 이 문제를 한 번도 진지하게 고민하지 않았다는 사실을 기꺼이 인정했다.

월터가 자유의 신분을 얻은 지 두세 달이 지난 시점에도 나는 여전히 그가 먼로 카운티로 돌아가는 것을 걱정했다. 그가 석방된 직후에 성대한 축하연이 열렸고 수백 명의 사람들이 그의 집에 찾아와서 그를 축하해 주었지만 주민들이 전부 기뻐한 것은 아니었다. 나는 월터가 풀려난 다음에야 그에게 우리가 받았던 살해 위협과 폭파 위협에 대해 알렸으며 조심할 필요가 있다고 말했다. 그는 출소 뒤 첫 주를 몽고메리에서 지냈다. 다음에는 플로리다로 가서 2개월간 누나와 함께 살았다. 당시에도 우리는 거의 매일 이야기를 나누었다. 월터는 그와 헤어지길 원하는 미니의 뜻을 받아들였고 대체로 행복하고 희망적인 듯 보였다. 수감 생활에 따른 후유증이 전혀 없었다는 뜻은 아니다. 그는 사형수 수감 건물에서 지속적으로 형 집행의 위협을 받으며 얼마나 견디기 어려웠는지를 갈수록 자주 호소하기 시작했다. 수감되어 있는 동안 내게 한 번도 언급하지 않았던 두려움과 의문에 대해서도 털어놓았다. 그는 사형수 수감 건물에 있는 동안 다른 재소자가 형 집행을 위해 끌려가는 광경을 여섯 차례나 목격했다. 형이 집행되는 시점에는 다른 재소자들과 똑같이 대응했다. 상징적인 저항 행동에 동참하고 남몰래 고뇌의 순간을 보냈다. 그는 이런 경험이 자신을 얼마나 겁에 질리게 했는지 막상 그곳에서 풀려나기 전까지는 스스로도 미처 몰랐다고 했다. 그리고 그 같은 경험이 왜 자유의 몸이 된 지금에 와서 자신을 괴롭히는지 혼란스러워했다.

「왜 그때 일이 자꾸만 떠오르는 걸까요?」

때로는 자신이 겪은 악몽 같은 일에 대해서도 불평을 늘어놓았다. 지인이나 친척이 월터를 제외한 다른 사람들에게 내려지는 사형은 지지한다는 발언을 할 때면 그는 덜덜 떨고 있는 자신을 발견하고는 했다.

나는 그에게 차츰 나아질 거라는 말밖에 해줄 수 없었다.

몇 달 뒤 월터는 평생을 살아온 자신의 고향으로 돌아가길 간절히 희망했다. 나는 걱정이 앞섰지만 그는 자신의 생각대로 밀어붙였고 먼로 카운티에 있는 자기 소유의 땅에 이동식 주택을 놓고 그곳에 다시 정착했다. 목재 사업을 재개했으며 그를 잘못 기소하고 유죄 판결까지 내린 모든 관련자들을 상대로 민사 소송을 제기할 계획도 세웠다.

감옥살이를 하다가 무죄가 입증되어 풀려난 사람들은 대부분 어떠한 배상금이나 지원, 상담도 받지 못한다. 정부가 억울한 감옥살이를 시키고도 어떠한 보상을 제공하지 않는 것이다. 월터가 풀려날 즈음에는 오직 열 개의 주와 컬럼비아 특별구에서만 억울하게 감옥살이를 한 사람들에 대한 보상을 허가하는 법률이 존재했다. 이후로 수가 계속 늘어났지만 오늘날까지도 거의 절반에 달하는 스물두 개의 주들이 억울하게 감옥살이를 한 사람들에게 아무런 보상을 제공하지 않는다. 약간의 재정적인 도움을 허락하는 대다수 주들마저도 배상 금액을 엄격하게 제한한다. 뉴햄프셔 주는 무고한 사람이 얼마나 오랫동안 억울한 감옥살이를 했든 상관없이 배상금의 상한선을 2만 달러로 제한한다. 위스콘신 주는 2만 5천 달러로 상한선을 정해 놓았다. 오클라호마와 일리노이 주는 심지어 수십 년을 억울하게 복역한 사람에게 줄 수 있는 총 배상금을 20만 달러 이하로 제한한다. 상한선을 1백만 달러 이하로 정해 둔 주들이 있는가 하면 상한선이 아예 없는 주들도 많지만 몇몇 주들은 몹시 까다로운 자격 요건을 부과한다. 일부 관할 구역에서는 당초에 잘못 기소한 검사의 동의가 없을 경우 배상금 지급이 거부되기도 한다.

월터가 풀려났을 당시 앨라배마는 억울하게 감옥살이를 한 사람에게 지원금을 제공하는 몇 안 되는 주들에 속하지 않았다. 앨라배마 입법부가 유죄 판결을 잘못 받은 사람에게 배상금을 지급하는 특별 법안을 통과시킬 수도 있었지만 그런 일은 일어나지 않았다. 한 지역 입법부 의원이 월터를 대신해 배상금을 받아 낼 수 있는 법안을 제출하기도 했는데 언론은 법안이 통과될 경우 월터가

9백만 달러를 받게 될 거라고 보도했다. 월터와 사전 논의 없이 제출된 이 법안은 아무런 성과도 보지 못했다. 그럼에도 잠재적인 배상금 9백만 달러에 관한 보도는 그가 결백하다는 사실에 여전히 의문을 표하던 먼로빌 사람들을 분노하게 했을 뿐 아니라 월터의 지인들과 가족들을 흥분시켰으며 비록 소수지만 그들 중 몇몇은 월터에게 적극적으로 재정적인 도움을 요구하기도 했다. 심지어 어떤 여성은 월터가 자신의 아이, 요컨대 월터가 풀려난 지 채 여덟 달도 되지 않았을 때 태어난 아이의 아버지라고 거짓 주장을 펼치면서 친자 확인 소송을 제기하기도 했다. 결국 DNA 검사를 통해 월터가 친부가 아닌 것으로 밝혀졌다.

월터는 자신이 어떤 보상도 받지 않았다고 이야기해도 사람들이 믿지 않는다며 수시로 좌절감을 나타냈다. 우리는 소송을 통해 배상금을 받아 내고자 계속 노력했지만 문제가 한둘이 아니었다. 우리가 제기한 민사 소송은 형사 사건에서 기인하는 민사 책임에 대해 경찰과 검찰, 판사에게 특별 면책권을 부여하는 법에 부닥쳤다. 채프먼을 비롯하여 월터 사건에 관련된 주 공무원들은 이제 월터의 결백을 기꺼이 인정했지만 그가 잘못 기소되고 사형 선고를 받은 것에 대해서는 어떠한 책임도 인정하지 않았다. 재판을 받기도 전에 월터를 사형수 수감 건물에 집어넣는 데 가장 적극적이었을 뿐 아니라 인종 차별적인 위협과 협박 전략을 사용함으로써 민사 소송을 제기하는 데 가장 결정적인 근거를 제공한 테이트 보안관은 석방과 동시에 월터의 결백을 인정했지만 곧장 사람들에게 자신은 여전히 월터가 유죄라고 믿는다고 말하기 시작한 것으로 알려졌다.

미시시피 잭슨 출신이며 나의 오랜 친구인 롭 맥더프가 민사 소송을 위해 우리 팀에 합류하기로 했다. 백인인 롭은 미시시피 토박이였고 남부 사람 특유의 매력과 몸가짐 덕분에 앨라배마 법정에서 탁월한 소송 능력을 보였다. 얼마 전 그는 부당한 법 집행과 관련된 앨라배마의 민권 침해 사건을 도와 달라고 내게 부탁했었다. 경찰이 체임버스 카운티의 한 나이트클럽을 급습하는 과정에서 흑인 주민들이 불법적으로 감금되고, 부당한 대우를 받고, 학대를 당한 사건이었다. 가해자인 지방 당국은 자신들의 불법 행위에 대해 어떠한 책임도 인정하길 거부하고 있었다. 결국 우리는 사건을 미국 대법원까지 가져갔으며 궁극적으로 유리한 판결을 받아 냈다.

월터의 민사 소송도 결국에는 대법원까지 갔다. 우리는 주와 지역 공무원 및 요원 십여 명을 상대로 소송을 제기했다. 예상한 대로 피고들은 월터의 잘못된 유죄 판결을 초래한 행위에 대해 하나같이 면책권을 주장했다. 민사상 책임에 대해 검사와 판사에게 주어지는 면책권은 법 집행 공무원들에게 제공되는 보호책보다 훨씬 강력했다. 따라서 월터를 기소한 검사 테드 피어슨이 불법적으로 증거를 은닉함으로써 월터가 억울하게 유죄 판결을 받는 데 직접적인 영향을 분명히 끼쳤음에도 그를 상대로 한 민사 소송은 성공할 가능성이 매우 적었다. 그가 월터에 대한 잘못된 기소와 유죄 판결에 가장 많은 책임이 있었기 때문에 우리는 사건 전반에 걸친 그의 과실에 대한 면책권을 인정하기 어려웠지만 우리가 할 수 있는 것은 거의 없었다. 결과적으로 지방 법원과 연방 법원은 결백한 사람을 사형수 수감 건물로 보낸 어처구니없는 불법 행위에 대한 책임으로부터 끈질기게 검사를 보호했다.

2011년 들어 미국 대법원은 검사가 책임질 일이 없도록 그들을 보호하는 방책을 재차 강화했다. 루이지애나에서 존 톰프슨이란 이름의 재소자가 사형되기 한 달 전이었다. 14년 전 발생한 강도 살인 사건과 관련해 그를 범인으로 지목한 검찰 측의 주장과 상반되는 과학 수사 연구소의 보고서가 발견되었다. 지방 법원이 그에 대한 유죄 판결과 사형 선고를 번복했고 그는 곧바로 모든 혐의를 벗고 자유의 몸이 되었다. 억울하게 감옥살이를 한 그는 민사 소송을 제기했으며 뉴올리언스 배심원단은 톰프슨에게 1천 4백만 달러를 지급하라고 평결했다. 지방 검사장인 해리 코닉 시니어가 톰프슨의 무죄 증거를 불법적으로 은닉했으며 톰프슨에게 자신이 저지르지도 않은 범죄 때문에 14년간 감옥살이를 하게 했음을 알게 된 뒤였다. 코닉 검사는 상고했고 미국 대법원은 5대 4의 근소한 차이로 배상금 지급 판결을 뒤집었다. 면책권법에 근거하여 대법원은 형사 사건에서 발생한 불법 행위에 대해 설령 해당 검사가 의도적으로 또는 불법적으로 무죄 증거를 은닉했더라도 그에게 책임을 물을 수 없다고 판결했다. 학자들과 재판을 지켜본 사람들이 대법원의 결정을 강력하게 비난했고 루스 베이더 긴즈버그 대법관이 설득력 있는 반대 의견서도 제출했지만 톰프슨은 결국 한 푼도 받지 못했다.

　　월터의 민사 소송에서도 우리는 비슷한 장애물에 직면했다. 1년에 걸쳐 증언 녹취와 심리, 예심을 진행한 끝에 우리는 월터에게 20~30만 달러를 지급하는 수준에서 대다수 피고들과 합의했다. 단, 월터가 테이트 보안관의 불법 행위와 관련해 먼로 카운티에 제기한 소송에서는 합의에 도달할 수 없었고 우리는 해당 사건을 미국 대법원에 상고했다. 일반적으로 법 집행 공무원들은 그들의 불법 행위로 생긴 피해자의 손해에 대해 개인적으로 배상할 능력이 없으며, 따라서 그들을 고용한 시나 카운티, 기관이 손해 배상을 청구하는 민사 소송에서 표적이 된다. 우리가 보안관의 불법 행위에 대해 먼로 카운티에 배상을 요구한 이유도 바로 이 때문이었다. 한편 먼로 카운티는 보안관이 비록 전적으로 카운티 주민들에 의해 선출되고, 그의 관할 구역이 카운티 내로 제한되며, 그의 급여를 카운티가 지불하기는 하지만 그가 카운티 소속 공무원이 아니라는 입장을 취했다. 먼로 카운티의 주장에 따르면 카운티 보안관은 앨라배마 주에 소속된 공무원이었다.

피고용인들이 소송 제기가 가능한 어떤 기관에 소속되어 일하지 않는 한, 주 정부는 피고용인들의 불법 행위 때문에 발생한 재산권 침해 소송으로부터 폭넓게 보호를 받았다. 테이트가 주에 소속된 경찰일 경우 먼로 카운티는 그의 불법 행위에 전혀 책임을 지지 않아도 될 것이었고, 그렇다고 해서 앨라배마 주를 상대로 민사 소송을 제기한다면 배상금을 한 푼도 받지 못하게 될 터였다. 월터로서는 안타깝지만 대법원은 앨라배마의 카운티 보안관들이 주에 소속된 공무원이라고 판결했다. 이번에도 5대 4의 근소한 차이였다. 대법원의 판결로 우리는 월터의 사건에서 가장 어처구니없는 불법 행위에 대한 손해 배상을 청구하는 데 제한을 받게 되었다. 궁극적으로 우리는 모든 관련자들과 합의했지만 월터에게 배상금을 더 많이 받아 주지 못해서 개인적으로 실망스러웠다. 한술 더 떠서 테이트는 계속 보안관으로 선출되었고 오늘날까지도 보안관 직을 유지하고 있다. 25년이 넘도록 간단없이 보안관으로 일해 오고 있다.

　우리로서는 만족할 수 없는 금액이었지만 월터는 그 돈으로 목재 사업을 재개했다. 그는 숲으로 돌아가서 다시 목재 자르는 일을 하면서 무척 좋아했다. 야외에서 아침부터 밤까지 일함으로써 자신의 삶이 다시 정상으로 돌아온 것처럼 느껴진다고 말했다. 그러던 어느 날 오후에 비극이 발생했다. 월터가 나무를 베는 도중에 나뭇가지가 부러지면서 그를 덮쳤고 그의 목이 부러진 것이다. 몹시 위독한 상태가 몇 주 동안 지속될 정도로 매우 심각한 부상이었다. 보살펴 줄 사람이 마땅치 않았기 때문에 그는 몽고메리로 와서 건강을 회복할 때까지 몇 달 동안 나와 함께 지냈다. 얼마 안 있어 다시 거동할 수 있게 되었지만 그 부상으로 그는 다시는 나무를 벨 수도, 힘든 야외 활동을 할 수도 없게 되었다. 자신의 상황을 담담하게 받아들이는 그가 나로서는 너무 놀라웠다.

　「다시 두 발로 설 수 있게 되면 다른 할 일을 찾게 되겠죠.」 그가 말했다.

　이삼 개월 뒤 월터는 먼로 카운티로 돌아갔고 자동차 부품을 수집해서 되파는 일을 시작했다. 그에게는 이동식 주택을 세워 둔 자기 소유의 땅이 있었고, 몇몇 지인들의 조언을 토대로 버려진 자동차나 부품들을 수집해서 되파는 고물상 일을 통해 돈을 벌 수 있을 거라고 확신했다. 나무를 베는 것보다 육체적으로 덜 힘든 일이었고 더구나 밖에서 하는 일이었다. 오래지 않아 그의 이동식 주택 마당에는 고장 난 자동차와 고철들이 쌓이기 시작했다.

　1998년에 월터와 나는 시카고로 와서 사형수로 복역하다가 무죄로 풀려난 사람들이 모일 예정인 전국 대회에 참석해 달라는 요청을 받았다. 1990년대 후반에 이르러 DNA 증거가 발전하면서 수십 건에 달하는 유죄 판결이 오심으로 밝혀지고 있었다. 많은 주에서 사형수가 무죄로 풀려나는 건수가 사형이 집행되는 건수를 능가했다. 일리노이 주의 경우 문제가 너무 심각해지자 2003년 공화당원이던 조지 라이언 주지사는 사형 제도를 신뢰할 수 없다는 이유로 167명의 사형수 전원에게 감형을 실시했다. 무고한 사람이 사형 선고를 받을 수 있다는 우려가 심화되었고 여론 조사에서 사형 제도를 지지하는 사람들이 감소하기 시작했다. 폐지론자들은 사형 제도의 전면적인 개혁 또는 어쩌면 금지까지 이뤄질 것으로 기대하기에 이르렀다. 시카고에서 월터는 자신과 비슷한 경험을 가진 사람들과 어울리며 힘을 얻었고 다른 어느 때보다 열정적으로 자신의 경험을 이야기하는 듯했다.

비슷한 시기에 나는 뉴욕 대학 로스쿨에서 학생들을 가르치기 시작했다. 뉴욕에 가서 강의한 다음 비행기를 타고 몽고메리로 돌아와 이퀄 저스티스 이니셔티브를 운영했다. 월터에게 매년 뉴욕을 방문해 학생들과 대담 시간을 가져 달라고 부탁했고, 강단에 설 때마다 그는 학생들에게 강렬한 순간을 선사했다. 그는 형사 사법 제도가 얼마나 잔혹하리만큼 부당하고 잔인할 수 있는지 보여 준 산 증인이었다. 그의 인성과 태도, 증언은 제도적인 폭력에 직접 영향을 받은 사람의 인간성에는 뭔가 남다른 데가 있음을 드러냈다. 경험을 바탕으로, 억울하게 유죄 판결을 받은 사람의 곤경을 바라보는 그의 관점은 학생들에게 아주 의미가 있는 것이었고, 실제로 학생들은 월터의 증언에 자주 압도되는 듯 보였다. 그는 대체로 매우 간략하게 이야기했으며 쏟아지는 질문에도 짧게 대답했다. 그럼에도 학생들에게 지대한 영향을 끼쳤다. 웃거나 농담을 하면서 자신은 그들에게 화가 나지도, 비통해지도 않으며 자유를 되찾아 고마울 따름이라고 말했다. 아울러 자신이 가졌던 믿음 덕분에 사형수 수감 건물에서 수많은 밤을 견딜 수 있었다고 털어놓았다.

어느 해였다. 뉴욕으로 오던 월터가 도중에 길을 잃고 내게 전화해 수업에 갈 수 없을 것 같다고 말했다. 그는 혼란스러워 보였고 공항에서 일어난 일을 설명하면서도 횡설수설했다. 집에 돌아와서 나는 그를 만나러 갔다. 약간 우울해 보이는 것을 제외하면 평소와 다름없는 모습이었다. 그는 고물상 사업이 잘되지 않는다며 푸념을 늘어놓았다. 재정 상태를 들어 보니 배상금으로 받은 돈을 너무 성급하게 쓰고 있음이 분명했다. 고물 자동차 수집을 용이하게 해줄 장비들을 구입하고 있었는데 그 비용을 감당할 수 있을 만큼 고물상 사업이 수익을 내지 못하고 있었다. 한두 시간쯤 걱정을 늘어놓고 나서야 그의 걱정이 어느 정도 누그러졌고 내가 아는 쾌활한 월터로 돌아온 듯 보였다. 우리는 앞으로 어디 갈 일이 생기면 같이 다니기로 했다.

새로운 재정적 압박에 직면하고 있는 사람은 월터만이 아니었다. 1994년 미 의회에서 보수적인 의원들이 다수파가 되어 권력을 장악하자 사형수들에 대한 법적 지원이 정치적 화두로 부상했고 관련 단체들에 대한 연방 정부의 자금 지원이 순식간에 중단되었다. 전국에 있는 대다수 사형수 지원 센터들이 문을 닫을 수밖에 없게 되었다. 우리 일과 관련해 주 정부의 지원을 전혀 받지 못하던 상태에서 연방 정부의 지원마저 끊기자 우리는 심각한 재정난에 봉착했다. 우리는 근근이 버텼고 개인 후원자들의 지원을 받아 일을 계속해 나갔다. 가뜩이나 빼곡한 소송 일람표에 강의와 가중된 자금 조달의 책임이 더해졌지만 상황은 나름 진전을 보이고 있었다. 직원이 지나치게 많은 감도 있었지만 나는 재능 있는 변호사들과 전문가들이 우리와 함께 일한다는 사실에 고무되었다. 우리는 사형 선고를 받은 의뢰인들을 지원하고, 과도한 처벌에 문제를 제기하고, 장애가 있는 재소자들과 성인 교도소에 수감된 미성년자들을 도와주고, 인종적 편견과 가난한 사람들에 대한 차별, 권력 남용을 세상에 알릴 방안을 모색하고 있었다. 벅찬 일이었지만 만족감도 큰 일이었다.

어느 날 나는 주미 스웨덴 대사로부터 놀라운 전화를 받았다. 이퀄 저스티스 이니셔티브가 올로프 팔메 국제 인권상을 수상하게 되었음을 알리는 전화였다. 그들은 상을 주기 위해 나를 스톡홀름으로 초대했다. 대학원에 다닐 때 나는 범죄자들의 사회 복귀 문제와 관련해 스웨덴의 진보적인 접근 방식을 공부했고 재활에 중점을 둔 듯한 그들의 시스템에 한참을 놀라워했다. 그들의 처벌 방식은 인간적이었고 정책 입안자들은 범죄자의 사회 복귀 문제를 진지하게 고민하고 있었다. 스웨덴의 이러한 모습 때문에 나는 수상 소식과 스웨덴 방문에 대한 기대로 들떴다. 미친 남자에게 비참하게 살해됐지만, 존경을 받았던 총리의 이름을 딴 상을 사형수를 대변하는 누군가에게 수여한다는 사실은 그들의 가치관에 대해 많은 것을 설명해 주었다. 스톡홀름 방문은 1월로 예정되었다.

방문 한두 달 전 그들은 나를 인터뷰하기 위해 촬영 팀을 보내왔다. 촬영 팀은 나 말고도 두세 명의 의뢰인들과 인터뷰하길 원했으며 나는 그들이 월터를 인터뷰할 수 있도록 자리를 주선했다.

「인터뷰 시간에 맞춰서 내가 그쪽으로 가겠습니다.」 내가 월터에게 말했다.

「아니, 그럴 필요 없어요. 그들이 여기로 온다니까 내가 따로 움직일 필요도 없고 그들과 이야기하는 데 아무런 문제도 없어요. 굳이 여기까지 운전하고 오느라 시간을 허비할 필요 없잖아요.」

「혹시 스웨덴에 가고 싶어요?」 내가 반농담조로 물었다.

「나는 그곳이 정확히 어디 있는지도 몰라요. 하지만 비행기를 타고 한참을 가야 한다면, 아니요, 별로 관심 없어요. 나는 땅을 딛고 있는 편이 좋아요.」 우리는 함께 웃었고 그의 목소리도 괜찮아 보였다.

그때 갑자기 그가 조용해졌고 전화를 끊기 전에 마지막으로 질문을 던졌다. 「그곳에서 돌아오면 혹시 여기로 와서 나를 만나 줄 수 있을까요? 무슨 문제가 있는 것은 아니고 그냥 같이 시간을 보내자는 거예요.」

월터가 그런 부탁을 하는 경우가 드물었기 때문에 나는 선뜻 동의했다. 「물론이죠. 좋은 생각이에요. 같이 낚시라도 갑시다.」 마지막 말은 그를 놀리기 위함이었다. 나는 평생 낚시를 해본 적이 없었는데 월터는 그 사실을 수치스러운 일로 규정하면서 기회가 있을 때마다 그에 대한 질문을 멈추지 않았다. 둘이서 함께 여행할 때도 나는 절대로 생선 요리를 주문하지 않았고 그는 내가 물고기를 잡아 본 적이 없기 때문에 생선을 먹지 않는 거라고 확신했다.

나는 그의 이론에 수긍하면서 몇 차례 약속까지 잡았지만 실제로 낚시 여행을 갈 짬을 내지는 못했다.

스웨덴 촬영 팀은 사우스앨라배마의 오지에 있는 월터의 이동식 주택을 찾아가는 도전에 기꺼이 응했다. 나는 그들에게 가는 길을 설명해 주었다. 그동안은 월터가 언론 앞에서 이야기할 때마다 내가 늘 함께 있었지만 지금은 이런 방법도 괜찮을 것 같다는 생각이 들었다.

「그는 길게 말하지 않습니다. 일반적으로 무척 직설적이고 간단하게 이야기합니다.」인터뷰를 진행할 사람에게 내가 말했다.「정말 좋은 사람이지만 질문하는 사람이 먼저 적절한 질문을 해야 합니다. 그리고 어쩌면 밖으로 나가서 이야기하는 편이 나을 겁니다. 그가 밖에 있는 것을 선호하거든요.」그들은 알았다는 듯 고개를 끄덕였지만 내가 걱정하는 이유를 모르겠다는 표정이었다. 스웨덴으로 출발하기에 앞서 나는 월터에게 전화했고 별다른 문제없이 인터뷰를 잘 끝냈다는 말에 안심했다.

끊임없이 눈이 내리고 지독하게 추웠지만 스톡홀름은 아름다웠다. 나는 몇 차례 연설을 했고 만찬회에 두세 번 참석했다. 짧고 추운 여행이었지만 사람들은 다정했고 무척 친절했다. 그들이 우리 일에 보여 준 열정에 나 자신도 놀랄 만큼 만족감이 들었다. 내가 만난 거의 모든 사람들이 후원을 제안하거나 격려를 아끼지 않았다. 2년 전 나는 사회적으로 냉대받는 사람들을 둘러싼 처벌과 부당한 처우를 논의하기 위해 브라질에 초청된 적이 있었다. 당시에 나는 지역 사회에 밀착해서, 대체로 상파울루 외곽의 빈민 지역인 파벨라에서 많은 시간을 보냈으며 그곳에서 지독하게 빈곤한 사람들 수백 명을 만났다. 그들은 대화에 적극적인 관심을 보였다. 생활고와 싸우는 어머니들부터 본드를 흡입하는 가난한 아이들까지 온갖 다양한 사람들과 몇 시간씩 이야기를 나누면서 그들이 굶주림과 경찰의 잔혹 행위에 맞설 수 있도록 돕고자 했다. 미국에 있는 내 의뢰인들과 상당 부분 비슷한 사연, 어려움을 공유한 사람들과 나눈 문화적인 차이를 초월한 대화는 내게 많은 영향을 주었다. 스웨덴에서 만난 사람들은 비록 극심한 어려움이나 폭력적인 사법 제도 때문에 시련을 겪고 있지는 않았지만 브라질에서 나와 대화를 나눴던 그들과 마찬가지로 적극적인 관심과 호응을 보였다. 마치 전 세계 사람들이 공감이라는 하나의 거대한 공통점을 통해서 서로 연결되고자 하는 의욕으로 가득 차 있는 것 같았다.

나는 주최 측으로부터 스톡홀름 외곽의 한 고등학교에서 강연을 해달라는 부탁을 받았다. 쿵스홀멘 고등학교는 스톡홀름에서도 특히 아름다운 곳에 있었는데 17세기 건물들이 주변을 둘러싼 섬 안에 위치했다. 미국 밖으로 나가 본 경험이 별로 없는 미국인으로서 나는 건물들의 연식에 압도되었고 장식이 화려한 건축 양식에도 놀랐다. 학교 자체도 거의 백 년에 가까운 역사를 자랑했다. 안내를 받으며 학교 안으로 들어선 나는 수제 난간이 설치된 좁은 나선식 계단을 지나 바닥이 움푹한 형태의 강당에 도착했다. 수백 명의 학생들이 강당 안을 가득 메운 채 내가 나타나길 기다리고 있었다. 거대한 강당의 돔 모양 천장은 손으로 그린 섬세한 그림들과 장식체로 적힌 라틴어 문장들로 뒤덮여 있었다. 벽과 천장 여기저기에서 둥둥 떠다니는 천사들과 트럼펫을 든 아이들이 춤을 추었다. 학생들로 가득 찬 넓은 발코니도 그림 속으로 우아하게 솟아오르는 듯했다.

무척 오래된 강당이었지만 음향 시설이 완벽했고 그 장소가 불가사의하게 느껴질 정도로 조화로움과 정밀함도 갖추고 있었다. 내 소개가 진행되는 동안 나는 강당에 앉아 있는 스칸디나비안 10대 수백 명을 살펴보았고 그들의 진지한 표정에 깊은 인상을 받았다. 오히려 이상할 만큼 조용히 집중하는 10대들을 상대로 나는 45분 동안 강연을 진행했다. 영어가 그들의 모국어가 아님을 알았기에 내가 이야기하는 것을 그들이 얼마나 이해할 수 있을지 강한 의문이 들었지만 강연이 끝나자 그들에게서 뜨거운 박수가 터져 나왔다. 그들의 반응에 나는 실제로 깜짝 놀랐다. 매우 어렸지만 그들은 수천 킬로미터 떨어진 곳에서 사형 선고를 받은 내 의뢰인들이 처한 곤경에 지대한 관심을 보인 것이었다. 교장이 무대 위로 올라와 내게 고맙다는 인사를 한 다음 학생들에게 노래로 그들의 고마운 마음을 전하자고 제안했다. 그 학교에는 세계적으로 유명한 음악 교육 과정과 학생들로 구성된 합창단이 있었다. 교장이 합창단원들에게 자리에서 그대로 일어나 간단하게 노래를 불러 달라고 요청했다. 대략 50명 정도 되는 아이들이 키득거리며 자리에서 일어나 서로를 바라보았다.

잠깐 동안의 어수선한 순간이 지나자 약간 붉은색이 도는 금발의 열일곱 살 된 소년이 의자 위에 올라서서 다른 합창단원들에게 스웨덴어로 어떤 말을 했다. 그들은 웃으면서도 점점 진지함을 찾아 갔다. 그들의 움직임이 멈추고 완전히 조용해지자 의자 위의 소년이 아름다운 테너 목소리로 어떤 음을 흥얼거렸다. 완벽한 음정이었다. 곧이어 그가 천천히 팔을 흔들었고 그에 맞춰서 이 비범한 아이들이 노래를 부르기 시작했다. 그들의 목소리가 오래된 강당의 벽과 천장에 울려 퍼졌고 한 번도 들어 본 적 없는 멋진 조화를 이루었다. 단원들이 노래를 시작하자 그 소년도 의자에서 내려와 애절한 선율의 노래를 소름이 돋을 만큼 섬세하고 정교하게 부르고 있는 그들과 합류했다. 나는 스웨덴어로 된 가사를 한마디도 이해할 수 없었지만 마치 천사의 노래를 듣는 것 같았다. 불협화음과 화성의 긴장이 점점 따뜻한 화음을 이루었고 초월적인 소리가 되었다. 노래는 한 구절 한 구절 진행되면서 더욱 장엄해졌다.

합창단원들이 내려다보이는 무대 위에서 교장과 나란히 선 채로 나는 천장을, 장엄한 그림을 올려다보았다. 이번 여정에 오르기 몇 개월 전에 어머니가 돌아가셨다. 어머니는 생전에 오랜 기간을 교회 음악가로 활동했으며 수십 명으로 구성된 어린이 성가대를 이끌었다. 고개를 들어 돔 형태의 천장에 그려진 천사 그림을 보면서 나는 어머니를 생각했다. 그렇지만 계속 그림을 보고 있다가는 절대로 마음의 평정을 되찾을 수 없다는 사실을 금세 깨달았고 다시 학생을 바라보며 미소를 지으려 애썼다. 단원들이 노래를 마치자 나머지 학생들이 뜨거운 박수갈채를 보냈다. 나도 그들과 합류하면서 마음을 추스르려고 노력했다. 무대에서 내려가자 학생들이 다가와서 고맙다는 인사를 전했고 질문을 하거나 사진을 찍기도 했다. 나는 그들에게 완전히 매료되었다.

길고 힘들지만 멋진 하루였다. 호텔로 돌아왔을 때는 다음 강연에 앞서 주어진 두 시간의 휴식 시간이 고마울 따름이었다. 그 순간 내가 왜 텔레비전을 켰는지 모르겠지만 어쨌든 나는 나흘째 집을 떠나 있었고 뉴스를 전혀 접하지 못하고 있었다. 방 안에 지역 뉴스가 쾅쾅 울려 퍼졌다. 낯선 스웨덴 방송국 아나운서들이 쉴 새 없이 떠드는 가운데 문득 내 이름이 들려왔다. 몇 달 전에 찾아왔 던 촬영 팀이 제작한 나에 대한 기사였다. 낯익은 모습들이 화면에 등장했다. 나는 내가 기자와 함께 몽고메리 덱스터 애비뉴에 있는 마틴 루서 킹 주니어 박사의 교회에 갔다가 다시 민권 운동 기념관 을 향해 걸어가는 모습을 지켜보았다. 뒤이어 화면이 바뀌었고 먼 로빌에서 작업복을 입고 폐차 더미에 둘러싸여 서 있는 월터가 등 장했다.

기자의 질문에 대답하기에 앞서 월터가 안고 있던 새끼 고양이 를 조심스럽게 내려놓았다. 월터는 전에 내게 온갖 종류의 고양이 들이 자신의 고철 야적장을 집으로 삼았다고 언급했다. 그 이야기 는 그에게서 수십 번은 들었던 내용이었다. 그때 그의 표정이 바뀌 는 것이 보였고 그는 보다 열정적이고 흥분한 말투로 이야기하기 시작했다. 이전까지 한 번도 보지 못한 모습이었다.

그가 평소답지 않게 감정적인 모습을 보였다. 「그들은 무려 6년 동안 나를 사형수 수감 건물에 가두었습니다! 6년 동안 나를 위협 했습니다. 사형을 집행하겠다는 말로 6년 동안 나를 고문했습니 다. 나는 직장을 잃었습니다. 아내도 잃었습니다. 신망도 잃었습니 다. 나는…… 나는 존엄성을 잃었습니다.」

월터는 큰 소리로 그리고 격정적으로 말했으며 금방이라도 눈 물을 쏟을 것 같았다. 「나는 모든 것을 잃었습니다.」 그가 계속해 서 말했다. 자신을 추스르고 미소를 지으려 했지만 성공하지는 못 했다. 그가 침착하게 카메라를 응시했다. 「정말 힘들어요. 이 상황 이 너무 힘듭니다. 너무 힘들어요.」 나는 땅바닥에 거의 주저앉았다시피 쭈그리고 앉아서 펑펑 울기 시작한 월터를 걱정스럽게 바라보았다. 그가 우는 동안에도 카메라는 계속해서 그를 비추었다. 화면은 다시 내가 추상적이고 철학적인 이야기를 하는 장면으로 바뀌었고 이내 끝이 났다. 나는 충격으로 정신이 멍했다. 당장 월터에게 전화를 걸고 싶었지만 스웨덴에서 그에게 전화하는 방법을 알아낼 수가 없었다. 이제 앨라배마로 돌아갈 때가 되었음을 직감했다.

14장

잔혹하고 이례적인

1989년 5월 4일 아침, 열다섯 살의 마이클 걸리와 열일곱 살의 네이선 매캔츠는 플로리다 펜서콜라에서 빈집을 털기로 하고 열세 살이던 조 설리번을 설득해 범행에 끌어들였다. 세 소년은 아침에 리나 브루너의 집에 숨어들었다. 집에는 아무도 없었다. 매캔츠가 돈과 보석을 조금 훔쳤고 소년 세 명은 이내 그 집을 떠났다. 그날 오후 70대 초반의 백인 여성 브루너 부인이 자신의 집에서 성폭행을 당했다. 누군가가 현관문을 두드렸고 그녀가 문을 열러 가는 사이 다른 한 명이 뒷문으로 들어와 그녀를 뒤에서 붙잡았다. 뒤이어 폭력적이고 충격적인 강간이 자행되었다. 브루너 부인은 공격한 사람을 제대로 볼 수조차 없었다. 다만 〈곱슬머리에 피부색이 꽤 짙은 소년〉이라고 묘사할 수 있을 뿐이었다. 걸리와 매캔츠, 설리번은 모두 아프리카계 미국인이었다.

성폭행이 발생하고 곧바로 걸리와 매캔츠가 함께 체포되었다. 매캔츠의 몸에서 브루너 부인의 보석이 나왔다. 심각한 중죄로 기소될 위기에 처하자 최소한 성범죄 한 차례 이상을 포함해, 화려한 전과를 가진 걸리가 조에게 성폭행 혐의를 뒤집어씌웠다. 조는 그들과 같은 날 체포되지 않았지만 걸리와 매캔츠가 자신을 범인으로 지목했다는 사실을 알고서 다음 날 자수했다. 그는 사건 당일 아침에 다른 두 소년의 도둑질을 도왔다고 인정했지만 성폭행에 대해서는 전혀 아는 바가 없다고 주장하면서 관련 사실을 강력하게 부인했다.

검사는 열세 살이던 조 설리번을 성폭행과 그 밖의 다른 혐의로 성인 법정에 세우기로 결정했다. 조가 미성년자 재판을 받아야 할지 또는 성인 재판을 받아야 할지에 대한 어떠한 검토 과정도 없었다. 미성년자를 성인 법정에 세우는 데 나이 제한을 두지 않는 몇 안 되는 주 가운데 하나였던 플로리다에서는 검사가 임의로 특정 범죄를 저지른 미성년자를 성인으로 기소할 수 있었다.

조는 법정에서 자신이 앞서 일어난 절도에는 가담했지만 성폭행을 저지르지는 않았다고 진술했다. 검찰 측은 조가 재판 전 구치소에서 강간 사실을 자신에게 털어놓았다는 걸리의 주장, 그리고 매캔츠와 걸리가 그들에게 유리하게 지어낸 이야기에 의지했다. 조에게 죄를 뒤집어씌운 매캔츠는 성인 법정에서 징역 4년 6개월을 선고받았고 6개월 만에 풀려났다. 걸리는 이전에 저질렀던 다른 절도 사건 20여 건과 한 번의 성범죄에 연루된 사실을 인정하고도 미성년자로 재판을 받았고 그에 준하여 형을 선고받았으며 소년원에서 잠깐 복역했다.

조가 연루되었음을 암시하는 유일한 물리적 증거는 검찰 측 검사관이 그의 것과 일치한다고 증언한 불분명하고 불완전한 손바닥 지문이었다. 하지만 그 증거는 이미 조가 인정했듯이 강간이 일어나기 전 그가 침실에 있었다는 사실을 뒷받침할 뿐이었다. 경찰이 현장에서 정액과 혈액도 채취했지만 검찰은 법원에 제출하지 않기로 했고 피고 측에서 그 증거들을 검사하기 전에 폐기했다. 검찰 측은 경찰서에서 조 설리번이 성폭행 용의자로 심문받는 모습을 목격하고 난 다음에야 아프리카계 미국인 소년이 피해자의 집에서 달아나는 것을 〈흘낏〉 보았다고 말한 경찰관의 증언도 제출했다. 그는 달아난 소년이 조가 맞다고 확인해 주었다.

마지막으로 검찰 측은 피해자의 증언을 제시했다. 그녀는 배심원이 없는 상태에서 예행연습을 통해 어떻게 증언할지를 지도받았지만 조 설리번과 가해자가 동일 인물이라고 확실히 단정하지 못했다. 피해자의 기억을 토대로 가해자가 했던 말을 조가 법정 안에서 그대로 반복했지만 그녀는 조의 목소리가 가해자의 것일 〈가능성이 매우 높다〉고 증언했을 뿐이었다.

조는 여섯 명으로 구성된 배심원단에 의해 유죄 판결을 받았다. 재판은 겨우 하루 만에 끝이 났다. 오전 9시 몇 분에 모두 진술이 시작되었고 오후 4시 55분에 배심원단이 평결을 내렸다. 조의 국선 변호사는 나중에 플로리다에서 정직을 당했고 두 번 다시 변호사로 복귀하지 못했다. 이 변호사는 청원서도 일절 제출하지 않았고 재판 기록에 따르면 판결에 앞서 기껏해야 열두 줄 분량의 변론을 진행했다. 논의될 사안들이 무척 많았지만 어느 하나 이야기하지 않았다.

1989년에 체포될 당시 조 설리번은 지적 장애를 가진 열세 살의 소년이었다. 그는 초등학교 1학년 수준의 읽기 능력을 보였고, 아버지에게 지속적으로 육체적 학대를 당했으며, 심각하게 방치된 삶을 살았다. 그의 가족은 주 공무원들이 〈학대와 혼돈〉이라고 묘사했을 정도로 산산조각 난 상태였다. 열 살 때부터 체포될 당시까지 조에게는 안정적인 가정이 없었다. 이 3년 동안 그는 최소 열 군데 이상의 위탁 가정을 전전했다. 대부분의 시간을 길거리에서 보내면서 불법 침입과 자전거 절도 그리고 그의 형과 다른 10대들과 함께 저지른 재산권 침해 등 다수의 위법 행위를 저질러 경찰의 제지를 받았다.

조는 열두 살 때 딱 한 번 법정에 섰고 유죄 판결을 받았다. 당시 조의 사건에 배정된 청소년 보호 관찰관은 그의 행동에 대해 〈그가 나쁜 사람들에게 쉽게 영향을 받고 그들과 어울리기 때문〉이라고 설명했다. 그녀는 〈조가 매우 미성숙하고 순진한 소년임이 분명하며 주동자보다는 추종자에 가까운 유형〉이고 〈건설적이고 생산적인 사람이 될〉 가능성이 있다고 평가했다.

담당 판사는 대체로 경범죄 수준이던, 거의 대부분이 비폭력 범죄였고 2년 동안 딱 한 번 유죄 판결을 받았던 조의 청소년 범죄 기록을 다르게 보았다. 〈청소년 사법 제도로는 설리번을 도저히 어찌할 수 없다〉고 판단했다. 법정은 조에게 〈자신을 바로잡을 수 있는 여러 번의 기회가 있었고 그가 자신에게 주어진 두 번째, 세 번째 기회를 이용할 수도 있었다〉고 결론을 내렸다. 사실 조에게는 세 번째는 고사하고 〈자신을 바로잡을 수 있는〉 두 번째 기회도 없었다. 그럼에도 그는 열세 살의 나이에 이미 검사들에게 〈상습범〉 또는 〈폭력적인 상습범〉으로 간주되었다. 판사는 그에게 가석방 없는 종신형을 선고했다.

항소할 만한 가치가 있는 증거가 있음에도 불구하고 항소심을 위해 조에게 배정된 국선 변호사는 앤더스 취지서를 제출했고 조를 대변할 책임에서 벗어났다. 앤더스 취지서는 항소할 타당한 이유가 없으며 유죄 판결이나 형량에 이의를 제기할 만한 신빙성 있는 근거도 없다는 변호사 자신의 믿음을 암시한다. 조는 청소년기로 접어든 지 불과 1년 만에 성인 교도소로 보내졌고 그곳에서 18년에 걸친 악몽이 시작되었다. 교도소에서 그는 반복해서 강간과 성폭행을 당했다. 자살도 수차례 시도했다. 다발성 경화증을 앓았고 결국 휠체어 신세를 지게 되었다. 나중에 의사들은 그의 신경 질환이 교도소 생활로 인한 정신적 외상에 의해 촉발되었을 수 있다고 결론 내렸다.

조와 함께 수감 생활을 하던 재소자 한 명이 우리에게 편지를 썼다. 조가 장애를 가졌고 끔찍한 학대를 당했으며 열세 살의 나이에 살인과는 무관한 범죄로 억울하게 종신형을 선고받았다고 설명했다. 2007년에는 우리가 조에게 편지를 보냈고 다음과 같은 사실을 발견했다. 그는 법률적인 도움을 받은 적이 전혀 없었고 18년을 복역하는 동안 자신의 유죄 판결이나 형량에 이의를 제기할 수 있도록 도와주는 사람도 없었다는 사실을 말이다. 내가 보낸 편지에 마치 어린아이가 쓴 것 같은 조악한 손 글씨로 답장을 보내왔을 때 그는 서른한 살이었음에도 불구하고 여전히 겨우 초등학교 3학년 수준의 독서 능력을 보여 주었다. 그는 편지에서 자신이 〈잘 지낸다〉고 말했다. 그러고는 〈만약 내가 아무 짓도 하지 않았다면 이제 집에 갈 수 있는 것 아닌가요? 브라이언 씨, 만약 그렇다면 내게 답장을 보낸 다음 여기로 와서 나를 데려가 주실래요?〉라고 썼다.

나는 조에게 우리가 사건을 자세히 조사할 예정이며 무죄라고 주장하는 그를 믿는다고 썼다. 우리는 DNA 검사를 통해 그의 결백을 입증하고자 했지만 필요한 생물학적 증거를 검찰이 이미 폐기한 까닭에 요청은 기각되었다. 실망한 우리는 다시 헌법에 위배될 정도로 잔혹하고 이례적인 처벌이라는 점을 내세워 조가 받은 종신형에 이의를 제기하기로 했다.

조와의 첫 대면을 위해 나는 자동차를 몰아 몽고메리에서 사우스앨라배마를 가로질러 플로리다로 간 다음 나무가 우거진 이면 도로를 달려 밀턴 마을에 있는 샌타로자 교정 시설에 도착했다. 샌타로자 카운티는 플로리다 주의 서쪽 끝에서 멕시코 만과 인접해 있으며 오랫동안 농업 지역으로 알려져 왔다. 1980년부터 2000년 사이에 해변을 따라 별장과 리조트가 들어서면서 카운티 인구가 두 배로 늘어났다. 다수의 부유한 가족들이 펜서콜라를 버리고 샌타로자로 이주했고 인근에 있는 에글린 공군 기지의 군인 가족들이 그곳에 정착했다. 그리고 이 마을에는 또 다른 산업 시설이 있었는데 바로 교도소였다.

플로리다 교정국은 인류 역사상 전례가 없던 속도로 미국 전역에 새로운 교도소들이 속속 들어서던 1990년대에 1,600명의 재소자를 수용할 수 있는 이 교도소를 지었다. 1990년부터 2005년까지 미국에서는 열흘에 하나씩 새로운 교도소가 문을 열었다. 교도소 증가와 그에 따른 〈교도소 산업 복합체〉, 즉 교도소 건설에 자본을 투자하는 사업 관계자들의 등장은 징역살이를 수익성 있는 사업으로 만들었고 그 결과 범죄의 성격과 상관없이 계속해서 징역형을 확대하도록 주 의회 의원들에게 로비를 벌이는 데 수백만 달러가 사용되었다. 약물 중독 같은 보건 문제, 결국에는 누군가가 부도 수표를 발행하는 것으로 이어지는 빈곤 문제, 아동의 행동 장애 문제, 정신적 장애가 있는 극빈자들을 관리하는 문제, 입법자들에게 불법 이민자들을 교도소로 보내도록 한 이민자 문제까지 투옥은 모든 문제의 해법이 되었다. 미국의 재소자 숫자를 늘리고, 양형 개혁을 방해하고, 범죄 범주를 새롭게 확대하고, 대량 투옥을 부채질하는 두려움과 분노의 정서를 유지하기 위해 미국에서는 지난 25년 동안 어느 때보다도 많은 로비 자금이 사용되었다.

샌타로자에 도착했을 때 나는 그곳에 수감된 남성들 중 70퍼센트가 흑인이나 라틴계임에도 유색 인종 교도관을 단 한 명도 만날 수 없었다. 상당히 이례적인 일이었다. 다른 교도소에서는 흑인이나 라틴계 교도관들이 자주 보였기 때문이다. 교도소로 들어가기 전 나는 복잡한 입소 절차를 거쳤고 혹시라도 교도소 안에서 위협을 당하거나 곤경에 처할 경우에 사용할 무선 호출기를 지급받았다. 그런 다음 가로세로의 길이가 각각 12미터 정도 되는 방으로 안내되었고 그곳에는 제복을 입은 교도관이 계속 들락거리는 가운데 20여 명의 재소자들이 어두운 얼굴로 앉아 있었다.

그 방의 한쪽 구석에 높이가 180센티미터 남짓하고 넓이가 1평방미터를 넘지 않을 것 같은 3개의 철제 우리가 보였다. 그동안 수많은 교도소를 방문했지만 보안이 철저한 교도소 내에서 재소자를 가두기 위해 그토록 작은 우리를 사용하는 것은 처음 보았다. 나는 우리에 갇힌 남자들이 도대체 얼마나 위험하기에 다른 재소자들과 나란히 의자에 앉을 수도 없도록 해놓았는지 의아했다. 처음 두 개의 우리 안에는 각각 젊은 남자가 서 있었다. 구석에 콕 처박힌 세 번째 우리에는 왜소한 남자가 휠체어에 앉아 있었다. 휠체어가 작은 우리의 뒤쪽을 향했기 때문에 그 남자는 방 안의 풍경을 볼 수 없었다. 얼굴이 보이지 않았지만 나는 그가 조라고 확신했다. 그 방을 연신 들락거리던 교도관이 들어와서 누군가의 이름을 호명하자 한 남자가 의자에서 일어나 교도관을 따라 복도로 사라졌다. 교도관을 따라간 곳에서 부교도소장이나 그와 만나기로 된 누군가를 만날 터였다. 이윽고 교도관이 〈조 설리번, 변호사 방문〉이라고 외쳤다. 나는 그에게 걸어가서 내가 그 변호사라고 말했다. 그가 다른 교도관 두 명을 호출하자 그들은 조의 우리로 가서 문을 열었다. 그들이 조의 휠체어를 꺼내려고 했지만 우리가 너무 비좁았기 때문에 휠체어의 바퀴살은 우리에 걸려 꼼짝도 하지 않았다.

나는 그 자리에 선 채로 몇 분 동안 더 많은 교도관들이 달려들어 좁은 우리에서 조의 휠체어를 꺼내려고 끙끙대는 광경을 지켜보았다. 처음에 그들은 휠체어를 들어 올리려 했다. 다음에는 앞부분이 들리도록 휠체어를 밑으로 눌러 보았지만 통하지 않았다. 이번에는 크게 힘주는 소리와 함께 휠체어를 세게 당기면서 억지로 꺼내 보려 했지만 우리에 완전히 낀 휠체어는 꼼짝하지 않았다.

대걸레로 바닥을 닦던 모범수 두 명이 걸레질을 멈추고 휠체어와 우리 때문에 낑낑거리는 교도관들을 지켜보았다. 누구도 그들에게 도움을 요청하지 않았지만 보다 못한 그들이 도움을 자청하고 나섰다. 교도관들도 암묵적으로 그들의 도움을 받아들였지만 모범수들도 딱히 해결책을 내놓지는 못했다. 조를 우리에서 꺼내지 못한 교도관들이 점점 좌절감을 느낄 즈음 펜치와 쇠톱을 이용하라는, 안에 조가 있는 상태로 우리를 옆으로 눕혀 보라는 소리가 들려왔다. 어떤 사람은 휠체어는 놔두고 조만 들어서 빼내라고 제안했다. 하지만 조와 휠체어만으로도 우리 안이 꽉 찼기 때문에 아무도 그 안으로 들어가서 조를 빼낼 수가 없었다.

교도관에게 애초에 그가 우리 안에 들어가 있는 이유를 묻자 무뚝뚝한 대답이 돌아왔다. 「무기수잖아요. 모든 무기수는 이동할 때 보다 엄격한 보안 지침이 적용됩니다.」

이 모든 일이 진행되는 동안 나는 조의 얼굴을 볼 수 없었지만 그가 우는 소리를 들을 수는 있었다. 그는 이따금씩 흐느껴 우는 소리를 냈으며 어깨가 위아래로 들썩였다. 교도관이 우리를 옆으로 돌려 보겠다고 제안했을 때는 모두에게 들릴 정도로 신음 소리를 냈다. 마침내 모범수들이 우리를 들어서 살짝 기울여 보자고 제안했고 모두 동의했다. 모범수 두 사람이 무거운 우리를 들어 기울이는 사이 세 명의 교도관이 조의 휠체어를 휙 잡아당겼고 마침내 휠체어가 우리에서 빠져나왔다. 교도관들이 서로 하이 파이브를 나누는 동안 모범수들은 조용히 자리를 떠났으며 조는 방 한가운데서 휠체어에 가만히 앉아 자신의 발을 내려다보았다.

그에게 다가가서 내 소개를 했다. 그는 눈물로 얼룩진 얼굴이었고 눈도 빨갛게 충혈되어 있었지만 나를 올려다보며 경망스럽게 손뼉을 치기 시작했다. 「그래, 맞아요! 브라이언 씨.」 그가 웃으면서 내게 두 손을 내밀었고 나는 그 손을 잡았다.

나는 조의 휠체어를 밀고 좁은 면회실로 이동했다. 그는 작은 소리로 계속 환호했고 흥분해서 연신 손뼉을 쳤다. 면회실 문을 닫고 조와 단둘이 이야기를 나누기 위해 나는 담당 교도관과 논쟁을 벌여야 했다. 결국에는 동의를 얻어 냈다. 문이 닫히자 조도 긴장이 풀리는 듯 보였다. 이번 방문의 시작이 매우 끔찍했음에도 조는 무척 쾌활했다. 나는 내가 어린아이와 이야기하고 있다는 느낌을 떨칠 수가 없었다.

나는 DNA 검사를 통해 그의 결백을 밝히는 데 도움이 될 수도 있었던 생물학적 증거를 검찰이 파기했으며 그 때문에 우리가 얼마나 실망했는지 조에게 설명했다. 우리는 사건의 피해자와 공동 피고인 한 명이 이미 사망했다는 사실을 알아냈다. 나머지 다른 한 명의 공동 피고인은 실제로 어떤 일이 있었는지 전혀 말을 하려고 하지 않았다. 이러한 이유들로 조의 유죄 판결에 이의를 제기하기가 무척 어려운 상황이었다. 다음으로 그의 형량이 헌법에 위배된다고 이의를 제기하기로 한 우리의 새로운 전략을 설명했다. 이는 어쩌면 그를 집으로 돌려보낼 또 다른 방법이 될 수 있었다. 그는 설명을 들으면서 줄곧 웃고 있었는데 내가 설명한 내용을 전혀 이해하지 못한 것이 분명했다. 무릎 위에 리갈 패드[23]를 올려놓고 있던 그는 내가 설명을 마치자 이번 면회를 위해 자신이 몇 가지 질문을 준비해 왔다고 말했다.

조의 과거사를 감안했던 나는 그가 우리의 만남 동안 예상보다 훨씬 열광적이고 신이 나 있다는 사실에 의아함을 느꼈다. 자신이 준비해 온 질문들을 이야기할 때도 실제로 무척 들뜬 상태였다. 그는 교도소를 나가면 〈사람들에게 진실을 알리는〉 기자가 되고 싶

---

23 줄이 쳐진 황색 용지 묶음.

다는 포부를 밝혔다. 이윽고 그가 질문할 준비가 되었다고 선언했다. 무척 자랑스러운 말투였다.

「조, 당신의 질문에 기쁜 마음으로 대답할게요. 시작해요.」

그가 준비된 질문을 떠듬떠듬 읽었다.

「당신에게는 자녀가 있습니까?」 그가 잔뜩 기대하며 나를 올려다보았다.

「아니오, 없습니다. 남자 조카와 여자 조카는 있습니다.」

「당신이 가장 좋아하는 색깔은 무엇인가요?」 그가 또다시 열정적인 미소를 지었다.

좋아하는 색깔이 없는 나는 웃음이 나왔지만 그에게 대답을 해 주고 싶었다.

「갈색입니다.」

「좋아요, 마지막 질문이 가장 중요해요.」 그가 커다란 눈으로 나를 흘끗 올려다본 다음 웃었다. 그러고는 이내 진지해졌고 질문을 읽었다.

「당신이 가장 좋아하는 만화 캐릭터는 무엇입니까?」 그가 눈을 빛내며 나를 바라보았다.

「제발 사실대로 말해 주세요. 정말 알고 싶어요.」

나는 아무 생각도 할 수 없었고 그럼에도 계속 웃는 얼굴을 보이기 위해 스스로를 다잡아야 했다. 「아이고, 조, 솔직히 잘 모르겠군요. 생각 좀 해보고 나중에 알려 줘도 될까요? 편지로 알려 줄게요.」 그가 열심히 고개를 끄덕였다.

이후로 석 달 동안 나는 조악한 필체로 쓴 조의 편지를 엄청나게 많이 받았다. 거의 하루에 한 통꼴이었다. 대체로 짧은 문장으로 이루어진 편지는 그날 자신이 무엇을 먹었고, 텔레비전에서 무엇을 보았는지와 같은 내용이 담겨 있었다. 때로는 성경에서 베낀 두세 구절만 달랑 적혀 있기도 했다. 그는 항상 답장을 써달라고 요구했으며 자신의 손 글씨가 나아졌는지 알려 달라고도 했다. 가끔은 단어만 몇 개 적혀 있거나 〈당신은 친구가 있나요?〉 같은 질문이 딱 하나 들어 있었다.

우리는 조에게 선고된 형량이 헌법에 위배될 정도로 잔혹하고 이례적인 처벌이라고 이의를 제기하는 청원서를 제출했다. 형이 선고된 지 거의 20년이 지난 시점에서 청원서를 제출했기 때문에 절차상의 반대가 있을 줄은 알았지만 미성년자에게 사형을 선고하지 못하도록 금지한 대법원의 최근 결정이 구제를 위한 토대를 제공할 수 있을 거라고 생각했다. 2005년 대법원은 미성년자와 성년자가 분명 다르기 때문에 수정 헌법 제8조에 의거해서 미성년자가 사형으로부터 보호받아야 한다는 사실을 인정했다. 우리 직원들과 나는 미성년자의 사형을 금지한 대법원의 결정을 미성년자에게 내려진 가석방 없는 종신형에 이의를 제기하기 위한 법률적 근거로 활용하는 방법을 논의했다.

우리는 이언 마누엘 사건 등 가석방 없는 종신형이 선고된 다른 몇몇 미성년자 사건에 대해서도 비슷한 소송을 제기했다. 이언은 플로리다에서 여전히 독방에 감금되어 있었다. 우리는 미주리와 미시간, 아이오와, 미시시피, 노스캐롤라이나, 아칸소, 델라웨어, 위스콘신, 네브래스카, 사우스다코타 등에서 소송을 제기했다. 방화로 유죄 판결을 받은 소녀 트리나 가넷을 돕기 위해 펜실베이니아에서도 소송을 제기했다. 그녀는 여자 교도소에서 여전히 힘들게 지내고 있었지만 우리가 자신의 형량을 바꾸어 줄지도 모른다는 기대감에 들떠 있었다. 더불어 캘리포니아에서도 안토니오 누녜스를 위한 소송이 진행 중이었다.

앨라배마에서는 두 건의 소송을 제기했다. 애슐리 존스는 열네 살 때 자신보다 나이가 많은 남자 친구의 도움을 받아 가족들로부터 도망치는 과정에서 자신의 가족 두 명을 살해한 혐의로 유죄 판결을 받은 소녀였다. 애슐리는 학대와 방치로 점철된 끔찍한 과거 때문에 고통받았다. 터트윌러 여자 교도소에서 복역 중인 그녀는 10대 때부터 내게 편지를 보내 자신이 신문을 통해 읽은 다양한 법률적 결정에 대해 질문하기 시작했다. 자신을 도와 달라는 부탁은 하지 않았다. 단지 자신이 읽은 내용에 대해 질문하고 법률과 우리가 하는 일에 관심을 보일 뿐이었다. 그녀는 우리가 사형 관련 항소에서 승리하는 경우에도 나와 이퀄 저스티스 이니셔티브에게 축하 편지를 보내기 시작했다. 미성년자에게 종신형을 선고하는 것의 적법성에 우리가 이의를 제기하기로 했을 때 나는 그녀에게 마침내 그녀가 받은 형량에 대해 항소할 수 있을 것 같다고 말했다. 그녀는 몹시 흥분했다.

에번 밀러도 열네 살의 나이에 앨라배마에서 종신형을 선고받은 소년이었다. 에번은 앨라배마 북부의 가난한 백인 가정 출신으로 고달픈 삶을 살아가다가 초등학생이던 일곱 살 때부터 자살을 시도했다. 폭력적인 그의 부모에게는 마약 중독 문제가 있었기 때문에 그는 위탁 가정을 들락거렸지만 범행을 저지를 당시에는 어머니와 살고 있었다. 어느 날 밤 옆집에 사는 중년 남자 콜 캐넌이 에번의 어머니에게 마약을 사러 왔다. 열네 살이던 에번은 열여섯 살이던 친구 한 명과 함께 중년 남자 캐넌을 따라 카드놀이를 하러 그의 집에 갔다. 캐넌은 이 10대 소년들에게 마약을 주고 그들과 술 먹기 게임을 했다. 어느 순간에 이르러 그는 소년들에게 나가서 마약을 더 사오라고 시켰다. 소년들은 마약을 사서 돌아왔고 시간은 점점 더 흘러갔다. 얼마 안 있어 캐넌이 정신을 잃었다고 생각한 소년들은 그의 지갑에 손을 댔다. 캐넌이 깜짝 놀라 깨어났고 에번에게 달려들었다. 에번보다 나이가 많던 친구가 야구 방망이로 남자의 머리를 때렸다. 그들은 남자를 구타하기 시작했고 뒤이어 그의 이동식 주택에 불을 질렀다. 콜 캐넌은 사망했고 에번과 그의 친구는 살인 혐의로 기소되었다. 나이가 많던 친구는 검찰과 양형 거래를 해서 가석방이 가능한 종신형을 선고받은 반면 에번은 유죄 판결과 더불어 가석방 없는 종신형을 선고받았다.

나는 에번이 1심 재판을 받은 바로 다음부터 그의 사건을 맡았다. 비록 그가 받은 형량은 아직 너무 어려서 사형을 선고할 수 없는 사람에게 내려진 법적 처벌이기는 했지만, 나는 감형을 요구하는 청원을 제출했다. 심리에서 나는 판사에게 에번의 나이를 고려하여 그의 형량을 재고해 달라고 요청했다. 검사는 〈제 생각에는 그를 사형시켜야 합니다. 그는 사형을 받아 마땅합니다〉라고 주장했다. 그는 열네 살짜리 소년을 전기의자에 앉혀 죽일 수 없다는 이유만으로 법이 미성년자에 대한 사형을 더 이상 승인하지 않는 현실을 개탄했다. 판사는 우리의 청원을 기각했다.

교도소로 에번을 만나러 갈 때면 우리는 오랫동안 대화를 나누고는 했다. 나와 함께 있는 동안 그는 자신이 생각해 낼 수 있는 모든 주제에 대해 이야기했다. 조금이라도 면회 시간을 늘리기 위해서였다. 우리는 스포츠와 운동, 책, 그의 가족, 음악에 대해 이야기했으며, 그가 어른이 되면 하고 싶은 일들에 대해서도 이야기했다. 그는 가족과 한동안 연락이 두절되거나 교도소 안에서 나쁜 일에 맞닥뜨렸을 때 무척 우울해하기도 했지만 대체로 활기가 넘쳤고 적극적이었다. 또한 재소자들과 주변 사람들이 이따금씩 보이는 적대적이고 폭력적인 반응을 이해하지 못했다. 한번은 식사 시간이 언제인지 물었다가 교도관에게 가슴을 맞은 이야기를 했다. 내게 그 일을 이야기하면서 교도관이 왜 그랬는지 모르겠다며 울기 시작했다.

에번은 경비가 가장 엄중한 성인 교도소인 세인트 클레어 교정 시설에 수감되었다. 그곳에 도착한 지 얼마 지나지 않아서 다른 재소자에게 공격을 받았고 칼에 아홉 번이나 찔렸다. 그는 육체적으로 큰 문제없이 곧 회복되었지만 그 일로 엄청난 정신적 충격을 받았고 폭력에 대해 혼란스러워했다. 자신이 했던 폭력적인 행동에 대해서 이야기할 때도 자신이 어떻게 그처럼 파괴적인 행동을 할 수 있었는지 몹시 혼란스러워하는 듯 보였다.

우리가 맡은 대부분의 미성년자 무기수 사건에서 우리 의뢰인들은 그들이 저지른 미숙한 행동에 대해 에번이 느끼는 감정과 비슷한 혼란을 겪었다. 그들 중 상당수는 훨씬 신중하고 사려 깊은 어른으로 성장했다. 그들은 이제 적합한 결정을 내리고 이를 책임질 줄도 알았다. 거의 모든 사건에서 이들은 폭력적인 범죄를 저질렀던 과거의 혼란스러운 아이와는 이제 완전히 거리가 멀다는 비극적인 아이러니를 보여 주었다. 그들은 하나같이 굉장히 변해 있었다. 이런 점에서 그들은 성인이 되어 범죄를 저지른 내 의뢰인들 대부분과 달랐다. 나 같은 변호사가 폭력적인 범죄를 저지른 10대들의 사건에 관여한다는 것 자체가 아이러니였다.

나는 열여섯 살 때 델라웨어 남부에 살았다. 어느 날 내가 막 외출하려는 찰나에 전화벨이 울렸다. 나는 어머니가 전화 받는 것을 보았고 어머니 옆을 지나쳐 그대로 밖으로 나갔다. 일 분쯤 뒤에 집 안에서 어머니의 비명 소리가 들려왔다. 나는 도로 집으로 달려 들어갔고 바닥에 쓰러진 어머니가 〈아버지, 아버지〉를 외치며 울고 있는 모습을 보았다. 수화기가 전화기 몸통에 매달린 채 여전히 대롱거리고 있었다. 나는 수화기를 집어 들었다. 숙모의 목소리가 들렸다. 숙모는 내게 할아버지가 살해되었다고 말했다.

오래전에 할머니와 이혼한 할아버지는 필라델피아 남부의 흑인 거주 지역에서 한동안 혼자 살고 계셨다. 그리고 바로 그곳에서 흑백텔레비전을 훔치러 할아버지의 아파트에 침입한 10대들의 공격을 받았고 칼에 찔려 돌아가셨다. 당시 할아버지는 86세였다.

우리 가족과 친척들은 할아버지가 무분별한 10대들의 손에 살해당했다는 소식에 엄청난 충격을 받았다. 이미 오래전에 할아버지와 이혼한 할머니는 이런 범죄와 할아버지의 죽음에 특히 놀랐다. 내게는 나보다 나이가 많은 사촌들이 있었는데 법 집행 기관에서 일하던 그들이 범행을 저지른 소년들에 대한 정보를 알아냈다. 내가 기억하기로 그들은 복수심을 느끼기보다 범행을 저지른 소년들의 미성숙함과 부족한 판단력에 크게 경악했다. 우리 모두는

400

계속 똑같은 말과 생각을 했다. 〈그들이 할아버지를 죽일 필요까지는 없었다〉는 것이었다. 보잘것없는 전리품을 가지고 달아나는 그들을 86세의 노인이 막을 수 있는 방법은 없기 때문이다. 어머니는 그들의 행동을 이해하지 못했다. 나도 마찬가지였다. 내가 학교에서 아는 아이들 중에도 통제가 불가능하고 폭력적인 아이들이 있었지만 그럼에도 어떻게 그렇게 무의미하게 파괴적인 행동을 할 수 있는지 이해가 되지 않았다. 할아버지의 죽음은 우리에게 수많은 의문을 남겼다.

수십 년이 지난 이제야 나는 비로소 이해가 되기 시작했다. 우리가 대변하는 아이들의 소송을 준비하면서 그들이 인내하도록 강요받은 삶을 이해하지 않고서는 그들이 저지른 충격적이고 무분별한 범죄들을 공정하게 평가할 수 없었다. 대법원 역시 미성년자에 대한 사형을 금지하면서 최근 등장한 청소년기의 발달 과정과 뇌 과학을 둘러싼 의학 연구에, 나아가 이 연구 결과가 청소년 범죄 또는 범죄에 대한 책임과 어떤 관계가 있는지에 많은 관심을 보였다.

오늘날의 신경학적, 심리학적, 사회학적 증거는 미성숙한 판단력, 미숙한 자기 관리 능력과 책임감, 부정적인 영향과 외부의 압력에 대한 취약성, 부족한 충동 억제 능력, 주변 환경 등의 요소가 아이들에게 장애를 일으킬 수 있다는 사실을 규명해 냈다. 일반적으로 열두 살부터 열여덟 살까지를 아우른다고 여겨지는 청소년기는 급격한 변화의 시기로 정의된다. 이 시기에는 키와 몸무게의 증가나 성적인 변화처럼 눈에 띄는 동시에 가끔은 고통을 수반하기도 하는 신체적 전환이 일어날 뿐 아니라 사리에 맞고 성숙한 판단 능력, 충동을 제어하는 능력, 자율성 등이 점진적으로 증가한다. 우리가 나중에 대법원에서 설명했듯이 전문가들은 다음과 같은 결론에 이르렀다.

〈사춘기 전후에 도파민으로 활성화되는 사회 정서적 계통의 활동이 극적이고 급격하게 증가하는 현상〉은 보다 자극적이고 위험한 행동을 하도록 어린 청소년들을 부추긴다. 〈보상을 추구하려는 성향이 부쩍 두드러지는 이 현상은 인지 조절 계통이 구조적으로 성숙되는 시점이나 인지 조절 계통이 사회 정서적인 계통과 연계되는 시점보다 앞서 일어난다. 청소년기 전반에 걸쳐 성숙 과정은 점차적으로 진행되며 그와 비례하여 보다 발전된 자기 관리나 충동 억제 등이 가능해진다. ……청소년 발달 초기에 나타나는 사회 정서적 계통의 자극과 그보다 나중에 이루어지는 인지 조절 계통의 완전한 성숙 사이에 존재하는 일시적인 간극은 청소년 발달 중반기에 이르러 위험을 감수하려는 몹시 취약한 시기를 만들어 낸다.〉

이 같은 생물학적, 심리 사회적 발달 과정은 부모와 교사들 그리고 자신의 10대 시절을 돌아보는 모든 어른들에게 명백한 사실을 설명해 준다. 어른과 달리 어린 10대들은 미성숙하고 의존적일 뿐 아니라 미래 지향적이지도 않다는 사실을 말이다. 법을 다루는 법정에서 아동기에 대한 아주 기초적인 사항들을 설명해야 한다는 사실이 이상해 보일 수도 있었지만 미성년자에게 가혹한 처벌을 내리는 관행이 너무나 만연해 있었고 시대에 역행하는 것이었기 때문에 우리는 이러한 기본적인 사실들을 분명히 해둘 필요가 있었다.

법정에서 우리는 성인의 판단력에 비해 어린 10대들의 판단력은 상상할 수 있는 거의 모든 방면에서 부족하다고, 어린 청소년들에게는 그들의 선택을 도와줄 인생 경험과 배경지식이 부족하다고, 그들은 아직 선택의 가짓수를 늘리고 선택에 따른 결과를 예상하는 훈련 과정에 있다고, 이성적인 결정을 내리고 그러한 결정을 밀어붙이는 데 필요한 자신감이 결여되어 있고 여기에는 아마도 타당한 이유가 있을 거라고 주장했다. 또한 신경 과학과 두뇌의 화학적 구조에 관한 새로운 정보들이 10대들에게서 자주 나타나는 잘못된 판단을 설명하는 데 도움이 될 수 있다고 말했다. 청소년이라면 누구나 짊어지는 이런 결함들이 일부 가난한 청소년들이 경험하는 학대, 폭력, 기능 장애, 방치, 다정한 보호자의 부재 등의 환경과 맞물릴 경우 청소년기의 아이들은 비극적인 폭력을 초래하는 지극히 어리석은 결정을 내릴 수 있다.

우리는 미성년과 성년의 차이에 대해 설득력 있는 주장을 펼쳤지만 구제를 가로막는 장애물은 또 있었다. 수정 헌법 제8조에 의거한 대법원의 판례는 구체적인 어떤 형량이 〈점점 변화하는 공서양속〉에 위배될 뿐 아니라 〈이례적〉이어야 한다는 조건을 요구했다. 대법원이 수정 헌법 제8조에 근거하여 구제를 인정했던 앞선 사건들에서는 문제의 형량이 선고된 횟수가 전국적으로 모두 합쳐도 대체로 100번을 넘기지 않았다. 지적 장애인에 대한 사형을 금지한 2002년에는 대략 백 명의 지적 장애인들이 사형 집행을 앞두고 있었다. 미성년자에 대한 사형을 금지한 2005년에는 사형 선고를 받은 미성년자의 숫자가 75명도 되지 않았다. 살인과 무관한 범죄에 대한 사형을 금지했을 때는 그 숫자가 더욱 적었다.

미국에서 가석방 없는 종신형을 선고받은 미성년자가 2,500명이 넘는다는 사실 때문에 우리의 소송 전략은 복잡해졌다. 대법원이 미성년자에게 내려지는 가석방 없는 종신형을 전면 금지할 준비가 되어 있지 않을 경우에 대비해서 우리는 그들이 구제 신청을 인정할 수 있도록 두 범주의 청소년들에게 집중하기로 했다. 우선은 열세 살부터 열네 살 사이의 가장 어린 청소년들에게 집중했다. 열다섯 살 미만의 나이로 가석방 없는 종신형을 선고받은 청소년들은 백 명이 채 되지 않았다. 다음으로 조 설리번이나 이언 마누엘, 안토니오 누녜스처럼 살인과 무관한 범죄로 유죄 판결을 받은 청소년들에게 집중했다. 가석방 없는 종신형을 선고받은 미성년자 대부분이 살인 사건으로 유죄 판결을 받은 상황이었다. 우리는 살인과 무관한 범죄로 가석방 없는 종신형을 선고받은 미성년자들의 숫자가 2백 명이 되지 않을 것으로 추산했다.

　우리는 한 사람의 인생 전체를 놓고 그 사람이 문명사회의 일원이 되기에 영원히 부적합하다고 선언하는, 치명적이고 돌이킬 수 없는 최후의 판결이라는 점에서 종신형도 대법원의 사형 금지 결정에 종속되어야 한다고 주장했다. 판사에게 일정한 나이보다 어린 청소년들에게 그러한 판결을 내리는 것이 이성적이지 않다는 사실을 상기시켰다. 무엇보다 그들은 아직 불완전한 인간이고 여전히 성장 중이기 때문이다. 그들은 그들의 인생에서 특히 취약한 순간에 서 있다. 달리 말하면 성장하고 변화할 수 있는 잠재력이 많다. 그들 대부분은 범죄 행동을 그만둘 것이다. 물론 소수의 몇 명은 그렇지 않겠지만 그 소수가 누구일지 미리 아는 것은 실질적으로 불가능하다. 우리가 변론 취지서에 적은 구절을 그대로 옮기자면 그들은 〈그들이 실질적으로 통제할 수 없는 환경의 산물이며 그들이 만든 적 없는 좁은 길을 위태롭게 걷는 여행자〉이다.

우리는 익히 알려진 대로, 미숙하고 판단력이 부족하다는 이유로 미성년자들에게 흡연이나 음주, 투표, 제약이 없는 상태에서의 운전, 헌혈, 총기 구입, 그 밖의 다양한 행위들을 허용하지 않으면서도 형사 사법 제도상으로는 지극히 위험한 환경에 노출되어 있고 방치되어 제 기능을 못하는 일부 아이들을 완전히 성숙한 어른들과 정확히 똑같이 대우하고 있는 모순을 강조했다.

처음에는 이러한 주장들이 빛을 발하지 못했다. 조 설리번 사건의 담당 판사는 우리 주장을 〈의미 없다〉고 판단했다. 다른 몇몇 주에서도 비슷한 회의론과 저항에 직면했다. 결국 우리는 조 설리번 사건과 관련해 플로리다 주에서 제공하는 형법상의 모든 기회를 소진하고 미국 대법원에 상고했다. 2009년 5월, 대법원이 조 설리번의 사건을 검토하기로 동의했다. 마치 기적 같았다. 사건을 재검토하기로 한 대법원의 결정은 그 자체로도 굉장히 드문 일이었지만 종신형을 선고받은 아이들이 헌법에 의해 구제받을 가능성이 생겼다는 사실에 더욱 감격했다. 또한 미국 전체의 관련 규정을 바꿀 수 있는 기회이기도 했다.

대법원은 조 설리번의 사건과 더불어 열여섯 살의 소년이 살인과 무관한 범죄로 유죄 판결을 받아 가석방 없는 종신형을 살고 있는 또 다른 사건에 대해 재검토를 승인했다. 테런스 그레이엄은 플로리다 주 잭슨빌 출신이었고 가게를 털려고 한 혐의로 기소되었을 당시 보호 관찰을 받고 있었다. 그가 또다시 체포되자 판사는 테런스의 가석방을 취소하고 그에게 종신형을 선고했다. 조의 사건과 그레이엄의 사건이 모두 살인과 무관한 사건이었기 때문에 우리가 대법원으로부터 우호적인 판결을 얻어 낼 경우, 그 판결이 살인이 아닌 사건으로 유죄 판결을 받은 미성년자의 가석방 없는 종신형에만 적용될 가능성이 높았지만 그 자체만으로도 마음 설레게 하는 가능성이었다.

두 사건은 전국적으로 언론의 많은 관심을 받았다. 우리가 미국 대법원에 준비 서면을 제출하자 전국의 여러 단체들도 여기에 동참하여 우리에게 우호적인 판결을 내려야 한다고 주장하는 법정 조언 의견서를 대법원에 제출했다. 우리는 미국 심리 학회, 미국 정신 의학회, 미국 법률가 협회, 미국 의학 협회, 전직 판사들, 전직 검사들, 사회 복지사들, 시민 단체, 심지어 일부 희생자 권리 단체 등으로부터 지지를 받았다. 비록 청소년기에 범죄를 저지르기는 했지만 나중에 유명 인사가 된 사람들도 지지 의견서를 제출했으며 여기에는 와이오밍 출신의 전직 상원 의원 앨런 심프슨처럼 매우 보수적인 정치인도 있었다. 심프슨은 18년 동안 상원 의원으로 재직했으며 그중 10년은 공화당 내 서열 2위 자리인 원내 총무를 맡았던 인물이다. 그도 한때는 청소년 범죄자였다. 열일곱 살 때 방화와 절도, 가중 폭행, 총기 폭력, 마지막에는 경찰관 폭행에 이르기까지 다수의 혐의로 유죄 판결을 받았다. 그는 나중에 〈나는 괴물이었다〉라고 고백하기도 했다. 변화의 기미를 보이지 않던 그의 삶은 그가 또다시 체포되어 〈토사물과 오줌의 바다〉에 갇혀 있는 자신을 발견하면서 달라지기 시작했다. 자신의 경험을 통해 심프슨 상원 의원은 청소년기의 잘못된 행동에 근거하여 누군가의 모든 잠재력을 판단할 수 없음을 알았다. 아프리카 민병대 출신

소년병들의 목소리를 대변하는 법정 조언 의견서도 제출되었다. 그들은 폭력적인 아프리카 민병대에 강제로 징집된 뒤 끔찍한 행동을 강요당했다. 비교하자면 차라리 우리 의뢰인들의 범죄가 덜 심각해 보일 정도였다. 그럼에도 민병대에서 구출된 소년병들은 대부분 과거의 악몽에서 벗어났고 상당수가 미국 단과 대학이나 종합 대학에 편입해 그곳에서 훌륭한 성과를 보였다.

2009년 11월, 조와 그레이엄 사건에 대한 준비 서면을 제출한 나는 미국 대법원에서의 세 번째 구두 변론을 하기 위해 워싱턴으로 향했다. 이전에 맡았던 어느 사건보다 언론의 관심이 뜨거웠으며 전국 뉴스를 통해 보도가 많이 이루어졌다. 대법원에는 사람들이 가득했다. 대법원 밖에도 수백 명의 사람들이 있었다. 우리는 아동 인권 보호 단체와 변호사, 정신 건강 전문가 등 다양한 사람들이 주시하는 가운데 미성년자에 대한 가석방 없는 종신형을 위헌으로 공표해 달라고 대법원에 요청했다.

구두 변론이 진행되는 동안 대법원은 적극적인 관심을 보였다. 대법관들이 어떤 결정을 내릴지 예측하기가 불가능했다. 나는 대법관들에게 미국은 미성년자를 상대로 가석방 없는 종신형을 선고하는 유일한 나라라고 말했다. 미성년자에게 종신형을 선고하는 행위는 국제법에 어긋난다고 설명했다. 이러한 형벌들이 유색 인종에게 편중되어 불균형하게 부과되는 현실에 대해서도 알렸다. 미성년자에게 종신형이 내려지는 현상은 너무 가혹한 처벌을 내렸기 때문에 발생한 결과며, 이 처벌은 당초 미성년자를 염두에 둔 것이 아니라 상습적인 성인 범죄자들을 대상으로 만들어졌다고, 따라서 테런스 그레이엄과 조 설리번 같은 미성년자에게 그러한 형벌을 부과한 것은 이례적이라고 주장했다. 아울러 열세 살짜리 소년에게 교도소에서 생을 마감해야 마땅하다고 이야기하는 것은 너무 잔혹한 처사라고 말했다. 대법관들의 마음이 움직였는지는 알 수 없었다.

나는 앞서 조에게 대법원에서 구두 변론을 끝내면 면회를 오겠다고 약속했다. 그 무렵 텔레비전에서는 조의 이름과 사건이 끊임없이 언급되고 있었다. 처음에 조는 자신의 사건에 관심이 집중되자 무척 흥분했다. 그러나 곧이어 교도관들과 다른 재소자들이 그를 비웃거나 평소보다 거칠게 대하기 시작했다. 그들은 그에게 쏟아지는 관심을 불쾌하게 여기는 듯했다. 나는 그에게 이제 변론이 끝났기 때문에 상황이 진정될 거라며 위로를 건넸다.

조는 자신이 직접 썼다고 말하는 시를 외우려고 몇 주 동안 애쓰는 중이었다. 내가 정말로 직접 썼는지 묻자 그는 다른 재소자에게 도움을 받았다는 사실을 인정하면서도 계속해서 그 시에 각별한 애정을 보였다. 내가 변론을 마치고 그를 방문하면 내 앞에서 그 시를 암송해 보이겠다고 여러 번에 걸쳐 약속했다. 교도소에 도착하자 조가 휠체어를 타고 아무런 어려움 없이 면회실로 들어왔다. 내가 워싱턴에서 진행된 구두 변론에 대해 설명했지만 그는 내게 자신의 시를 들려주는 데 온통 관심이 쏠려 있었다. 자신이 과연 그 일을 해낼 수 있을지 걱정하는 기색이 역력했다. 나는 사건에 관한 이야기를 짧게 마무리하고 조의 시를 듣기로 했다. 그가 집중하기 위해 눈을 감더니 곧장 시를 암송하기 시작했다.

장미는 붉고 제비꽃은 파랗다.

곧 있으면 나는 집으로 가서 당신과 함께 살 것이다.

내 삶은 더 나아지고 나는 행복해질 것이며,

당신은 내게 아버지와 가족 같은 존재가 될 것이다.

다른 사람들이 지켜보는 가운데 우리는 친구들과 즐거운 시간을 보낼 것이며,

나는 착한 사람이다……. 음…… 나는 착한 사람이다……. 나는…… 음…….

착한…… 사람……. 음…….

그는 마지막 구절을 기억하지 못했다. 그가 천장을 올려다본 다음 다시 바닥을 내려다보면서 기억을 쥐어짰다. 눈을 잔뜩 찡그리며 마지막 구절을 기억해 내려고 애썼지만 떠오르지 않는 모양이었다. 나는 그가 어떻게든 마무리를 지을 수 있도록 도와주려는 마음에서 이를테면 〈그래서 행복하다〉나 〈이제 사람들도 알게 될 것이다〉 같은 마지막 구절을 제안하고 싶은 유혹을 느꼈다. 하지만 그를 대신해서 마지막 한 구절을 완성하는 것이 옳지 않다는 생각이 들었고 그래서 자리에 마냥 앉아 있었다.

마침내 그는 자신이 마지막 구절을 기억해 내지 못할 거라는 사실을 받아들이기로 한 것 같았다. 나는 그가 화를 낼 거라고 생각했지만 자신이 마지막 구절을 기억해 내지 못할 거라는 사실이 분명해지자 그는 그냥 웃기 시작했다. 나도 안도한 채 그에게 미소를 지어 보였다. 왠지 모르지만 그는 자신이 마지막 구절을 기억하지 못한다는 사실이 생각할수록 점점 더 웃긴 모양이었다. 그러던 중 그가 갑자기 웃음을 멈추고 나를 바라보았다.

「아, 잠깐만요. 내 생각에는 마지막 구절이…… 실제로는, 음, 내 생각에는 내가 방금 한 말이 마지막 구절이었던 것 같아요. 마지막 구절은 그냥 〈나는 착한 사람이다〉였어요.」

그가 말을 멈추었고 나는 몇 초 동안 의심스러운 눈길로 그를 쳐다보았다. 나도 모르게 〈정말인가요?〉라는 말이 불쑥 튀어나왔다.

거기서 멈추어야 했지만 나는 계속했다. 「다른 사람들이 지켜보는 가운데 우리는 친구들과 즐거운 시간을 보낼 것이며, 나는 착한 사람이다라고요?」

그가 잠깐 동안 심각한 표정으로 나를 쳐다보았고 어느 순간 우리 두 사람은 동시에 격렬한 웃음을 터뜨렸다. 나는 내가 웃어도 되는 상황인지 확신이 없었지만 조가 웃었고 그 모습을 보면서 괜찮을 거라고 생각했다. 솔직히 말해서 웃지 않을 수가 없었다. 잠시 후 우리는 더욱 격렬하게 웃었다. 그는 너무 격하게 웃어서 휠체어에 앉은 몸이 좌우로 흔들렸고 손뼉까지 쳤다. 웃음을 멈출 수 없기는 나도 마찬가지였다. 웃음을 멈추려 안간힘을 썼지만 소용이 없었다. 우리는 웃으며 서로를 바라보았다. 나는 조를 바라보았다. 그는 어린아이처럼 웃고 있었지만 주름살과 나이에 맞지 않는 흰머리가 보였다. 나는 웃으면서도 그의 불행한 어린 시절이 교도소에 갇힌 불행한 10대 청소년기로 이어졌고 다시 청년기 전반의 불행한 수감 생활로 이어졌다는 사실을 깨달았다. 문득 그가 여전히 웃을 수 있다는 것이 엄청난 기적이라고 생각했다. 세상이 조 설리번이라는 사람을 무척 잘못 알고 있으며 그의 재판에서 반드시 승소하고 싶다는 생각이 들었다.

마침내 우리 둘 다 웃음이 잦아들었다. 내가 최대한 진지하게 말했다. 「조, 이 시는 정말, 정말 좋았어요.」잠시 숨을 고른 뒤 다시 말했다. 「정말 아름다운 시라고 생각해요.」

그가 나를 향해 활짝 웃으며 손뼉을 쳤다.

15장
망가진 사람들

월터의 상태가 빠르게 악화되었다. 정신적인 혼란 상태가 갈수록 오래 지속되었다. 자신이 불과 몇 시간 전에 한 일을 기억하지 못하기 시작했다. 사업과 관련된 세부적인 사항들을 챙기지 못했고 경영은 그가 이해할 수 없을 정도로 복잡해졌다. 이 때문에 그는 더욱 우울해졌다. 한번은 내가 그와 함께 기록들을 검토했는데 그는 물건들을 실제 가치보다 훨씬 싼 가격에 판매함으로써 엄청난 손해를 보고 있었다.

아일랜드의 영화 제작팀이 월터와 다른 두 명의 앨라배마 사형수의 사건을 중심으로 사형에 관한 짧은 다큐멘터리를 만들기 위해 앨라배마에 왔다. 제임스 〈보〉 코크런은 앨라배마 사형수 수감 건물에서 거의 20년을 복역한 다음 풀려났다. 연방 법원은 배심원 선정 과정에서 인종적 편견이 작용했다는 이유로 그의 유죄 판결을 뒤집었고 뒤에 재심을 진행시켰다. 재심에서는 인종적으로 다양성을 갖춘 배심원단이 그의 살인 혐의에 무죄를 평결했고 그는 자유의 몸이 되었다. 다큐멘터리에 출연한 세 번째 남자 로버트 타버도 자신의 무죄를 강력하게 주장했다. 담당 검사는 나중에 배심원단이 인종 차별적인 방식을 통해 불법적으로 선정되었음을 인정했지만 법정은 피고 측 변호인이 적절하게 이의를 제기하지 못했다는 이유로 타버의 주장에 대한 재검토를 거부했고 결국 타버는 사형을 당했다.

우리는 이 다큐멘터리 영화의 시사회를 우리 사무실에서 가졌고 나는 월터와 보를 초대해서 관객에게 인사말을 부탁했다. 대략 75명의 지역 주민들이 영화가 상영될 이퀄 저스티스 이니셔티브의 회의실에 모였다. 월터는 힘겨워했다. 그는 평소보다 더 간결하게 이야기했고 사람들이 그에게 질문을 던질 때마다 애처로운 눈으로 나를 바라보았다. 나는 그에게 더 이상 사람들 앞에 서지 않아도 될 거라고 안심시켰다. 월터 누나의 말에 의하면 그는 종종 저녁에 거리를 배회하다가 길을 잃기 시작했다. 술도 엄청나게 많이 마시기 시작했다. 이전에는 한 번도 그런 적이 없었다. 그는 내게 자신이 늘 불안에 시달리며 술을 마시면 그나마 진정이 된다고 했다. 그러던 어느 날 그가 완전히 무너졌다. 내가 연락을 받았을 때 그는 모빌의 병원에 있었다. 나는 모빌로 달려가서 의사와 이야기를 나누었다. 월터가 노인성 치매에 걸렸고 정신적 외상이 원인일 가능성이 높으며 지속적인 치료가 필요할 거라는 설명을 들었다. 의사는 월터의 치매가 점점 심해질 것이며 그가 정상적인 생활을 하지 못하게 될 거라고도 말했다.

우리는 우리 사무실에서 월터의 가족들을 만났고 그가 헌츠빌에 가서 그를 지속적으로 보살펴 줄 수 있는 친척과 함께 살아야 한다는 데 의견을 모았다. 한동안은 이 방법이 효과가 있었지만 월터는 돈이 떨어지고 그곳이 불편해지자 다시 먼로빌로 돌아왔다. 그때부터는 그의 여동생 케이티 리가 그를 보살펴 주기로 했다. 먼로빌에서 한동안 증세가 호전되던 그의 상태는 다시 악화되기 시작했다.

머지않아 월터는 노인과 병약한 사람들에게 치료를 제공하는 시설로 들어가야 할 정도로 상태가 악화되었다. 문제는 대부분의 시설들이 그를 받지 않으려 한다는 점이었다. 그가 중죄로 유죄 판결을 받은 적이 있다는 것이 이유였다. 우리는 그가 억울하게 유죄 판결을 받았으며 뒤에 무죄가 밝혀졌다고 설명했지만 아무도 그를 받아 주지 않았다. 이퀄 저스티스 이니셔티브의 직원 중에는 사회 복지사인 마리아 모리슨이 있었는데 이제 그녀가 월터와 그의 가족들을 대신해 그가 지낼 적당한 장소를 물색하기 시작했다. 그 과정은 극도의 실망과 분노의 연속이었다. 마침내 마리아는 월터를 최대 90일 정도 머물게 해주겠다는 곳을 몽고메리에서 찾아냈다. 그는 시설로 들어갔고 그러는 동안 우리는 그다음에 해야 할 일을 고민했다.

모든 상황이 나를 몹시 우울하게 했다. 우리의 업무량은 지나칠 정도로 빨리 늘어나고 있었다. 나는 바로 얼마 전 조 설리번 사건으로 미국 대법원에서의 구두 변론을 마치고 대법원의 결정을 걱정스럽게 기다리는 중이었다. 한편 앨라배마 대법원에서는 상소 절차가 모두 마무리된 몇몇 사형수들의 사형 집행 날짜를 발표했다. 우리는 오랫동안 사형수들이 그들에게 주어진 상소 기회를 모두 사용했을 때 어떤 일이 일어날지 걱정해 왔다. 이제 10여 명의 사형수들이 형 집행 날짜가 정해질 위기에 직면했고 우리는 연방

법원이 사형 사건을 재검토하는 데 가해진 제한과 최근 앨라배마 법조계의 분위기를 고려할 때 형 집행을 막기가 매우 어려울 거라는 사실을 알았다. 나는 직원들과 논의를 거쳐서 형 집행 날짜가 잡혔지만 변호사가 없는 모든 사형수들을 대변하기로 어렵게 결정을 내렸다.

이삼 주 뒤 나는 깊은 시름에 잠겼다. 앨라배마에서 두 달에 한 번꼴로 정해지는 형 집행 날짜 때문에 걱정이 쌓여 갔다. 종신형을 선고받은 미성년자들과 관련해 이제 그 문제를 고려할 당사자가 된 미국 대법원이 어떠한 결정을 내릴지, 재원을 어떻게 마련할지, 갈수록 늘어나기만 하는 우리 소송 사건 일람표상의 요구들을 충족시킬 수 있을 만큼 직원이나 자산은 충분한지 걱정이 되었다. 힘든 시간을 보내고 있는 몇몇 의뢰인들도 우려되었다. 월터가 몽고메리 요양원에 들어가고 일주일 뒤 그를 만나러 요양원을 찾았을 때는 내가 하루 종일 걱정에 짓눌려 산다는 느낌마저 들었다.

월터는 거의 약에 의지해서 살아가는 다른 노인들과 휴게실에 앉아 텔레비전을 보고 있었다. 그처럼 병약하고 노쇠한 사람들 틈에서 환자복을 입고 앉아 있는 그를 보자니 왠지 어색했다. 나는 휴게실로 들어가기 직전에 걸음을 멈추고 그를 바라보았다. 그가 아직 나를 발견하기 전이었다. 그는 안락의자에 앉아 머리를 손에 기대고 있었는데 졸리고 슬퍼 보였다. 시선이 대충 텔레비전을 향했지만 텔레비전에서 나오는 프로그램을 보는 것 같지는 않았다. 면도를 하지 않은 상태였고 턱에는 그가 먹었던 음식물 찌꺼기가 굳어 있었다. 그의 눈에서 처음 보는 생소한 슬픔이 느껴졌다. 그를 바라보면서 나는 가슴이 덜컥 내려앉는 느낌이 들었다. 내 안의 다른 누군가가 발길을 돌려 그대로 돌아가길 원했다. 간호사 한 명이 휴게실 문턱에 서 있는 나를 발견하고 환자를 보러 왔는지 물었다. 그렇다고 대답하자 그녀가 호의적인 미소를 지어 보였다.

나는 간호사를 따라 휴게실 안으로 들어갔고 월터에게 걸어가서 그의 어깨 위에 손을 올렸다. 그는 놀라서 위를 쳐다보았고 나를 발견하고는 활짝 웃었다.

「이런, 이게 누구야!」 그는 신이 난 목소리였고 어느새 예전의 원래 모습으로 돌아왔다. 그가 웃으며 의자에서 일어났다. 나는 포옹을 건넸다. 그리고 안심이 되었다. 최근 들어서는 그가 식구들도 잘 알아보지 못했기 때문이다.

「어떻게 지내요?」 인사를 건네는 사이에 그가 내게 살짝 몸을 기댔다.

「물론 잘 지내요. 잘 지내고 있어요.」 우리는 단둘이 이야기를 나누기 위해 그의 방으로 걸어가기 시작했다.

「몸은 좀 괜찮아졌나요?」

그다지 민감한 질문이 아니었음에도 이런 월터의 모습을 보고 있자니 약간 불안한 마음이 들었다. 그는 몸무게가 줄어 있었다. 환자복 등 쪽이 열려 있었는데 그는 모르고 있는 것 같았다. 나는 그를 붙잡아 세웠다.

「잠깐만요, 내가 도와줄게요.」

내가 환자복 등 쪽에 달린 끈을 묶어 주었고 우리는 재차 그의 방으로 발걸음을 옮겼다. 그는 마치 정상적으로 걷는 방법을 잊어버린 듯 슬리퍼를 신은 채 발을 바닥에 질질 끌면서 천천히 조심스럽게 움직였다. 복도를 따라 겨우 몇 미터를 걸었을 때 그가 내 팔을 붙잡고 몸을 기대어 왔으며 우리는 그렇게 천천히 앞으로 나아 갔다.

「여기 사람들에게 내가 자동차가 많다고 말했어요. 엄청나게 많다고 했죠.」그가 무척 흥분해서 힘을 주어 말했다. 그처럼 흥분한 모습을 보는 것도 꽤 오랜만이었다. 「색깔이 다 다르고 모양과 크기도 전부 다르다고 말했어요. 그랬더니 한 남자가 〈당신 차들은 움직이질 않잖소〉라고 하더군요. 그 사람에게 내 차들이 작동하기도 한다고 말해 주었어요.」그가 나를 바라보았다. 「당신이 그 남자에게 내 자동차들에 대해 이야기해 주어야 할 것 같아요. 알겠죠?」

나는 고개를 끄덕이며 그의 고철 야적장을 떠올렸다. 「당신은 정말 많은 자동차를 가졌죠 ──」

「내 말이요!」그가 내 말을 자르고 웃기 시작했다. 「알겠지만 사람들은 내가 하는 말을 도무지 믿지 않아요. 내가 아무리 말해도 말이에요.」그는 미소를 지었고 어느 순간부터 혼자 낄낄거렸지만 혼란스러워 보였고 원래의 그가 아닌 것 같았다. 「그 사람들은 내가 무슨 말을 하는지도 모르면서 지껄인다고 생각하지만 나는 내가 정확히 무슨 말을 하는지 알아요.」도전적인 말투였다. 그의 방에 도착하자 그는 자신의 침대에 앉았고 나는 의자를 끌어다가 앉았다. 잠깐 동안 잠잠해졌던 그가 갑자기 우울한 표정을 지었다.

「음, 결국에는 다시 여기로 돌아온 것 같군요.」그가 깊은 한숨을 쉬며 말했다. 「다시 사형수 수감 건물로 돌아왔어요.」

처연한 목소리였다.

「나는 노력했어요. 정말 열심히 노력하고 또 노력했지만 그들은 절대로 나를 내버려 두지 않았어요.」그가 내 눈을 바라보았다.

418

「그들은 왜 나한테 저지르고 있는 짓을 다른 사람들에게도 하려는 걸까요? 나는 그들이 하는 짓을 도무지 이해할 수 없어요. 사람들이 왜 그 모양일까요? 나는 내 일에만 전념할 뿐이에요. 누구한테도 해를 끼치지 않아요. 나는 바르게 살려고 노력하지만 내가 어떻게 살든 상관없어요. 그들은 나를 찾아오고 곧장 다시 사형수 수감 건물에 가두어 버리죠……. 이유도 없이 말이에요. 나는 누구한테도 잘못한 적이 없어요. 없어요. 정말 없어요.」

그의 감정이 점점 격해졌고 나는 그의 팔에 손을 얹으며 그를 진정시켰다.

「자, 괜찮아요.」 나는 최대한 부드럽게 말했다. 「보이는 것처럼 그렇게 나쁘지만은 않아요. 내 생각에 ──」

「당신이 나를 꺼내 주어야 해요. 알았죠? 나를 다시 사형수 수감 건물에서 꺼내 줄 거죠?」

「월터, 여기는 교도소가 아니에요. 당신은 그동안 몸이 좋지 않았고 그래서 여기 있는 겁니다. 치료를 받기 위해서요. 여기는 병원입니다.」

「그들이 또 나를 가뒀어요. 당신이 나를 도와주어야 해요.」

그가 공황 상태를 보이기 시작했고 나는 어떻게 해야 할지 확신이 서지 않았다. 그때였다. 그가 울기 시작했다. 「제발, 나를 여기서 꺼내 주세요. 네? 그들은 아무 이유도 없이 나를 죽이려 들 거라고요. 나는 전기의자에서 죽고 싶지 않아요.」 이제 그의 흐느낌이 더욱 격렬해졌고 나는 불안한 마음이 들었다.

나는 침대에 앉아 있는 그의 옆으로 다가가 팔로 그의 어깨를 감싸 주었다. 「괜찮아요, 괜찮아요. 월터, 다 괜찮아질 거예요. 괜

찾아질 겁니다.」

월터가 몸을 떨었기 때문에 나는 침대에서 일어나 그가 누울 수 있도록 해주었다. 몸을 눕히자 울음소리가 잦아들었다. 나는 그에게 그가 집에서 지낼 수 있도록 하기 위한 준비가 진행 중이고, 도움 받을 만한 곳을 물색하고 있으며, 문제는 그가 혼자 있으면 절대로 안전하지 않다는 사실이라고 부드러운 말투로 이야기하기 시작했다. 내 이야기를 들으면서 그의 눈이 스르르 감겼고 그는 몇 분 뒤 깊은 잠에 빠졌다. 그를 만난 지 20분도 채 지나지 않은 시점이었다. 나는 담요를 당겨서 그에게 덮어 주고 잠든 모습을 지켜보았다.

복도에서 만난 간호사에게 그가 어떻게 지내고 있는지 물었다.

「그는 정말 다정해요.」 그녀가 말했다. 「우리는 그가 있어서 너무 좋아요. 직원들한테 친절할 뿐 아니라 무척 예의 바르고 정중해요. 이따금씩 흥분할 때가 있고 그럼 교도소와 사형수 감방에 대한 이야기를 시작해요. 우리는 그가 무슨 이야기를 하는지 몰랐는데 간호사 한 명이 인터넷에서 그에 대해 알아보았고 우리는 그제야 그가 무슨 일을 겪었는지 알게 되었답니다. 그런 사람이 여기에 있으면 안 된다고 주장하는 사람들도 있어요. 그런 사람들에게 나는 우리의 일이 누구든 도움이 필요하다면 그 사람을 도와주는 것이라고 말했죠.」

「그렇군요. 그가 아무것도 잘못한 것이 없다는 사실을 정부도 인정했습니다. 그는 결백합니다.」

간호사가 상냥한 눈으로 나를 바라보았다. 「알아요, 스티븐슨 씨. 그렇지만 여기 있는 사람들 상당수는 누구든 일단 교도소에 들어가면 그 사람이 범죄자든 아니든 위험한 사람이 된다고 생각하고 그 사람과 엮이는 것을 싫어해요.」

「유감이로군요.」 내가 할 수 있는 말은 그게 전부였다.

나는 충격과 불편한 마음을 안고 시설을 나섰다. 밖으로 나오자마자 휴대 전화가 울렸다. 앨라배마 대법원에서 또 다른 사형수의 형 집행 날짜를 막 확정했다는 내용이었다. 이 무렵 이퀄 저스티스 이니셔티브에는 우리가 보유한 최고의 변호사가 부대표로 일하고 있었다. 랜디 서스킨트는 조지타운 대학에 다닐 때 로스쿨 학생 신분으로 우리 사무실에서 인턴으로 근무했으며 로스쿨을 졸업하고 바로 이퀄 저스티스 이니셔티브 소속 변호사가 되었다. 그는 소송전문 변호사이자 유능한 프로젝트 매니저로서 탁월한 능력을 보여 주었다. 나는 랜디에게 전화해서 형 집행을 막기 위해 어떻게 해야 할지를 논의했다. 물론 이 단계에 이르러서는 중지 명령을 받아 내기가 어렵다는 사실을 우리 둘 다 알고 있었다. 랜디에게 내가 월터를 방문했으며 그를 지켜보면서 무척 괴로웠다고 말했다. 우리는 둘 다 아무 말없이 한동안 전화기만 붙잡고 있었다. 우리 두 사람이 통화할 때면 자주 있는 일이었다.

앨라배마의 사형 집행 증가율은 전국적인 추세와 상반되었다. 억울하게 유죄 판결을 받은 무고한 사람들이 매스컴을 통해 하나하나 세상에 알려지면서 미국의 사형 선고율은 영향을 받았고 1999년에 이르러 감소하기 시작했다. 하지만 2001년 9월 11일 뉴욕에서 발생한 테러분자들의 공격과 테러 위협 및 세계 분쟁으로 사형 제도 폐지를 향해 나아가던 움직임은 중단되는 듯 보였다.

그럼에도 몇 년 뒤 형 집행률과 사형 선고율은 재차 감소 추세를 보였다. 2010년에 이르러 연간 사형 집행 건수는 1999년 수준의 절반 이하로 떨어졌다. 몇몇 주에서는 사형 제도 폐지를 둘러싼 진지한 논의가 진행되었다. 뉴저지와 뉴욕, 일리노이, 뉴멕시코, 코네티컷, 메릴랜드 주에서는 사형이 폐지되었다. 현대 들어 미국에서 집행된 총 1,400건의 사형 중 거의 40퍼센트를 차지했던 텍사스에서도 사형 선고율이 극적으로 감소했으며 사형이 집행되는 속도도 마침내 느려졌다. 1990년대 후반과 비교하면 앨라배마의 사형 선고율도 낮아지기는 했지만 여전히 전국에서 가장 높은 수준이었다. 2009년 말 앨라배마의 1인당 사형 집행률은 전국 최고였다.

두 달에 한 번씩 누군가의 사형 집행일이 다가왔고 우리는 사형 집행 속도를 따라잡기 위해 발버둥을 쳤다. 2009년 한 해에만 지미 캘러핸, 대니 브래들리, 맥스 페인, 잭 트라윅, 윌리 맥네어가 사형을 당했다. 우리는 이들의 사형 집행을 막기 위해 적극적으로 노력하면서 주로 사형이 집행되는 방식에 이의를 주장했다. 2004년 나는 미국 대법원에서 한 사건을 변호하면서 특정한 사형 집행 방식의 합헌성에 문제를 제기했다. 그 무렵 대부분의 주에서는 전기의자나 가스실, 총살, 교수에 의한 사형 집행을 그만두고 독물 주사 방식을 선호했다. 독물 주사는 깔끔하고 조용한 사형 방식으로 여겨지면서 사실상 사형 제도가 존재하는 모든 주의 가장 보편적인 사형 집행 방법이 되었다. 그러나 고통이 없고 효율적이라고 알려진 독물 주사 방식에도 문제점이 있다는 사실이 드러나기 시작했다.

대법관들 앞에서 변론을 진행한 사건에서 우리는 앨라배마의 독물 주사 방식이 과연 합헌인지에 이의를 제기했다. 데이비드 넬슨은 혈관이 많이 훼손된 상태였다. 그는 60대였고 젊어서는 마약에 중독된 적도 있었기 때문에 정맥이 겉으로 잘 드러나지 않았다. 교도관들은 의학적 합병증 없이 사형을 집행하기 위해 그의 팔에 주사 바늘을 찔러야 했지만 도저히 불가능했다. 히포크라테스 선서를 한 의사들과 의료인들이 사형 과정에 참여할 수 없게 되자 앨라배마 교도관들은 의술을 배운 적 없는 직원들을 시켜서 넬슨 씨의 팔이나 사타구니 부위를 5센티미터가량 칼로 절개할 계획을 세웠다. 정맥을 찾아서 주사 바늘을 찌르고 독극물을 주입해 그를 죽이기 위해서였다. 우리는 마취도 없이 진행될 그 과정이 불필요할 정도로 너무 고통스럽고 잔혹하다고 주장했다.

앨라배마 주 당국은 절차 관련 규정상 넬슨 씨가 형 집행 방식의 합헌성에 이의를 제기할 권리가 없다고 주장했다. 그러자 대법원이 개입했다. 법률적인 쟁점은 사형수가 헌법에 위배될 것이 거의 틀림없는 사형 집행 방식에 이의를 제기하기 위해서 과연 민권 침해 소송을 제기할 수 있는가였다. 구두 변론이 진행되는 동안 샌드라 데이 오코너 대법관은 특히 적극적인 관심을 나타냈고 교도관들이 의료 시술 행위를 하는 것이 적절한지에 대해 내게 많은 질문을 던졌다. 대법원은 사형수도 헌법에 위배되는 형 집행 방식에 민권 침해 소송을 제기하여 이의를 제기할 수 있다고 만장일치로 결정함으로써 우리에게 우호적인 판결을 내렸다. 데이비드 넬슨은 우리가 구제를 얻어 낸 이듬해에 자연사했다.

넬슨 소송에 이어 독물을 주사할 때 대부분의 주에서 사용하는 약물 조합에 관한 문제가 제기되었다. 대다수 주들은 고문당하는 것만큼 고통스러운 죽음을 유발한다는 이유로 동물 안락사에서 사용할 수 없는 약물을 사용했다. 미국 내에서 이 약물을 손쉽게 구할 수 없게 되자 주 교정 당국은 유럽의 생산자들로부터 직접 수입하기 시작했다. 하지만 미국에서 사형을 집행할 때 이 약물이 사용된다는 뉴스가 보도되자 유럽의 생산자들은 해당 약물의 생산을 중단했다. 약물이 귀해지자 그들은 해당 약물의 내수 판매와 거래를 규제하는 FDA의 규정을 무시하고 불법적인 경로를 통해 약물을 확보했다. 주립 교정 시설들의 이러한 약물 투기 현상은 이 비현실적인 약물을 사형 집행에 사용하면서 나타난 기이한 결과였다. 미국 대법원은 후에 〈베이즈 대 리스〉 사건에서 독물 주사에 의한 사형 방식과 약물 조합이 본질적으로 위헌은 아니라는 입장을 표명했다. 곧 사형 집행이 재개될 터였다.

대법원의 입장은 앨라배마의 사형수들과 이퀄 저스티스 이니셔티브의 직원들에게 30개월 동안 열일곱 건의 사형이 집행될 것임을 의미했다. 이 무렵 우리는 가석방 없는 종신형을 선고받은 전국의 미성년자들도 대변하고 있었다. 앞선 몇 개월 동안은 어린 무기수들을 위한 변론을 진행하기 위해서 사우스다코타, 아이오와, 미시간, 미주리, 아칸소, 버지니아, 위스콘신, 캘리포니아 주 등을 날아다녔다. 법원과 재판 절차, 소송 주체들도 모두 달랐으며 그렇게 돌아다니는 자체만으로도 진이 빠졌다. 우리는 이전에 소송을 제기했던 미시시피와 조지아, 노스캐롤라이나, 플로리다, 루이지애나 등 남부의 여러 주에서도 여전히 매우 적극적으로 소송을 진행하고 있었다. 당연하지만 앨라배마에서 계류 중인 소송 사건에 대한 일람표도 전에 없이 빼곡했으며 부담을 자아냈다. 2주 동안 나는 캘리포니아로 날아가서 캘리포니아 중부에 위치한 궁벽한 교도소에서 안토니오 누녜스를 만난 다음 그곳에서 열린 항소심에서 그를 대변하여 변론을 진행했다. 동시에 한편으로는 펜실베이니아의 트리나 가넷과 플로리다의 이언 마누엘에 대한 구제를 받아 내기 위해 활발하게 노력했다. 플로리다 교도소에 수감된 이언과 조 설리번도 방문했으며 그들은 모두 힘든 시간을 보내고 있었다. 교도관들이 조에게 일상적인 휠체어 사용을 제한하는 바람에 조는 시도 때도 없이 넘어졌고 부상을 입었다. 이언은 여전히 독방에 있었다. 트리나의 건강 상태 또한 계속 악화되고 있었다.

나는 이 모든 일을 진행하는 데 갈수록 어려움을 느꼈다. 여기에 더해 몽고메리의 시설에서 허락한 월터의 체류 기간이 끝나 가고 있었기 때문에 우리는 월터가 집으로 돌아갈 수 있도록 정신없이 준비를 서둘렀다. 다행히도 월터의 여동생이 최선을 다해 그를 보살펴 주기로 했다. 월터나 그의 가족, 우리 모두에게 걱정스러운 상황이었다.

앨라배마에서 지미 딜의 사형 집행 날짜가 확정될 즈음에 이르러서는 이퀄 저스티스 이니셔티브의 모든 직원들이 지쳤다. 이보다 더 힘든 시기에 형 집행 날짜가 정해질 수는 없었다. 우리는 이전까지 딜 씨의 사건에 전혀 관여하지 않았는데 이는 그의 예정된 사형 집행일 전까지 30일 동안 우리가 더 속도를 내야 한다는 뜻이었다. 그의 사건에는 독특한 구석이 있었다. 딜 씨는 마약 거래 중에 논쟁이 발생하자 총으로 사람을 쏜 혐의로 기소되었다. 총에 맞은 희생자는 죽지 않았다. 딜 씨는 가중 폭행 혐의로 체포되어 기소되었다. 그가 구치소에 수감되어 9개월째 재판이 열리길 기다리는 동안 피해자는 병원에서 퇴원했고 건강을 회복하고 있었다. 그런데 퇴원 후 몇 달 동안 집에서 피해자를 보살피던 그의 아내가 그를 더 이상 돌보지 않는 듯했고 그로 인해 그의 건강은 심각하게 악화되었다. 결국 그가 사망하자 검찰은 딜 씨의 혐의를 폭행에서 살인으로 변경했다.

지미 딜은 지적 장애를 앓았고 어린 시절 내내 성적, 육체적으로 폭행을 당했다. 체포될 당시에는 마약에 중독되어 있었다. 그에게 배정된 국선 변호사는 재판을 거의 준비하지 않았다. 피해자가 적절한 의료적 처치를 받지 못했다는 사실, 다시 말해 부실한 보살핌이 사인이었다는 점에 대해서는 거의 수사가 이루어지지 않았다. 검찰이 징역 20년의 형량 거래를 제안했지만 딜 씨에게 제대로 전달되지 않는 바람에 그는 재판을 받았고 유죄 판결과 더불어 사형을 선고받았다. 상급 법원들도 그의 유죄와 형량을 확정했다. 유죄 판결을 받은 뒤에 구제 신청에 필요한 자원 봉사 변호사를 구하지 못하면서 구제 신청 마감 시한을 놓쳤기 때문에 그는 절차에 따른 법률적 주장을 대부분 제기할 수 없게 되었다.

딜 씨의 예정된 사형 집행일을 불과 몇 주 남겨 놓고 처음으로 그의 사건을 검토했을 때 우리는 법원이 그에 대한 유죄 판결, 그리고 형량의 신뢰성과 관련된 중대한 사안들을 전혀 검토하지 않았다는 사실을 알게 되었다. 살인죄가 성립하려면 살해하려는 의도가 전제되어야 하는데 이 사건에는 살해 의도가 없었으며 부실한 의료적 처치가 희생자의 죽음을 초래했다는 설득력 있는 주장이 존재했다. 일반적으로 총에 맞은 피해자가 사망에 이르는 데는 9개월이라는 긴 시간이 걸리지 않을뿐더러 검찰이 이 사건에서 사형을 구형했다는 사실도 놀라웠다. 앞서 미국 대법원은 지적 장애가 있는 사람에게 사형을 선고하지 못하도록 금지했고, 따라서 지적 장애가 있는 딜 씨는 당연히 사형으로부터 보호되어야 했지만 이러한 주장을 뒷받침할 증거를 조사하거나 제출한 사람이 아무도 없었다.

다른 문제들과 더불어 딜 씨는 말을 하는 데 많은 어려움을 겪었다. 언어 장애가 있어서 말을 심하게 더듬었다. 흥분하거나 불안할 때면 증상이 더욱 심해졌다. 이전까지 자신을 만나러 오거나 말을 거는 변호사가 없었던 탓에 딜 씨는 우리가 개입하자 이를 기적으로 받아들였다. 나는 딜 씨의 사건을 맡은 뒤로 젊은 변호사들을 보내서 주기적으로 그를 만나도록 했으며 딜 씨도 내게 자주 전화를 걸었다.

우리는 그동안 발견한 문제들에 근거하여 법원으로부터 형 집행 중지 명령을 받아 내고자 안간힘을 썼지만 소용이 없었다. 일반적으로 법원은 사형수의 상소 절차가 한바탕 마무리된 다음에는 어떠한 주장에 대해서도 재검토하길 매우 꺼린다. 그처럼 늦은 시점에 심리를 진행하려는 법원이 없었기 때문에 아무리 지적 장애와 관련된 주장일지라도 우리의 청원은 번번이 묵살되었다. 승산이 거의 없음을 알면서도 딜 씨의 장애가 너무 심각했기 때문에 나는 내심 어쩌면 우리 주장에 관심을 갖는 판사가 있을지 모르며 그럴 경우 판사가 적어도 추가 증거를 제출할 기회를 줄지 모른다는 희망을 가졌다. 하지만 판사들은 하나같이 〈너무 늦었다〉고 이야기할 뿐이었다.

형 집행이 예정된 날, 나는 조금 있으면 침대에 결박당한 채 사형을 당할 남자와 또다시 이야기를 하고 있었다. 나는 딜 씨에게 우리가 마지막으로 미국 대법원에 제출한 형 집행 중지 요청 결과를 기다리고 있으므로 매시간 내게 전화해 달라고 부탁했다. 형 집행 당일 일찍 통화했을 때 그는 비록 걱정스러운 목소리였지만 다 잘될 거라고 계속 이야기했고 자신은 희망을 포기하지 않을 거라고 했다. 아울러 지난 몇 주 동안 우리가 들인 노고에 고마운 마음을 전하고자 했다. 주기적으로 직원들을 보내 그를 방문하도록 하게 한 나의 배려에도 고마움을 표시했다. 우리는 그의 가족을 수소문해서 그와 연결시켜 주었다. 우리는 그의 유죄 판결과 형량이 부당하다고 믿는다는 말도 했다. 비록 그의 사형 집행을 중지하도록 아직 판사를 설득하지는 못하고 있었지만 그가 의연히 대처하는 데 우리의 노력이 도움이 된 것 같았다. 그로부터 얼마 뒤 대법원은 우리의 마지막 형 집행 중지 요청을 기각했고 우리는 할 수 있는 것이 없었다. 사형 집행 시간이 한 시간도 채 남지 않은 상황이었고 나는 그에게 대법원이 형 집행 중지 요청을 받아들이지 않았다는 사실을 알려야 했다. 좌절감이 엄습했다.

딜이 사형장으로 끌려가기 전까지 우리는 짧은 통화를 했다. 그의 목소리를 듣고 있자니 너무 힘들었다. 그는 평소보다 더 심하게 말을 더듬었고 말을 입 밖으로 내는 데 무척 어려움을 겪고 있었다. 임박한 형 집행 때문에 불안해하면서도 우리의 노력에 고마움을 표현하기 위해 필사적으로 노력했다. 그가 말을 쥐어짜내는 동안 나는 전화기를 들고 한참을 묵묵히 앉아 있었다. 마음이 너무 아팠다. 어느 순간에 이르러 그때까지 까맣게 잊고 지냈던 어떤 일이 기억났다.

나는 어릴 때 어머니를 따라 교회에 다녔다. 열 살 정도 되었을 때였다. 나는 친구들, 친구의 친척 한 명과 교회 밖에 있었다. 친구가 자신의 집에 놀러 온 친척을 데리고 함께 예배를 보러 온 것이었다. 친구의 친척은 나와 비슷한 키에 수줍음을 타는 마른 소년이었고 불안한 듯 자기 사촌 옆에 꼭 붙어 있었다. 우리가 쉴 새 없이 떠드는 동안에도 그 아이는 전혀 말을 하지 않았다. 내가 그에게 어디에서 왔는지 물었고 그 아이는 내 물음에 대답하려고 애쓰면서 지독하게 말을 더듬었다. 중증 언어 장애를 앓았기 때문에 마음먹은 대로 말을 하지 못했다. 자신이 사는 동네의 이름조차 제대로 말하지 못했다. 나는 그렇게 말을 더듬는 사람을 그때까지 한 번도 본 적이 없었다. 그 아이가 장난을 치거나 나를 놀리는 게 분명하다는 생각이 들었고 웃음이 났다. 친구가 걱정스러운 눈길로 나를 바라보았지만 웃음을 멈출 수가 없었다. 그때 곁눈질로 보니 어머니가 처음 보는 표정으로 나를 노려보고 있는 게 보였다. 두려움과 분노, 수치심이 뒤섞인 표정이었고 그 모든 감정이 정확히 나를 겨냥하고 있었다. 웃음이 쏙 들어갔다. 내게 늘 다정했던 어머니였는데 그런 어머니가 내 이름을 부르자 왠지 모르게 불안감이 엄습했다.

내가 어머니 앞에 섰을 때 어머니는 무척 화가 나 있었다. 「무슨 짓을 하고 있는 거니?」

「뭘요? 나는 아무것도…….」

「또박또박 말하지 못한다는 이유로 누군가를 비웃는 것은 절대로 안 돼. 다시는 절대로 그러지 마!」

「잘못했어요.」 어머니에게 그토록 호되게 질책을 당했다는 사실이 무척 당혹스러웠다. 「엄마, 일부러 그러려고 한 건 아니에요.」

「철 좀 들어라, 브라이언.」

「죄송해요. 나는 단지⋯⋯.」

「듣기 싫어, 브라이언. 변명의 여지가 없는 행동이야. 너한테 정말 실망했어. 이제 저 아이한테 가서 미안하다고 말해.」

「네.」

「그런 다음 저 아이를 꼭 안아 줘.」

「네?」

「그리고 사랑한다고 말해.」 나는 어머니를 올려다보았고 오싹하게도 어머니는 굉장히 진지했다. 나는 최대한 진심을 담아 잘못을 인정했지만 이건 너무 지나치다는 생각이 들었다.

「엄마, 저기로 가서 저 아이한테 사랑한다고 말할 수는 없어요. 다른 아이들이⋯⋯.」 어머니가 다시 화난 표정을 지어 보였다. 나는 침울하게 돌아섰고 친구들이 있는 곳으로 돌아갔다. 그들도 내가 어머니한테 혼나는 것을 보았음이 틀림없었다. 하나같이 나를 빤히 쳐다보는 모습에서 확실히 알 수 있었다. 나는 말을 더듬었던 그 소년에게 다가갔다.

「저기, 미안해.」

나는 그 아이 앞에서 웃은 것을 진심으로 후회하기도 했지만 스스로 자초한 눈앞의 상황이 더욱 유감스러웠다. 돌아보자 어머니가 여전히 나를 노려보고 있었다. 나는 그 소년에게 달려들어 무척 어색하게 그를 껴안았다. 내가 그런 식으로 그를 붙잡고 있자니 그가 놀랐을지도 모르겠다는 생각이 들었다. 하지만 내가 자신을 안아 주려고 한다는 사실을 깨달은 소년은 몸의 긴장이 풀렸고 나를 마주 안아 주었다.

내가 우물쭈물하는 가운데 친구들이 의아한 눈으로 쳐다보았다. 「어…… 그리고, 어…… 널 사랑해!」 나는 빠져나갈 여지를 두기 위해 최대한 농담처럼 말하려고 애썼고 말을 하면서도 반쯤 웃고 있었다. 여전히 포옹한 상태였기 때문에 그 소년은 내 얼굴에 떠오른 가식적인 표정을 미처 발견하지 못했다.

마치 농담인 것처럼 웃음으로써 나는 어색함을 덜 수 있었다. 그때였다. 그 소년이 나를 더욱 꼭 안으면서 내 귀에 대고 작게 속삭였다. 더듬거나 머뭇거리지도 않고 또박또박한 말투였다.

「나도 사랑해.」 그의 목소리에서 진한 부드러움과 진지함이 배어 나왔고 나는 왠지 모르게 울고 싶은 기분이 되었다.

지미 딜의 사형 집행일 밤에 나는 사무실에서 그와 이야기를 나누었고 내가 거의 40년 전에 일어난 어떤 일에 대해 생각하고 있음을 깨달았다. 또한 내가 울고 있다는 사실을 깨달았다. 나도 모르는 사이에 눈물이 볼을 타고 흘러내렸다. 딜 씨는 자신이 생각하는 바를 말로 옮기기 위해 여전히 애쓰고 있었다. 자신의 목숨을 구하려고 노력해 준 내게 고마움을 전하고자 필사적으로 노력하고 있었다. 사형 집행 시간이 가까워질수록 그는 말을 하는 데 더욱 곤란을 겪었다. 교도관들이 뒤에서 뭐라고 떠드는 소리가 들렸고 그가 또박또박 말을 하지 못하는 자신에게 화가 난 것이 느껴졌지만 나는 그를 방해하고 싶지 않았다. 나는 그 자리에 그대로 앉아 눈물이 얼굴을 따라 흘러내리도록 내버려 두었다.

그가 말하려고 애를 쓰면 쓸수록 나는 더욱 울고 싶었다. 오랜 침묵은 내게 생각할 시간을 너무 많이 주었다. 제대로 된 변호사를 선임할 돈만 있었더라도 그는 절대 살인 혐의로 유죄 판결을 받지 않았을 것이다. 누군가가 그의 과거를 조사하기만 했더라도 그는 사형 선고를 받지 않았을 것이다. 모든 것이 비극적으로 느껴졌다. 그의 언어 장애와 고마움을 전하려는 결연한 의지가 그의 인간적인 모습을 더욱 부각시켰고 그럴수록 그의 임박한 사형 집행을 더욱 받아들일 수 없었다. 〈그들은 왜 그의 이런 모습을 보지 못할까?〉 대법원이 지적 장애를 앓는 사람들에 대한 사형 집행을 금지했음에도 앨라배마 같은 주들은 정직한 방식을 통해 사형수가 장애인인지 아닌지 진단하길 거부했다. 우리는 피고의 삶을 철저하게 고려한 다음 공정한 판결을 내려야 함에도 오히려 적절한 법률적 도움을 받을 수 없는 가난한 사람들의 약점을 악용한다. 그게 다 비교적 큰 저항 없이 그들을 죽일 수 있기 때문이다.

딜 씨와 통화하면서 나는 그가 겪어야 했던 모든 고난과 끔찍한 일들을, 그리고 그의 장애가 그를 얼마나 망가뜨렸는지를 생각했다. 그가 누군가에게 총을 쏜 행위에 대해서는 변명의 여지가 없었지만 그렇다고 그를 죽이는 것은 말이 되지 않았다. 그런 생각이 들자 나는 화가 나기 시작했다. 왜 우리는 망가진 모든 이들을 죽이려고 하는 것일까? 도대체 우리는 무엇이 잘못된 것일까? 어떻게 그런 짓이 정당할 수 있다고 생각하는 것일까?

내가 우는 소리를 딜 씨가 듣지 못하도록 조심했다. 그가 나를 얼마나 마음 아프게 하고 있는지 모르게 했다. 마침내 그가 말했다.

「브라이언 씨, 나를 위해 싸워 준 당신에게 고맙다는 말을 하고 싶어요. 내게 관심을 가져 줘서 고마워요. 내 목숨을 구하려고 노력해 준 여러분 모두를 사랑해요.」

그날 밤 전화를 끊었을 때 나는 얼굴이 눈물범벅이었고 몹시 상심했다. 그리고 매일같이 목격하는 공감의 부재 앞에서 결국 무너졌다. 나는 복잡한 사무실을 둘러보았다. 각종 기록과 서류 더미들이 산처럼 쌓여 있었고 각각의 더미들은 비극적인 사연을 담고 있었다. 불현듯 이 모든 고통과 비극에서 벗어나고 싶다는 생각이 들었다. 그곳에 앉아 있으면서 결국에는 망가질 수밖에 없는 상황들을 바로잡고자 노력해 온 나 자신이 바보 같다는 생각이 들었다. 〈이제 그만둘 때야. 더는 못 하겠어.〉

그때 처음으로 나는 내 삶이 온통 망가진 것들로 가득 차 있음을 깨달았다. 나는 망가진 사법 제도 안에서 일했다. 내 의뢰인들은 정신 질환과 빈곤, 인종 차별 때문에 망가진 사람들이었다. 질병과 마약, 술, 자만심, 두려움, 분노에 심신이 갈가리 찢긴 사람들이었다. 나는 교도소에서 살아남기 위해 악전고투하고 있는 조 설리번과 트리나, 안토니오, 이언을 비롯해 우리가 돕고 있는 수십 명의 망가진 아이들을 생각했다. 허버트 리처드슨처럼 전쟁에 의해 망가진 사람들을 생각했다. 마샤 콜비처럼 빈곤 때문에 망가진 사람들을 생각했고 에이버리 젱킨스처럼 장애 때문에 망가진 사람들을 생각했다. 그렇게 망가진 상태에서 그들은 냉소주의와 절망, 선입견 때문에 공정성을 잃은 망가진 사람들에게 재판을 받았고 사형을 선고받았다.

나는 컴퓨터와 벽에 걸린 달력을 보았다. 다시 서류 더미들이 그득한 사무실을 둘러보았다. 거의 40명에 육박할 정도로 늘어난 직원들 명단을 보았다. 그리고 나도 모르게 큰 소리로 중얼거렸다.

〈이대로 떠나면 돼. 내가 왜 이런 짓을 하고 있지?〉

지미 딜이 홀먼 교도소에서 죽음을 맞이하는 동안 나는 시간은 좀 걸렸지만 사무실에 앉아 있으면서 무언가를 깨달았다. 25년 넘게 일하고 나서야 나는 필요하거나 중요하기 때문에 내가 지금의 이 일을 하고 있는 것이 아니라는 사실을 깨달았다. 다른 선택의 여지가 없어서 이 일을 하고 있는 게 아니었다.

내가 이 일을 하는 이유는 나 역시 망가진 사람이기 때문이다.

나는 오랜 세월을 불평등과 권력 남용, 빈곤, 억압, 불법 등에 맞서 싸운 끝에 마침내 나 자신에 대한 어떤 것을 발견했다. 고통이나 죽음, 처형, 잔혹한 처벌 등과 가까이 있다고 해서 단지 다른 사람의 망가진 모습에 대해서만 알게 되는 것이 아니었다. 괴롭고 비통한 순간에 직면하면 나 자신의 망가진 모습도 드러났다. 권력 남용이나 빈곤, 불평등, 질병, 억압, 불법 등과 싸우면서 망가지지 않는다는 것은 사실상 불가능한 일이다.

우리 모두는 무언가에 의해 망가진 사람들이다. 누군가에게 해를 끼치고 또 해를 입는다. 비록 망가진 정도는 제각각이라도 망가진 상태라는 공통점이 존재한다. 나는 지미 딜에 대한 감형을 필사적으로 갈구했고 그에게 정의가 실현되도록 하기 위해서라면 무슨 짓도 마다하지 않았을 것이다. 그의 싸움이 나 자신의 싸움과 무관한 척할 수 없었던 것이다. 내가 해를 입거나 끼친 방식은 지미 딜이 고난을 당하거나 준 방식과 다르다. 그럼에도 망가진 상태라는 공통점이 우리를 하나로 묶어 주었다.

전 세계의 가난한 환자들을 치료하는 데 평생을 바친 유명한 의사 폴 파머가 한번은 내게 작가 토머스 머턴이 했던 말을 들려주었다. 우리는 망가진, 즉 부러진 뼈를 가진 존재들이라는 것이다. 나는 망가진 상태가 우리를 인간으로 만든다는 사실을 늘 알고만 있었을 뿐 한 번도 깊이 생각해 본 적이 없었다. 우리 모두에게는 각자 나름의 이유가 존재한다. 때로는 우리 자신의 선택 때문에 뼈가 부러지기도 하고 가끔은 우리가 절대로 선택하지 않았을 어떤 것 때문에 뼈가 산산조각 나기도 한다. 그럼에도 망가진 상태는 우리의 공통된 인간성, 즉 우리로 하여금 공통적으로 편안함과 의미, 치유를 추구하게 하는 토대이기도 하다. 우리의 공통된 취약성과 불완전성이 우리의 공감 능력을 키워 주고 유지시켜 주는 것이다.

우리에게는 선택권이 있다. 먼저 우리는 우리의 인간적인 모습을 받아들일 수 있다. 이 선택은 우리가 우리의 망가진 본성과 연민의 감정을 받아들여 치유될 수 있다는 우리의 가장 큰 희망을 계속 품는 것이다. 아니면 우리는 우리가 망가졌다는 사실을 부정하고, 공감하길 포기하며, 그래서 결과적으로 우리 자신의 인간성을 부인하는 선택을 할 수도 있다.

나는 바로 그 시점에서 지미 딜을 사형수 이송용 침대에 묶고 있을 교도관들을 생각했다. 그의 죽음에 환호하고 자신들이 일종의 승리를 거두었다고 생각할 사람들을 생각했다. 그들은 절대 인정하지 않겠지만 나는 그들도 망가진 사람들임을 깨달았다. 우리는 두려워하고 분노하게 되었다. 우리는 두려움과 복수심에 때문에 어린 청소년들을 내팽개쳤고, 장애인들을 저버렸으며, 병약자들을 교도소에 가두었다. 그들이 대중의 안전을 위협하거나 교화가 불가능하기 때문이 아니라 그렇게 함으로써 우리가 더 강하고 덜 망가져 보이기 때문이다. 나는 폭력 범죄의 희생자들과 살인 사건으로 사랑하는 사람을 잃은 유족들을 생각했으며 우리가 어떤 식으로 그들을 압박해서 그들의 고통과 아픔을 우리가 기소하는 범죄자들에게 되돌려 주고 있는지 생각했다. 우리가 보복적이고 잔혹한 처벌을 합법화하는 수많은 방식들을 생각했고, 다른 사람을 희생시키고 이를 정당화하기 위해 어떻게 우리 자신을 희생자로 만들었는지를 생각했다. 우리는 망가진 상태가 가장 확연히 드러나는 누군가를 짓밟고자 하는 냉혹한 본능에 굴복했다.

하지만 망가진 사람들을 단지 처벌만 해서는, 요컨대 그들을 피하거나 우리 눈에 띄지 않도록 그들을 격리만 해서는 그들은 물론이고 우리의 망가진 상태가 계속될 뿐이다. 서로에 대한 인간애가 없으면 공동체란 없는 것이다.

나는 자신이 저지르거나 당했던, 결국 자신을 고통스러운 순간으로 이끈 어떤 일들에 맞서 싸우거나 절망하는 의뢰인들과 자주 힘든 대화를 나누었다. 상황이 정말 심각해지고 그들이 과연 자신이 살 가치가 있을지 의문을 제기할 때마다 나는 그들에게 우리 모두는 우리가 저지른 최악의 행동보다 훨씬 가치가 있음을 상기시켰다. 누군가가 거짓말을 했다고 해서 그 사람이 〈단지〉 거짓말쟁이인 것만은 아니라고 말했다. 누군가가 자신의 소유가 아닌 어떤 것을 훔쳤다고 해서 그 사람이 〈단지〉 도둑인 것만은 아니라고 말했다. 설령 다른 사람을 죽였다 하더라도 그 사람이 〈단지〉 살인자인 것만은 아니라고 말했다. 그날 저녁 나는 내가 오랫동안 의뢰인들에게 해오던 이야기를 내 자신에게 들려주었다. 나는 단지 망가지기만 한 사람이 아니다. 망가진 우리의 모습을 받아들일 때 자비를 필요로 하고 갈망하게 된다는 점에서, 그리고 아마도 그에 상응해서 자비를 베풀 필요가 생긴다는 점에서 망가진 모습을 이해하는 행위에는 장점이, 심지어 어떤 능력이 존재한다. 우리는 자비를 경험하면서 만약 경험하지 않았다면 배우기 어려웠을 무언가를 배운다. 어쩌면 보지 못했을 무언가를 발견한다. 어쩌면 듣지 못했을 무언가를 듣는다. 그리고 우리 모두의 내면에 존재하는 인간애를 인지하기 시작한다.

갑자기 내가 더욱 강해진 느낌이 들었다. 나는 우리 모두가 각자의 망가진 상태를 인정한다면, 각자의 약점과 결함, 편견, 두려움을 모두 털어놓는다면 어떤 일이 일어날지를 생각하기 시작했다. 만약 그렇게 된다면 아마도 다른 사람의 목숨을 빼앗은 사람들을, 즉 망가진 이들을 죽이려는 마음이 사라질 것이다. 어쩌면 장애가 있는 사람들, 학대받은 사람들, 소외된 사람들, 정신적 외상이 있는 사람들을 보살피기 위한 해결책을 더 열심히 찾고자 할 것이다. 우리가 우리 자신의 망가진 상태를 인정하게 된다면 더 이상 대량 투옥 현상을, 사람들을 사형시키는 행위를, 가장 취약한 상태에 있는 사람들에 대한 의도적인 무관심을 자랑스러워할 수 없게 될 거라고 생각했다.

대학에 다닐 때 나는 웨스트필라델피아의 가난한 구역에 위치한 흑인 교회에서 연주자로 일했다. 예배 중 어느 시점이 되면 나는 성가대가 노래를 시작하기에 앞서 풍금을 연주했다. 그럼 목사가 일어나서 두 팔을 활짝 벌린 채 〈나로 하여 즐겁고 기쁜 소리를 듣게 하사, 주께서 꺾으신 뼈로 즐거워하게 하소서〉라고 말했다. 나는 지미 딜이 사형을 당한 그날 밤이 되어서야 그 목사가 말했던 내용을 완전히 이해할 수 있었다.

몽고메리로 이사한 지 얼마 되지 않았을 때 나는 로자 파크스를 만나는 영광을 누렸다. 그녀는 디트로이트에 살면서 가끔씩 가까운 친구들을 만나러 몽고메리에 왔다. 조니 카 역시 그런 친구 중 한 명이었다. 카 부인은 나와 친구가 되었고 나는 그녀가 카리스마 넘치고 설득력이 있으며 주변에 영감을 주는 기이한 힘을 지닌 사람이라는 사실을 금방 알아보았다. 카 부인은 여러 면에서 몽고메리 버스 보이콧 운동의 진정한 설계자였다. 보이콧 당시에 사람들이 이용할 교통수단을 조직적으로 편성했고, 해당 운동이 최초로 성공한 현대의 대규모 민권 운동이 될 수 있도록 결정적인 역할들을 수행했으며, 마틴 루서 킹 주니어 박사의 뒤를 이어 몽고메리 개선 협회의 대표가 되었다. 우리가 처음 만났을 때 그녀는 70대 후반의 나이였다. 「브라이언, 이제 나는 종종 당신에게 전화해서 이런저런 부탁을 할 거예요. 내가 어떤 일을 부탁하든 당신은 〈네, 부인〉이라고 대답해야 해요. 알겠죠?」

나는 빙그레 웃으며 말했다. 「네, 부인.」 그녀는 종종 내게 전화해서 그냥 안부를 묻거나 가끔씩 파크스 부인이 찾아올 때면 나를 초대하기도 했다.

「브라이언, 로자 파크스가 마을에 오기로 했고 우리는 버지니아 더의 집에서 만나 이야기를 나눌 예정이에요. 당신도 와서 들어 볼래요?」

카 부인이 내게 전화할 때면 둘 중 하나였다. 내가 어떤 장소에 가서 〈이야기하길〉 원하거나 어떤 장소에 가서 〈듣길〉 바라는 것이었다. 파크스 부인이 마을에 올 때마다 나는 이야기를 듣도록 초대받았다.

「네, 부인. 꼭 가서 들을게요.」 나는 그녀와 이야기할 때 약속된 장소에 도착해서 내가 해야 할 일을 이해했음을 그녀에게 항상 확인시켜 주었다.

파크스 부인과 카 부인은 주로 버지니아 더의 집에서 만났다. 더 부인도 영웅적인 성격의 소유자였다. 그녀의 남편 클리퍼드 더 씨는 킹 박사가 몽고메리에서 지낼 때 내내 그를 대변한 변호사였다. 더 부인은 90대의 나이지만 부당함에 맞서는 데 주저함이 없었다. 그녀는 내게 여러 장소에 동행해 주길 부탁하거나 저녁 식사에 초대했다. 이퀄 저스티스 이니셔티브는 여름에 더 부인이 집을 비우는 동안 우리 인턴이나 직원들이 머물 수 있도록 그녀의 집을 임차하기 시작했다.

이 엄청난 세 여성의 이야기를 경청하러 더 부인의 집에 가면 로자 파크스는 늘 친절하고 너그럽게 나를 대해 주었다. 세월이 흐른 뒤에 나는 다른 주에서 열리는 행사에서 종종 그녀와 마주쳤고 우리는 잠시나마 함께 시간을 보내고는 했다. 그녀와 카 부인, 더 부인이 이야기를 하면 나는 주로 듣는 쪽이었고 그편을 선호했다. 그들의 대화는 일단 시작되면 끝날 줄을 몰랐다. 그들은 웃고 떠들면서, 대중이 들고 일어났을 때 또는 파크스 부인의 경우처럼 그냥 앉아 있을 때 어떤 결과를 낳을 수 있는지 생생히 증언해 주었다. 세 사람이 뭉치면 항상 기백이 넘쳤다. 그토록 많은 일을 했음에도 그들의 관심은 늘 그들이 계속해서 민권 운동 차원에서 계획하고 있는 일에 집중되었다.

파크스 부인을 처음 만났을 때 나는 몽고메리의 주택가인 올드 클로버데일의 더 부인 집 현관 베란다에 앉아 그들 세 사람의 대화를 듣고 있었다. 대화를 줄곧 경청하고 있던 나를 지켜본 파크스 부인이 고개를 돌려 나를 바라보면서 〈브라이언, 이제 당신이 어떤 사람인지, 무슨 일을 하는지 이야기해 주겠어요?〉라고 부탁했다. 내가 말을 해도 괜찮을지 카 부인을 바라보자 그녀는 미소를 지으며 고개를 끄덕였다. 곧 나의 장황한 설명이 이어졌다.

「네, 부인. 에, 저는 이퀄 저스티스 이니셔티브라고 불리는 법률 사무소를 운영하고 사형수들을 돕고자 노력하고 있습니다. 사형 제도를 실질적으로 폐지하고 교도소 내의 수감 환경과 과도한 처벌 문제를 개선하고자 노력하고 있습니다. 억울하게 유죄 판결을 받은 사람들에게 자유를 찾아 주고, 형사 사건에서 부당한 판결을 없애고, 형사 사법 제도 내에 존재하는 인종적 편견을 없애려고 노력 중입니다. 가난한 사람을 도와주고, 그들이 필요한 법률적 도움을 받지 못하는 현실을 개선하고, 무자력한 피고인을 돕는 데 우리의 힘을 보태고자 애쓰고 있습니다. 정신적으로 병든 사람들을 도와주고 미성년자들을 성인 구치소나 교도소에 수감하지 못하게 하려고 노력하는 중입니다. 가난한 사람들을 짓누르는 빈곤 문제와 절망적인 상태를 개선하기 위해 힘쓰고 있습니다. 사법 제도 내에서 보다 다양한 의사 결정이 내려지는 것을 볼 수 있길 희망합니다. 사람들에게 인종 차별적인 역사와 인종 간 정의의 필요성에 대해 알리려고 노력합니다. 경찰과 검찰의 권력 남용에 맞서고자 합니다……」 나는 내가 너무 많이 갔음을 깨닫고 급히 설명을 마무리했다. 파크스 부인, 카 부인, 더 부인이 나를 바라보고 있었다.

파크스 부인이 몸을 뒤로 기대며 미소를 지었다. 「오, 브라이언, 그 많은 일을 다 하려면 정말 피곤하겠구려. 정말 피곤하겠어. 피곤할 거야.」 우리는 모두 웃었다. 약간 겸연쩍어진 내가 고개를 숙였다. 그때 카 부인이 몸을 앞으로 당겨 앉았고 우리 할머니가 내게 이야기할 때와 똑같이 내 얼굴을 쓰다듬으며 말했다. 「그래서 당신이 용감해져야 하는 거예요. 당신은 용감해져야 해요. 용감해야 해요.」 세 사람은 모두 고개를 끄덕이며 암묵적으로 동의를 표시했고 나는 아주 잠깐 동안 어린 왕자가 된 기분이었다.

나는 시계를 확인했다. 오후 6시 30분이었다. 이제 더 이상 딜 씨는 이 세상 사람이 아니었다. 피곤이 밀려왔고 일을 그만두겠다는 바보 같은 생각들을 접어야 할 때였다. 다시 용감해질 때였다. 컴퓨터로 고개를 돌리자 가난한 학군의 학생들이 희망을 잃지 않도록 강연을 해달라는 이메일이 도착해 있었다. 부탁을 해온 교사는 내 강연을 들은 적이 있다면서 내가 학생들에게 모범이 되어 주고 그들이 훌륭한 일을 할 수 있도록 인도해 주길 원했다. 조금 전까지 사무실에 앉아 눈물을 훌쩍이고 망가진 자신을 돌아보던 나로서는 말도 안 된다는 생각이 들었다. 그때 그 학생들에 대해 그리고 이 나라의 많은 청소년들이 극복해야 할 압도적이고 부당한 문제들에 대해 생각했다. 그러고는 기꺼이 응하겠다는 답장을 쓰기 시작했다.

차를 몰아 집으로 가면서 나는 라디오를 켜고 딜 씨의 사형 집행에 관련된 뉴스가 있는지 방송국 채널을 검색했다. 뉴스가 방송되는 한 채널을 발견했다. 지역 종교 방송이었는데 뉴스에서는 사형에 대한 언급이 전혀 없었다. 나는 채널을 그대로 두었고 이내 어떤 목사가 설교를 시작했다. 그녀는 성경 구절을 인용하며 말했다.

이것이 내게서 떠나가게 하기 위하여 내가 세 번 주께 간구하였더니, 나에게 이르시기를 내 은혜가 네게 족하도다. 이는 내 능력이 약한 데서 온전하여짐이라 하신지라. 그러므로 도리어 크게 기뻐함으로 나의 여러 약한 것들에 대하여 자랑하리니 이는 그리스도의 능력이 내게 머물게 하려 함이라. 그러므로 내가 그리스도를 위하여 약한 것들과 능욕과 궁핍과 박해와 곤고를 기뻐하노니 이는 내가 약한 그때에 강함이라.

나는 라디오를 끄고 천천히 집으로 들어가면서 우리가 상처와 망가짐의 거미줄에 갇혀 있기도 하지만 치료와 자비의 거미줄에 갇혀 있기도 하다는 사실을 깨달았다. 그리고 교회 밖에서 화해와 사랑의 의미로 나를 안아 준 어린 소년을 떠올렸다. 그때 나는 화해나 사랑을 받을 자격이 없었지만 그것이 자비가 베풀어지는 방식이었던 것이다. 정의로운 자비는 자비를 받을 자격이 없는 사람에게 베풀어질 때 진정한 힘을 발휘한다. 도저히 자비를 기대할 수 없는 상황에서 베풀어질 때 자비는 가장 강력한 힘을 발휘한다. 누군가에게는 가해자가 되고 또 누군가에게는 희생자가 되는 악순환을, 자신이 받은 고통을 대갚음하고 다시 고통을 받는 악순환을 끊기에 충분한 힘을 발휘한다. 자비에는 공격성과 폭력, 권력 남용, 대량 투옥으로 이어지는 정신적, 육체적 상처를 치유하는 힘이 존재한다.

나는 망가진 채 그리고 지미 딜 때문에 상심한 채 집에 왔다. 하지만 내일이 되면 다시 돌아가리라는 것을 알았다. 아직 할 일이 많기 때문이다.

16장
돌팔매를 막는 사람들의 애가

2010년 5월 17일, 사무실에 앉아 노심초사하며 기다리던 중 마침내 미국 대법원의 결정이 발표되었다. 살인과 무관한 혐의로 유죄 판결을 받은 미성년자에 대한 가석방 없는 종신형이 너무 잔혹하고 이례적인 처벌이며 헌법상 용인될 수 없다는 내용이었다. 우리 직원들과 나는 너무 기뻐서 팔짝팔짝 뛰었다. 각종 언론과 의뢰인들, 가족들, 아동 인권 보호 단체들로부터 축하 전화가 빗발쳤다. 대법원이 사형이 아닌 다른 형벌에 대해 이처럼 단정적인 금지 결정을 내린 것은 처음 있는 일이었다. 이제 조 설리번은 구제를 받게 되었다. 안토니오 누녜스와 이언 마누엘을 비롯한 수십 명이 감형을 받게 되었고 그에 따라 〈석방될 수 있는 상당한 가능성〉도 생겨났다.

2년 뒤인 2012년 7월, 우리는 살인 사건으로 유죄 판결을 받은 미성년자들에게 부과되는 가석방 없는 법정 종신형에 대해 헌법상 금지 결정을 얻어 냈다. 앞서 대법원은 에번 밀러의 사건과 아칸소 출신의 우리 의뢰인 쿤트렐 잭슨의 사건을 재검토하기로 동의했었다. 그해 3월 나는 이 두 사건을 변호했고 대법원의 판결을 애타게 기다리던 중이었는데 마침내 우호적인 판결을 얻어 낸 것이다. 대법원의 결정은 청소년이 어떤 범죄로 기소되든, 그들에게 두 번 다시 기계적으로 종신형을 선고할 수 없다는 사실을 의미했다. 어릴 때 저지른 범죄 때문에 가석방 없는 종신형을 선고받은 2천여 명의 기결수들이 이제 잠재적으로 구제나 감형을 받을 수 있는 자격을 얻었다. 일부 주에서는 법률을 개정하여 청소년 범죄자들에게 보다 희망적인 형량을 부과했다. 여러 지역에서 검사들이 〈밀러 대 앨라배마〉 재판에 대한 대법원의 판결을 소급 적용하는 데 반대하기는 했지만 애슐리 존스와 트리나 가넷을 포함하여 이제 모든 사람들에게 새로운 희망이 생겼다.

우리는 보다 많은 사건을 조사하면서 미성년자가 개입된 현안들을 계속 처리해 나갔다. 나는 18세 미만의 청소년을 성인 구치소나 교도소에 수감하는 관행이 전면적으로 금지되어야 한다고 믿었다. 그러한 관행을 중단하고자 몇몇 소송도 제기했다. 어린 청소년들이 성인 법정에서 재판을 받으면 안 된다는 확고한 믿음이 있었다. 그들은 부당하게 유죄 판결을 받을 가능성을 높이는 모든 유형의 문제에 취약하기 때문이다. 열두 살이나 열세 살, 열네 살짜리 청소년은 성인 형사 사법 제도하에서 스스로를 제대로 변호할 수 없다. 피고가 미성년자일 경우 부당한 유죄 판결과 불법적인 재판이 매우 빈번하게 발생하는 이유도 바로 이 때문이다.

그보다 불과 몇 년 앞서서 우리는 필립 쇼에게 자유를 찾아 주었다. 그는 미주리에서 열네 살 때 부적절하게 유죄 판결을 받고 가석방 없는 종신형을 선고받았다. 배심원단 선정 과정에서 아프리카계 미국인들이 모두 배제된 채였다. 나는 미시시피 대법원에서도 두 건의 사건을 변호했는데 대법원은 미성년자인 피고에게 내려진 유죄 판결과 형량을 위법으로 판결했다. 미시시피 잭슨의 열세 살 소년이었던 드마리어스 반야드는 위협에 못 이겨 강도질에 가담했고 그것은 치명적인 총격으로 이어졌다. 합리적인 의심의 여지가 없도록 반야드가 자신의 결백을 입증해야 한다는 말을 배심원단이 불법적인 경로를 통해 듣고, 검찰이 허용될 수 없는 증거를 제출한 뒤에 그는 법정 종신형을 선고받았다. 결국 그는 다시 유기 징역을 선고받았고 이제 석방될 희망에 부풀어 있다.

허리케인 카트리나가 미시시피 걸프포트를 휩쓸고 난 뒤, 열네 살의 단테 에번스는 연방 긴급 사태 관리청이 지급한 트레일러에서 폭력적인 아버지와 함께 살았다. 단테의 어머니를 이미 두 번이나 거의 죽일 뻔했던 그의 아버지가 의자에서 자던 중 총에 맞았다. 그동안 단테가 학교 관계자들에게 여러 차례 아버지의 폭력에 대해 언급했지만 아무도 나서 주는 사람이 없었다. 나는 미시시피 대법관들 앞에서 구두 변론을 하면서 어머니에 대한 살인 미수가 발단이 된 단테의 예전 외상 후 스트레스 증후군에 대해 집중적으로 논의했다. 대법원은 1심 법원이 해당 사실을 증거로 채택하지 않은 사실에 주목했고 재심을 승인했다.

사형 제도와 관련된 우리의 일도 희망적인 전환점을 맞았다. 우리가 앨라배마에서 구제를 받아 낸 사형수의 숫자가 이제 100명에 이르렀다. 그에 따라 앨라배마에서 불법적으로 유죄 판결이나 형량을 선고받아 한때 사형수로 지냈지만 뒤에 다시 재판이나 양형 심리를 받은 사람들로 구성된 새로운 커뮤니티가 탄생했다. 그들 중 대다수는 사형수 수감 건물로 돌아가지 않았다. 2012년부터 시작해서 벌써 18개월째 앨라배마에서는 사형이 집행되지 않고 있었다. 독물 주사 방식과 사형 제도의 신뢰성 문제를 둘러싼 잇단 소송으로 앨라배마의 사형 집행률이 극적으로 감소했다. 2013년에는 새로운 사형이 선고되는 건수가 1970년대 중반에 사형이 재개된 이래로 가장 낮았다. 상당히 희망적인 진전이었다.

물론 문제는 여전히 존재했다. 그즈음 나는 앨라배마 사형수 수감 건물에 있는 또 다른 남자, 명백히 결백한 한 남자 때문에 밤잠을 설치고 있었다. 앤서니 레이 힌턴은 1980년대에 월터 맥밀리언이 새로 사형수 수감 건물로 왔을 때 이미 그곳에 있었다. 힌턴 씨는 버밍햄 외곽에서 발생한 두 건의 강도 살인 사건으로 억울하게 유죄 판결을 받았다. 법의학 팀이 그의 어머니 집에서 발견된 총이 범행에 사용된 것과 동일하다는 잘못된 결론을 내린 뒤였다. 힌턴 씨의 국선 변호사는 총기 전문가를 고용해서 검찰 측 주장에 응수할 수 있도록 법원에서 겨우 500달러를 받았고 결과적으로 총기 전문가로서 증언한 경험이 거의 전무한 애꾸눈 기계 기술자를 고용했다.

검찰이 힌턴 씨를 기소한 주요 증거는 한 증인이 그를 가해자로 지목한 제3의 범죄와 관련이 있었다. 하지만 우리는 사건 당시에 힌턴 씨가 24킬로미터 남짓 떨어진, 보안이 우수한 슈퍼마켓 창고에 갇혀 일하고 있었다는 사실을 증명해 줄 여섯 사람의 증인과 보안 기록을 찾아냈다. 또한 미국 최고의 전문가들을 고용하여 증거로 제출된 총을 검사하도록 했는데 그들은 힌턴의 총이 살인자의 총과 일치하지 않는다는 결론을 내렸다. 나는 검찰이 사건 수사를 재개할지도 모른다는 희망을 가졌다. 하지만 그들은 오히려 사형 집행을 서둘렀다. 언론에서는 〈식상한 무죄〉라는 이유를 들며 전혀 관심을 보이지 않았다. 〈그런 이야기는 이전에도 다뤘습니다〉라는 말만 번번이 들려왔다. 상급 법원들에서는 판사들이 근소한 차이로 구제 신청을 매번 기각했고 힌턴 씨는 여전히 사형수 수감 건물에서 사형 집행을 앞두고 있었다. 곧 있으면 30년째였다. 그는 나를 만날 때면 언제나 긍정적이었고 용기를 북돋워 주었지만 그의 사건을 뒤집을 방법을 찾는 일은 점점 더 절망적인 상황으로 치닫고 있었다.

나는 전국적인 대량 투옥률이 마침내 감소하기 시작했다는 사실에 용기를 얻었다. 2011년에 이르러 미국의 재소자 숫자는 더 이상 증가하지 않았다. 거의 40년 만에 처음이었다. 2012년에 접어들자 수십 년 만에 처음으로 미국의 재소자 숫자가 감소했다. 그해에 나는 캘리포니아에서 주민 발의 과정을 지원하면서 많은 시간을 보내며 용기를 얻었다. 지역 유권자들이 비폭력 범죄자들에게 법정 형량을 부과하는 주 정부의 〈삼진 아웃제〉를 엄청난 차이로 폐지하기로 결정했기 때문이다. 주민이 발의한 〈삼진 아웃제〉 폐지안은 캘리포니아 내의 모든 카운티에서 절대 다수의 지지를 얻었다. 또한 불과 2~3퍼센트 차이로 주민 발의가 무산되었을 정도로 캘리포니아 유권자들 상당수는 사형 제도 폐지를 원했다. 미국의 어느 한 주에서 주민 투표를 통해 사형 제도가 거의 폐지 직전까지 간 것은 불과 몇 년 전만 하더라도 상상 못할 일이었다.

마침내 우리는 내가 오랫동안 이퀄 저스티스 이니셔티브에서 시작하길 희망해 왔던 인종과 빈곤 문제에 관한 계획에 착수할 수 있었다. 오래전부터 나는 우리가 인종 차별 역사에 대해 이야기하고 그 역사를 오늘날의 인종 문제와 관련짓는 방식을 바꿀 프로젝트를 시행하고자 염원해 왔다. 우리는 인종 차별 역사를 보여 주는 2013년과 2014년 달력을 발행했다. 남부를 가로지르는 블랙 벨트 카운티에서 가난한 어린이들과 그 가족들을 돕기 시작했다. 고등학생 수백 명을 우리 사무실로 초대해서 특별 교육을 실시하고 권리와 정의를 주제로 한 토론회도 진행했다. 또한 노예 제도의 유물과 린치, 인종적 부당성으로 점철된 미국의 역사에 관한 토론에 깊이를 더해 줄 보고서와 자료도 제작했다.

나는 인종과 빈곤에 관련된 새로운 일을 하며 많은 힘을 얻었다. 이 작업은 형사상의 문제를 다루는 일과도 밀접하게 연관되었다. 나는 정의에 관한 가장 큰 오해의 대부분이 인종적 차이에 관한 근거 없는 믿음에서 비롯하며 그 믿음이 여전히 우리를 괴롭힌다고 생각한다. 아울러 미국 역사상 존재했던 네 가지 관행이 인종과 정의에 접근하는 방식을 만들어 왔지만 사람들은 이것을 잘못 이해하고 있다고 본다. 첫 번째는 물론 노예 제도다. 이 제도의 뒤를 이어 테러의 시대가 등장해 유색 인종의 삶이 결정되었고 이것이 남부 재건 조치가 붕괴된 시점부터 2차 세계 대전 시기까지 이어졌다. 남부의 흑인 노인들은 강연을 듣고 난 뒤에 종종 내게 와서, 9·11 테러 뒤로 우리가 미국 역사상 처음으로 자국 내에서 발생한 테러로 죽어 가고 있다는 뉴스 해설자들의 이야기를 들을 때마다 엄청난 반감이 든다며 불만을 토로했다.

한번은 나이 지긋한 한 아프리카계 미국인 남성이 내게 말했다.

「그들이 그런 말을 하지 못하도록 당신이 좀 막아 줘요! 우리는 평생을 테러와 함께 살았습니다. 경찰과 큐 클럭스 클랜 등 피부색이 희면 누구나 우리를 공포에 떨게 할 수 있었어요. 우리는 폭파와 린치를, 모든 종류의 인종 차별적인 폭력을 걱정해야 했습니다.」

린치와 관련된 인종 차별적인 테러 행위는 여러 측면에서 오늘날의 사형 제도를 낳는 데 일조했다고 할 수 있다. 미국이 사형 집행에 열을 올리는 현상은 흑인들이 계속 궁극적인 대가를 치르게 될 거라고 남부 백인들을 안심시키면서 린치에 사용됐던 폭력적인 에너지를 재장전하려는 시도로 간주될 수 있다.

죄수를 임대하는 관행은 19세기 말에 도입되었다. 한때 노예 신분이었던 사람들을 범죄자로 내몰고 터무니없는 혐의로 그들에게 유죄 판결을 내려서 자유로운 신분의 남자들과 여성들, 아이들을 사업가들에게 〈임대〉하여 다시 노예처럼 효율적으로 부려 먹기 위해서였다. 민간 기업들은 이들 죄수들의 노동력을 무료로 이용하면서 미국 전역에서 수백만 달러를 벌어들였고 그 과정에서 아프리카계 미국인 수천 명이 끔찍한 근로 환경 속에서 목숨을 잃었다. 몇몇 주에서 재노예화 관행이 너무 만연해지자 더글러스 블랙먼은 퓰리처상을 수상한 그의 저서 『또 다른 이름의 노예 제도*Slavery by Another Name*』에서 이 문제를 중점적으로 다뤘다. 그럼에도 이 같은 관행을 대다수 미국인들은 잘 모르고 있다.

테러의 시대로 접어들면서 사회적 관습에 도전하거나 누군가를 공격한 유색 인종은 그 대가로 자신의 목숨을 내놓아야 하는 경우가 많았다. 폭력적인 방식으로 강요된 인종 차별적인 계급제와 테러 행위로 아프리카계 미국인들은 극심한 정신적 외상을 입었다.

이러한 사회 심리학적 현실을 흡수하는 과정에서 온갖 종류의 왜곡과 어려움이 발생했으며 오늘날까지도 다양한 방식으로 나타나고 있다.

세 번째 관행인 〈짐 크로법〉은 합법화된 인종 차별이자 기본권에 대한 탄압이며 미국의 아파르트헤이트 시대를 보여 준다. 비교적 최근에 나타난 관행이며 미국 국민 모두가 인지는 하지만 제대로 이해하지는 못하는 문제다. 내가 보기에 우리는 시민권 운동을 통해 거둔 성과를 너무 성급하게 자축했고 그 시대가 입은 피해를 인지하는 데는 너무 느렸다. 인종 차별, 인종적 종속주의, 소외 등이 낳은 문제를 논의할 수 있는 진실과 화해의 과정에 헌신적으로 참여하기를 꺼렸다. 나는 인종 차별적인 계급제와 짐 크로법이 주위 어른들의 행동 방식과 분노를 표출하는 방식에 실질적으로 영향을 미치던 시대에 태어났으며 그래서 일상적인 굴욕과 모욕이 어떤 식으로 누적되는지를 잘 알고 있었다.

인종 프로파일링[24]이 남긴 관행도 유사한 문제를 대량으로 야기한다. 미국 전역에서 수많은 청소년 사건들을 맡아 진행하면서 나는 불가피하게 생소한 법정뿐 아니라 생소한 지역 사회와도 자주 직면했다. 언젠가 나는 미국 중서부의 한 법원에서 진행될 심리를 준비했다. 심리가 시작되기 전 나는 텅 빈 법정 안의 변호인석에 앉아 대기했다. 짙은색 정장과 흰색 셔츠를 입고 넥타이를 맨 차림이었다. 판사와 검사가 함께 웃으면서 법정 뒤쪽에 있는 문으로 들어왔다.

---

24 피부색, 인종 등을 기반으로 용의자를 추적하는 수사 기법.

변호인석에 앉아 있는 나를 발견하고 판사가 퉁명스럽게 말했다. 「이봐요, 변호사 없이 이 안에 있으면 안 됩니다. 밖으로 나가서 당신 변호사가 올 때까지 복도에서 기다려요.」

나는 자리에서 일어나 활짝 웃어 보였다. 그리고 말했다. 「아, 죄송합니다, 판사님. 처음 뵙습니다. 브라이언 스티븐슨입니다. 오늘 오전에 심리가 예정된 사건의 변호사입니다.」

자신의 실수를 깨달은 판사가 머쓱하게 웃었고 검사도 그에 동참했다. 나도 억지로 웃음을 쥐어짜려고 노력했다. 성인으로 기소된 내 어린 의뢰인인 백인 아이가 심리 전에 생긴 나와 판사 사이의 갈등으로 어떠한 불이익도 당하지 않길 바라는 마음에서였다. 그럼에도 마음이 상하는 것은 어쩔 수가 없었다. 물론 순전히 실수였지만 인종적 선입견에서 기인하는 누적된 모욕과 굴욕은 상상할 수 없는 파괴력을 갖는 법이다. 끊임없이 용의자로 지목되고, 기소되고, 감시당하고, 의심받고, 불신의 대상이 되고, 유죄 추정을 당하고, 심지어 두려움의 대상이 되는 것은 유색 인종이 짊어진 짐이며 인종적 부당성으로 점철된 역사에 관한 깊이 있는 대화 없이는 절대로 이해될 수도, 직시될 수도 없는 문제다.

네 번째 관행은 대량 투옥이다. 어떤 교도소든 교도소를 방문하는 사람은 과연 자신이 미국의 인종별 인구 통계를 제대로 알고 있는지 극심한 혼란을 겪게 된다. 유색 인종의 극단적인 과잉 대표성, 인종적 소수자들에게 부과되는 불공평한 형량, 가난한 사람들을 겨냥하여 이뤄지는 마약 범죄 기소, 새로운 이민과 밀입국의 불법화, 유권자의 참정권 박탈로 인한 부작용, 전과자의 사회 복귀를 가로막는 장벽 등은 오직 우리가 겪은 인종 차별적인 역사를 인식

할 때 완전히 이해될 수 있다.

새로운 프로젝트를 통해 마침내 이러한 문제들 중 일부를 고민할 수 있고 인종 차별적인 역사와 구조적인 빈곤이 발생시킨 문제들을 분명하게 말할 수 있게 되어 나는 무척 만족스러웠다. 우리가 만든 자료들은 긍정적인 반응을 낳았고, 나는 어쩌면 우리가 인종적 부당성으로 점철된 고된 역사의 굴레에서 벗어날 수 있을지도 모른다는 희망을 갖게 되었다.

나는 또한 새로운 직원들에게서 용기를 얻었다. 이제 이퀄 저스티스 이니셔티브는 젊고 재능 있는 전국의 아주 유능한 변호사들을 끌어들였다. 우리는 대학 졸업생들이 〈정의 동료〉라는 이름으로 이퀄 저스티스 이니셔티브에서 일할 수 있는 프로그램을 운영하기 시작했다. 무척 재능 있는 인재들로 직원이 확충되면서 소송 사건 일람표의 칸이 훨씬 넓어졌고 그곳에 적힌 새로운 일에 도전해 볼 수 있게 되었다.

늘어난 직원들과 늘어난 사건들, 칸이 넓어진 소송 사건 일람표는 종종 보다 많은 문제들을 의미하기도 했다. 흥분되고 무척 만족스럽기도 했지만 미성년자와 관련한 대법원의 판결은 우리에게 온갖 유형의 새로운 문제들을 낳았다. 수많은 재소자들이 이제 새로운 형량을 요구할 자격을 얻었는데 그들 대다수가 변호인의 도움을 받을 권리가 명백히 보장되지 않는 주에 수감되어 있었다. 루이지애나, 앨라배마, 미시시피, 아칸소 같은 주에는 대법원이 최근에 내린 판결이 영향을 미치는 사건으로 복역 중인 재소자들이 수백 명에 달했지만 이들 청소년 무기수들을 도와줄 변호사는 전무한 실정이었다. 결국 우리는 대법원이 살인과 무관한 범죄로 유죄 판결을 받은 미성년자에게 가석방 없는 종신형을 금지한 뒤로 거의 100건에 이르는 새로운 사건들을 맡게 되었다. 뒤이어 미성년자에 대한 가석방 없는 법정 종신형을 전면 금지하는 결정이 내려지면서 또다시 100여 건의 새로운 사건들을 맡았다. 미성년자 소송 사건 일람표에 있던 기존 사건 수십 건에 새로운 사건들이 더해지면서 우리는 순식간에 정신을 차릴 수 없는 지경이 되었다.

살인과 무관한 혐의로 유죄 판결을 받은 청소년들에 대한 가석방 없는 종신형의 전면 금지는 아주 쉽게 실행될 수 있어야 했는데, 대법원의 판결을 적용시키기가 기대했던 것보다 훨씬 어려웠다. 나는 루이지애나와 플로리다, 버지니아에서 점점 더 많은 시간을 보냈다. 세 곳에서 진행한 사건들은 모두 합치면 거의 90퍼센트가 살인과 무관했다. 1심 법원들은 미성년자와 성년자의 차이를 고려할 때 우리의 기대보다 덜 세련된 모습을 자주 보여 주었고, 앞서 대법원이 미성년자를 성인처럼 대할 때 발생하는 근본적인 부당함을 인정했음에도 불구하고 우리는 그것과 관련해 자주 재소송을 벌여야 했다.

일부 판사들은 청소년 범죄자에게 석방될 기회를 주기 전에 기대 수명이나 자연사에 대한 부분까지 최대한 면밀히 검토하는 듯했다. 안토니오 누녜스의 사건을 담당한 캘리포니아 오렌지 카운티의 판사는 자신이 선고했던 가석방 없는 종신형을 징역 175년으로 대체했다. 나는 다시 캘리포니아 항소 법원으로 돌아가서 해당 형량을 합리적으로 변경해 달라고 주장해야 했다. 조 설리번과 이언 마누엘의 사건에서도 저항에 부딪쳤다. 그래도 우리는 궁극적으로 그들이 이삼 년만 더 복역하면 풀려날 수 있는 형량을 받아 낼 수 있었다.

몇몇 의뢰인들은 이미 수십 년을 복역하고서도 사회 복귀를 도와줄 제도적 지원을 전혀 또는 거의 받지 못했다. 우리는 이러한 의뢰인들을 돕기 위해 사회 복귀 프로그램을 운영하기로 결정했다. 이퀄 저스티스 이니셔티브의 사회 복귀 프로그램은 어릴 때 투옥되어 수감 생활을 오래 한 사람들에게 특화되어 개발되었다. 우리는 의료 서비스와 주거 공간, 직업 훈련, 생활 기능, 카운슬링을 비롯해 교도소에서 출소한 사람들이 성공적으로 사회에 복귀하는 데 필요한 것이면 무엇이든 제공하고자 노력했다. 판사들과 가석방 심의 위원회에도 우리가 우리 의뢰인들에게 필요한 도움을 헌신적으로 제공하고 있음을 알렸다.

특히 살인과 무관한 사건으로 가석방 없는 종신형을 선고받아 복역 중이던 루이지애나의 의뢰인들이 많은 문제에 직면했다. 우리는 루이지애나에서 구제받을 자격을 획득한 총 60명의 무기수들을 변호했다. 거의 대다수가 수감 생활이 힘들기로 악명 높은 앙골라에 있었다. 그들이 처음 수감 생활을 시작할 무렵인 1970년대와 1980년대에 특히 악명이 자자했던 교도소다. 오랜 세월 앙골라에서는 폭력이 너무나 난무했기 때문에 그곳의 재소자들은 다른 재소자나 교도관과 갈등을 빚었고 부가적인 처벌이나 형기 연장 같은 징계를 받지 않기가 거의 불가능했다. 재소자들은 지극히 열악한 작업 환경에서 육체노동을 제공하거나, 독방에 감금당하거나, 그 밖의 다른 징계를 받아야 했다. 혹독하고 위험한 환경 속에서 장시간을 일한 재소자들은 손가락이나 팔, 다리를 잃는 등 심각한 부상을 자주 당했다.

남북 전쟁이 끝나기 전까지 노예 노동력에 의지하는 플랜테이션 농장이었던 앙골라는 수년 동안 재소자들에게 들판에서 목화 따는 일을 강요했다. 노동을 거부한 재소자들은 그들의 파일에 추가되는 〈평가증〉을 받고 수개월 동안 독방에 감금되었다. 끔찍한 수감 환경에 더하여 자신이 아무리 착하게 굴더라도 결국 교도소 안에서 죽게 될 거라는 말을 반복해서 들음으로써 대다수 우리 의뢰인들은 긴 징계 목록을 갖게 되었다. 형량 재조정을 위해 우리가 준비하고 있던 심리에서 검찰 측 대변인은 우리 의뢰인들의 과거 징계 목록을 이용하여 새로운 형량이 그들에게 유리하게 선고되는 것을 막으려고 했다.

청소년 무기수로 복역하던 시기에 훌륭한 수감 기록을 보여 준 사람들도 있었다. 놀랍게도 그들은 자신들이 석방되거나 그들의 수감 기록이 검토될 희망이 전무한 상황에서 수감 생활을 했음에도 징계를 받은 적이 거의 없었다. 그들 중 몇몇은 모범수나 멘토, 재소자 간의 폭력에 반대하는 주창자가 되었다. 다른 몇몇은 법률 보조원이나 언론인, 정원사가 되었다. 말썽을 일으키지 않는 재소자들을 위한 훌륭한 프로그램들이 생길 정도로 세월이 흐르면서 앙골라의 환경도 개선되었고 우리 의뢰인들 상당수가 그 같은 혜택을 고스란히 누렸다.

우리는 루이지애나의 〈장기 복역수〉, 즉 어릴 때 종신형을 선고받고 이미 수십 년 동안 수감 생활을 한 무기수들의 형량을 재조정하는 심리에 우선적으로 집중하기로 했다. 그리고 가장 먼저 조슈아 카터와 로버트 캐스턴의 사건에 소송을 제기하기로 했다.

1963년 열여섯 살이던 조슈아 카터는 뉴올리언스에서 강간 혐의로 기소되었고 곧바로 사형 선고를 받았다. 당시 형이 집행될 날만을 기다리던 이 흑인 소년 사형수에게는 구제를 기대할 아무런 이유가 없었다. 하지만 자백을 강요하는 과정에서 조슈아에게 무자비한 폭행이 가해졌고 당시가 1965년이었음에도 루이지애나 대법원은 원심을 뒤집을 필요성을 느꼈다. 결국 카터 씨는 가석방 없는 종신형으로 형량이 재조정되었고 앙골라 교도소로 보내졌다. 그곳에서 처음 몇 년 동안 힘든 시기를 보내다가 나중에는 모범수가 되었다. 1990년대에 녹내장을 앓았고 적절한 치료를 받지 못하는 바람에 얼마 뒤 양쪽 눈 모두 시력을 잃었다. 우리는 맹인에다 60대인 카터 씨가 이미 50년 가까이 복역했으므로 석방되어야 한다고 뉴올리언스 검찰을 설득하고자 했다.

로버트 캐스턴은 45년째 앙골라에서 복역하는 중이었다. 그는 교도소 공장에서 일하다가 손가락 여러 개를 잃었다. 앙골라에서 강제 노동을 한 결과로 이제는 장애인이 되어 있었다.

나는 카터와 캐스턴의 사건으로 올리언스 패리시에서 법정과 법정 사이를 자주 오가야 했다. 올리언스 패리시 법원은 위압적인 건축 양식으로 지어진 커다란 건물이었다. 웅장한 대리석 바닥과 높은 천장을 갖춘 거대한 복도를 따라 여러 개의 법정들이 길게 배치된 구조였다. 복도는 여러 법정들 사이를 바쁘게 오가는 수많은 사람들로 매일같이 북적였다. 거대한 법원에서 진행되는 심리들은 예정된 일정대로 진행되는 경우가 매우 드물었다. 카터와 캐스턴의 형량을 조정하기 위한 심리 날짜와 시간이 정해졌지만 별 의미가 없어 보일 때가 많았다. 막상 법정에 도착해 보면 한 무더기의 사건들이 진행 중이기 일쑤였다. 변호사를 대동한 의뢰인들이 법정을 가득 메우고 있었고 우리 심리가 진행될 시간임에도 하나같이 그들의 심리가 진행되길 기다리고 있었다. 일에 치인 판사는 오렌지색 점프 슈트 형태의 표준 죄수복을 입고 수갑을 찬 수십 명의 젊고 대부분 흑인인 남성들을 앞에 앉혀 둔 채 검찰 측과 피고 측 대변인들을 판사석 앞으로 불러내서 심리 절차를 진행했다. 변호사들은 의뢰인에게 조언을 건네느라 바빴고 혼잡한 법정 안에는 의뢰인 가족들이 곳곳에 자리를 잡고 있었다.

양형 심리를 위해 뉴올리언스를 세 번이나 방문했지만 카터 씨나 캐스턴 씨에 대한 새로운 형량은 여전히 정해지지 않고 있었다. 우리는 헌법상 납득할 만한 새로운 형량을 받아 내기 위한 노력의 일환으로 지방 검사장도 만나고, 판사에게 서면 질의도 제출하고, 각계각층의 지방 공무원들에게 자문도 구했다. 카터 씨와 캐스턴 씨가 둘 다 이미 50년 가까이 복역한 터라서 우리는 그들의 즉각적인 석방을 원했다.

크리스마스를 2주 앞두고 나는 그들 두 사람에 대한 석방 판결을 얻어 내고자 네 번째로 뉴올리언스 법정에 갔다. 두 사건의 담당 판사가 각각 다르고 심리가 진행될 법정도 달랐지만 우리는 일단 한 사람이 석방 판결을 받으면 다른 한 사람도 석방 판결을 받기가 쉬워질 것으로 생각했다. 이 무렵 우리는 루이지애나 주브나일 저스티스 프로젝트와 공조하고 있었는데 그곳의 변호사 캐럴 콜린첵이 루이지애나에서 진행되는 모든 사건에 대한 자문을 해 주기로 했다. 네 번째 심리에서 캐럴과 나는 서류들을 바쁘게 정리하면서 카터 씨와 캐스턴 씨를 교도소에 잡아 두도록 만든 끝이 보이지 않는 문제들을 검토하고 있었다.

카터 씨의 가족과 친척들은 오랜 시간이 흘렀음에도 그와 끈끈한 관계를 유지했다. 허리케인 카트리나가 휩쓸고 지나간 뒤로 많은 가족들이 뉴올리언스를 떠났고 이제는 수백 킬로미터 떨어진 곳에 살고 있었다. 그럼에도 매번 심리가 진행될 때마다 10여 명 안팎의 가족들이 충실하게 자리를 지켰으며 그중에는 캘리포니아처럼 먼 곳에서 온 사람도 있었다. 카터 씨의 모친은 거의 100세에 가까웠다. 그녀는 수십 년째 카터 씨에게 그가 교도소에서 풀려나 집에 돌아오기 전까지는 절대로 죽지 않을 거라고 말했다.

마침내 성공이 눈앞에 있는 듯했다. 우리는 판사가 우리의 청원을 받아들이고 캐스턴 씨에게 새로운 형량을 선고할 수 있도록, 그래서 그가 즉시 석방될 수 있도록 여러 가지 문제들을 해결했다. 루이지애나 주는 일반적으로 심리를 위해 재소자를 앙골라에서 뉴올리언스로 데려오지 않았다. 그 대신 교도소에 설치된 텔레비전 화면을 통해 심리 과정을 지켜볼 수 있도록 했다. 시끄럽고 부산한 법정에서 내가 변론을 마치자 판사가 우리의 청원을 받아들였다. 그녀가 캐스턴 씨의 유죄 판결 날짜에 관한 사항들을 낭독했고 그때 예상치 못한 일이 일어났다. 판사가 캐스턴 씨의 복역 기간을 언급하기 시작하자 법정 안이 완벽한 정적에 휩싸였다. 그동안 여러 차례에 걸쳐 그곳을 방문했지만 처음 있는 일이었다. 변호사들이 논의를 중단했고, 다른 사건으로 대기 중이던 검사들이 주목했으며, 의뢰인 가족들도 대화를 중단했다. 심지어 수갑을 차고 재판을 기다리던 죄수들도 잡담을 중단하고 열심히 귀를 기울였다. 판사는 캐스턴 씨가 열여섯 살 때 저지른 살인과 무관한 범죄로 앙골라에서 45년 동안 복역했다는 내용을 상세히 열거했다. 그녀는 캐스턴이 1960년대에 앙골라로 보내진 사실에 주목했다. 그런 다음 캐스턴 씨가 즉시 석방될 것임을 의미하는 새로운 형량을 공표했다.

나는 캐럴을 바라보고 웃었다. 그때였다. 침묵하고 있던 법정 안의 사람들이 나로서는 한 번도 본 적이 없는 행동을 보였다. 그들에게서 갑자기 박수갈채가 쏟아져 나온 것이다. 변호사들과 검사들, 의뢰인 가족들, 보안관 대리들이 박수를 보냈다. 죄수들까지도 수갑을 찬 손으로 박수를 보냈다.

캐럴이 눈에서 눈물을 훔쳐 내고 있었다. 보통은 법정 안에서 발생하는 소란에 대해 절대로 관용을 베풀지 않던 판사도 이 극적인 순간을 음미하는 듯 보였다. 내가 가르쳤던 많은 학생들이 그때 뉴올리언스의 국선 변호사 사무실에서 일했는데, 그들도 법정에 와서 환호하고 있었다. 캐스턴 씨가 텔레비전 화면을 통해 모든 상황을 알 수 없었기 때문에 나는 그에게 전화해서 심리에서 일어난 일을 설명해 주어야 했다. 그는 무척 기뻐했다. 캐스턴 씨는 청소년 무기수들이 죽을 때까지 교도소에서 복역하는 것을 금지한 대법원의 결정에 따라 석방된 첫 번째 사람이 되었다.

우리는 복도를 걸어 내려가서 카터 씨의 심리가 진행될 법정으로 갔고 마찬가지로 그가 즉시 석방될 것임을 의미하는 새로운 형량을 받아냄으로써 다시 한 번 성공적인 결과를 이끌어 냈다. 카터 씨의 가족은 열광했다. 연이은 포옹과 나를 비롯한 이퀄 저스티스 이니셔티브 직원들에게 집에서 요리한 음식을 대접하겠다는 약속들이 뒤따랐다.

캐럴과 나는 캐스턴 씨와 카터 씨의 석방을 마무리 짓기 위한 작업을 서둘러 시작했다. 그날 저녁 무렵이면 두 사람 모두 자유의 몸이 될 예정이었다. 앙골라 교도소는 규정상 자정에 출소 절차를 진행했고 출소자들에게 뉴올리언스나 루이지애나 내에서 그들이 선택한 도시로 갈 수 있는 버스 요금을 지급했다. 우리는 몇 시간 거리에 있는 앙골라로 직원을 보내서 그들이 출소했을 때 마중하도록 했다. 적어도 그들은 한밤중에 버스를 타지 않아도 될 터였다.

캐스턴 씨와 카터 씨의 석방 절차를 마무리하기 위해 팩스로 보내서 승인을 받아야 할 마지막 서류 한 장을 기다리는 동안 나는 기진맥진한 채 법원 복도를 어슬렁거렸다. 나이가 지긋한 한 흑인 여성이 거대한 법원 복도 대리석 계단에 앉아 있었다. 피곤한 기색이 역력했고 내 여동생과 내가 〈교회 모임용 모자〉라고 부르던 모자를 쓰고 있었다. 그녀의 피부는 매끈한 짙은색이었고 나는 그녀가 카터 씨의 양형 심리가 진행될 때 그 법정에 있었다는 사실을 알아차렸다. 실제로는 뉴올리언스 법원에 올 때마다 그녀를 보았던 것 같은 느낌이 들었다. 내 의뢰인의 친척이거나 관련자일 거라고 짐작했다. 그러나 다른 가족들이 한 번이라도 그녀에 대해 언급하는 것을 본 기억이 없었다. 내가 그녀를 너무 빤히 바라보았음이 분명했다. 그녀가 나를 마주 바라보며 손을 흔들었고 그쪽으로 오라는 손짓을 했다.

내가 다가가자 그녀가 방긋 웃어 보였다. 「너무 피곤해서 일어날 힘도 없으니 내가 포옹해 줄 수 있도록 당신이 몸을 앞으로 숙여 줘요.」 또박또박한 듣기 좋은 목소리였다.

나도 마주 웃었다. 「네, 부인. 저도 포옹을 무척 좋아합니다. 고마워요.」 그녀가 팔로 내 목을 감싸며 안아 주었다.

「앉아요, 앉아. 당신과 이야기를 나누고 싶군요.」 그녀가 말했다.

나는 계단에 그녀와 나란히 앉았다. 「부인을 여기에서 여러 번 보았습니다. 혹시 캐스턴 씨나 카터 씨의 친척인가요?」

「아니요, 아니에요. 나는 여기의 누구와도 아무런 관련이 없어요. 적어도 내가 알기로는 말이에요.」 그녀가 부드러운 미소를 지으면서 나를 빤히 바라보았다. 「나는 사람들을 돕기 위해서 이곳에 와요. 이곳은 아픔으로 가득 찬 곳이고 따라서 도움을 필요로 하는 사람들이 많답니다.」

「음, 정말 자상하시군요.」

「아니에요. 내가 할 일이라서 하는 것뿐이에요.」 그녀가 먼 곳을 응시하다가 다시 내게 시선을 고정했다. 「내게는 열여섯 살 된 손자가 있었는데 15년 전에 살해당했어요. 목숨보다 더 소중하게 여겼던 아이였죠.」

나로서는 전혀 예상치 못한 반응이었다. 나는 곧장 진지해졌다. 노부인이 내 손을 잡았다.

「나는 너무 슬펐어요. 마냥 비통하고 또 비통했어요. 하느님께 왜 누군가가 그 아이를 그렇게 데려가도록 내버려 두었는지 따졌어요. 그 아이는 다른 소년들에게 죽임을 당했어요. 나는 그 소년들이 재판을 받을 때 처음 여기 법정에 왔고 방청석에 앉아 거의 2주 동안 매일 울었어요. 모든 게 이해되지 않았어요. 소년들은 내 손자를 죽인 혐의로 유죄 판결을 받았고 판사는 그들에게 무기 징역을 선고했어요. 재판 결과를 지켜보면서 나는 기분이 조금은 나아질 거라고 생각했지만 실제로는 그 반대였어요.」

그녀가 계속 말했다.「소년들이 종신형을 선고받은 다음에도 나는 법정에 앉아 마냥 울고 또 울었어요. 그때 한 여자 분이 내게 다가와서 나를 안아 주었고 그녀에게 기대도록 해주었어요. 그녀가 재판을 받은 소년들이 내 아이들인지 물었고 나는 아니라고 말했죠. 그들이 죽인 소년이 내 아이라고 말했어요.」그녀가 잠시 주저했다.「내 기억에 그녀는 거의 두 시간 가까이 내 옆을 지켜 주었어요. 한 시간을 훌쩍 넘기도록 우리는 아무 말도 하지 않았어요. 마침내 그 재판에서 기댈 수 있는 누군가가 생긴 것에 나는 위안을 얻었고 그녀를 절대 잊을 수 없었어요. 그녀가 누구인지 몰랐지만 큰 도움을 받았죠.」

「손자 일은 정말 유감입니다.」내가 작은 소리로 말했다. 내가 생각해 낸 말은 그게 전부였다.

「글쎄요. 완전히 괜찮아지지는 않겠지만 계속 나아가야 해요. 계속 나아가야 하죠. 재판이 끝난 뒤로 나는 어떻게 시간을 보내야 할지 몰랐어요. 그래서 대략 일 년 뒤부터 이곳을 찾기 시작했답니다. 이유는 정말 모르겠어요. 아마도 어쩌면 나도 비통한 누군가가 기댈 수 있는 어떤 사람이 될 수 있다고 느꼈기 때문이겠죠.」그녀가 내게 팔짱을 꼈다.

나는 그녀에게 싱긋 웃어 주었다.「정말 대단해요.」

「무척 즐거운 일이었어요. 이름이 뭐라고 했죠?」

「브라이언입니다.」

「정말 멋진 경험이었어요, 브라이언. 처음에는 살인이나 어떤 폭력적인 범죄로 누군가를 잃은 사람들을 찾아다녔어요. 어느 순간에 이르러 이곳에서 가장 슬퍼하는 사람들은 자녀나 부모의 재판을 지켜봐야 하는 이들임을 알게 되었고 그때부터는 그냥 기댈 필요가 있는 사람이면 누구나 내게 기대도록 했어요. 영원히 교도소로 보내진 어린아이들, 이 모든 슬픔, 폭력, 인간이 아닌 다른 어떤 것을 폐기하는 것처럼 사람들을 대하는 판사들, 전혀 상관없다는 듯 서로를 향해 총질하고 상처를 주는 사람들까지. 글쎄요, 나는 잘 모르겠어요. 하지만 정말 가슴 아픈 일이에요. 나는 이 자리를 지키면서 사람들이 서로를 향해 던지는 돌을 일부라도 막아 주기로 결심했답니다.」

그녀의 이야기를 들으면서 나는 빙그레 미소를 지었다. 맥밀리언의 심리가 한창 진행될 무렵이었다. 한 지역 목사가 교회에서 월터의 사건을 주제로 모임을 주최하면서 내게 그 자리에 와서 이야기를 들려 달라고 부탁했다. 이 무렵 아프리카계 미국인들 중에는 비록 소수지만 월터를 지지하지 않는 사람들이 있었다. 월터가 유죄라고 생각했기 때문이 아니었다. 그가 혼외정사를 가졌고 교회 활동에도 적극적이지 않았기 때문이었다. 그 모임에서 나는 월터의 사건을 주로 이야기하면서도 간음 중에 잡힌 여인이 예수님 앞에 끌려갔을 때 그녀를 돌로 쳐 죽이길 원하는 사람들에게 예수님이 〈너희 중에 죄 없는 자가 먼저 돌로 치라〉고 말씀하셨음을 상기시켰다. 여인을 비난하던 사람들이 물러가고 예수님은 그녀를 용서하면서 더 이상 죄를 짓지 말라고 하셨다. 하지만 오늘날의 우리는 심지어 기독교인들조차 우리가 용서하거나 동정해야 한다는 사실을 알면서도 독선과 두려움, 분노 때문에 약한 사람들에게 돌을 던졌다. 나는 그 모임에서 우리가 그러한 일이 일어나도록 마냥 방관해서는 안 된다고 말했다. 우리가 돌팔매를 막는 사람이 되어야 한다고 주장했다.

노부인이 그 비유를 언급한 것 때문에 내가 빙그레 웃고 있자 그녀도 따라 웃었다. 「오늘 저 법정에서 당신이 이야기하는 것을 들었어요. 전에도 두세 번 여기에서 당신을 본 적이 있어요. 당신도 돌팔매를 막는 사람이라는 것을 알아요.」

나는 더욱 크게 웃었다. 「글쎄요, 그렇게 하려고 노력은 하고 있는 것 같습니다.」

그녀가 내 손을 붙잡고 손바닥을 문질렀다. 「사람들이 던지는 돌을 막아 내려면 손이 아플 거예요.」 그녀가 연신 내 손을 비벼 주었고 나는 할 말을 떠올리지 못했다. 노부인 덕분에 무척 편안한 느낌이 들었다. 캐스턴 씨와 카터 씨의 일을 모두 마무리한 다음 운전해서 다시 몽고메리로 돌아가는 데만 다섯 시간 가까이 걸린다. 나는 서둘러 일을 마무리 지어야 했지만 바로 그 순간에도 무척 다정한 손길로 열심히 내 손바닥을 주무르고 있는 노부인과 거기에 앉아 있는 것이 좋았다. 비록 모양새가 이상했지만 말이다.

「나를 울게 할 작정이세요?」 미소를 잃지 않으려 애쓰면서 내가 물었다.

그녀가 한 손으로 내 어깨를 감싸며 마주 웃었다. 「아니에요, 당신은 오늘 훌륭한 일을 했어요. 그 남자가 집으로 갈 거라고 판사가 말했을 때 나는 정말 기뻤어요. 소름이 돋을 정도였죠. 교도소에서 50년을 지냈고 더 이상 앞을 볼 수도 없는 사람이었잖아요. 판사의 말을 들었을 때 나는 하느님께 감사드렸어요. 당신은 울 이유가 전혀 없어요. 나는 돌팔매를 막는 일에 대해 약간 아는 사람으로서 잠깐이나마 당신에게 내 어깨를 빌려주려는 것뿐이에요.」

그녀가 잠깐 동안 나를 꼭 껴안아 준 다음 말했다. 「이제 계속 이렇게 일을 해나가다 보면 당신도 결국에는 나처럼 될 거예요. 슬픈 노래를 부르게 될 거예요. 지금 하는 일을 하면서 멋진 슬픈 노래를 음미하는 법을 배우지 않을 수 없을 거예요. 나는 평생 슬픈 노래들을 불러 왔어요. 그래야 했어요. 남들이 던지는 돌을 막아내다 보면 심지어 행복한 노래를 들어도 슬퍼질 수 있어요.」 그녀가 이야기를 멈추었고 침묵이 길어졌다. 다시 입을 열기 전 그녀의 웃음 소리가 들렸다. 「하지만 당신은 계속 노래를 불러야 해요. 노래가 당신을 강하게 해줄 거예요. 어쩌면 당신을 행복하게 해줄 수도 있을 거예요.」

우리가 아무 말없이 조용히 앉아 있는 동안 법원의 혼잡한 복도 저쪽에서 사람들이 웅성거리는 소리가 들렸다.

「부인은 지금 하고 있는 일에 정말 능숙하시군요.」 마침내 내가 말했다. 「덕분에 기분이 훨씬 좋아졌어요.」

그녀가 장난스럽게 내 팔을 찰싹 때렸다. 「오, 내게 아부할 생각은 하지 말아요, 젊은이. 나를 만나기 전에도 당신은 아무 문제없었어요. 그 남자들은 이제 집으로 돌아갈 테고 당신이 이 주위를 서성거릴 때도 이미 무척 좋아 보였어요. 나는 내가 할 일을 할 뿐이에요. 단지 그뿐이에요.」

내가 마지막으로 그녀의 볼에 키스한 다음 재소자의 석방 서류에 서명하러 가야 한다고 말하면서 작별을 고하자 그녀가 나를 잡아 세웠다. 「아, 잠깐만요.」 그러고는 자신의 주머니를 뒤져서 포장지에 싸인 박하사탕을 꺼냈다. 「여기요, 이거 먹어요.」

그녀의 행동은 말로 다 설명할 수 없을 정도로 나를 무척 행복하게 했다.

「네, 고맙습니다.」 나는 웃으면서 몸을 숙여 그녀의 볼에 재차 키스를 건넸다.

그녀가 미소를 지으며 손을 흔들었다. 「얼른 가요. 가봐요.」

에필로그

2013년 9월 11일, 월터가 세상을 떠났다. 노인성 치매 때문에 갈수록 혼란스러워했지만 마지막 순간까지 친절하고 매력적인 모습이었다. 여동생 케이티와 함께 살았는데 생전의 마지막 2년 동안은 바깥 생활을 즐기지 못했으며 도움을 받지 않고는 잘 돌아다니지도 못했다. 어느 날 아침에는 넘어져서 골반에 골절상을 입었다. 의사들은 수술을 권유할 만한 상태가 아니라고 판단했기 때문에 그는 회복될 가망도 없이 집으로 보내졌다. 그 병원 사회 복지사의 설명에 따르면 그들이 재택 간병인과 말기 환자를 위한 보호 치료를 주선해 줄 예정이며 물론 안타까운 상황이지만 병원에 있으면서 앨라배마 사형수 수감 건물에 있을 때처럼 두려워하는 것보다 그편이 훨씬 나을 거라고 했다. 병원에서 집으로 돌아온 뒤로 그는 몸무게가 엄청나게 줄었고 손님들의 방문에도 점점 더 반응을 보이지 않았다. 얼마 지나지 않아서 그는 밤에 조용히 숨을 거두었다.

우리는 비오는 어느 토요일 아침에 먼로빌 근처의 라임스톤 포크 흑인 감리교 시온 교회에서 월터의 장례식을 치렀다. 20여 년 전 내가 돌을 던지고 막는 비유를 들어 가며 신자들에게 이야기한 바로 그 장소였다. 다시 그곳에 있자니 왠지 이상한 기분이었다. 수십 명이 교회 안을 가득 메웠고 교회 밖에도 수십 명이 더 있었다. 나는 대체로 가난하고 시골에 사는 흑인인 그들이 옹기종기 모여 있는 광경을 바라보았다. 망자가 생전에 겪은 부당하고 불필요한 고통 때문에 더욱 비극적인 또 하나의 안타까운 장례식 장소를 절제된 아픔으로 채우고 있었다. 전에 월터의 사건과 관련해 일할 때 자주 들었던 생각인데, 먼로 카운티의 모든 위협적인 공간에서 짓눌린 채 살아가는 모든 사람들의 슬픔을 또는 억압받는 모든 사람들의 고통을 잘 지은 일종의 저장소에 모을 수 있다면 굉장한 힘을 발휘할 수 있을 것 같았다. 이전까지 불가능했던 어떤 행동을 가능하게 할 놀라운 대체 에너지로 작용할 수 있을 거라는 생각이 들었다. 그 결과가 당연한 혼란일지 아니면 고통이 승화된 구원일지는 아무도 모를 일이었다. 어쩌면 둘 다일 수도 있었다.

월터의 가족들은 관 옆에 대형 텔레비전 모니터를 두었다. 월터의 생전 모습이 담긴 수십 장의 사진들이 그 모니터를 통해 한 장씩 지나갔다. 거의 대부분이 그가 교도소에서 출소하던 날 찍은 사진이었다. 월터와 내가 나란히 서 있는 사진들도 있었는데 둘 다 무척 행복해 보였다. 교회에 앉아 그 사진들을 보고 있자니 어느새 훌쩍 지나 버린 세월이 도무지 믿기지 않았다.

월터가 아직 사형수 수감 건물에 있을 때였다. 그가 한번은 내게 말하길 같은 층에 있던 남자의 사형이 집행되는 동안 자신이 무척 심하게 앓았다고 했다. 「그들이 전기의자를 켰을 때 살이 타는 냄

468

새가 진동했어요! 우리는 저항의 의미로 그리고 우리 자신의 기분이 나아지길 바라며 전부 쇠창살을 두드렸어요. 하지만 실제로는 속만 더 메스꺼워질 뿐이었죠. 쇠창살을 열심히 두드리면 두드릴수록 그 상황을 견디는 것이 더욱 힘들어졌어요.」

「당신은 죽음에 대해 생각해 본 적이 있어요?」 그가 내게 물었다. 평소의 월터를 생각하면 이례적인 질문이었다. 「예전에는 나도 생각해 본 적이 없었어요. 하지만 이제는 늘 죽음을 생각하죠.」 그가 계속해서 말했다. 걱정이 그득한 얼굴이었다. 「이곳은, 바로 여기는 완전히 다른 세상입니다. 여기 재소자들은 사형당하기 전까지 자신이 무엇을 할 것인지, 어떤 행동을 할 것인지에 대해 이야기해요. 나는 그런 이야기를 하는 사람들이 미쳤다고 생각했어요. 그런데 나도 그들과 똑같은 짓을 하기 시작한 것 같아요.」

나는 그 같은 대화가 불편했다. 「글쎄요, 살 생각을 해야죠. 여기서 나가면 무엇을 할 것인지 같은 것 말이에요.」

「아, 물론 그런 생각도 해요. 사실은 무척 자주 하죠. 다만 사람들이 저 복도를 따라 죽으러 가는 모습을 지켜보는 것이 힘들다는 말이에요. 법원이나 교도소에서 정해 준 날짜에 죽는 건 옳지 않아요. 인간은 하느님께서 정해 주신 날짜에 죽어야 해요.」

장례식이 시작되기 전 나는 월터가 출소한 뒤로 그와 함께 보냈던 시간들을 떠올렸다. 그때 성가대가 노래를 시작했고 목사의 감동적인 추도사가 이어졌다. 그는 월터가 인생의 전성기에 거짓과 편견 때문에 가족들과 떨어져야 했다고 말했다. 나는 사람들에게 월터가 내 형제나 다름없었고, 나 같은 젊은 변호사에게 자신의 목숨을 맡겼을 정도로 용감했다고 말했다. 아울러 그가 위협과 협박을 당했고 억울하게 기소되어 유죄 판결을 받았으며 그럼에도 절대 포기하지 않았다는 점에서 우리 모두가 그에게 어떤 식으로든 빚을 졌다고 설명했다. 그는 치욕스러운 재판과 자신에게 제기된 여러 혐의에도 불구하고 살아남았다. 유죄 평결을 받고, 사형수 수감 건물에 수감되고, 주 전체가 그를 부당하게 비난했지만 살아남았다. 비록 그 과정에서 부상이나 정신적 외상을 피하지는 못했지만 위엄을 보여 주었다. 나는 사람들에게 두려움과 무지, 편견이 월터에게 한 짓을 그가 모두 극복해 냈다고 말했다. 그는 부당함에 맞서 꼿꼿하게 버텼으며 그의 무죄를 밝혀 준 증인들 덕분에 남은 우리들이 월터를 죽음 직전까지 몰고 갔던 권력 남용이나 무고로부터 다소나마 안전해질 거라고 말했다. 월터의 지인들과 가족들에게 그가 보여 준 강인함과 저항 정신, 인내심이야말로 기념할 가치가 있는 승리이며 기억해야 할 업적이라고 말했다.

나는 월터가 나에게 가르쳐 준 것을 사람들에게 설명할 필요를 느꼈다. 그는 내게 가난하고 결백한 사람보다 부유하고 유죄인 사람을 대우하기만 하는 형사 사법 제도를 왜 개혁해야 하는지 가르쳐 주었다. 가난한 사람들에게 필요한 법률적 도움을 제공하지 않고, 죄의 유무보다 부와 지위를 더 중시하는 제도는 바뀌어야 한다. 월터의 사건을 통해 나는 두려움과 분노가 정의에 위협이 된다는 사실을 배웠다. 두려움과 분노가 하나의 공동체를, 주를, 나라를 감염시킬 수 있으며 우리를 맹인으로, 비이성적으로, 위험인물로 만들 수 있음을 배웠다. 나는 대량 투옥 현상이 무자비하고 과도한 처벌을 상징하는 교도소 건물로 미국의 풍경을 얼마나 어지럽혔는지, 가장 취약한 사람들을 앞장서서 비난하고 포기함으로써 지역 사회를 얼마나 황폐하게 했는지 돌아보았다. 아울러 월터의 사건을 통해서 사형 제도는 어떤 사람이 자신이 저지른 범죄 때문에 마땅히 죽어야 하는지를 판단하는 것이 아님을 알게 되었다고 사람들에게 말했다. 미국 사형 제도가 제기하는 진짜 문제는 이것이었다. 〈과연 우리는 누군가를 죽일 자격이 있는가?〉

나는 마지막으로 가장 중요한 것을 교회에 모인 사람들에게 말했다. 자비란 희망에 기초해서 아무런 대가를 바라지 않고 행해질 때 의롭다는 사실을 월터가 가르쳐 주었다고 강조했다. 자비는 누군가에게 힘을 불어넣고, 누군가를 자유롭게 해주며, 누군가를 변화시킨다. 그리고 받을 자격이 없는 사람에게 행해질 때 가장 강력한 힘을 발휘한다. 자비를 받아 본 적이 없거나 심지어 자비를 구할 시도조차 하지 못했던 사람들이야말로 우리가 연민을 베풀었을 때 가장 의미가 있는 사람들이다. 월터는 그를 부당하게 기소한 사람들을, 그에게 유죄 판결을 내린 사람들을, 그에게 자비를 베풀 가치가 없다고 생각한 사람들을 모두 진심으로 용서했다. 그가 결국 이렇게 기념할 가치가 있는 삶을, 인간이라면 누구나 갈망하는 사랑과 자유를 재발견하는 삶을, 죽음과 비난을 극복하고 마침내 하늘이 정해 준 날에 눈을 감을 수 있는 삶을 되찾을 수 있었던 것도 타인에게 베푼 자비가 낳은 결과였다.

장례식이 끝난 뒤에 나는 그곳에 오래 남아 있지 않았다. 밖으로 걸어 나와 도로를 바라보면서 월터가 석방된 뒤로 아무도 론다 모리슨의 살인범으로 기소되지 않았다는 사실을 떠올렸다. 그리고 그 때문에 여전히 비통해하고 있을 그녀의 부모님을 생각했다.

사람들이 계속해서 내게로 다가왔다. 이런저런 이유로 하나같이 법률적인 도움이 필요한 사람들이었다. 명함을 가져가지 않았던 나는 그들에게 일일이 전화번호를 적어 주면서 내게 전화하라고 격려했다. 도움을 갈구하는 그들 중 상당수가 우리의 도움을 받지 못할 가능성이 높았지만 그래도 어쩌면 우리가 도와줄 수 있을지도 모른다는 희망 덕분에 집으로 돌아가는 길이 덜 우울했다.

감사의 글

　　그동안 같이했던 기소되고, 유죄 판결을 받고, 투옥된 수많은 남성들과 여성들, 청소년들에게 고마운 마음을 전한다. 그들은 희망과 정의, 자비에 대해 내게 많은 것을 가르쳐 주었다. 이 책에서 언급된 폭력의 희생자와 유족들, 형사 사법 제도 전문가들 그리고 상상도 할 수 없을 정도로 고통스러운 형벌을 선고받았지만 엄청난 용기와 우아함을 보여 준 사람들에게 특히 감사하고 황송하다. 이 책에 소개된 사람들은 모두 실명이며 단지 몇 명만 사생활 보호 및 보안상의 이유로 가명을 사용했다.

　　사려 깊은 조언과 친절한 도움을 아끼지 않은 유능한 편집자 크리스 잭슨에게 무한한 고마움을 전한다. 통찰력 있는 너그러운 편집자와 일할 수 있어서 나는 정말 운이 좋았다. 신디 스피걸과 줄리 그라우에게도 깊이 감사한다. 그들의 든든한 지원과 피드백은 내가 상상도 하지 못한 방식으로 진정한 영감을 주었다. 내가 이 책을 작업하면서 누렸던 커다란 즐거움 하나는 스피걸 앤 그라우와 랜덤 하우스의 새로운 친구들과 일하면서 그들에게 배울 수 있는 특권이었다. 그들의 존재는 내게 든든한 힘이 되었다. 집필과 관련하여 자료 조사를 도와준 뉴욕 대학 로스쿨의 샤론 스타이너먼에게도 고마움을 전한다.

내가 한 모든 일은 이퀄 저스티스 이니셔티브의 유능한 직원들이 있었기에 가능했다. 그들은 정의 실현을 위해 하루하루를 용감하게 헌신하며 나는 그들의 희망과 인간애를 보면서 우리가 최소한의 희망과 인간애를 나누기 위해 전제되어야 하는 일들을 해낼 수 있을 거라고 믿는다. 피드백과 편집을 맡아 준 아린 우렐과 랜디 서스킨트에게 특히 감사한다. 아울러 자료 조사를 맡아 준 에바 앤슬리와 에번 파시스에게도 감사를 전한다. 끝으로 이 책을 쓰도록 나를 설득해 준 뛰어난 에이전트 더그 에이브럼스에게 무한한 고마움을 전한다. 그의 소중한 조언과 격려, 우정이 없었다면 나는 결코 이 책을 쓸 수 없었을 것이다.

주

서문

26 **2001년을 기준으로 미국에서 태어난 열다섯 명 중……** Thomas P. Boncz
zar, "Prevalence of Imprisonment in the U.S. Population, 1974-2001",
Bureau of Justice Statistics (August 2003), www.bjs.gov/index.cfm?
ty=pbdetail&iid=836으로 2014년 4월 29일 접속.

26 **21세기에 태어난 흑인 남성 세 명 중 한 명이……** Bonczar, "Prevalence
of Imprisonment"; "Report of The Sentencing Project to the United
Nations Human Rights Committee Regarding Racial Disparities in
the United States Criminal Justice System", The Sentencing Project
(August 2013), http://sentencingproject.org/doc/publications/rd_
ICCPR%20Race%20and%20Justice%20 Shadow%20Report.pdf로
2014년 4월 29일 접속.

26 **주에 따라서는 최소한의 나이 제한을 두지 않고……** 23개 주에서는 몇 가
지 경우에 한하여 청소년이 성인으로 기소될 수 있는 최저 연령을 정해
놓지 않고 있다. Howard N. Snyder and Melissa Sickmund, "Juvenile
Offenders and Victims: 2006 National Report", National Center
for Juvenile Justice (March 2006), www.ojjdp.gov/ojstatbb/nr2006/
downloads/NR2006.pdf로 2014년 4월 29일 접속.

26　오늘날 미국의 주립 교도소나 연방 교도소에 수감된…… "Fact Sheet: Trends in U.S. Corrections", The Sentencing Project (May 2012). www.sentencingproject.org/doc/publications/inc_Trends_in_Corrections_Fact_sheet.pdf로 2014년 4월 29일 접속. Marc Mauer and Ryan S. King, "A 25-Year Quagmire: The War on Drugs and Its Impact on American Society", The Sentencing Project (September 2007), 2, www.sentencingproject.org/doc/publications/dp_25yearquagmire.pdf로 2014년 4월 29일 접속.

27　우리는 마약 전과가 있는 저소득층 여성들과…… 연방법에 따르면 주 정부는 푸드 스탬프에서 추가 영양 지원 프로그램으로 이름이 바뀐 혜택을 마약과 관련한 중죄로 유죄 판결을 받은 사람들에게 제공할 수 없다. 그러나 이 금지 조항을 자체적으로 채택하지 않거나 수정할 수는 있다. 현재 32개 주에서 마약 전과를 근거로 일종의 금지 조치가 시행되고 있으며 그중 10개 주에서는 영구적으로 혜택 제공을 금지하고 있다. 또한 주 정부는 마약 관련 전과자들에게서 섹션 8 프로그램 또는 〈공영 주택 알선을 통한 연방 정부의 주거 지원〉 혜택을 박탈하거나 제공을 거부할 수 있다. Maggie McCarty, Randy Alison Aussenberg, Gene Falk, and David H. Carpenter, "Drug Testing and Crime-Related Restrictions in TANF, SNAP, and Housing Assistance", Congressional Research Service (September 17, 2013), www.fas.org/sgp/crs/misc/R42394.pdf로 2014년 4월 29일 접속.

27　전과자에 대하여 투표권을 영구적으로 박탈하는…… 12개 주에서 중범죄를 저지른 전과자 중 일부 또는 전체가 영구적으로 투표권을 박탈당한다. 35개 주에서 가석방 중인 전과자의 투표가 법으로 금지되어 있고 31개 주에서 보호 관찰 대상인 사람이 투표를 하지 못한다. The Sentencing Project, "Felony Disenfranchisement Laws in the United States" (June 2013), www.sentencingproject.org/doc/publications/fd_Felony%20Disenfranchisement%20Laws%20in%20the%20US.pdf로 2014년 4월 30일 접속.

27　그 결과로 남부의 몇몇 주에서는…… 앨라배마, 미시시피, 테네시 주에

서는 아프리카계 미국인의 10퍼센트 이상이 투표를 하지 못한다. 플로리다, 켄터키, 버지니아 주에서는 아프리카계 미국인 5명중 1명 이상에게 투표권이 없다. Christopher Uggen, Sarah Shannon, and Jeff Manza, "State-Level Estimates of Felon Disenfranchisement in the United States, 2010", The Sentencing Project (July 2012), http://sentencingproject.org/doc/publications/fd_State_Level_Estimates_of_Felon_Disen_2010.pdf로 2014년 4월 30일 접속.

27 **수십 명의 무고한 사람들이**…… 미국 사형 선고 정보 센터의 보고서에 따르면 1973년 이후 무죄가 입증된 사형수는 144명에 달한다. "The Innocence List", Death Penalty Information Center, www.deathpenaltyinfo.org/innocence-list-those-freed-death-row로 2014년 4월 25일 접속.

27 **사형까지는 아니더라도 유죄를 선고받았다가**…… 이노센스 프로젝트Innocence Project에 따르면 미국 내에서 유죄 판결 이후에 DNA 판독을 통해서 무죄가 입증된 사건이 316건에 달한다. 혐의를 벗은 재소자들 중 18명이 사형수 수감 건물에 있었다. "DNA Exonerations Nationwide", The Innocence Project, www.innocenceproject.org/Content/DNA_Exonerations_Nationwide.php로 2014년 4월 25일 접속.

28 **유죄일 거라는 추정, 가난, 인종적 편견**…… John Lewis and Bryan Stevenson, "State of Equality and Justice in America: The Presumption of Guilt", Washington Post (May 17, 2013).

28 **구치소와 교도소에 지출되는 주 정부와 연방 정부의 예산은**…… 가장 최근의 통계 수치에 의하면 2010년에 미국에서는 약 800억 달러가 투옥 비용으로 지출되었다. Attorney General Eric Holder, American Bar Association Speech, (August 12, 2013) 참조. Tracey Kyckelhahn and Tara Martin, Bureau of Justice Statistics, "Justice Expenditure and Employment Extracts, 2010-Preliminary", (July 2013), www.bjs.gov/index.cfm?ty=pbdetail&iid=4679로 2014년 4월 30일 접속. 반면 1980년에는 약 69억 달러가 지출되었다. Bureau of Justice Statistics, "Justice Expenditure and Employment Extracts—1980 and 1981 Data from the Annual General Finance and Employment Surveys", (March

1985), www.bjs.gov/index.cfm?ty=pbdetail&iid=3527로 2014년 4월 30일 접속.

1장 앵무새 죽이기

41　**앨라배마의 펄프 및 제지 공장**…… Conner Bailey, Peter Sinclair, John Bliss, and Karni Perez, "Segmented Labor Markets in Alabama's Pulp and Paper Industry", *Rural Sociology* 61, no. 3 (1996), pp. 475~496.

46　**서로 다른 인종 두 사람 사이에서**…… Pace & Cox v. State, 69 Ala. 231, 233 (1882).

47　**심지어 아이다호 주는**…… U.S. Census Office, "Fourteenth Census of Population" (Washington, D.C.: Government Printing Office, 1920).

47　**1967년에 이르러 마침내**…… 1924년 버지니아 주 의회가 인종적 순수성 법안을 통과시킴으로써 지능이 모자라거나 위험 인물로 여겨지는 흑인 여성에게 강제로 불임 수술을 행할 수 있도록 허가하고 흑인과 백인 간의 결혼을 불법화하자 캐럴라인 카운티 주민들은 이러한 발표들을 매우 진지하게 받아들였다. 그로부터 수십 년 뒤 백인 청년 리처드 러빙은 밀드러드 지터라는 흑인 여성과 사랑에 빠졌고 밀드러드가 임신하자 이들 젊은 연인은 결혼을 결심했다. 그들은 버지니아 주에서는 합법적으로 결혼할 수 없다는 사실을 깨닫고 워싱턴 D.C.로 갔다. 되도록 고향을 멀리하려던 그들이었지만 향수병에 걸려서 결국 결혼식만 치르고 가족들과 가까이 있기 위해 캐럴라인 카운티로 돌아왔다. 그들이 결혼했다는 소문이 돌고 몇 주 뒤에 보안관과 무장한 보안관 대리 몇 명이 한밤중에 그들 집으로 들이닥쳐 흑백 결혼 죄로 리처드와 밀드러드를 체포했다. 체포 뒤에 그들은 온갖 굴욕을 당하면서 유죄를 인정하라는 압박을 받았다. 카운티를 떠나 〈최소 25년〉 동안 돌아오지 않겠다고 약속하면 징역형을 면하게 해주겠다며 고맙게 여기라는 말도 들었다. 그들은 또다시 버지니아 주를 떠나야 했지만 이번에는 미국 시민 자유 연맹의 도움을 받아 소송을 제기하고 법과 싸우기로 결심했다. 하급 법원을 상대로 수년간 패소를 거듭한 끝에 1967년에 마침내 미국 대법원으로부터 이인종 간 결혼 금지법이 위헌이라는 판결을 받아 냈으며 관련 법은 폐지되었다.

47 〈입법부는 흑인 또는 흑인의 후손과〉⋯⋯ 연방법상 강제로 집행될 수 없음에도 앨라배마 주에서는 다른 인종 간 결혼 금지법이 21세기까지 존속되었다. 마침내 2000년에 들어서야 개혁자들이 해당 사안을 주 전체 투표에 부칠 수 있을 정도로 충분한 표를 확보했고 그렇게 실시된 투표에서 유권자들 과반수가 금지법을 폐지하는 쪽을 선택했지만 41퍼센트는 여전히 유지하는 쪽을 선택했다. 2011년에 미시시피 공화당 내에서 실시된 여론조사에서도 46퍼센트가 다른 인종 간 결혼 금지법을 지지했으며 40퍼센트가 반대했고 나머지 14퍼센트는 결정을 내리지 못했다.

48 **규제가 시행된 이래로 먼로 카운티에서만**⋯⋯ 린치를 당한 사람들 명단은 다음과 같다.

1892년 10월 13일: 버럴 존스, 모지스 존스/존슨, 짐 패커드, 이름을 알 수 없는 1인(짐 패커드의 형제). Tuskegee University, "Record of Lynchings in Alabama from 1871 to 1920", The Alabama Department of Archives and History by the Tuskegee Normal and Industrial Institute, Alabama Dept. of Archives and History Digital Collections에 기록되어 있다. http://digital.archives.alabama.gov/cdm/singleitem/collection/ voices/id/2516에 2009년 9월 18일 접속. "Four Negroes Lynched", New York Times (October 14, 1892); Stewart Tolnay, compiler, "NAACP Lynching Records", Historical American Lynching Data Collection Project, http://people.uncw.edu/hinese/HAL/HAL%20Web%20Page. htm#Project%20 HAL에 2014년 4월 30일 접속.

1892년 10월 30일: 앨런 파커. Tuskegee University Archives; Tolnay, "NAACP Lynching Records."

1897년 8월 30일: 잭 파. Tuskegee University Archives; Tolnay, "NAACP Lynching Records."

1897년 9월 2일: 신원 미상. Tuskegee University Archives.

1905년 8월 23일: 올리버 랏. Tuskegee University Archives.

1909년 2월 7일: 윌 파커. Tuskegee University Archives.

1915년 8월 9일: 제임스 폭스. Tuskegee University Archives; "Negro Lynched for Attacking Officer", Montgomery Advertiser (August 10,

1915). Tuskegee University Archives; Tolnay, "NAACP Lynching Records."

1943년 8월 9일: 윌리 리 쿠퍼. "NAACP Describes Alabama's Willie Lee Case as Lynching", Journal and Guide (September 8, 1943); "NAACP Claims Man Lynched in Alabama", Bee (September 26, 1943); "Ala. Workman 'Lynched' After Quitting Job", Afro-American (September 18, 1943). Tuskegee University Archives.

1954년 5월 7일: 러셀 찰리. "Violence Flares in Dixie", Pittsburgh Courier (June 5, 1954); "Suspect Lynching in Ala. Town", Chicago Defender (June 12, 1954); "Hint Love Rivalry Led to Lynching", Chicago Defender (June 19, 1954); "NAACP Probes 'Bama Lynching", Pittsburgh Courier (June 26, 1954). Tuskegee University Archives.

2장 저항

58 **자살, 재소자 간의 폭력……** 미 사법 통계국의 보고서에 따르면 1980년 대 내내 해마다 수백 명의 재소자들이 자살, 살인, 그리고 다른 〈알려지 지 않은〉 이유로 목숨을 잃었다. Christopher J. Mumola, "Suicide and Homicide in State Prisons and Local Jails", Bureau of Justice Statistics (August 2005), www.bjs.gov/index.cfm?ty=pbdetail&iid=1126으로 2014년 4월 30일 접속. Lawrence A. Greenfield, "Prisons and Prisoners in the United States", Bureau of Justice Statistics (April 1992), www. bjs.gov/index.cfm?ty=pbdetail&iid=1392에서 열람 가능.

66 **흑인이 백인보다 경찰에게 죽임을 당할……** 1978년에는 흑인이 백인 보다 경찰에게 죽임을 당할 확률이 여덟 배나 높았다. Jodi M. Brown and Patrick A. Langan, "Policing and Homicide, 1976-1998: Justifi able Homicide by Police, Police Officers Murdered by Felons", Bureau of Justice Statistics (March 2001), www.bjs.gov/index. cfm?ty=pbdetail&iid=829로 2014년 4월 30일 접속.

66 **20세기 말에 이르러……** 1998년에 이르러서도 흑인이 백인보다 경찰에 게 죽임을 당할 확률이 여전히 네 배나 높았다. Brown and Langan, "Poli

cing and Homicide, 1976-1998."

66　무장한 일반 시민이 치명적인 무력까지……〈스탠드 유어 그라운드〉법이 존재하는 주에서는 대부분의 관련 법률들이 제정되던 시기인 2005년부터 2011년 사이에 흑인에 대한 〈정당방위〉 살인 비율이 두 배 이상 증가했다. 백인이 대상인 〈정당방위〉 살인 비율도 마찬가지로 증가했지만 미미한 정도이며 처음부터 백인에 대한 살인율은 훨씬 낮았다. "Shoot First: 'Stand Your Ground' Laws and Their Effect on Violent Crime and the Criminal Justice System", joint press release from the National Urban League, Mayors Against Illegal Guns, and VoteVets.org (September 2013), http://nul.iamempowered.com/content/mayors-against-illegal-guns-national-urban-league-votevets-release-report-showing-stand-your로 2014년 4월 30일 접속.

3장 시련과 고난

74　「우리는 너희 깜둥이들이」…… McMillian v. Johnson, Case No. 93-A-699-N, P. Exh. 12, Plaintiff's Memorandum in Opposition to Defendant's Motion for Summary Judgment (1994).

84　오후 8시 40분, 세 번째로 전기 충격이…… Glass v. Louisiana, 471 U.S. 1080 (1985), denying cert. to 455 So.2d 659 (La. 1984) (J. Brennan, dissenting).

89　1987년에 앨라배마 주에서 선임된…… Ruth E. Friedman, "Statistics and Death: The Conspicuous Role of Race Bias in the Administration of Death Penalty", *Berkeley Journal of African-American Law and Policy 4* (1999), 75. 또한 Danielle L. McGuire and John Dittmer, *Freedom Rights: New Perspectives on the Civil Rights Movement* (Lexington: University of Kentucky, 2011)을 참조.

90　1945년에는 흑인 배심원 숫자를…… Akins v. Texas, 325 U.S. 398 (1945).

90　지방의 배심원 위원회는 아프리카계 미국인과…… David Cole, "Judgment and Discrimination", *No Equal Justice: Race and Class in the*

American Criminal Justice System (New York: New Press, 1999), 101-31.

90 **1970년대에 대법원이 소수 인종과 여성을**…… Duren v. Missouri, 439 U.S. 357 (1979); Taylor v. Louisiana, 419 U.S. 522 (1975).

91 **이미 1960년대 중반에 대법원이**…… Swain v. Alabama, 380 U.S. 202 (1965).

91 **배심원 선정 과정에서 아프리카계 미국인들을 모두**…… "Illegal Racial Dis crimination in Jury Selection: A Continuing Legacy", Equal Justice Initiative (2009), www.eji.org/files/EJI%20Race%20and%20Jury%20 Report.pdf로 2014년 4월 30일 접속.

4장 갈보리 산 위에

107 **그리고 그중 91퍼센트에 달하는 재판에서**…… "The Death Penalty in Alabama: Judge Override", Equal Justice Initiative (2011), 4, http://eji. org/eji/files/Override_Report.pdf로 2014년 4월 30일 접속.

107 **앨라배마는 아주 경쟁이 치열한**…… Billy Corriher, "Partisan Judicial Elections and the Distorting Influence of Campaign Cash", Center for American Progress (October 25, 2012), www.americanprogress. org/issues/civil-liberties/report/2012/10/25/42895/partisan-judicial-elections-and-the-distorting-influence -of-campaign-cash/로 2013년 7월 8일 접속.

108 **평결을 번복할 수 있는 판사의 권한은**…… 2013년 11월 소니아 소토마요르 미 대법관은 앨라배마 주에서 고질적으로 행해지는 판사의 평결 번복 관행을 검토하지 않기로 한 대법원의 결정에 반대하면서 해당 관행에 대한 매우 비판적인 논평을 발표했다. 여기에 브라이어 대법관도 가세하여, 이들 두 대법관은 판사의 평결 번복 관행을 둘러싼 정치학적인 측면과 평결 번복이 배심의 역할을 훼손한다는 측면에서 심각한 헌법적 결함이 존재한다고 판단했다. Woodward v. Alabama (2013).

108 **판사의 평결 번복이 선거철에**…… "The Death Penalty in Alabama", 5.

108 **특이한 점은 일찍이 플로리다의 한 소송에서**…… Harris v. Alabama, 513 U.S. 504 (1995)와 Spaziano v. Florida, 468 U.S. 447 (1984) 참조.

109 던킨스 씨는 지적 장애를 앓았고······ Penry v. Lynaugh, 492 U.S. 302 (1989) 참조.

109 그로부터 13년 뒤······ Atkins v. Virginia, 536 U.S. 304 (2002). 펜리 사건을 계기로 주 의회들이 지적 장애인에 대한 사형 집행을 제한하기로 한 결정은 미국 전체에서 해당 관행에 반대하는 국민적 합의가 형성되었음을 보여 준다.

110 그가 숨을 거둔 것이다······ Peter Applebome, "2 Electric Jolts in Alabama Execution", New York Times (July 15, 1989), www.nytimes.com/1989/07/15/us/2-electric-jolts-in-alabama-execution.html로 2014년 4월 30일 접속. 또한 "Two Attempts at Execution Kill Dunkins", Gadsden Times (July 14, 1989)도 참조하라. http://news.google.com/newspapers?id=02cfAAAAIBAJ&sjid=3NQEAAAAIBAJ&pg=3122%2C1675665로 2014년 4월 30일 접속.

119 대법원은 주 법원에 먼저 제출되지 않은······ Rose v. Lundy, 455 U.S. 509 (1982).

120 대법원은 청소년에게 사형을 선고하는 관행에······ Stanford v. Kentucky, 492 U.S. 361 (1989)와 Penry, 492 U.S. at 305와 McCleskey v. Kemp, 481 U.S. 279 (1987) 참조.

120 〈빨리빨리 끝냅시다〉······ Bryan Stevenson, "The Hanging Judges", *The Nation* (October 14, 1996), p. 12.

128 「스티븐슨 씨, 대법원에서 방금」······ Richardson v. Thigpen, 492 U.S. 934 (1989).

135 한 달 전 엉망으로 진행된······ Applebome, "2 Electric Jolts in Alabama Execution."

5장 존의 귀향

144 먼로 카운티는 주류 판매가 금지된······ 먼로 카운티는 엄밀히 말하면 이제 〈술이 있는〉 카운티다. 먼로빌 시와 프리스코 시는 주류 판매를 일부 허가하는 법안을 통과시켰다.

6장 불운한 사람들

176 앨라배마 주는 사형 선고를 받는 청소년의⋯⋯ Victor L. Streib, *Death Penalty for Juveniles* (Bloomington: Indiana University Press, 1987).

176 비록 대법원은 1989년 판례를 통해 미성년자에 대한⋯⋯ Stanford v. Kentucky, 492 U.S. 361 (1989)와 Thompson v. Oklahoma, 487 U.S. 815 (1988)참조. 윌킨스 대 미주리 사건은 스탠포드 판결과 통합되었다.

7장 거부된 정의

199 〈시 *city*〉 법원에 대하여 아무런 권한이 없는⋯⋯ Giglio v. United States, 405 U.S. 150 (1972)와 Mooney v. Holohan, 294 U.S. 103 (1935) 참조.

213 재판이 진행되는 동안 피해자의 가족 구성원들이⋯⋯ Peggy M. Tobolowsky, "Victim Participation in the Criminal Justice Process: Fifteen Years after the President's Task Force on Victims of Crime", *New England Journal on Criminal and Civil Confinement* 25 (1999), p. 21, http://heinonline.org/HOL/Page?handle=hein.journals/nejccc25&div=7&g_sent=1&collection=journals로 2014년 4월 30일 접속.

213 36개 주에서 발효되어 피해자들이⋯⋯ Booth v. Maryland, 482 U.S. 496, 509n12 (1987).

213 대법원은 비평가들의 주장에 동의하며⋯⋯ Booth v. Maryland, 482 U.S. 496, 506n8 〈피해자가 상대적으로 덜 중요한 인물로 여겨지는 사건의 피고보다 피해자가 지역 사회 전체의 소중한 자산으로 여겨지는 사건의 피고가 더 엄중한 처벌을 받아 마땅하다는 암시는 걱정스럽다.〉

214 대법원의 결정은 검사들과 일부 정치가들의⋯⋯ Payne v. Tennessee, 501 U.S. 808, 827 (1991) (〈피해자와 관련된 증거나 살인 사건으로 피해자 가족이 받은 영향에 관한 증거가 사형을 부과하거나 부과하지 않기로 한 배심원단의 결정과 직접적인 관련이 있을 수 있다는 주의 판단은 정당하다.〉)

214 주 정부는 다양한 방법을 동원하여⋯⋯ Tobolowsky, "Victim Participation", 48-95.

214 몇몇 주에서는 사형 집행을 참관할 수 있는⋯⋯ Michael Lawrence Goodwin, "An Eyeful for an Eye—An Argument Against Allowing

the Families of Murder Victims to View Executions", *Brandeis Journal of Family Law* 36 (1997), p. 585, http://heinonline.org/HOL/Page?handle=hein.journals/branlaj36&div=38&g_sent=1&collection=journals로 2014년 4월 30일 접속.

214 예컨대 정부의 권한을 확장하여······ Scott Matson and Roxanne Lieb, "Megan's Law: A Review of State and Federal Legislation", Washington State Institute for Public Policy (October 1997), www.wsipp.wa.gov/rptfiles/meganslaw.pdf로 2013년 6월 13일 접속.

215 언론은 범죄자와 구체적인 피해자 사이에서······ Chris Greer and Robert Reiner, "Mediated Mayhem: Media, Crime, Criminal Justice", in *The Oxford Handbook of Criminology*, ed. Mike Maguire, Rodney Morgan, and Robert Reiner (New York: Oxford University Press, 2002), 245-78.

215 〈매클레스키 대 켐프〉 재판 과정을 연구했더니······ McCleskey v. Kemp, 481 U.S. 279, 286 (1987). David C. Baldus 외, "Comparative Review of Death Sentences: An Empirical Study of the Georgia Experience", *Journal of Criminal Law and Criminology* 74 (1983), 661에서 재인용.

215 앨라배마에서는 전체 살인 사건의 희생자 중······ American Bar Association, "Evaluating Fairness and Accuracy in State Death Penalty Systems: The Alabama Death Penalty Assessment Report" (June 2006), www.americanbar.org/content/dam/aba/migrated/moratorium/assessmentproject/alabama/report.authcheckdam.pdf로 2013년 6월 14일 접속.

216 흑인 가해자와 백인 피해자로만 짝을 지으면······ McCleskey v. Kemp, 481 U.S. 286-87. Baldus 외., "Comparative Review"; U.S. General Accounting Office, *Death Penalty Sentencing: Research Indicates Pattern of Racial Disparities*, 1990, GAO/GGD-90-57에서 재인용. (〈전체 연구의 82퍼센트에서 피해자의 인종이 가해자에게 살인죄가 적용되거나 사형이 선고될 확률에 영향을 주는 것으로 드러났다. 즉 백인을 살해한 사람이 흑인을 살해한 사람보다 사형 선고를 받을 가능성이 더 높은 것으로 밝혀졌다〉).

224 **체스터의 빈곤율과 범죄율, 실업률은……** 체스터 업 랜드는 지난 20년 동안 수차례나 펜실베이니아 내 최악의 학군으로 평가되었다. James T. Harris III, "Success amid Crisis in Chester", Philly.com (February 16, 2012), http://articles.philly.com/2012-02-16/news/31067474_1_school-district-curriculum-parents-and-guardians로 2014년 4월 30일 접속.

224 **이곳 청소년들 중 46퍼센트 정도가……** 미국 통계국 추산에 따르면 2012년에 18세 미만인 체스터 거주민 중 45.6퍼센트가 연방 빈곤선보다 낮은 생활을 했다. U.S. Census Bureau, 2008-2012 American Community Survey, Chester city, Pennsylvania.

227 **일반적으로 법정에 설 능력이 없다고 판단되는……** 50 Pennsylvania Consolidated Statutes § 7402.

227 **형량을 선고하는 데 있어서 펜실베이니아의 법률은……** 2012년까지 1급 살인이나 2급 살인으로 유죄 판결을 받은 사람은 자동적으로 가석방이 불가능한 종신형을 선고 받았다. 18 Pennsylvania Consolidated Statutes § 1102와 61 Pennsylvania Consolidated Statutes § 6137 참조. 더 이상 강제 조건은 아니지만 여전히 1급 살인이나 2급 살인으로 유죄 판결을 받은 청소년에게 가석방 없는 종신형을 선고할 수 있다. 18 Pennsylvania Consolidated Statutes § 1102.1.

228 **〈이 사건은 내가 본 사건 중에서 가장 슬픈 사건이다〉……** Liliana Segura, "Throwaway People: Teens Sent to Die in Prison Will Get a Second Chance", *The Nation* (May 28, 2012).

228 **열네 살의 어린 나이에 저지른 비극적인……** Segura, "Throwaway People"와 Commonwealth v. Garnett, 485 A.2d 821 (Pa. Super. Ct. 1984) 참조.

228 **대다수 주에서 여성 재소자들은……** 2008년에 연방 교도소 관리국은 임신한 재소자에게 족쇄를 채우지 못하도록 하는 정책을 채택했다. Federal Bureau of Prisons, "Program Statement: Escorted Trips, No. 5538.05" (October 6, 2008), www.bop.gov/policy/progstat/5538_005.pdf로 2014년 4월 30일 접속. 최근까지 24개 주에서 임신한 재소자나 출

산 중인 재소자에게 족쇄 채우는 것을 금지하거나 제한하는 법 또는 정책을 도입했다. Dana Sussman, "Bound by Injustice: Challenging the Use of Shackles on Incarcerated Pregnant Women", *Cardozo Journal of Law and Gender* 15 (2009): 477 참조. "State Standards for Pregnancy-Related Health Care and Abortion for Women in Prison", American Civil Liberties Union, www.aclu.org/maps/state -standards-pregnancy-related-health-care-and-abortion-women-prison-map로 2014년 4월 28일 접속.

229 **교도관은 항소했고······** Garnett v. Kepner, 541 F. Supp. 241 (M.D. Pa. 1982).

229 **그녀는 펜실베이니아에서 복역 중인 무기수······** Paula Reed Ward, "Pa. Top Court Retains Terms for Juvenile Lifers", Pittsburgh Post-Gazette (October 30, 2013) 참조. "Juvenile Life Without Parole (JLWOP) in Pennsylvania", Juvenile Law Center, http://jlc.org/current-initiatives/ promoting-fairness-courts/ juvenile-life-without-parole/jlwop-pennsylvania로 2014년 4월 26일 접속.

230 **교도소 입소 과정을 담당한 교도관은······** Meg Laughlin, "Does Separa tion Equal Suffering?" Tampa Bay Times (December 17, 2006).

230 **성인 교도소에 수감되는 청소년은 성폭행의······** 2003년 교도소 강간 제거법PREA을 제정하면서 미 의회가 알아낸 바에 따르면 성인 교도소에 수감된 청소년은 성폭행을 당할 가능성이 5배 높다. 42 U.S.C. § 15601(4).

232 **절망의 나락으로 점점 깊이······** Laughlin, "Does Separation Equal Suffering?"

232 **2010년까지 플로리다는 살인과 관련 없는······** 플로리다 주는 총 77명의 청소년에게 살인과 관련 없는 범죄에 대해 가석방 없는 종신형을 선고했다. Brief of Petitioner, Graham v. Florida, U.S. Supreme Court (2009)와 Paolo G. Annino, David W. Rasmussen, and Chelsea B. Rice, "Juvenile Life without Parole for Non-Homicide Offenses: Florida Compared to the Nation" (2009), 2, table A 참조.

232 **몇몇은 범행 당시······** 조 설리반을 포함한 두 명의 13세 청소년이 플로

리다 주에서 살인과 관련 없는 범죄로 가석방 없는 종신형을 선고받았다. Annino, Rasmussen, and Rice, "Juvenile Life without Parole for Non-Homicide Offenses", chart E (2009).

232 가장 어린 나이에 유죄 판결을…… "Cruel and Unusual: Sentencing 13- and 14-Year-Old Children to Die in Prison", Equal Justice Initiative (2008), http://eji.org/eji/files/Cruel%20and%20Unusual%202008_0.pdf로 2014년 4월 30일 접속.

232 플로리다는 살인과 무관한 범죄로…… 미국은 청소년이 살인과 무관한 범죄에 대해 가석방 없는 종신형을 선고 받는 유일한 나라며 플로리다는 그러한 범죄를 저지른 청소년을 상대로 가석방 없는 종신형을 가장 많이 선고하는 주다. Annino, Rasmussen, and Rice, "Juvenile Life without Parole for Non-Homicide Offenses", chart E.

233 「그 아이는 경찰과 사진 찍는」……In re Nunez, 173 Cal.App. 4th 709, 720 (2009).

235 그는 자신을 지키기 위해…… In re Nunez, 173 Cal.App. 4th 709, 720-21 (2009).

236 플로리다에서 살인 미수로 유죄 판결을 받는…… "Violent Crimes", Florida Department of Corrections, www.dc.state.fl.us/pub/timeserv/annual/section2.html로 2014년 1월 9일 접속. Matthew R. Durose and Pat- rick A. Langan, "Felony Sentences in State Courts, 2004", Bureau of Justice Statistics (July 2007), www.bjs.gov/content/pub/pdf/fssc04.pdf; "State Court Sentencing of Convicted Felons 2004 — Statistical Tables", Bureau of Justice Statistics (2007), www.bjs.gov/content/pub/html/scscf04/scscf04mt.cfm로 2013년 1월 10일 접속.

237 일례로 1930년대 앨라배마에서 악명이…… James Goodman, *Stories of Scottsboro* (New York: Pantheon Books, 1994), 8.

238 의심스러운 자백 사실이 발표되고…… David I. Bruck, "Executing Teen Killers Again: The 14-Year-Old Who, in Many Ways, Was Too Small for the Chair", Washington Post (September 15, 1985).

239 판결을 종신형으로 바꾸어 달라고 요구하는…… Bruck, "Executing Teen

Killers Again."

239 형 집행 과정을 지켜보던 사람들은…… Bruck, "Executing Teen Killers Again."

239 최근 들어서 조지 스티니의 무죄를 밝히려는…… 현재 조지 스티니 가족은 사법 제도를 통해서 스티니가 재심을 받도록 하거나 무죄를 입증하고자 한다. 2014년 1월 사우스캐롤라이나의 한 법정에서 심리가 열렸다. Alan Blinder, "Family of South Carolina Boy Put to Death Seeks Exoneration 70 Years Later", New York Times (January 22, 2014)와 Eliott C. McLaughlin, "New Trial Sought for George Stinney, Executed at 14", CNN.com (January 23, 2014) 참조.

240 유력한 범죄학자들은 기존의…… 폭력적인 청소년 범죄가 엄청나게 증가하고 있거나, 혹은 그런 사태가 임박했다는 극단적인 예측이 등장하면서 〈초포식자〉라는 표현이 흔히 사용되었다. Office of Juvenile Justice and Delinquency Prevention, U.S. Department of Justice, "Juvenile Justice: A Century of Change" (1999), 4-5, www.ncjrs.gov/pdffiles1/ojjdp/178993.pdf로 2014년 4월 30일 접속. Sacha Coupet, "What to Do with the Sheep in Wolf's Clothing: The Role of Rhetoric and Reality About Youth Offenders in the Constructive Dismantling of the Juvenile Justice System", *University of Pennsylvania Law Review* 148 (2000): 1303, 1307 참조. Laura A. Bazelon, "Exploding the Superpredator Myth: Why Infancy Is the Preadolescent's Best Defense in Juvenile Court", *New York University Law Review* 75 (2000): 159 참조. 공포를 유발하는 표현 가운데 다수가 인종적인 코드를 담고 있었다. John J. DiIulio, "My Black Crime Problem, and Ours", City Journal (Spring 1996), www.city-journal.org/html/6_2_my_black.html로 2014년 4월 30일 접속. (〈1990년에 비해 27만 명이 더 늘어난 거리의 젊은 포식자들은 향후 20년간 파도처럼 우리를 덮칠 것이다……. 이 청소년 초포식자들 가운데 무려 절반이 젊은 흑인 남성일 것이다.〉) William J. Bennett, John J. DiIulio Jr., and John P. Walters, *Body Count: Moral Poverty—And How to Win America's War Against Crime and Drugs* (New York: Simon and Schuster, 1996), 27-28.

240 때로는 노골적으로 흑인 청소년과······ John J. DiIulio Jr., "The Coming of the Super-Predators", *Weekly Standard* (November 27, 1995), 23.

240 〈기본적으로 충동적이고 잔인할 정도로 냉혹한〉······ Bennett, DiIulio, and Walters, Body Count, 27. 또한 Office of Juvenile Justice and Delinquency Prevention, "Juvenile Justice."도 참조하라.

241 **1994년부터 2000년 사이에 미국의 소년원**······ Elizabeth Becker, "As Ex-Theorist on Young 'Superpredators,' Bush Aide Has Regrets", New York Times (February 9, 2001), A19를 참조하라.

241 **2001년 미 연방 정부의 의무감은**······ U.S. Surgeon General, *Youth Violence: A Report of the Surgeon General* (2001), ch. 1, www.ncbi.nlm.nih.gov/books/NBK44297/#A12312로 2014년 4월 30일 접속. 또한 U.S. Department of Justice, Office of Juvenile Justice and Delinquency Prevention, "Challenging the Myths" (2001), 5도 참조하라. www.ncjrs.gov/pdffiles1/ojjdp/178995.pdf로 2014년 4월 30일 접속. (〈살인 사건으로 검거된 청소년들을 분석한 결과도 청소년 초포식자가 실제 상황이라기보다 근거 없는 믿음임을 보여 준다〉).

243 우리는 종신형을 선고받은 미국 청소년들의······ "Cruel and Unusual."

9장 내가 왔어요

258 〈나는 당신과 다른 사람들의 눈을〉······ McMillian v. Alabama, CC-87-682.60, Testimony of Ralph Myers During Rule 32 Hearing, April 16, 1992.

10장 짐을 덜다

282 **1960년대와 1970년대에 들어**······ 이 20년 동안 입법과 사법 부문에서 개혁이 이루어지면서 개인이 비자발적으로 시설에 수용되는 절차는 더욱 엄격해졌다. Stanley S. Herr, Stephen Arons, and Richard E. Wallace Jr., *Legal Rights and Mental Health Care* (Lexington, MA: Lexington Books, 1983). 1978년 미 대법원은 주 정부가 개인에 대한 비자발적인 정신 병원 수감을 허가하는 문제와 관련해서 입증 부담이 낮은 〈증거의 우세함〉에서

보다 까다로운 〈명백하고 설득력 있는 증거〉로 기준을 높였다. Addington v. Texas, 441 U.S. 418 (1978).

283 오늘날 미국의 구치소나 교도소 재소자들······ Doris J. James and Lauren E. Glaze, "Mental Health Problems of Prison and Jail Inmates", Special Report, Bureau of Justice Statistics (September 2006), http://bjs.gov/content/pub/pdf/mhppji.pdf로 2013년 7월 2일 접속. 이 수치는 주립 교도소 56퍼센트, 연방 교도소 45퍼센트, 지역 교도소 64퍼센트로 세분된다. 모두 합치면 약 126만 4,300명에 달한다. 이 연구는 참고 가능한 가장 포괄적인 최근 연구지만 2005년을 기준으로 했기 때문에 보다 최근에는 숫자들이 변경되었을 가능성이 있다. 그럼에도 오늘날의 여러 자료들(2012~2013년)이 여전히 이 연구를 인용하고 있다는 점에서 나는 이 주제와 관련해서 만큼은 해당 연구가 지금도 가장 포괄적인 최신 정보를 담은 자료라고 결론을 내렸다.

283 재소자 다섯 명 가운데 한 명은······ 〈심각한 정신 질환〉의 범주에는 정신 분열증, 정신 분열병증 스펙트럼 장애, 정신 분열 정동 장애, 양극성 정동 장애, 단기 정신병적 장애, 편집 장애, 정신병적 장애 등이 포함된다. 심각한 정신 질환 외에, 다른 형태의 정신 질환까지 모두 아우르는 보다 일반적인 〈정신 질환〉의 범주와는 구별된다. E. Fuller Torrey, Aaron D. Kennard, Don Eslinger, Richard Lamb, and James Pavle, "More Mentally Ill Persons Are in Jails and Prisons Than Hospitals: A Survey of the States", Treatment Advocacy Center (May 2010), www.treatmentadvocacycenter.org/storage/documents/final_jails_v_hospitals_study.pdf로 2013년 7월 2일 접속.

283 실제로 구치소나 교도소에 수감된······ Torrey et al., "More Mentally Ill Persons", 1.

286 그들은 이 돈을 차지하기 위해 서로······ 조지의 이후 소송에서 관련 다툼에 대한 논의가 이루어진다. Daniel v. State, 459 So. 2d 944 (Ala. Crim. App. 1984)와 Daniel v. Thigpen, 742 F. Supp. 1535 (M.D. Ala. 1990) 참조.

287 조지는 유죄 판결을 받았고······ Daniel v. State, 459 So. 2d 944 (Ala. Crim. App. 1984).

288 결과적으로 우리는 연방 판사에게서 유리한…… Daniel v. Thigpen, 742 F. Supp. 1535 (M.D. Ala. 1990).

290 한 세기가 바뀌는 시점에서 앨라배마 주는…… 앨라배마 주는 남부 연합 기념일을 1901년에 처음 적용했다. *The World Almanac and Encyclopedia 1901* (New York: Press Publishing Co., 1901), 29 참조. "Confederate Memorial Day", Encyclopedia of Alabama, www.encyclopediaof alabama.org/face/Article.jsp?id=h-1663로 2014년 4월 28일 접속. 이 공휴일은 여전히 주 법에 명시되어 있다. Ala. Code § 1-3-8.

290 **2차 세계 대전이 끝나고 흑인 참전 용사들이……** 딕시크랫당의 1948년도 정견에는 다음과 같은 내용이 포함되어 있다. 〈우리는 인종 분리와 인종의 순수성 보전을 지지하며 헌법에 명시된 동료를 선택할 권리, 정부의 간섭 없이 사적으로 고용할 권리, 합법적인 방식으로 생계를 유지할 권리를 지지한다. 우리는 이른바 인권 운동 프로그램이라는 잘못된 이름하에 연방 관리들이 요구하는 분리 정책 폐지와 타인종간 결혼 금지 법령의 폐지, 사적인 고용 규제 등에 반대한다.〉 "Platform of the States Rights Democratic Party, August 14, 1948", The American Presidency Project, www.presidency.ucsb.edu/ws/index.php?pid=25851#axzz1iGn93BZz 로 2014년 4월 28일 접속.

290 〈브라운 대 교육 위원회〉 재판을 통해…… 앨러배마와 조지아, 사우스캐롤라이나에서는 브라운 사건 판결에 대한 상징적인 항의의 표시로 남부 연합기를 게양하기 시작했다. James Forman Jr., "Driving Dixie Down: Removing the Confederate Flag from Southern State Capitols", *Yale Law Journal* 101 (1991): 505.

11장 날아가다

315 〈뉴욕 타임스 대 설리번〉 사건을 통해 기념비적인…… New York Times Co. v. Sullivan, 376 U.S. 254 (1964).

316 월터가 체포된 초기에 언론은…… 몇몇 지역 신문에서 남색 혐의를 강조했다. Mary Lett, "McMillian Is Charged with Sodomy", Monroe Journal (June 18, 1987)와 "Myers Files Sodomy Charges Against

McMillan [sic]", Evergreen Courant (June 18, 1987)와 Bob Forbish, "Accused Murderer Files Sodomy Charges Against His Accomplice", Brewton Standard (June 13-14, 1987) 참조.

317 〈해당 사건으로 맥밀리언에 대한 공판이〉…… Dianne Shaw, "McMillian Sentenced to Death", Monroe Journal (September 22, 1988).

317 심리 기간 중 월터가 피트먼 살인 사건과…… 「모빌 프레스 레지스터」는 맥밀리언 사건의 심리 진행 상황에 대한 기사를 보도한 같은 날 또 다른 기사를 통해 월터 맥밀리언이 피트먼 살인 사건으로 체포되어 기소된 적이 있다고 독자들에게 상기시켰다. Connie Baggett, "Ronda Wasn't Only Girl Killed", Mobile Press Register (July 5, 1992). 「먼로 저널」은 맥밀리언 사건의 소송 절차를 다룬 기사에 월터 맥밀리언이 피트먼 살인 사건으로 기소된 적이 있다는 내용도 포함시켰다. Marilyn Handley, "Tape About Murder Played at Hearing for the First Time", Monroe Journal (April 23, 1992).

317 〈유죄 판결을 받은 살인마가 이스트브루턴 살인 사건의 용의자〉…… "Convicted Slayer Wanted in EB Student Murder", Brewton Standard (August 22, 1988).

317 〈경찰에 따르면 마이어스와 맥밀리언은〉…… Connie Baggett, "Infamous Murder Leaves Questions", Mobile Press Register (July 5, 1992).

319 타지 출신 기자들 가운데…… Editorial, "'60 Minutes' Comes to Town", Monroe Journal (June 25, 1992).

320 「먼로 저널」은 채프먼이 CBS측에…… Marilyn Handley, "CBS Examines Murder Case", Monroe Journal (July 8, 1992).

320 지역 기자들은 모리슨 가족들이 새로운…… Connie Baggett, "DA: TV Account of McMillian's Conviction a 'Disgrace,'" Mobile Press Register (November 24, 1992).

329 주 법무 장관의 이름으로 제출된 그 청원서는…… Motion from State to Hold Case in Abeyance, McMillian v. State, 616 So. 2d 933 (Ala. Crim. App. 1993), 1993년 2월 3일 제출됨.

330 하벨의 주장에 따르면 이러한 것들은…… Václav Havel, "Never Hope

Against Hope", *Esquire* (October 1993), 68.

12장 어머니

347 콜비 부인의 자녀들이 다니는 초등학교에서······ State v. Colbey, 2007 WL 7268919 (Ala. Cir. Ct. 2007) (No. 2005-538), 824.

348 앤스티스는 과거에도 수차례나······ State v. Colbey, 2007, 1576.

348 이 법의학자는 나중에야 모빌의······ State v. Colbey, 2007, 1511‑21.

348 그러고는 마샤 콜비의 아기가 산 채로······ State v. Colbey, 2007, 1584.

349 실제로 전국의 대다수 여자 사형수들은······ "Case Summaries for Current Female Death Row Inmates," Death Penalty Information Center, www.deathpenaltyinfo.org/case-summaries-current-female-death-row-inmates로 2013년 8월 13일 접속.

349 정상 출산이라는 자신의 결론이······ State v. Colbey, 2007, 1585.

349 맥널리 박사는 콜비 부인이 나이도 많고······ State v. Colbey, 2007, 1129, 1133.

349 앤스티스가 법의 병리학을 배우면서······ State v. Colbey, 2007, 1607.

350 수사 경찰들이 그녀의 집에 들어가서······ State v. Colbey, 2007, 1210, 1271, 1367.

350 콜비 부인은 수차례의 심문 과정에서······ State v. Colbey, 2007, 1040, 1060.

350 검찰이 제안한 감형 거래도······ Supplemental Record at State v. Colbey, 155.

351 두 살짜리 딸의 죽음으로······ John Cloud, "How the Casey Anthony Murder Case Became the Social-Media Trial of the Century", *Time* (June 16, 2011).

351 영유아의 사망을 범죄로 취급하고······ 사산아를 출산하거나 신생아가 단기간에 사망하는 사고를 겪은 여성들을, 특히 이러한 여성들 가운데 가난한 유색 인종 여성들을 기소하는 현상은 이제 시사 문제에 무심한 사람들이 보기에도 흔한 일이 되었다. Michelle Oberman, "The Control of Pregnancy and the Criminalization of Femaleness", *Berkeley Journal*

of Gender, Law, and Justice 7 (2013): 1와 Ada Calhoun, "The Criminal ization of Bad Mothers", New York Times (April 25, 2012) 참조.

352 이 새로운 정보의 등장으로 검찰은······ Stephanie Taylor, "Murder Charge Dismissed in 2006 Newborn Death", Tuscaloosa News (April 9, 2009).

353 우리는 그녀가 체포되기 5년 전에······ Carla Crowder, "1,077 Days Later, Legal Tangle Ends; Woman Free", Birmingham News (July 18, 2002).

353 시간이 흘러 앨라배마 대법원은······ Ex parte Ankrom, 2013 WL 135748 (Ala. January 11, 2013)와 Ex parte Hicks, No. 1110620 (Ala. April 18, 2014) 참조.

354 몇몇 배심원들은 친자식을 죽였다는 사실이······ Supplemental Record, State v. Colbey, 2007, 516-17, 519-20, 552.

354 나쁜 어머니를 규정하는 데 특히······ Supplemental Record, State v. Colbey, 2007, 426-27, 649.

354 어떤 배심원은 자신과 알고 지내던······ Supplemental Record, State v. Colbey, 2007, 674.

356 여성 재소자들 중 대략 75퍼센트에서······ Angela Hattery and Earl Smith, *Prisoner Reentry and Social Capital: The Long Road to Reintegration* (Lanham, MD: Lexington, 2010).

14장 잔혹하고 이례적인

387 피해자의 기억을 토대로 가해자가 했던 말을······

피고측 변호사: 자. 당신이 나를 알아보지 못한다면 나는 당신을 죽이지 않아도 돼.

피고: 당신이 나를 알아보지 못한다면 나는 아마도 당신을 죽이지 않을 거야.

증인: 목소리 톤이 어딘가 비슷한 것 같기는 한데, 다만 〈그때는 내게 그 말을 아주 크게 했어요〉, 공격적으로요.

검사: 그 부분에 대한 논의는 원치 않습니다. 증인은 이 목소리가 그 사람의 목소리라고 말할 수 있나요?

증인: 그 사람의 목소리라고 느끼게 하는 어떤 톤이 방금 들은 목소리에

있어요.

검사: 그러니까 증인은 방금 증인에게 말한 사람이 사건 당일 증인에게 그 말을 했던 사람이라고 말씀하시는 거죠?

증인: 〈그 목소리 같아요.〉

검사: 좋습니다.

증인: 6개월 전 일이에요. 〈단정하기는 어렵지만 확실히 비슷하긴 해요.〉 하지만 그때는 다른 식으로 말했어요. 그러니까, 그 톤은, 큰 목소리로 아주 공격적으로 내게 말했어요.

공판기록 I 86-88 (강조된 부분 첨가).

389 **항소할 만한 가치가 있는 증거가 있음에도 불구하고……** Anders v. California, 386 U.S. 738, 744 (1967)를 참조하라. 이 취지서에서 변호인은 항소를 고려할 만한 사안을 전혀 발견하지 못했다고 주장했다.

402 **〈사춘기 전후에 도파민으로 활성화되는〉……** Brief of Petitioner, Sullivan v. Florida, U.S. Supreme Court (2009). Charles Geier and Beatriz Luna, "The Maturation of Incentive Processing and Cognitive Control", *Pharmacology, Biochemistry, and Behavior* 93 (2009): 212 참조. 또한 L. P. Spear, "The Adolescent Brain and Age-Related Behavioral Manifestations", *Neuroscience and Biobehavioral Reviews* 24 (2000): 417 (〈본질적으로 사춘기는 성과를 내는 시기이기보다는 과도기이다.〉) 와 434 (사춘기의 급격한 호르몬 변화)를 참조하라. Laurence Steinberg et al., "Age Differences in Sensation Seeking and Impulsivity as Indexed by Behavior and Self-Report", *Develpmental Psychology* 44 (2008): 1764와 Laurence Steinberg, "Adolescent Development and Juvenile Justice", *Annual Review of Clinical Psychology* 5 (2009): 459, 466 참조.

402 **법정에서 우리는 성인의 판단력에 비해……** B. Luna, "The Maturation of Cognitive Control and the Adolescent Brain", in *From Attention to Goal-Directed Behavior*, ed. F. Aboitiz and D. Cosmelli (New York: Springer, 2009), 249, 252-56 (어린 10대들은 의사 결정을 좌우하는 인지 기능이 미성숙한 상태다. 15세 정도는 되어야 처리 속도, 반응 억제, 작업 기억이 성숙해진다)을 참조하라. Elizabeth Cauffman and Laurence Steinberg,

"(Im)maturity of Judgment in Adolescence: Why Adolescents May Be Less Culpable than Adults", *Behavioral Science and Law* 18 (2000): 741, 756 (심리 사회적 부분의 성숙은 16세 이후에나 의미 있는 발달이 이루어진다)을 참조하라. Leon Mann 외, "Adolescent Decision-Making", *Journal of Adolescence* 12 (1989): 265, 267-70 (15세 청소년과 비교하면 13세 청소년은 의사 결정자로서 지식이 부족하고, 자존감이 낮으며, 선택의 가짓수를 적게 산출하고, 결과를 고려하지 않는 경향이 있다)을 참조하라. Jari-Erik Nurmi, "How Do Adolescents See Their Future? A Review of the Development of Future Orientation and Planning", *Develpmental Review* 11 (1991): 1, 12 (나이가 더 많은 청소년일수록 예측 능력과 문제의 정의, 전략적 선택 등을 기반으로 계획을 수립하는 경우가 많다)을 참조하라.

404 〈그들이 실질적으로 통제할 수 없는〉⋯⋯ Sullivan v. Florida, Brief of Petitioner, filed July 16, 2009.

406 비록 청소년기에 범죄를 저지르기는 했지만⋯⋯ Brief of Former Juvenile Offenders Charles S. Dutton, Former Sen. Alan K. Simpson, R. Dwayne Betts, Luis Rodriguez, Terry K. Ray, T. J. Parsell, and Ishmael Beah as Amici Curiae in Support of Petitioners, Graham v. Florida/Sullivan v. Florida, U.S. Supreme Court (2009).

15장 망가진 사람들

413 제임스 〈보〉 코크런은 앨라배마 사형수 수감 건물에서⋯⋯ Cochran v. Herring, 43 F.3d 1404 (11th Cir. 1995).

421 그럼에도 몇 년 뒤 형 집행률과⋯⋯ "Facts About the Death Penalty," Death Penalty Information Center (May 2, 2013), www.deathpenalty info.org/FactSheet.pdf로 2013년 8월 31일 접속.

422 **2010년에 이르러 연간 사형 집행 건수는**⋯⋯ 1999년에 98건의 사형이 집행된 것에 비해 2010년에는 46건의 사형이 집행되었다. "Executions by Year Since 1976", Death Penalty Information Center, www.death penaltyinfo.org/executions-year로 2014년 4월 29일 접속.

422 뉴저지와 뉴욕, 일리노이······ Act of May 2, 2013, ch. 156, 2013 Mary land laws와 Act of April 25, 2012, Pub. Act No. 12-5, 2012 Connecticut Acts (Reg. Sess.)와 725 Illinois Comp. Stat. 5/119-1 (2011)와 Act of March 18, 2009, ch. 11, 2009 New Mexico laws와 Act of December 17, 2007, ch. 204, 2007 New Jersey laws 참조.

422 현대 들어 미국에서 집행된 총 1,400건의······ 최근 들어 텍사스 주는 1년 에 8건에서 14건의 사형을 선고하는 추세를 보이고 있으며 2010년에는 8명이 사형 선고를 받았다. 1990년대에는 같은 주에서 매년 24명에서 40명이 정례적으로 사형 선고를 받았다. "Death Sentences in the United States from 1977 by State and by Year", Death Penalty Information Center, www.deathpenaltyinfo.org/death-sentences-united-states-1977-2008로 2013년 8월 31일 접속.

422 1990년대 후반과 비교하면 앨라배마의 사형 선고율도······ "Alabama's Death Sentencing and Execution Rates Continue to Be Highest in the Country", Equal Justice Initiative (February 3, 2011), www.eji.org/node/503로 2013년 8월 31일 접속.

423 대법원은 사형수도 헌법에 위배되는······ Nelson v. Campbell, 541 U.S. 637 (2004).

423 대다수 주들은 고문당하는 것만큼······ Ty Alper, "Anesthetizing the Public Con-science: Lethal Injection and Animal Euthanasia", *Fordham Urban Law Journal* 35 (2008): 817.

424 하지만 미국에서 사형을 집행할 때······ 독물 주사에 사용되는 티오펜탈 나트륨의 미국 내 유일한 제조사였던 호스피라 사는 독물 주사에 이용될 것을 우려하여 2011년 초 해당 약물의 생산을 중단했다. Nathan Koppel, "Drug Halt Hinders Executions in the U.S.", Wall Street Journal (January 22, 2011). 마찬가지로 덴마크의 룬드벡 사는 사형 제도가 시행 되는 주의 교도소에서 형을 집행할 때 사용하던 약물 펜토바르비탈의 미 국 내 판매를 중단했다. Jeanne Whalen and Nathan Koppel, "Lundbeck Seeks to Curb Use of Drug in Executions", Wall Street Journal (July 1, 2011).

424 주립 교정 시설들의 이러한 약물 투기 현상은······ Kathy Lohr, "Georgia May Have Broken Law by Importing Drug", NPR (March 17, 2011), www.npr.org/2011/03/17/134604308/dea-georgia-may-have-broken-law-by-importing-lethal-injection-drug로 2013년 8월 31일 접속. Nathan Koppel, "Two States Turn Over Execution Drug to U.S.", Wall Street Journal (April 2, 2011), http://online.wsj.com/article/SB100014240527 48703806304576236931802889492.html로 2013년 8월 31일 접속.

424 미국 대법원은 후에 〈베이즈 대 리스〉 사건에서······ Baze v. Rees, 553 U.S. 35 (2008).

16장 돌팔매를 막는 사람들의 애가

443 **2010년 5월 17일**······ Graham v. Florida, 560 U.S. 48 (2010).

443 **2년 뒤인 2012년 7월**······ Miller v. Alabama, 132 S. Ct. 2455 (2012).

444 배심원단 선정 과정에서······ Shaw v. Dwyer, 555 F. Supp. 2d 1000 (E.D. Mo. 2008).

445 그는 법정 종신형을······ Banyard v. State, 47 So. 3d 676 (Miss. 2010).

445 대법원은 1심 법원이 해당 사실을······ Evans v. State, 109 So. 3d 1044 (Miss. 2013).

448 미국 역사상 존재했던 네 가지 관행이······ Alex Carp, "Walking with the Wind: Alex Carp Interviews Bryan Stevenson", Guernica (March 17, 2014), www.guernicamag.com/interviews/walking-with-the-wind/로 2014년 4월 30일 접속.

453 나는 다시 캘리포니아 항소 법원으로······ People v. Nunez, 195 Cal.App. 4th 404 (2011).

456 하지만 자백을 강요하는 과정에서······ State v. Carter, 181 So. 2d 763 (La. 1965).

역자 후기

    이 책은 정의의 어두운 그림자 속에서 절망에 빠진 사람들을 구원하려는 인권 변호사의 이야기다. 순전한 무력감에 사로잡혀 절망을 경험한 사람들을 완전히 구원하기란 사실상 불가능한 일이다. 대개는 육체적으로, 정신적으로 영구적인 흉터가 남기 때문이다. 당사자의 가족과 주변 사람들도 마찬가지다. 법적 구제 사례를 둘러싼 통계 수치는 의미가 없다. 법이 보편적인 정의를 구현하기 위한 도구고 사회의 의지를 대변한다는 점에서 법 집행 과정의 전횡은 그 사회 전체가 행사하는 폭력이며 그래서 더욱 무섭다.

    이 책의 주인공들은 아닌 경우도 있지만 대부분 실제로 죄를 지은 사람들이다. 그리고 누군가의 정의를 구현하는 과정에서 피해자로 전락한다. 그들이 가해자인 동시에 피해자라는 사실이 참 공교롭다. 저자 브라이언 스티븐슨은 이제 사법 제도의 피해자가 된 그들의 정의에 주목한다. 정의라는 이름으로 무시된 그들의 정의를 바로 세워서 또 다른 정의를 실천한다. 희생자의 정의뿐 아니라 가해자의 정의에 대해 이야기한다. 합법적인 처벌을 개인이나 특정 집단의 복수와 혼동하는 사람들에게 경종을 울린다.

주변의 절망에 공분하거나 공감하는 순간 그 절망이 내 몫이 된다는 점에서 절망처럼 확장성이 강한 현상이 또 있을까? 같은 맥락에서 우리가 애써 보려고 하지 않는 이상 누군가의 절망은 개인의 문제에 불과하다. 그 사람이 교도소 담장 뒤에 있는 사람인 경우에는 더욱 그렇다. 그들이 보이지 않는 곳에 있을뿐더러 실제로 범죄를 저질렀든 아니든 이미 범죄자라는 멍에를 쓰고 있기 때문이다. 배움까지 짧은 익명의 피해자가 정의라는 이름으로 억울하게 사형을 선고받았을 때 느낄 절망과 무력감의 크기를 다시 한번 생각해 보게 된다. 그들의 신음 소리에 귀를 기울이고 손을 내밀고 있는 저자가 새삼 큰일을 하고 있음을 절감한다.

배경이 미국인 탓에 우리와 사정이 같을 수 없다고 생각한 적이 있다. 하지만 시간이 지날수록 미국과 우리의 사정이 다르지 않다는 생각이 들었다. 억울하게 유죄 판결을 받는 문제나 사형 문제, 과도한 처벌 문제, 수감 환경 문제, 대량 투옥 문제 등이 미국만의 문제가 아닌 까닭이다. 미국의 뿌리 깊은 인종 갈등도 더 이상 그들만의 이야기가 아니다. 오히려 이제 막 다민족 국가의 길로 들어선 우리야말로 더욱 관심을 가져야 할 부분이다.

옮긴이 **고기탁** 한국외국어대학교 프랑스어과를 졸업했으며, 펍헙 번역그룹에서 전업 번역가로 일한다. 옮긴 책으로는 『야망의 시대』, 『부모와 다른 아이들』, 『속임수에 대한 거의 모든 것』, 『공감의 진화』, 『사회 참여 예술이란 무엇인가』, 『이노베이터의 탄생』, 『멋지게 나이 드는 기술』, 『유혹하는 책 읽기』 등이 있다.

월터가 나에게 가르쳐 준 것

발행일   2016년 10월 25일 초판 1쇄
　　　　 2021년 8월 15일 초판 2쇄

지은이   브라이언 스티븐슨
옮긴이   고기탁
발행인   홍예빈 · 홍유진
발행처   주식회사 열린책들

경기도 파주시 문발로 253 파주출판도시
전화 031-955-4000 팩스 031-955-4004
www.openbooks.co.kr

Copyright (C) 주식회사 열린책들, 2016, *Printed in Korea.*
ISBN 978-89-329-1762-7 03300

이 도서의 국립중앙도서관 출판예정도서목록(CIP)은 서지정보유통지원시스템 홈페이지(http://seoji.nl.go.kr)와 국가자료공동목록시스템(http://www.nl.go.kr/kolisnet)에서 이용하실 수 있습니다.(CIP제어번호 : CIP2016023152)